3		*Preambolo* L'altra faccia di Roma
7	I	Una casa tutta d'oro
24	II	Le alabarde del papa
46	III	La croce e la spada
66	IV	Il prezzo della gloria
84	V	La Chiesa senza voce
104	VI	Due geni rivali
130	VII	Storia avventurosa di un palazzo
152	VIII	Due tombe
175	IX	Il mistero dei templari
200	X	L'irrequieto esercito del papa
222	XI	I banchieri di Dio
242	XII	La divina cappella
265	XIII	16 ottobre 1943
286	XIV	La ragazza svanita nel nulla
308	XV	Il tribunale della fede
329	XVI	La santa setta di Dio
349		*Appendice* Quando una Chiesa si fa Stato
363		*Bibliografia scelta*
367		*Ringraziamenti*
369		*Fonti iconografiche*
373		*Indice dei nomi e dei luoghi*

I segreti del Vaticano

Un tempo avevo sogni sulla Chiesa. Una Chiesa che procede per la sua strada in povertà e umiltà, una Chiesa che non dipende dai poteri di questo mondo. ... Una Chiesa che dà spazio alle persone capaci di pensare in modo più aperto. Una Chiesa che infonde coraggio, soprattutto a coloro che si sentono piccoli o peccatori. Sognavo una Chiesa giovane. Oggi non ho più di questi sogni. Dopo i settantacinque anni ho deciso di pregare per la Chiesa.

CARLO MARIA MARTINI,
Conversazioni notturne a Gerusalemme

CORRADO AUGIAS

I SEGRETI DEL VATICANO

Storie, luoghi, personaggi di un potere millenario

MONDADORI

© 2010 Arnoldo Mondadori Editore S.p.A., Milano

Edizione speciale Mondadori settembre 2014

ISBN 978-88-04-64615-0

Questo volume è stato stampato
presso ELCOGRAF S.p.A.
Stabilimento - Cles (TN)
Stampato in Italia. Printed in Italy

Preambolo

L'ALTRA FACCIA DI ROMA

Le vicende raccontate in questo libro non riguardano la Chiesa cattolica in quanto espressione della fede, talvolta del sacrificio, dei suoi ministri e dei suoi fedeli. Qui sono raccolte alcune storie significative relative alla Santa Sede (il Vaticano), vale a dire a uno Stato autonomo, dotato di organi di governo, di un territorio (se pur simbolico), una bandiera, un inno, una moneta, un esercito (simbolico anch'esso) nonché sedi diplomatiche sparse nel mondo e ambasciatori (i nunzi apostolici) regolarmente accreditati.

«Storie significative», in questo caso, ha una doppia valenza. La più ovvia è che lo svolgimento delle vicende riflette le circostanze politiche e storiche dalle quali sono scaturite. La meno ovvia è che tale svolgimento, spesso intriso di crudeltà e perfino di sangue, mostra quale terribile prezzo la Chiesa cattolica abbia pagato per tenere unite la sua missione spirituale e la sua natura politica di Stato. Si potrebbe chiamarlo il tentativo di conciliare cielo e terra, il candore della santità e le astuzie del potere, ovvero, per parlare con il vangelo, Dio e Mammona.

Tale commistione è stata più volte denunciata da alcune grandi anime e da menti illuminate nel seno stesso della Chiesa. Da quando, con l'imperatore Teodosio (fine del IV secolo), il cristianesimo è diventato religione imperiale e di Stato, non c'è stata epoca in cui non si sia levata qualche voce presaga, ammonitrice, a implorare che la Chiesa abbandonasse l'oro e la porpora per ritrovare la santa umiltà delle origini. Le fauci della politica hanno però una presa ferrea e il solo modo di liberarsene sarebbe una separazione coraggiosa e definitiva che non c'è mai stata. Le voci dissenzienti sono quindi rimaste piccola minoranza. «Arricchimento del dialogo» le si è definite, ma, fino a oggi, dialogo fra sordi.

Questa ambiguità di fondo si riflette nella figura del sommo pontefice. Quando il papa prende la parola, non è quasi mai chiaro se lo faccia in quanto rappresentante supremo di una grande religione, guida e pastore del suo gregge, oppure capo di uno Stato sovrano, monarca che accentra nella sua persona tutti i poteri: legislativo, esecutivo, giudiziario. Fin dal titolo, del resto, il «sommo pontefice» segnala la sua doppia natura: capo di una delle poche se non dell'unica monarchia assoluta ancora esistente, dove il «sommo pontefice» è sovrano regnante a vita.

A chi volesse conoscere un po' meglio questa potente struttura terrena dedico un'Appendice finale, nella quale sono anche precisate alcune necessarie distinzioni fra Vaticano, Santa Sede, Chiesa cattolica.

Secondo una tesi largamente condivisa, il peso che la Chiesa riesce talvolta a esercitare nelle vicende mondiali e forse la stessa sopravvivenza dell'istituzione vanno fatti risalire proprio a questa doppia identità. Sicuramente, si tratta dell'unico esempio, negli ultimi venti secoli di storia mondiale, di una confessione religiosa strutturata così rigidamente in forma statuale. Nell'antichità classica è accaduto che il potere politico rivestisse anche funzioni religiose. Mai, però, era accaduto il contrario, cioè che un'autorità religiosa assumesse anche una precisa fisionomia politica. Altrettanto indubbio è che, accanto agli evidenti vantaggi materiali, tale conformazione ha pesato molto sull'azione propriamente spirituale della Chiesa poiché, nonostante ogni tentativo di accomodamento, Dio e Mammona restano difficili da conciliare.

Come il lettore vedrà, i vari capitoli di questo libro trattano argomenti e personaggi che spaziano dai primi tempi della nostra era fino ad anni recentissimi. Il capitolo iniziale è, anzi, dedicato a un imperatore che regnò quando ancora il Vaticano non aveva assunto la forma che conosciamo. A stretto rigore, si tratta di un'escursione fuori del tema; in un quadro più ampio, però, qualche digressione è sembrata utile per tracciare delle coordinate che rendano meglio comprensibile la successione degli eventi, l'insieme dei fatti, il profilo o i punti di riferimento dei personaggi.

Ma parlare del Vaticano significa, in realtà, parlare soprattutto di Roma; dal IV secolo fin quasi al termine del XIX la storia vaticana e quella della città hanno coinciso. Alcune delle vicende qui contenute sono davvero, e per numerosi aspetti, ciò che il titolo di questo Preambolo dichiara: «l'altra faccia di Roma».

Non c'è, nel libro, alcuna pretesa di completezza, né tematica né cronologica. Si tratta di racconti dettati dalla rilevanza (storica o contemporanea) degli avvenimenti, così come da personali occasioni di conoscenza, di meraviglia, di frequentazione dei luoghi di cui si parla e che sono stati teatro degli eventi: l'altra faccia di Roma, appunto.

I
UNA CASA TUTTA D'ORO

Nerone, secondo Tacito (uno dei maggiori storici dell'antichità), aggiunse al supplizio dei cristiani «anche lo scherno; sicché, coperti da pelli di fiera, morivano straziati dal morso dei cani o venivano crocifissi o dovevano essere dati alle fiamme perché, quando la luce del giorno veniva meno, illuminassero la notte come torce. Per questo spettacolo Nerone aveva offerto i suoi giardini intanto che vi dava un gioco circense, mescolandosi al popolino vestito da auriga e partecipando alla corsa ritto su un cocchio. Per questo, sebbene essi fossero colpevoli e meritassero le punizioni più gravi, sorgeva verso di loro un moto di compassione, sembrando che venissero immolati non già per il pubblico bene, ma perché avesse sfogo la crudeltà di uno solo» (*Annali*, XV, 44).

La vita dei cristiani a Roma, città che sarebbe diventata la capitale del cattolicesimo, comincia dunque nel modo peggiore. Le persecuzioni si susseguono; alcune, come quelle ordinate da Diocleziano, di inaudita ferocia. I seguaci della nuova religione sono generalmente malvisti. Nella *Vita di Claudio*, lo storico Svetonio scrive che, nel 41, l'imperatore espulse i giudei da Roma perché, su istigazione di Christus, erano continuamente in rivolta. Quando Paolo arriva nella capitale dell'impero, poco dopo il 60, i capi della comunità giudaica gli dicono che questa «setta» trova dovunque opposizione. Sempre Svetonio, nella *Vita di Nerone*, scrive che ai cristiani furono inflitte delle sanzioni, poiché li si sospettava di praticare oscure magie.

Nella seconda metà del I secolo il cristianesimo è solo una delle tante correnti del giudaismo, ma con caratteristiche sue proprie che si stenta a decifrare. Tacito racconta, sempre negli *Annali* (XV, 44), come, a seguito dell'incendio appiccato a Roma, forse da Nerone, fu facile scaricare la colpa sui cristiani data la loro pessima fama.

Per capire il perché di questa cattiva nomea bisogna tener presente che la religione di Roma era essenzialmente pubblica, cioè politica. Come recitava già il testo arcaico delle XII Tavole, si esigeva che nessuno avesse «per proprio conto dei né nuovi né forestieri se non riconosciuti dallo Stato». Rispettata questa premessa, i romani reagivano duramente solo nel caso in cui una religione fosse sospetta di possibile eversione politica. I cristiani, che pure non predicavano né praticavano riti pericolosi, presentavano però aspetti incomprensibili. Di fronte alla richiesta, per esempio, di fornire le generalità (per usare una locuzione contemporanea), molti di loro rifiutavano di identificarsi, come del resto respingevano il servizio militare. Si limitavano a dire che la loro ascendenza era in Gesù il Cristo, con un atto di disobbedienza intollerabile per le autorità.

Ebrei e cristiani erano accusati di odiare il genere umano perché vivevano in comunità separate, non partecipavano alla vita pubblica, tanto meno alle cerimonie religiose, che a Roma avevano anche un connotato patriottico e civile; non accettavano di mettere il loro Dio nel pantheon accanto agli altri dei, si arroccavano in un incomprensibile monoteismo, proclamando che il loro era l'unico vero Dio. Sulla convivenza delle religioni era basata la *pax romana*, che riuniva innumerevoli culti e popoli; la pretesa dei cristiani e degli ebrei minava l'intera costruzione, tanto più che l'imperatore incarnava una doppia autorità, religiosa e civile. Tutti gli ebrei seguivano una religione estranea ai culti civici tradizionali. I cristiani, però, parevano più pericolosi degli altri che, almeno, non cercavano di convertire le genti, ma chiedevano solo di poter praticare il culto nei loro templi, all'interno delle loro comunità.

Si capisce quindi perché Nerone li abbia indicati come colpevoli del disastroso incendio del 64. In ogni cultura c'è una minoranza etnica, politica o religiosa alla quale è facile addossare ogni colpa sfruttando la generica cattiva nomea da cui è circondata.

Nerone, però, ha lasciato tracce profonde non solo nella storia del primo cristianesimo.

C'è un luogo, a Roma, che sprigiona un fascino particolare, anche se, in fondo, si tratta di nude mura, di silenziosi ambulacri, opere in laterizio scarnificate, solo ravvivate a tratti da resti di affreschi o di mosaici. È la Domus aurea, vale a dire la smisurata dimora che Nerone si era fatto costruire.

Da dove viene l'incantamento che prende il visitatore in questa che è la reggia più sontuosa mai concepita? Forse dalla personalità di Nerone, rimasto simbolo dell'esercizio sfrenato del potere e dell'arbitrio; più ancora, almeno per quanto mi riguarda, dalle tracce emozionanti lasciate dai visitatori che per un paio di secoli, fra il Cinque e il Seicento, si sono calati attraverso un foro nel soffitto in queste sale divenute sotterranee e colmate di terra. Rannicchiati su quei cumuli, all'incerta luce di fiaccole (ancora visibili le striature di nerofumo) hanno scrutato gli affreschi, copiandone i motivi ornamentali, poi diventati le famose «grottesche»: forme vegetali miste a figurette umane o animali di rado realistiche, quasi sempre immaginarie, un mondo fantastico in cui umano, vegetale e animale si fondono in rappresentazioni bizzarre fra lo scherzo e l'allucinazione. «Grottesca» viene ovviamente da «grotta», e grotte sotterranee erano diventate quelle stanze, riempite di terra e di detriti fin quasi alla sommità. (La loro riscoperta lancerà una moda dirompente, con al centro le antichità e i ruderi romani, paragonabile solo alla «egittomania» che le campagne napoleoniche susciteranno all'inizio del XIX secolo.)

Per capire la magnificenza della costruzione basta pensare che una statua alta 35 metri (quanto un edificio di dodici piani) entrava nel vestibolo. È più che probabile che da questa immane figura abbia preso nome, nel Medioevo, il Colosseo. Lo scultore greco Zenodoro aveva rappresentato l'imperatore nudo, con attributi solari, il braccio destro proteso, il sinistro ripiegato a sorreggere un globo. Da una corona posta sulla fronte si dipartivano sette raggi (lunghi 6 metri l'uno), simbolo del potere assoluto e di quel Sole con il quale l'uomo voleva essere identificato.

La casa, assicura sempre Svetonio, comprendeva tre portici lunghi un miglio, «uno stagno, anzi quasi un mare, circondato da edifici grandi come città. Alle spalle, ville con campi, vigneti e pascoli, boschi pieni di animali domestici e selvatici». L'intera valle al cui centro sorge l'anfiteatro Flavio (il Colosseo) era occupata dal lago che Svetonio definisce (esagerando) «quasi un mare». C'erano poi quelle policromie marmoree nelle quali i romani eccellevano. Pietre che arrivavano da Spagna, Numidia, Tripolitania, Egitto, Asia, Grecia, Gallie, Cappadocia. Diverse per colore e tessitura, uniche per durezza e bellezza del disegno; nei secoli successivi i marmorari romani le chiameranno con nomi che evocano da soli un'epoca: portasanta, lumachella orientale, pavonazzetto, serpentino, granito degli obelischi, granito africano e, la più pregiata di tutte, il porfido rosso, riservato all'imperatore.

Quelle meraviglie sopravvissero poco alla morte del proprietario. Già i suoi successori provvidero a demolirle in larga misura. Domiziano ordinò di abbattere gli edifici sul Palatino, altri fecero colmare di macerie il lago per predisporre il terreno alla costruzione del Colosseo, e Adriano decise di demolire sulla Velia il vestibolo della Domus per innalzare il tempio di Venere e Roma. Il padiglione sul colle Oppio (quello che oggi si visita) sopravvisse fino al 104, allorché un incendio lo distrusse in parte. Quando poi Traiano ordinò che sull'area venissero costruite le sue terme, l'architetto Apollodoro di Damasco diede l'ordine di abbattere completamente gli ambienti superiori e colmare di terra i sottostanti, trasformandoli così in immense fondazioni per i nuovi edifici. Alla luce subentrarono le tenebre; gli ori, gli affreschi, i marmi variopinti annegarono sotto tonnellate di terriccio e di detriti. Alla magnificenza si sostituì la rovina e, per alcuni secoli, l'oblio, al quale dobbiamo la parziale conservazione di questa insigne testimonianza.

La serie di eventi che permisero a Nerone di arrivare al trono imperiale avrebbe marchiato la vita di chiunque. Quando tutto ebbe inizio, il futuro imperatore era poco più che un adolescente. Sua madre, Agrippina *minor*, lo partorì a ventitré anni (il 15 dicembre 37 della nostra era), messa incinta da un uomo che non amava, di trent'anni più vecchio, un patrizio arrogante e dissoluto che Tiberio le aveva imposto di sposare: Domizio, detto «Enobarbo» dal colore rossiccio della barba. (Anche il figlio si chiamerà così.) Agrippina scrisse nelle memorie – secondo Plinio il Vecchio – che il bambino era nato con i piedi in avanti, fatto giudicato di cattivo augurio.

Il soprannome «Nero» verrà in seguito. In lingua sabina, secondo il sapientissimo Aulo Gellio (*Notti attiche*), significava «forte, coraggioso»; solo in seguito l'appellativo contribuirà a connotare in tutt'altro senso la figura dell'imperatore, indicandosi con la parola «nero» il colore delle tenebre e degli inferi.

La madre, sorella di Caligola e figlia del grande generale Germanico, è bella, seducente, calcolatrice, ambiziosa, capace di amministrare con sapienza ogni genere di lusinghe, quelle delle parole e quelle, forse ancora più efficaci, del suo corpo voluttuoso. Agrippina, o con più precisione Agrippina minore o Giulia Agrippina, figlia dell'altra Agrippina detta *major*, che di Germanico era stata la moglie, non si negherà nulla, nemmeno una relazione incestuosa con il fratello Caligola, alla quale del resto partecipano anche le altre sorelle.

Nel 41 Caligola viene assassinato e sul trono è messo Claudio, fratello di Germanico e dunque zio di Agrippina, giudicato, in famiglia e fuori, poco meno di un fantoccio. Quando era già quasi cinquantenne gli avevano dato in moglie una ragazza di appena quindici anni destinata a una salace notorietà: Messalina, nota per le sue iperboliche imprese erotiche, vittima di una tragica morte prematura.

Passano solo cinque mesi e nel gennaio 49 Agrippina è la nuova moglie dell'imperatore, poco conta il fatto che si tratti del fratello di suo padre, dunque un altro incesto. Il suo pensiero dominante è Lucio Domizio, non tanto perché ami quel figlio ormai quasi adolescente, ma perché già pensa agli obiettivi che per suo mezzo potrà raggiungere. Sa che manovrando Lucio riuscirà ad arrivare a traguardi a lei, donna, preclusi.

Fra le sue prime mosse c'è quella di far richiamare da un lungo e snervante esilio Lucio Anneo Seneca, il più brillante pensatore in circolazione, per farne il precettore del figlio. Nello stesso tempo fa adottare Lucio Domizio da suo marito e zio, l'imperatore Claudio, e il nuovo nome del ragazzo diventa Tiberio Claudio Nero Druso Germanico. Il passo successivo è assicurare a Nerone un matrimonio adeguato. Appena compie sedici anni gli si dà in moglie Ottavia, dodicenne, figlia della non rimpianta Messalina e, a quel che sappiamo, ben lontana dalle dissolutezze della madre.

Sulla strada del trono rimangono, però, alcuni ostacoli non insignificanti. Il primo è Claudio, che ha appena passato i sessant'anni e gode di buona salute. Il secondo, suo figlio Britannico, un ragazzo timido e introverso che l'arrivo di Nerone in «famiglia» ha brutalmente messo in ombra. Claudio viene avvelenato con dei funghi «trattati» di cui era ghiotto. Il 13 ottobre 54, a diciassette anni, Nerone è acclamato imperatore dalla folla e dai pretoriani che hanno partecipato al complotto. Riferisce Tacito (*Annali*, XIII, 2) che la sera di quello stesso giorno un tribuno si recò da lui a chiedergli, secondo l'uso militare, la parola d'ordine per le sentinelle. La risposta fu: «*Optima mater*», la migliore delle madri. Nel palazzo imperiale l'infelice Britannico è ormai solo. Di lì a poco toccherà anche a lui la sorte del padre: ancora una volta il veleno.

Nonostante la giovane età, l'imperatore si comporta con moderazione quasi esemplare. Famoso l'episodio di quando, dovendo controfirmare una condanna a morte, esclamò amareggiato: «Vorrei non aver mai imparato a scrivere». Mantiene i rapporti con il Senato, sempre critici, a un livello di assoluta correttezza. Nel magistrale discorso d'esordio (scritto da Seneca) assicura di aver accettato la carica perché voluta dagli eserciti, ma anche perché confermata dall'autorità senatoria; dice che la sua giovinezza non è stata bagnata dal sangue di guerre civili o di contrasti familiari e di non nutrire quindi rancori; aggiunge, con forza, che le porte saranno sbarrate a corruzione e intrighi. Insomma, un ottimo inizio.

Del resto, la pace favorisce gli scambi, fa lievitare il prezzo della terra e degli immobili, procura notevoli guadagni agli imprenditori che appaltano i grandi lavori pubblici, riduce al minimo la disoccupazione.

Una crisi molto seria esplode dopo l'assassinio del povero Britannico. Poiché il cadavere del ragazzo, divenuto subito livido, denuncia l'azione del veleno, Nerone fa diffondere la voce che causa della morte sia stata una delle sue crisi epilettiche, e dispone che il corpo sia immediatamente bruciato in Campo Marzio. Seneca, al corrente della verità, viene incaricato di rendere presentabili al Senato funerali così precipitosi. Il celebre intellettuale si conferma, ancora una volta, all'altezza del compito: «Era costume dei nostri antenati» scrive «sottrarre appena possibile allo sguardo le morti premature, e non prolungare il dolore della dipartita con elogi funebri o esequie troppo sontuose».

Agrippina è sconvolta dalla brutale decisione del figlio: l'omicidio di Britannico è stato commesso sotto i suoi occhi, nella stessa sala in cui lei ha fatto avvelenare Claudio. Ora sa che Nerone è capace di prendere decisioni supreme senza più bisogno del suo consiglio. Per di più Nerone, sdegnando la moglie Ottavia, si è infatuato di una liberta di nome Atte che lo ha sedotto con le sue arti erotiche.

Nel giro di pochi mesi la situazione diventa intollerabile sia al figlio sia alla madre. Più che alla sua *optima mater* l'imperatore presta ormai orecchio alle esigenze del popolo. Agrippina non si dà pace. Ha organizzato la sua ascesa al trono, ha assassinato un marito per accelerarla e ora il figlio, ingrato, la mette praticamente da parte. Dapprima prova a organizzare un paio di complotti per farlo uccidere; poi, visti inutili i tentativi, prende una decisione opposta: forte del suo fascino, proverà a sedurre il giovane da lei partorito. A quarant'anni è ancora bella e desiderabile e, soprattutto, espertissima in faccende d'amore, rotta, scrive Tacito, a ogni infamia (*exercita ad omne flagitium*):

> Nella smania di conservare il suo potere, Agrippina si spinse tanto avanti che ... più di una volta si offerse a lui, ubriaco, in abbigliamento seducente e pronta all'incesto ... ormai i baci lascivi e le carezze, che erano preludio all'infamia, attiravano l'attenzione dei più vicini. (*Annali*, XIV, 2)

Seneca, preoccupato per la piega che stanno prendendo gli eventi, suggerisce all'amante in carica, Atte, di avvertire l'imperatore che i soldati non tollererebbero di obbedire a un principe sacrilego. Nerone recepisce il messaggio, al punto che la stessa presenza della madre gli diventa insopportabile e arriva a chiedersi quali mezzi dovrà usare per ucciderla: «*veneno an ferro vel qua alia vi*», con il veleno, un'arma o una qualche altra forma di violenza. Le cose, però, non sono così semplici. Mai l'espressione odio-amore ha avuto un più denso significato. Nel momento in cui allontana la madre e rifiuta di vederla, Nerone continua ad alimentare le fantasie libidinose che la donna gli ha provocato.

Pare sia stato Aniceto, comandante della flotta di Capo Miseno, ad avere l'idea risolutiva per l'assassinio di Agrippina. Nel marzo 59 la donna viene invitata alle feste di Minerva a Baia: lontano da Roma tutto sarà più facile. Agrippina accetta e arriva a Baia, dove il figlio l'accoglie con calore. Cenano insieme e a tavola Agrippina ha il posto d'onore, alla sinistra del principe. Finito di mangiare, s'intrattengono per un po' in lievi conversazioni prima che la donna chieda di rientrare. Nerone l'accompagna all'imbarco «più del solito baciandola in volto e stringendola al petto, sia che volesse rendere completa la simulazione, sia che il vedere per l'ultima volta sua madre che andava a morire facesse profonda impressione al suo animo, per quanto feroce fosse» (Tacito, *Annali*, XIV, 4).

La notte è splendente di stelle, tranquilla per calma di mare («*Noctem sideribus inlustrem et placido mari quietam*»). La nave, sospinta con vigore dai rematori alla catena, si allontana frusciando sulle acque nere e immobili. Agrippina, accompagnata dall'ancella Acerronia, ha preso posto a poppa, su un lussuoso giaciglio sormontato da un baldacchino. Ignora che su quel fragile tetto gravano alcuni quintali di pani di piombo. Al segnale convenuto il piombo precipita sul giaciglio. Succede, però, che le spalliere del letto ne ostacolino la caduta e che il violento movimento oscillatorio della nave scaraventi le due vittime in mare.

La serva Acerronia, non avendo capito in quale tragico gioco sia finita, comincia a invocare aiuto gridando di essere la madre dell'imperatore. Viene finita a colpi di remo e di bastone.

Agrippina, più astuta, si allontana silenziosamente a nuoto e tramite un canale raggiunge il lago Lucrino.

Le conseguenze dell'attentato sono lievi: Agrippina riporta solo una ferita alla spalla. Più preoccupante della sua condizione fisica è, però, la sua posizione, anche se, da consumata commediante, finge di non aver compreso l'accaduto e invia per mezzo di un liberto un messaggio a Nerone con cui gli comunica che, grazie alla bontà degli dei, è scampata a un grave incidente.

L'imperatore, che si aspettava tutt'altro esito, legge in trasparenza il messaggio e comincia a temere una vendetta. Incerto sul da farsi, manda a chiamare Seneca e il prefetto del pretorio, Burro. Il filosofo chiede a Burro se non sarebbe il caso di ordinare subito ai soldati di uccidere la donna, ma quello risponde che i suoi uomini, fedeli alla memoria di Germanico, non oserebbero assassinarne la figlia. Teme che i pretoriani rifiuterebbero di obbedire, con disastrose conseguenze politiche, e propone un'altra soluzione. Visto che è stato Aniceto, capo della flotta, a combinare il guaio, ci pensi lui, dice, a porvi rimedio. Il racconto del celebre matricidio è nella cronaca di Tacito:

> Gli assassini si fanno intorno al letto e per primo il trierarca la colpì con un bastone sulla testa; quindi al centurione che impugnava la spada per darle il colpo di grazia, essa, mostrando il ventre, ordinò: «Colpisci qui!» e morì trafitta da molti colpi. (*Annali*, XIV, 8)

Si dice che, appresa la morte della madre, Nerone abbia esclamato: «Solo oggi l'impero mi viene davvero consegnato». Vera o no, la frase esprime il peso che la presenza di Agrippina aveva avuto nei primi cinque anni del suo principato. Ora restava Seneca, il precettore, l'intellettuale, il filosofo che aveva cercato di tenersi in equilibrio su una linea sottile come il filo di una lama. Da una parte, senza contraddire i capricci del giovane principe, compresi quelli delittuosi; dall'altra, cercando di ricondurli a un fine complessivo non ignobile. Seneca conosce le strade dell'alta moralità; nel *Della clemenza*, uno dei *Dialoghi*, ma soprattutto nelle 124 *Lettere a Lucilio*, dispiega al massimo livello l'etica stoica, disegna una concezione filosofica tesa alla ricerca della virtù e alla pratica della libertà nel senso più alto, a partire da quella interiore. È addirittura capace di scavalcare il suo tempo quando proclama il rispetto per ogni creatura vivente, la carità verso gli umili e gli infelici, perfino verso gli schiavi.

Come spiegare che un uomo di simile talento e di così nobili sentimenti abbia esercitato l'usura, anche se forse si trattava solo di prestiti, diremmo oggi, «bancari»? Che abbia deriso l'imperatore Claudio, appena assassinato, con la sua *Apokolokyntosis*, che potremmo tradurre «Apoteosi di una zucca»? Claudio aveva fama di sciocco, è vero, ed era anche colui che l'aveva condannato a sette anni di penoso esilio in Corsica; ma deridere un uomo appena morto resta un'azione indegna. E la brillante giustificazione data alla precipitosa cremazione del povero Britannico? E il supporto fornito all'assassinio di Agrippina? Collocandosi in un'ottica imperiale si possono sempre trovare, anche per la più turpe delle azioni, adeguate motivazioni politiche. Resta, però, che a escogitarle è il più grande (e il più sconcertante) intellettuale di cui Roma in quel momento disponesse.

Come si spiegano queste contraddizioni? In una certa misura con il vecchio sogno, che già era stato di Platone, di mettere un filosofo al vertice dello Stato per assicurare al principe una guida elevata. Per di più, si deve considerare che il principato di Nerone era cominciato in modo molto positivo.

Se Seneca non fosse stato lì, insomma, le cose sarebbero andate anche peggio. Quanto alle altre accuse contro di lui, alcune furono dettate da invidia; e a chi gli rimproverava la contraddittorietà fra la vita e le opere rispondeva scrivendo: «Il saggio farà anche cose che non approverà» e poi, citando altri filosofi ma riferendosi a se stesso, aggiungeva:

> Tutti costoro non hanno detto come essi vivevano, ma come avrebbero dovuto vivere. Sto parlando della virtù, non di me stesso, e quando attacco i vizi, mi riferisco in primo luogo ai miei; non appena ci riuscirò, vivrò come si deve. (*La vita felice*, 18,1)

Questo arduo rapporto si concluse comunque con un fallimento. Seneca capisce che la sua azione è vana e decide, nel 62, di ritirarsi a vita privata. Dice al suo principe: «Entrambi ...

abbiamo colmato la misura, tanto tu per quello che un principe può concedere all'amico, quanto io per quello che un amico può accettare da un principe» (*Annali*, XIV, 54); propone, per così dire, un accomodamento amichevole, che però non basterà a salvarlo. Tre anni dopo, il filosofo si trova invischiato in una delle più celebri e complesse cospirazioni politiche dell'antichità, la congiura di Pisone, con la quale due gruppi di persone, il primo facente capo al Senato, l'altro ai militari, organizzano un attentato per liberarsi di Nerone.

Seneca si comporta, ancora una volta, con geniale duplicità. Non prende direttamente parte al complotto, ma neppure respinge o denuncia l'inviato di Pisone. Nerone coglie la palla al balzo per liberarsi di un precettore che comincia a considerare insopportabile. Invia un ufficiale dei pretoriani alla villa sull'Appia, dove in quel momento il filosofo si trova, con l'ordine imperiale di togliersi la vita. Sulla morte di Seneca, Tacito ha scritto una delle sue pagine memorabili. Vale la pena leggerla:

> Quand'ebbe detto queste e simili parole come rivolte a tutti, abbraccia la moglie e, un po' intenerito in confronto alla fortezza d'animo di quel momento, la prega e la scongiura di moderare il suo dolore, di non conservare una tristezza senza fine, ma nella contemplazione d'una vita trascorsa virtuosamente alleviasse il rimpianto del marito con nobili conforti. Ella invece assicura che pure lei ha deciso di morire e chiede la mano del carnefice. Allora Seneca, non opponendosi alla gloria di lei e al tempo stesso per il timore di lasciare esposta alle offese colei che era tutto il suo amore: «Ti avevo indicato» disse «i conforti che ti può dare la vita, ma tu preferisci il vanto della morte: non sarò geloso dell'esempio che dai a tutti. Sebbene la fermezza d'una morte così nobile sia eguale in entrambi, nella morte tua c'è maggiore splendore». Dopo queste parole, con un solo colpo si aprono col ferro le vene delle braccia. Seneca, siccome dal suo corpo, ormai vecchio e sfinito per lo scarso nutrimento, il sangue fluiva lento lento, si fece tagliare anche le vene delle gambe e dei garretti; poi, spossato da spasimi atroci, per non spezzare il cuore della moglie con il suo dolore ed egli stesso, vedendo le sofferenze di lei, non si lasciasse andare alla sua debolezza, la convince a recarsi in un'altra stanza. E anche

in quell'estremo momento venendogli in aiuto la sua eloquenza, fatti chiamare gli scrivani, dettò loro molti pensieri, che io tralascio di riferire con parole mie, perché sono ormai noti fra il popolo con le sue stesse parole. (*Annali*, XV, 63)

Paolina, l'amata moglie, in realtà verrà salvata in extremis e, poiché nulla accade che non abbia la sua piccola ombra, c'è chi dice che la donna finse soltanto di voler morire, che la sua fu una commedia a beneficio del marito agonizzante. Calunnie, forse. Il filosofo peraltro, vedendo che la morte per dissanguamento è troppo lenta, si fa portare del veleno alla maniera di Socrate ed entra in un bagno a vapore, dove muore soffocato. Aveva sessantanove anni.

Molte altre cose si possono narrare su Nerone. Le cronache che lo riguardano sono colorite, piene di particolari crudeli, osceni, ridicoli.

Fra le donne della sua vita un posto di rilievo ha Poppea Sabina, anche per l'avventuroso avvio del loro rapporto. Quando la vicenda inizia, Poppea, sposata in prime nozze con Rufrio Crispino, già prefetto del pretorio sotto Claudio, è moglie di Marco Salvio Otone. A seguito di un complesso e boccaccesco intrigo, la donna s'insedia nei palazzi imperiali, accanto a un principe che pare aver perso la testa per lei al punto da ripudiare la moglie Ottavia con un abominevole seguito di calunnie e di vendette.

La povera Ottavia farà la fine miseranda e oscura di tanti nemici di Nerone: esiliata in una località sperduta, verrà strozzata dai pretoriani dopo che le erano state aperte le vene delle braccia e delle gambe. La sua testa mozzata sarà inviata a Roma perché il marito possa constatare di persona l'esecuzione dei suoi ordini. Quanto a Poppea, diventerà la vera regina della corte, artefice e animatrice di un lusso senza precedenti. (Augusto e Tiberio avevano sdegnato ogni concessione alla magnificenza; Caligola era morto prima di aver potuto realizzare i suoi sogni sontuosi; con Claudio la vita a palazzo aveva assunto un tono, diremmo oggi, «borghese», mentre la povera Ottavia, relegata in secondo piano e non amata dal marito, non aveva avuto nemmeno la possibilità di dare una sua impronta alla vita di corte.)

È con Poppea che entrano per la prima volta nell'esistenza di Nerone il fasto e la raffinatezza. L'imperatore le è grato di questo, arriva a comporre versi sui lunghi e biondi capelli di lei, sul suo incarnato lunare. Le dame romane non parlano d'altro che di quei capelli, di quella pelle di madreperla: si tenta di carpirne il segreto, si abbonda in pettegolezzi, ci si perde nel resoconto dei suoi eccessi.

Plinio il Vecchio, nella sua *Storia naturale*, scrive che in ogni spostamento l'imperatrice, bella e capricciosa, si faceva seguire da quattrocento asine nel cui latte si immergeva per dare all'epidermide candore e freschezza impareggiabili. Giovenale assicura che la donna usava una maschera per proteggere il volto dal contatto impuro dell'aria. Si trattava, verosimilmente, di un impiastro untuoso e rigenerante, che Poppea applicava la sera, anticipando così un procedimento della cosmesi moderna.

A dispetto di questa evidente autoadorazione e del tempo che doveva costarle, Poppea era una donna intelligente e consapevole. Giuseppe Flavio assicura, nelle *Antichità giudaiche*, che «temeva Dio», descrivendola come una «simpatizzante» del mondo ebraico. Secondo altre fonti, Poppea, curiosa e acuta com'era, si sarebbe interessata al cristianesimo, attratta dalla stranezza di una religione che aveva trasformato in un Dio un inquieto profeta, crocifisso come un criminale in una remota provincia dell'impero.

Non sapremo mai quanta verità ci fosse in queste voci, diffuse per vari motivi, non esclusi quelli dettati da interessi contingenti. Resta come punto fermo che il cristianesimo, anche se allo stato nascente, suscita viva curiosità e qualche profonda inquietudine. La nuova religione è venuta come tante altre dall'Oriente. Negli anni di cui stiamo parlando non ha ancora una sua compiuta fisionomia, tuttavia possiede caratteristiche tali che ne facilitano la diffusione presso le classi più umili, gli schiavi e i soldati, come del resto era avvenuto per la religione del dio Mitra, per tanti aspetti simile. Il cristianesimo, però, tocca contemporaneamente anche gli strati alti della società romana e comincia a contare qualche seguace perfino nella cerchia di persone vicine al trono imperiale.

Poco dopo aver compiuto trentacinque anni, Poppea morì in modo improvviso. Si disse che fosse stata avvelenata dal marito; si disse che Nerone, in un impeto d'ira, l'avesse uccisa a calci, come poi si sosterrà di Costantino e della moglie. Quale che sia stata la causa della morte, l'imperatore volle che i funerali fossero grandiosi: la salma fu portata al foro in solenne processione e Nerone in persona pronunciò la *laudatio* dalla stessa tribuna da cui Antonio aveva tessuto l'elogio funebre di Cesare. Il suo corpo fu imbalsamato e, secondo Plinio, l'Arabia intera non avrebbe potuto produrre l'immensa quantità di profumi che l'imperatore avrebbe voluto impiegare, perso nel sogno di conservarne intatta la bellezza.

Il famoso, e per molti aspetti enigmatico, incendio di Roma del 64, uno degli avvenimenti capitali sia nella storia della città sia nella vita di Nerone, salda la figura dell'imperatore, come subito vedremo, al nascente movimento cristiano.

Fra l'una e le due del mattino del 19 luglio un messo trafelato giunse ad Anzio, dove l'imperatore villeggiava, annunciando che il circo Massimo stava bruciando e che le fiamme minacciavano gli stessi palazzi imperiali. Partito al galoppo, Nerone giunse a Roma in tempo per vedere l'intera zona trasformata in un braciere e parte della sua stessa dimora ridotta in cenere. Ci vollero sei giorni per domare le fiamme e si arrivò ad abbattere in via preventiva gli edifici per sottrarre al fuoco il suo alimento. Bruciarono abitazioni e botteghe, templi e santuari, compreso quello di Vesta, che conteneva i penati del popolo romano, i capolavori dell'arte greca e molte «opere antiche». Più di un decimo dell'intera superficie urbana andò in fumo, compresa tutta l'area del foro situata a sud della Via Sacra.

La voce che fosse stato Nerone a dare avvio alle fiamme si diffuse subito e molte testimonianze, anche autorevoli, hanno continuato con insistenza a riprenderla. Nella *Storia naturale*, Plinio il Vecchio annota come se fosse un fatto incontrovertibile: «Nerone ha fatto bruciare Roma». Sulla stessa linea

Dione Cassio: «Volle eseguire un progetto che aveva sempre covato: distruggere mentre era vivo Roma tutta intera e l'impero». Ancora nel VI secolo un moralista come Boezio scriverà nella *Consolazione della filosofia*: «Quali crimini, quante sventure ha commesso Nerone, mostro abominevole che bruciò la capitale del mondo».

Ma l'autore che in questo momento più ci interessa è ancora lo storico Tacito, che negli *Annali* ci dà questa testimonianza:

> Per far cessare dunque queste voci, Nerone inventò dei colpevoli e punì con i più raffinati tormenti coloro che, odiati per le loro nefande azioni, il volgo chiamava cristiani; il nome derivava da Cristo, il quale, sotto l'imperatore Tiberio, era stato condannato al supplizio dal procuratore Ponzio Pilato: soffocata per il momento, quella rovinosa superstizione dilagava di nuovo, non solamente attraverso la Giudea, dove quel male era nato, ma anche a Roma, dove tutto ciò che c'è al mondo di atroce e di vergognoso da ogni parte confluisce e trova seguito. Ordunque, prima furono arrestati quelli che confessavano la loro fede; poi, dietro indicazione di questi, una grande moltitudine di gente fu ritenuta colpevole non tanto del delitto di incendio, quanto di odio contro l'umanità. (XV, 44)

«Nefande azioni», «odio contro l'umanità»: queste le caratteristiche che il grande storico attribuisce al cristianesimo e ai suoi seguaci per le ragioni che si è cercato di chiarire in apertura di capitolo. È opinione diffusa, anche se non interamente provata, che di quella moltitudine di martiri avrebbe fatto parte anche Pietro, considerato dalla Chiesa il «principe degli apostoli».

Tacito, scrivendo ad appena mezzo secolo di distanza dai fatti, afferma: «Ignoriamo se il disastro si dovette al caso o alla cattiveria dell'imperatore», ma poi aggiunge che chi cercava di contrastare le fiamme veniva minacciato da gente che, lanciando torce, gridava di star eseguendo degli ordini. Svetonio è ancora più esplicito: Nerone incendiò Roma in modo così sfacciato che parecchi funzionari, pur avendo sorpreso nelle loro proprietà i suoi servi con stoppa e torce, non osarono toccarli.

Perché l'imperatore, per squilibrato che fosse, si sarebbe macchiato di un delitto di tali dimensioni e così impopolare? Secondo Tacito, lo spinse il desiderio di fondare una città più bella di quella esistente, alla quale legare il suo nome: Neropoli. Dione Cassio e Svetonio condividono l'ipotesi: nella sua follia, aggiungono, l'imperatore invidiava a Priamo il sublime piacere d'aver assistito alla distruzione della sua città e del suo regno. Questi cronisti, anche se non furono testimoni diretti dei fatti, hanno lasciato scritto che mentre l'incendio divampava, l'imperatore o dal «palcoscenico del suo palazzo» (Tacito), o «dalla torre di Mecenate» (Svetonio), o «dall'alto del Palatino» (Dione Cassio), vestito da citaredo, il capo cinto d'alloro, cantava la rovina di Troia «paragonando le sciagure presenti a quella remota disfatta» dalla quale Roma era nata.

Sia stata o no opera sua, l'imperatore è ormai perso nella sua follia: scrive versi, compone musica, recita, vuole essere ricordato come declamatore e poeta, non come leader politico. Prende possesso della nuova Domus aurea che è stata in gran parte terminata. Non lo turbano le notizie che in Gallia (con Vindice) e in Spagna (con Galba) le legioni sono in rivolta contro di lui. Dopo avere sventato tante congiure e ribellioni, vere o presunte, crede di poter avere ragione anche di quelle.

Non è così. Le donazioni di grano sono quasi azzerate per la scarsità dei rifornimenti, l'imperatore ha perso il contatto con la realtà, mancanza spesso fatale per i governanti. A fine maggio la ribellione esplode. Galba marcia su Roma. Nerone progetta un nuovo viaggio in Egitto, ma i fedeli pretoriani, che lo avevano sempre accompagnato, questa volta rifiutano di seguirlo. L'uomo ha appena compiuto trentun anni e per la prima volta è solo. Va a letto, ma la notte è popolata da incubi. Si alza e scopre che anche le sentinelle si sono allontanate «portando via le coperte e rubando perfino la pisside con il veleno». Manda allora a cercare qualcuno che possa ucciderlo, ma nemmeno questi si trova. Scrive Svetonio:

> Quando il suo liberto Faonte gli offrì la propria villetta, al quarto miglio fra la via Salaria e la via Nomentana, scalzo com'era e con la sola tunica addosso, buttandosi sulle spalle un mantelluccio sbiadito, copertosi il capo e con il viso nascosto da un fazzoletto, salì a cavallo, accompagnato da sole quattro persone. (*Vita di Nerone*, XLVIII)

Lo sparuto drappello arriva di nascosto alla villa; volendo evitare l'ingresso principale, Nerone si apre un passaggio nella boscaglia, lacerandosi il mantello fra i rovi, e va a sdraiarsi su un pagliericcio. Dopo un breve riposo, ordina di scavare una fossa che abbia le sue dimensioni e mentre i suoi uomini eseguono esclama più volte, con affranta convinzione: «*Qualis artifex pereo!*», quale artista muore con me! È alterato, piange, esorta i pochi presenti a uccidersi, per incoraggiarlo con il loro esempio a fare altrettanto; nessuno obbedisce, tutto precipita.

Già stavano avvicinandosi i cavalieri che avevano l'ordine di prenderlo vivo. Quando li sentì, affondò il ferro nella gola con l'aiuto del suo segretario Epafrodito. Era ancora semivivo quando a un centurione che, fatta irruzione e fingendo di volerlo aiutare, gli aveva tamponato la ferita con il proprio mantello, disse solo queste parole: «È troppo tardi». E poi: «Questa è fedeltà». Così dicendo morì e i suoi occhi stralunati si fecero fissi, ispirando orrore in coloro che li videro. (*Vita di Nerone*, XLIX)

Nerone muore mentre la nuova religione chiamata «cristianesimo» continua a diffondersi. Tertulliano, teologo cristiano che opera a Cartagine negli anni a cavallo fra il II e il III secolo, dirà, pensando alle persecuzioni di quei primi fedeli: «*Semen est sanguis christianorum*», il sangue dei cristiani è seme di nuovi cristiani.

II
LE ALABARDE DEL PAPA

La sera del 4 maggio 1998 tre corpi vengono trovati all'interno delle mura vaticane, in un appartamento a poca distanza dagli alloggi privati del pontefice. Due uomini e una donna uccisi da colpi d'arma da fuoco.

Tre «morti eccellenti». Il primo è il colonnello Alois Estermann, quarantaquattro anni, comandante dell'esercito vaticano, capo delle famose guardie svizzere. Uomo di notevole prestanza, il colonnello aveva ricevuto la nomina quel giorno stesso. Adagiata contro una parete sua moglie, Gladys Meza Romero, quarantanove anni, di origine venezuelana, che rivestiva un ruolo diplomatico all'ambasciata del Venezuela presso la Santa Sede. Riverso a terra come il suo colonnello c'è poi il vicecaporale Cédric Tornay, il più giovane dei tre, nato a Monthey (Svizzera) il 24 luglio 1974, dunque ventiquattrenne.

La triplice uccisione getta il Vaticano nel caos. Ma solo per brevi momenti: nel volgere di poche ore il caso viene chiuso, anche se l'inchiesta continuerà con poco costrutto per nove mesi. Le voci, al contrario, non tacciono, soprattutto fuori d'Italia: molte sono le lacune, numerosi i particolari che stridono con la versione ufficiale e, per conseguenza, i dubbi, le domande che rimangono senza risposta.

I due militari facevano parte del più antico e prestigioso corpo di guardia pontificio: cento soldati selezionati in quelle valli svizzere note da sempre per il valore dei loro giovani. Già Tacito riconosceva: «Gli Helvetii sono un popolo di guerrieri, famoso per il valore dei suoi soldati». A loro, tradizionalmente, il compito di garantire la sicurezza della Santa Sede, l'incolumità del pontefice, la tenuta delle mura vaticane. A loro anche quello di accompagnare le più solenni cerimonie, rivestiti di una sgargiante uniforme la cui ideazione viene attribuita dalla voce popolare addirittura a Michelangelo.

Il giallo vaticano non ha mai avuto una soluzione soddisfacente. Su questa triplice morte si possono dare solo due certezze. La prima è che la versione ufficiale sicuramente non corrisponde alla reale dinamica dei fatti. La seconda è che alla madre di Cédric Tornay, nonostante le ripetute suppliche indirizzate al pontefice, mai è stato dato quel minimo conforto che un'elementare pietà esigeva; tanto meno una risposta verosimile. Muguette Baudat, questo il suo nome, ha dovuto accontentarsi della versione ufficiale secondo la quale suo figlio Cédric aveva ucciso i coniugi Estermann per poi suicidarsi.

Tale versione era stata fornita alla stampa dal portavoce vaticano Joaquín Navarro-Valls, ex giornalista spagnolo, membro dell'Opus Dei, poche ore dopo i fatti. La sua ricostruzione del crimine era che il vicecaporale Tornay, furioso per non aver ottenuto un'attesa decorazione (la «Benemerenti»), colto da un raptus d'ira incontrollata, si era vendicato sul comandante che gliel'aveva negata, uccidendolo insieme alla moglie. Poi, sconvolto, si era tolto la vita. Il portavoce aggiungeva che il giovane soffriva di disturbi mentali e che faceva uso di droghe (*Cannabis*); il successivo esame autoptico riscontrerà nel cervello una cisti che avrebbe aggravato un equilibrio mentale già precario. Concludendo la ricostruzione dei fatti, Navarro-Valls dirà testualmente: «Non credo che l'autopsia potrà dare risultati diversi da quelli che vi ho esposto».

Il 5 febbraio 1999 un decreto a firma dell'avvocato Gianluigi Marrone, che in Vaticano funzionava da giudice unico, stabiliva che «sulla base degli elementi di indagine raccolti, appaiono condivisibili le conclusioni cui il promotore di giustizia è pervenuto e non risulta, pertanto, esercitabile l'azione penale ... dichiara non doversi promuovere l'azione penale relativamente alla morte del Col. Alois Estermann, della sig.ra Gladys Meza Romero cgt. Estermann e del vicecaporale Cédric Tornay, ordinando la trasmissione degli atti all'archivio».

Quanto alle ripetute sollecitazioni della signora Baudat, il portavoce dirà: «Capisco e rispetto il suo dolore, ma non possiamo ignorare lo scrupoloso rispetto di una verità stabilita da un'indagine lunga e accurata». Nove mesi per arrivare a una conclusione identica a quella che il portavoce vaticano aveva anticipato a poche ore dai fatti.

Nel capitolo precedente, dedicato agli anni di Nerone, i primi cristiani cominciavano appena ad affacciarsi nel mondo, fervidi seguaci di una fede che, nata in terra d'Israele come corrente dell'ebraismo, si stava diffondendo in Occidente. Con un salto di poche pagine, che nella realtà scavalca venti secoli, ci troviamo ora nel mezzo di un delitto di Stato, di fronte a versioni sfuggenti, contraddittorie, visibilmente lontane dalla verità, come hanno mostrato le inchieste parallele condotte da vari organi di stampa e dalle televisioni. Ricostruire i «segreti del Vaticano» significa anche tentare di dare una spiegazione alla distanza siderale che separa i fedeli che si avviavano al martirio cantando le lodi del Signore e i sinistri meccanismi che regolano la vita degli organismi politici e degli Stati.

La mappa allegata ai Patti lateranensi, firmati da Mussolini e dal cardinale Gasparri l'11 febbraio 1929, mostra che lo Stato della Città del Vaticano è praticamente racchiuso nelle mura dette «leonine». Una prima cinta venne eretta da Leone IV fra l'848 e l'852 a protezione del colle Vaticano e della basilica pietrina. Doveva rappresentare un argine alle invasioni dei saraceni che avevano saccheggiato Roma nell'846, durante il pontificato di Sergio II. Leone IV ideò la barriera ricalcando in gran parte il tracciato individuato dal suo predecessore, Leone III.

I lavori furono veloci. Le *domuscultae* (fattorie-fortezze create nell'alto Medioevo per il ripopolamento delle campagne) fornirono la manodopera necessaria alla grande impresa. Ma nella costruzione furono anche utilizzati i saraceni fatti schiavi nella battaglia di Ostia dell'849. Le mura vennero erette in quattro anni grazie allo sforzo finanziario dell'imperatore Lotario I e del longobardo Liutprando e ai materiali edili ricavati dalla demolizione degli edifici classici. Papa Leone si dimostrò infaticabile: sorvegliava direttamente i lavori, dava ordini agli operai, benediceva, pregava. Nei secoli successivi la prima cinta fu più volte rimaneggiata e ampliata. Le vere e proprie mura vaticane, che segnano attualmente i confini dello Stato, verranno però solo in seguito per volontà di Pio IV, Paolo III e Urbano VIII.

Curioso notare che, a seguito di questi ampliamenti, il celebre Passetto di Borgo si sia trovato a essere non più cinta di confine, bensì camminamento inserito nel mezzo dell'agglomerato urbano, proprio com'è oggi, destinato quindi a svolgere una funzione notevolmente diversa. Così collocato, il Passetto (o Corridoio) diventò infatti una via di fuga che collegava i palazzi papali alla fortezza di Castel Sant'Angelo.

Questa «uscita di sicurezza», romanzesca nell'aspetto e nel tracciato (restaurata in occasione del giubileo del 2000), ha dato vita a miti e leggende popolari. L'americano Dan Brown, scrittore non eccelso ma fantasioso sceneggiatore, vi ha ambientato una movimentata sequenza del suo *Angeli e demoni*. Gioacchino Belli lo ha celebrato in un sonetto (*Er Passetto de Castel Sant'Angiolo*, 17 dicembre 1845) che così conclude:

> Dentro'a castello può gioca' a buon gioco
> Er Santo Padre, se gli fanno spalla
> Uno per parte er cantiniere e er cuoco.
> E sotto la bandiera bianc'e gialla
> Può da' comodamente da quel loco
> Benedizione e cannonate a palla.

Ho appena addolcito la grafia romanesca originale per rendere più comprensibile la pungente ironia del componimento. Il poeta, comunque, aveva colto il punto. Il camminamento, lungo circa 800 metri, garantiva, in caso di necessità, il trasferimento del papa e del suo seguito dagli edifici vaticani alla fortezza con un percorso protetto e sopraelevato. Fu papa Niccolò III nel 1277 a immaginare questa utilizzazione delle mura edificate dal suo remoto predecessore Leone IV. Una delle più drammatiche emergenze si ebbe, come vedremo, nel maggio 1527.

Il tracciato delle mura ha avuto, sia prima dei vari ampliamenti sia dopo, una forma a ferro di cavallo che, partendo dal castello, circonda la basilica, sfrutta l'altura del Gianicolo, ridiscende verso il Tevere. Mura possenti, con uno spessore di quattro metri alla base, intervallate, secondo il modello romano, da quarantaquattro torri e da alcune porte, ancora in buona parte esistenti.

La demolizione della parte centrale dei Borghi (la cosiddetta «spina di Borgo») e l'apertura di via della Conciliazione hanno notevolmente alterato la fisionomia originaria dei luoghi. Nonostante le numerose modifiche e alcune demolizioni rese necessarie dal traffico, le mura raccontano ancora molte delle loro avventure a chi si soffermi a leggere le numerose targhe, iscrizioni e stemmi pontifici che le costellano.

Nella Roma dei papi, la città leonina rappresentò per secoli un bastione a difesa della monarchia pontificia. Di ritorno dalla cattività avignonese, durata dal 1309 al 1377, i papi cominciarono infatti a rendersi conto che il Vaticano era più facilmente difendibile del Laterano, loro prima residenza, grazie soprattutto all'eccezionale fortezza rappresentata da Castel Sant'Angelo. Si iniziarono così a costruire e a fortificare nuovi palazzi all'interno della cinta leonina, le mura vennero restaurate, ampliate, rafforzate; si aprirono nuove porte per rispondere alle accresciute esigenze militari e residenziali.

In una pianta settecentesca di Mariano Vasi («*Vetus Planum Urbis Romae*») sono visibili le porte principali, tra cui Porta Turrionis, ora demolita, sostituita da Porta Cavalleggeri, così chiamata per la vicina caserma: entrarono da qui, nel 1527, i lanzichenecchi di Carlo V.

All'estremità del Passetto, di fronte a piazza San Pietro, comincia via di Porta Angelica. In passato questa strada conduceva, appunto, a Porta Angelica. In seguito al Concordato del 1929, noto come la «conciliazione», un muro moderno venne costruito lungo il lato sinistro della strada, vero e proprio confine tra i due Stati. Qui si trova ora Porta Sant'Anna, l'unico ingresso per i visitatori e anche per molti cittadini vaticani. A guardia della porta, da oltre mezzo secolo, ci sono i soldati pontifici, le alabarde del papa. O meglio, la guardia svizzera.

Di questo dobbiamo parlare, delle straordinarie avventure del più antico esercito del mondo, nonché l'unico reclutato sulla base di una fede religiosa. Nel corso della lunga storia vaticana ci sono stati altri corpi militari; due, per esempio, erano stati istituiti nel XIX secolo (la guardia nobile e la guardia palatina) e successivamente sciolti; e nel Cinquecento c'era anche stato l'episodio della guardia corsa, dissolta pure essa dopo circa un secolo.

La guardia svizzera, al contrario, ha continuato a esistere dal lontano 1506, quando Giulio II Della Rovere (il papa di Michelangelo) chiese agli Stati Confederatis Superioris Allemanniae di permettergli il reclutamento di alcune decine di giovani per costituire una sua guardia del corpo. Già i pontefici che lo avevano preceduto (Sisto IV, Innocenzo VIII, Alessandro VI) avevano cercato di organizzare un corpo armato, ma fu lui a dare ufficialmente vita al reggimento delle guardie.

Il 22 gennaio 1506 un contingente di centocinquanta mercenari, giunto a piedi da Lucerna lungo la via Francigena, fece il suo ingresso in Roma. Aveva guidato il trasferimento il comandante Kaspar von Silenen, accompagnato dal prelato Hertenstein. I centocinquanta alabardieri (*Gwardiknechte*) avevano fatto sosta a Milano, dove Hertenstein aveva ricevuto, quale acconto papale sui compensi, cinquecento ducati dalla filiale del banco dei Fugger. Gli svizzeri avevano poi sostato ad Acquapendente, nel sud della Toscana, per incassare altri duecento ducati. Il 21 gennaio arrivarono finalmente alle porte di Roma e il giorno seguente, fatto il loro ingresso nella Città Eterna, avevano marciato da Porta del Popolo fino al colle Vaticano passando per Campo de' Fiori. Giunti a destinazione dopo quell'interminabile cammino nel pieno dell'inverno (750 chilometri circa), si erano schierati per presentarsi al pontefice e prendere finalmente quartiere.

Il prelato alsaziano Giovanni Burchard, maestro di cerimonie alla corte papale e scrupoloso cronista, annotò nel suo diario: «Il 22 gennaio 1506, verso sera, un gruppo di centocinquanta soldati svizzeri, guidati dal capitano Kaspar von Silenen, ha varcato la Porta del Popolo ed è entrato a Roma».

Giulio II fu un papa guerriero quanti altri mai. Fra i suoi obiettivi c'era il rafforzamento dello Stato della Chiesa e la riannessione di vari territori ribelli. Per la guardia personale aveva preso a modello il re di Francia, che dal 1497 affidava la sua sicurezza personale a una compagnia di un centinaio di uomini armati. Giulio II ne voleva inizialmente il doppio, ma dovette accontentarsi dei centocinquanta che si riuscì a reclutare.

Oggi l'organico delle guardie è di centodieci uomini, dal colonnello comandante agli ufficiali, sottufficiali e semplici alabardieri. Al prestigio e al richiamo scenografico del corpo contribuisce l'uniforme che, come detto, una leggenda vuole ideata da Michelangelo. In realtà, la sgargiante veste rinascimentale scandita nel giallo, blu e arancio, che riprende i colori della casata Medici, è frutto del lungo lavoro del colonnello Jules Répond (comandante nel periodo 1910-21), il quale si ispirò a Raffaello. Dell'uniforme di gala fanno parte la corazza e l'elmo spagnolesco, detto «morione», guarnito di piume di struzzo e dalle caratteristiche punte rialzate. Peraltro, è anche prevista una più sobria tenuta da lavoro composta da pantaloni e casacca di colore blu completata da un grande colletto bianco. L'uniforme degli svizzeri è ormai entrata a far parte del folclore vaticano e, quindi, romano.

Non sono comunque mancati i critici: Stendhal, per esempio, non si mostrò entusiasta dell'uniforme. Nelle sue *Promenades dans Rome*, alla data del 7 marzo 1828 racconta che

> all'estremità destra del colonnato scorsi certe figure grottesche vestite con strisce di panno giallo, rosso e blu; erano i bravi Svizzeri armati di picca e rivestiti come si usava nel XV secolo.

Qualche decennio più tardi, nel 1864, Hippolyte Taine vede le guardie svizzere alla Sistina e le bolla come «*bariolés*» e «*vetus d'un costume opéra*», variopinti e vestiti con un costume da teatro.

Il vero battesimo di sangue del piccolo corpo e la prova di una fedeltà spinta, come da giuramento, fino al sacrificio della vita si ebbero il 6 maggio 1527, giorno fatale per Roma, che conobbe una delle più devastanti invasioni della sua storia. Dopo alcune ore di scontri sanguinosissimi, un'orda di circa quattordicimila lanzichenecchi comandati da Georg von Frundsberg, superate le difese alle porte Santo Spirito e del Torrione, irruppe in città. (Il termine «lanzichenecchi» italianizza l'originale *Landsknechte*, composto da *Land*, terra, e *Knecht*, servitore. Si trattava di reparti di fanteria rinomati nell'Europa nel XVI secolo, veri professionisti del combattimento.) Quei temibili reggimenti, composti da mercenari bavaresi e del Tirolo e da alcuni reparti di spagnoli, furono protagonisti del «sacco di Roma».

I lanzichenecchi invasero, dunque, Borgo Santo Spirito e San Pietro, mentre la guardia svizzera, schierata accanto all'obelisco che in quegli anni giaceva abbattuto sul fianco della basilica, tentava una disperata resistenza. Durante gli scontri a colpi di spada e di alabarda, gli svizzeri, in netta inferiorità, dovettero retrocedere fin sotto l'altare di San Pietro. Nemmeno questo bastò. Sempre duellando, i contendenti arrivarono fino all'interno della cappella Sistina e alle stanze di Raffaello. Per sfregio, il nome di Lutero venne inciso con la punta di una spada sull'affresco *La disputa del Santissimo Sacramento*, mentre un altro graffito inneggiava a Carlo V imperatore.

Allora il saccheggio era un diritto riconosciuto per le armate mercenarie, che non ricevevano una paga regolare. Di questo arbitrio senza limiti facevano parte gli stupri, anch'essi pratica corrente. A Roma i «lanzi» arrivarono a sfondare le porte dei conventi per violentare perfino le monache di clausura. L'impeto e la durata di questi crimini si spiegano con il fatto che le truppe tedesche erano composte da convinti luterani (la Riforma era cominciata solo dieci anni prima) per i quali il papa rappresentava l'Anticristo e Roma la Grande Meretrice. C'era, dunque, in loro non solo la spinta alla sopraffazione, abituale nei soldati di ventura, ma anche un micidiale spirito di rivalsa. Le conseguenze per la popolazione e le vestigia della città furono quindi terribili. La guardia pontificia sacrificò la maggior parte dei suoi uomini per consentire a papa Clemente VII e ai più alti dignitari vaticani di percorrere il Passetto e trovare rifugio in Castel Sant'Angelo. Centoquarantasette alabardieri caddero; solo quarantadue sopravvissero all'eccidio.

Lanzichenecchi e spagnoli, che si erano riversati in città attraverso i ponti Sisto e Sant'Angelo, proseguirono per otto giorni il saccheggio e i soprusi. Vennero scoperchiate e spogliate perfino le tombe dei papi, compresa quella di Giulio II, morto solo pochi anni prima (1513). Alla fine si contarono più di diecimila vittime e un bottino di parecchi milioni di ducati. Alle ruberie e alle violenze si unirono gli scherni antipapisti. In una processione organizzata davanti a Castel Sant'Angelo, cioè sotto gli occhi di Clemente VII asserragliato fra quelle mura, si dileggiarono i rituali romani e si gridò a lungo: «*Vivat Lutherus pontifex*».

Il 5 giugno, un mese dopo l'ingresso delle truppe, il papa firmò finalmente la resa, che fu gravata da onerose condizioni: l'abbandono delle fortezze di Ostia e Civitavecchia, la cessione di Modena, Parma e Piacenza, il pagamento di quattrocentomila ducati, un pesante riscatto per liberare i numerosi prigionieri. Inoltre, e questo interessa in particolare la nostra storia, la guardia svizzera veniva sciolta, sostituita da duecento lanzichenecchi: quattro compagnie di tedeschi e spagnoli. Il papa ottenne che gli svizzeri sopravvissuti potessero essere arruolati nella nuova guardia, ma soltanto dodici accettarono di mescolarsi agli odiati lanzichenecchi. Trascorsero vent'anni prima che Paolo III, nel 1548, decidesse di ricostituire il corpo degli alabardieri pontifici com'era in origine.

A ricordo di quelle tragiche giornate si può vedere, in via dei Penitenzieri, un busto di Bernardino Passeri, sotto il quale compare la scritta:

Il 6 maggio 1527
ravvolto nella bandiera
di sua mano strappata
alle irrompenti orde borboniche
qui presso cadde a difesa della patria
nel proprio e nel nemico sangue
Bernardino Passeri romano
orefice, padre di famiglia.
Perché tanto esempio frutti insegnamento
ed emulazione ai posteri
la società degli orafi di Roma
al loro fratello d'arte e di cuore
nuovo ricordo consacrano
25 ottobre 1885

Un altro ricordo di quelle giornate permane nel fatto che le reclute della guardia svizzera prestano ancora oggi giuramento di fedeltà al papa il giorno in cui si consumò il loro massimo sacrificio, il 6 maggio di ogni anno. Le nuove reclute, in uniforme di gran gala, vengono riunite nel cortile di San Damaso e ascoltano il testo del giuramento scandito dal cappellano: «Giuro di servire fedelmente, lealmente e onorevolmente il sommo pontefice e i suoi legittimi successori, come pure di dedicarmi a loro con tutte le forze, sacrificando, ove occorra, anche la vita per la loro difesa. Assumo del pari questi impegni riguardo al Sacro Collegio dei cardinali per la durata della sede vacante. Prometto inoltre al capitano comandante e agli altri miei superiori rispetto, fedeltà e ubbidienza. Lo giuro. Che Iddio e i nostri santi patroni mi assistano». A una a una le reclute, con la mano sinistra sulla bandiera della guardia e la destra alzata con le tre dita aperte (simbolo della Trinità), giurano.

Dopo il bagno di sangue del maggio 1527, il corpo ha conosciuto altre prove, tutte molto meno impegnative salvo un episodio di notevole rilevanza, accaduto a Perugia nel 1859, noto come la «strage di Perugia». Durante la Seconda guerra d'indipendenza un folto contingente di perugini, circa ottocento giovani, erano accorsi ad arruolarsi volontari nell'esercito sabaudo, mentre in città nasceva un comitato insurrezionale che, fallita una mediazione con il legato pontificio, aveva proclamato il governo provvisorio e offerto la città a Vittorio Emanuele II. Fu subito chiaro che Pio IX non era disposto a perdere quella parte dei suoi possedimenti territoriali e che, anzi, avrebbe preso a pretesto l'atmosfera insurrezionale per reprimere in modo esemplare la rivolta. A quel punto il governo provvisorio ordinò al popolo di prepararsi a difendere la città.

Il 20 giugno le truppe pontificie, forti di circa duemila uomini, per la gran parte svizzeri agli ordini del colonnello Anton Schmidt, si presentarono davanti alla città. Le truppe volontarie, male addestrate e peggio armate, tentarono una resistenza ben presto vinta, nel corso della quale dieci pontifici e trenta perugini caddero. Gli svizzeri dilagarono in città rendendosi colpevoli degli stessi atti di violenza commessi dai «lanzi» tre secoli prima.

Degno di nota fu il comportamento di Placido Acquacotta, abate del monastero di San Pietro, che nascose decine di civili terrorizzati nei meandri e nelle cantine del convento, salvando loro la vita. Un esempio, altri ne vedremo in questo stesso libro, in cui semplici religiosi si comportarono in modo difforme e più «cristiano» rispetto alle gerarchie dalle quali, formalmente, dipendevano. Lo studioso Pasquale Villari, nella *Storia generale d'Italia* da lui diretta, scrive:

> Furono saccheggiate trenta case, nelle quali – per confessione dello stesso Schmidt – fu fatto massacro delle donne; furono invasi un monastero, due chiese, un ospedale e un conservatorio di orfane, nel quale, sotto gli occhi delle maestre e delle compagne, due giovanette furono contaminate. Alle immanità dei saccheggiatori seguirono, come legittimo corollario, il governo statario bandito a Perugia dallo Schmidt, le onorificenze largite a lui e ai suoi satelliti dal pontefice e i solenni e pomposi funerali indetti dal cardinale vescovo Pecci [poi papa Leone XIII] con la iscrizione satanicamente provocatrice messa sul catafalco: *Beati mortui qui in Domino moriuntur.* (p. 376)

Il grave episodio di sangue non poteva sfuggire al furore di Giosue Carducci che a caldo, nei giorni successivi, scrisse un vibrante sonetto inserito nella raccolta *Juvenilia* (n. XCII), in cui gli svizzeri vengono definiti «cattolici lupi», «micidial masnada»:

> Non più di frodi la codarda rabbia
> Pasce Roma nefanda in suo bordello;
> Sangue sitisce, e con enfiate labbia
> A' cattolici lupi apre il cancello
> E gli sfrena su i popoli, e la sabbia
> Intinge di lascivia e di macello:
> E perché il mondo più temenza n'abbia,
> Capitano dà Cristo al reo drappello;
> Cristo di libertade insegnatore;
> Cristo che a Pietro fe' ripor la spada,
> Che uccidere non vuol, perdona e muore,
> Fulmina, Dio, la micidial masnada;
> E l'adultera antica e il peccatore
> Ne l'inferno onde uscì per sempre cada.

L'episodio, oggi dimenticato, ebbe allora notevole eco internazionale, anche perché nelle violenze rimasero coinvolti i Perkins, una famiglia americana ospite in città. Il «New York Times» del 25 giugno di quell'anno, sotto il titolo *The massacre at Perugia*, così fra l'altro riferiva: «Le truppe infuriate parevano aver ripudiato ogni legge e irrompevano a volontà in tutte le case, commettendo omicidi agghiaccianti e altre barbarie sugli ospiti indifesi, uomini donne e bambini».

È questione dibattuta se ci furono personali responsabilità di Pio IX nella strage, ovvero se gli svizzeri avessero ricevuto, oltre all'ordine di stroncare la rivolta, la licenza, una volta vinta la battaglia, di potersi abbandonare alla violenza contro i perugini. Innegabile resta quanto meno la sua responsabilità nelle successive decapitazioni, come risulta dall'ordine trasmesso al colonnello Schmidt dal cavalier L. Mazio, sostituto del ministro pontificio:

> Il sottoscritto Commissario Sostituto Ministro dà incarico a V.E. di recuperare le Province alla Santità di N.S. sedotte da pochi faziosi, ed è perciò che Le raccomanda rigore perché servir deve di esempio alle altre, e si potranno tenerle lontane dalla rivoluzione. Do inoltre facoltà a V.S. di poter fare decapitare i rivoltati che si ritrovassero nelle case, non che risparmiare la spesa al Governo, e fare ricadere, tanto il vitto che la spesa della presente spedizione, alla Provincia stessa.

Negli anni successivi, l'esercito del papa ha avuto una vita più tranquilla. Gli svizzeri hanno garantito il potere temporale del Vaticano fino al 20 settembre 1870, giorno in cui i bersaglieri del generale Lamarmora, aperta una breccia nelle mura all'altezza di Porta Pia, sono entrati in Roma ricongiungendola al Regno d'Italia proclamato nove anni prima. Il giorno dopo, le truppe pontificie sono state sciolte, con la sola eccezione della guardia svizzera.

Si chiuse così un periodo di secoli durante i quali era stato necessario disporre di un esercito alle dipendenze del pontefice che ne difendesse i territori, vale a dire il potere temporale. Da quel momento è rimasto alla guardia svizzera solo il compito di garantire l'incolumità del papa e la sicurezza dei palazzi del Vaticano e della villa pontificia di Castel Gandolfo.

Una tappa importante nella vita del corpo sono stati i Patti lateranensi, firmati l'11 febbraio 1929 fra lo Stato italiano e la Chiesa cattolica. I Patti sono costituiti da un trattato e da un annesso concordato. Con il primo è stata riconosciuta alla Santa Sede esclusiva e assoluta giurisdizione sovrana sul Vaticano. Il trattato precisa minutamente le competenze vaticane. All'articolo 3 recita:

> L'Italia riconosce alla Santa Sede la piena proprietà e l'esclusiva e assoluta potestà e giurisdizione sovrana sul Vaticano, com'è attualmente costituito, con tutte le sue pertinenze e dotazioni, creandosi per tal modo la Città del Vaticano per gli speciali fini e con le modalità di cui al presente Trattato.

Un altro comma chiarisce e precisa la questione degli accessi e dei confini:

> Resta inteso che la piazza San Pietro, pur facendo parte della Città del Vaticano, continuerà a essere normalmente aperta al pubblico e soggetta ai poteri di polizia delle autorità italiane; le quali si arresteranno ai piedi della scalinata della basilica, sebbene questa continui a essere destinata al culto pubblico, e si asterranno perciò dal montare e accedere alla detta basilica, salvo che siano invitate a intervenire dall'autorità competente. Quando la Santa Sede in vista di particolari funzioni credesse di sottrarre temporaneamente la piazza di San Pietro al libero transito del pubblico, le autorità italiane, a meno che non fossero invitate dall'autorità competente a rimanere, si ritireranno al di là delle linee esterne del colonnato berniniano e del loro prolungamento.

La creazione del nuovo Stato della Città del Vaticano ha posto una delicata questione anche alla Confederazione elvetica, dal momento che si trattava di arruolare dei suoi cittadini in un «esercito» straniero. La questione è stata risolta con un deliberato del Consiglio federale svizzero che, quattro giorni dopo la firma dei Patti, ha stabilito:

> È difficile considerare la guardia papale come un corpo armato straniero, nel senso dell'articolo 94 del codice penale militare; essendo questa truppa una semplice guardia di polizia, chiunque vi potrà prestare servizio senza l'autorizzazione del Consiglio federale.

Sempre nel 1929 sono cominciati i lavori per la costruzione dei locali di abitazione degli ufficiali e sottufficiali della guardia ed è stato terminato il restauro della piccola chiesa di San Martino e San Sebastiano, fatta erigere da Pio V nel 1568 all'interno del quartiere degli svizzeri.

Sul sito internet della curia romana sono elencati con chiarezza i requisiti necessari per diventare soldato pontificio:

> Sono cittadino svizzero. Sono di fede cattolico-romana. Ho una reputazione irreprensibile. Ho assolto la scuola reclute in Svizzera. Ho fra i 19 e i 30 anni. Sono alto almeno 174 centimetri. Sono celibe. Sono in possesso di un certificato di capacità professionale o di una maturità di scuola media-superiore.

Insomma, maschio, svizzero, altezza media, celibe, cattolico e diplomato. La durata minima del servizio è di due anni. Stipendio mensile circa 1350 euro. Ci si può sposare solo dopo i venticinque anni, con tre anni di esperienza, il grado di caporale e l'impegno a servire la Chiesa di Roma, per almeno altri tre anni.

Quali sono, nella pratica quotidiana, i compiti di uno «svizzero»? Due terzi del personale sono assegnati alla vigilanza di vari ingressi dei palazzi apostolici: nel cortile di San Damaso, nel cortile del Belvedere, nei piani delle Logge, nella sala Regia, davanti agli uffici della segreteria di Stato, nell'appartamento privato del papa. La guardia controlla, inoltre, gli ingressi esterni: il Cancello Petriano, l'Arco delle Campane, il Portone di Bronzo e Porta Sant'Anna.

Gli svizzeri prestano servizio d'onore e di sicurezza tutte le volte in cui il papa è presente: nelle celebrazioni in San Pietro, nelle udienze generali e durante le visite di capi di Stato esteri. Ci sono poi le ispezioni, le marce, gli esercizi di tiro, le prove della banda, il coro.

I centodieci soldati sono organizzati in tre squadre che si alternano nelle ventiquattro ore. Una squadra è di servizio, una seconda è di rinforzo, la terza è libera. Sotto la guida del colonnello comandante operano tre ufficiali e un gruppo di sottufficiali. Ufficiali e sergente maggiore lavorano di solito in borghese. Il cappellano del corpo è equiparato a un tenente colonnello. Le guardie mangiano nella mensa interna, gestita dalle suore albertine serve di Dio.

La bandiera della guardia pontificia è suddivisa da una croce bianca in quattro campi. Il primo reca lo stemma del papa regnante, il quarto quello di Giulio II, entrambi su fondo rosso. Il secondo e il terzo campo recano invece i colori del corpo che sono il blu, il rosso e il giallo. Nel punto d'intersezione dei bracci della croce spicca lo stemma del comandante in carica.

Quando, nel maggio 2006, la guardia svizzera ha celebrato il quinto centenario della fondazione, papa Benedetto XVI ha detto fra l'altro nella sua omelia:

> Fra le molteplici espressioni della presenza dei laici nella Chiesa cattolica, vi è anche quella del tutto singolare delle guardie svizzere pontificie, giovani che, motivati dall'amore per Cristo e la Chiesa, si pongono al servizio del successore di Pietro. Per alcuni di loro l'appartenenza a questo corpo di guardia è limitata a un periodo di tempo, per altri si prolunga sino a diventare scelta dell'intera esistenza. Per qualcuno, e lo dico con vivo compiacimento, il servizio in Vaticano ha portato a maturare la risposta alla vocazione sacerdotale o religiosa. Per tutti, però, essere guardie svizzere significa aderire senza riserve a Cristo e alla Chiesa, pronti per questo a dare la vita.

Pronti a dare la vita dunque, o a perderla misteriosamente, come accadde nel caso di Alois Estermann, di sua moglie Gladys Meza Romero e del giovane vicecaporale Cédric Tornay.

Alle ore 20.46 del 4 maggio 1998 squilla il telefono in casa Estermann, un piccolo ed elegante appartamento accanto a Porta Sant'Anna. Siamo nel centro nevralgico della Città del Vaticano, all'interno del Quartiere degli svizzeri, a due passi dal torrione che ospita la banca vaticana, il famigerato Ior.

Al telefono è un vecchio amico che chiama per complimentarsi con il colonnello Estermann, nominato, solo nove ore prima, comandante della guardia. Nella sua deposizione del successivo 7 maggio l'amico dichiara:

> Abbiamo parlato della cerimonia del giuramento e delle condizioni atmosferiche. A un certo punto ho sentito un'interruzione, come se il microfono fosse stato appoggiato sul petto o su qual-

cosa di morbido. Dopo poco, ho sentito delle voci in lontananza, una ricollegabile a quella della moglie, poi un altro brusio e un colpo netto a cui sono seguiti a brevissima distanza un altro colpo netto e altri colpi più lontani.

Nel medesimo istante una suora che abita allo stesso piano del palazzo sente alcuni tonfi. Incuriosita, esce sul pianerottolo e vede la porta di casa Estermann spalancata. Sono le 21.04. Si affaccia timidamente, urla. La scena che le si presenta è raccapricciante: il sangue è dappertutto, imbratta pareti e pavimento. A terra, tre cadaveri: due uomini, in posizione prona, e una donna, seduta sul pavimento, la schiena appoggiata al muro. Tutti e tre uccisi da un'arma da fuoco.

Alois Estermann non è mai stato un ufficiale qualunque. La sua carriera è stata folgorante, soprattutto dopo l'attentato del 13 maggio 1981 a Karol Wojtyła. Quel giorno, infatti, l'allora capitano Estermann onorò fino in fondo il giuramento facendo scudo al pontefice con il proprio corpo, o almeno così vuole una versione dei fatti. Atto eroico per molti; un gesto opportunista e tardivo (il colpo diretto al Santo Padre aveva già raggiunto il bersaglio) secondo altri.

Pochi minuti dopo la raccapricciante scoperta, alle 21.30, il piccolo appartamento dei coniugi Estermann è animato da un incessante via vai di alti prelati, funzionari vaticani e uomini del corpo di vigilanza (la polizia interna allo Stato pontificio). Alle 22 arriva Gianluigi Marrone, giudice unico della Città del Vaticano. I tre corpi sono ancora a terra. Nessuna richiesta d'aiuto o collaborazione viene inoltrata alle autorità italiane. Nel Palazzo Apostolico il papa si raccoglie in preghiera. La notizia è comunque trapelata e fuori delle mura vaticane, di fronte alla Porta Sant'Anna, si raduna una folla di giornalisti, fotografi, operatori tv.

Nella confusione delle prime ore non c'è alcuna certezza, salvo quella dell'identità delle vittime. Eppure, poco dopo la mezzanotte (esattamente alle 00.10), la sala stampa della Santa Sede dirama il bollettino n. 184, datato 5 maggio: «Il comandante del corpo della guardia svizzera pontificia, capitano colonnello Alois Estermann» vi si legge «è stato trovato privo di vita nella propria abitazione insieme alla moglie Gladys Meza e al vicecaporale Cédric Tornay ... Tutti e tre sono stati uccisi da colpi d'arma da fuoco. Sotto il corpo del vicecaporale è stata rinvenuta l'arma d'ordinanza del medesimo ... I dati finora emersi permettono di ipotizzare un raptus di follia del vicecaporale Tornay».

Poco più tardi, il direttore della sala stampa, Joaquín Navarro-Valls, precisa ai giornalisti la dinamica del delitto: il vicecaporale avrebbe ucciso con la sua pistola i coniugi Estermann, per poi suicidarsi. A conferma di tale versione, il portavoce vaticano spiega che Tornay, un'ora e mezza prima del duplice omicidio, avrebbe affidato a un commilitone una lettera d'addio indirizzata ai familiari. «Il Vaticano ha la certezza morale che i fatti si sono svolti così» conclude perentorio il dottor Navarro-Valls.

Anticipando i risultati delle autopsie, gli interrogatori, i rilievi balistici, a sole tre ore da quelle morti, la Santa Sede diffonde la versione ufficiale basata su una «certezza morale» in grado di chiudere il caso prima ancora che nasca. I tre cadaveri «scottano»: sia per la loro identità sia per il luogo del ritrovamento.

Il 5 febbraio 1999, il giudice Marrone firma, come detto in apertura del capitolo, il decreto d'archiviazione: nessuna azione penale sulla morte del colonnello Alois Estermann, della signora Gladys Meza Romero, del vicecaporale Cédric Tornay. Se il caso è ufficialmente chiuso, continua tuttavia a mancare una sentenza che sancisca in maniera esplicita la colpevolezza di Tornay.

La Santa Sede vi pone rimedio e con il bollettino n. 55 dell'8 febbraio 1999 colma il vuoto lasciato dal decreto d'archiviazione. In nove pagine (un collage di stralci della relazione inoltrata a Marrone dal promotore di giustizia, Nicola Picardi) viene inchiodato il giovane vicecaporale: un omicida-suicida, pazzo, malato e dedito all'uso di stupefacenti.

Si legge nel bollettino vaticano: «L'autopsia ha rilevato la presenza nel cranio di Tornay di una cisti subaracnoidea della grandezza di un uovo di piccione, che aveva deformato la parte anteriore del lobo frontale cerebrale di sinistra». Non solo: «Le indagini chimico-tossicologiche sul Tornay hanno evidenziato la presenza di tracce di metabolita della *Cannabis*». E ancora: «Una terza concausa [del delitto] è rappresentata dalla broncopolmonite in atto». Dunque pazzo, drogato e malato.

Continua, però, a mancare il movente che, bene o male, doveva aver spinto l'uomo, anche se così malridotto. Eccolo: «La notizia che gli era stato negato [dal colonnello Estermann] un riconoscimento, rappresentato dalla medaglia Benemerenti». Tornay, folle e rancoroso, sarebbe stato dunque colto da «una reazione psichica acuta, che gli ha annullato la capacità di inibirsi».

La dinamica del delitto viene ipoteticamente così ricostruita: Tornay suona alla porta, entra nell'appartamento, «esplode due colpi contro il colonnello Estermann ... un terzo colpo va a vuoto e si conficca nello stipite di sinistra della porta dell'ascensore ... il quarto raggiunge la signora Estermann ... Alla fine il vicecaporale rivolge l'arma contro se stesso».

Cinque colpi in tutto, esplosi con la pistola d'ordinanza del giovane vicecaporale: «Sotto il suo cadavere» si legge nel bollettino «è stata rintracciata una pistola marca Sig, mod. 1975, di fabbricazione svizzera, calibro 9 mm, numero di matricola A-1-101-415, completa di caricatore, abitualmente armata con 6 cartucce, contenente una sola cartuccia inesplosa ... è la pistola d'ordinanza del vicecaporale». I cinque bossoli, rinvenuti sul luogo del delitto, proverrebbero, dunque, da quella pistola. E a sparare sarebbe stato Tornay. Nessun dubbio: i periti hanno infatti riscontrato, sulla sua mano destra, «la presenza di residui di polvere da sparo». Per la Santa Sede il caso è risolto al di là di ogni ragionevole dubbio. Eppure, qualche dubbio rimane. Meglio: molti dubbi rimangono.

Lo stesso giudice unico Marrone, in un'intervista al quotidiano «La Nazione» del 9 giugno 2002, ammette: «Quando accadono fatti così gravi e sui quali rimangono dubbi, bisogna cercare di arrivare con la minore approssimazione alla verità». Non solo. Marrone scrive in una lettera spedita il 1° marzo 2000 alla madre di Tornay, relativamente al bollettino vaticano n. 55: «I documenti elaborati dalla Santa Sede non possono ricevere formale avallo dall'autorità giudiziaria».

Ce n'è quanto basta per convincere la signora Muguette Baudat che le cose sono andate diversamente da come le autorità vaticane raccontano e che suo figlio, il povero vicecaporale, è stato vittima innocente di una crudele messinscena, accusato a torto di assassinio per coprire le vere ragioni del massacro. «Ho ricevuto solo menzogne e sono disperata» dichiara Madame Baudat a «Panorama» il 18 giugno 1998. «Sono troppi i misteri, troppe le bugie del Vaticano.»

Il 6 luglio 2000, attraverso due avvocati parigini, Jacques Vergés e Luc Brossollet, formalizza la domanda di riapertura dell'inchiesta. I due legali provano ripetutamente a chiedere l'accredito presso l'autorità giudiziaria vaticana. La risposta è sempre la stessa: non è possibile.

L'11 aprile 2002 spediscono allora un'«istanza a Sua Santità Giovanni Paolo II per la riapertura dell'inchiesta», nella quale denunciano alcuni punti che ritengono oscuri. Anzitutto, la porta di casa Estermann trovata spalancata, come se qualcuno si fosse allontanato lasciandola aperta nella fretta. Poi, il mistero dei quattro bicchieri sporchi rinvenuti nell'appartamento, circostanza che farebbe pensare alla presenza di una quarta persona. Quindi, i risultati della seconda autopsia del vicecaporale effettuata in Svizzera, a seguito della quale nessuna cisti è stata riscontrata nel cranio. E ancora: «La pistola d'ordinanza con cui Tornay si sarebbe suicidato» scrivono i due legali «spara munizioni del calibro esatto di 9,41 mm ... mentre il diametro della perforazione dietro il cranio di Cédric è di soli 7 mm». Com'è possibile che il foro di uscita abbia un calibro inferiore a quello della pallottola che l'avrebbe provocato? Ci sarebbe dunque una seconda pistola? E con quella si sarebbe suicidato Tornay?

Non è tutto. La traiettoria percorsa dalla pallottola nel cranio del vicecaporale, la frattura degli incisivi superiori e la posizione dell'arma del delitto ritrovata sotto il cadavere del giovane portano i due legali francesi a ipotizzare «l'introduzione forzata della pistola nella bocca della vittima». Se, infatti, Cédric si fosse davvero suicidato, per effetto del rinculo la pistola si sarebbe trovata a un metro, un metro e mezzo dal corpo. Insomma, Tornay «sarebbe stato suicidato». Anch'egli vittima, dunque, proprio come Alois e la moglie, e non assassino.

Quanto alla lettera, consegnata dal vicecaporale all'alabardiere Claude Gugelmann poche ore prima di morire, gli avvocati francesi non hanno dubbi: si tratta di un clamoroso falso. In quella missiva Tornay si rivolgeva alla madre chiedendole perdono per «quello che ho fatto» (senza ulteriori precisazioni) e denunciando di essere stato vittima di molte ingiustizie. Dopo un'analisi formale e grafologica del testo, i due avvocati dichiarano: «Questo falso è stato confezionato in gran fretta ... da una persona perlomeno vicina al Vaticano, di madrelingua italiana e poco documentata sulla carriera di Cédric Tornay nella guardia svizzera, sulla sua famiglia e sui suoi progetti».

Non solo: la lettera è indirizzata alla madre, ma l'autore scrive sulla busta il cognome sbagliato, Chamorel, che corrisponde a quello della donna in un precedente matrimonio, finito da tempo con un divorzio. Nome, si badi bene, che suo figlio non ha mai usato nella corrispondenza. Il particolare inquietante è che quel nome figura invece nella scheda a suo tempo compilata da Cédric e conservata negli archivi del corpo. In un giallo tradizionale questo dettaglio farebbe saltare l'intera ricostruzione, aprendo la strada al finale scioglimento. Nella vicenda vaticana, invece, ci si deve accontentare di aggiungere un'ulteriore incongruenza sospetta alle numerose altre.

A complicare il caso, spunta un personaggio misterioso, un uomo molto vicino a Tornay: il diacono Jean-Yves Bertorello, detto «padre Yvan». Come si legge nell'istanza degli avvocati al Santo Padre, Bertorello «il 6 maggio 1998 ha incontrato la signora Baudat davanti a testimoni e a più riprese ha affermato che Cédric era stato assassinato, che ne aveva le prove scritte e che era lui stesso in pericolo di morte ... la Santa Sede, dopo aver semplicemente negato la sua esistenza, si è impegnata a dimostrare che [Bertorello] non aveva alcun legame con il Vaticano».

Per fare chiarezza, i legali francesi chiedono la riapertura dell'inchiesta. La loro domanda viene respinta, il 17 aprile 2002, dal presidente della Corte d'Appello del Vaticano, monsignor Francesco Bruno. L'«ostruzionismo della giustizia vaticana», denunciano gli avvocati, chiude definitivamente la vicenda giudiziaria, ma non quella umana. Infatti, fra gli aspetti deplorevoli di questa losca storia bisogna includere l'atteggiamento di assoluta indifferenza delle autorità della Santa Sede nei confronti della sofferenza di una madre, quella di Cédric, cui viene persino negata una copia del referto autoptico del figlio. Giustificazione accampata: il Vaticano non ha mai ratificato le norme internazionali al riguardo.

L'impossibilità di condurre una qualsiasi ricerca della verità non ha impedito, naturalmente, il rincorrersi di voci e ricostruzioni alternative a quella ufficiale. Già il 7 maggio 1998 il quotidiano tedesco «Berliner Kurier» aveva scritto che Alois Estermann sarebbe stato, dal 1980, una spia della Stasi, il servizio segreto dell'ex Germania Est. Circostanza che il Vaticano nega categoricamente.

Due libri fanno molto scalpore. Nel primo, *Verbum dei et verbum gay* di Massimo Lacchei, si accenna all'ipotesi di un delitto passionale, avallando le voci (mai provate) della presunta relazione omosessuale fra Cédric e il colonnello Estermann. Lacchei verrà citato in tribunale dalla signora Baudat per diffamazione (in seguito sarà prosciolto per un vizio di forma).

Il secondo libro, *Bugie di sangue in Vaticano*, scritto da un gruppo di ecclesiastici e laici romani che si firmano «Discepoli di verità», racconta di un micidiale scontro di potere, tutto interno alle sacre mura. Il colonnello, sua moglie e il vicecaporale sarebbero rimasti vittime di una battaglia campale, scoppiata fra «Opus Dei e clan massonici in seno alla curia». In questa ricostruzione, Alois Estermann, legato da anni all'Opus Dei (lo ha scritto, senza smentita, il settimanale «Epoca» nel maggio 1996), sarebbe stato l'uomo forte che la potente organizzazione fondata da Escrivá de Balaguer avrebbe posto a capo dell'esercito pontificio per meglio controllare i palazzi apostolici e i movimenti del Santo Padre. Non solo. Il «piano opusiano» mirava a trasformare la guardia svizzera in un reparto militare iperefficiente, in grado di neutralizzare l'immenso potere del corpo di vigilanza, da sempre «strumento della cordata massonica». L'omicidio Estermann sarebbe dunque servito a bloccare sul nascere le mire egemoniche dell'Opus Dei. Tornay sarebbe stato solo «la vittima sacrificale», la copertura necessaria a far chiudere in fretta il caso.

Questa la ricostruzione del triplice delitto, secondo la tesi dei «Discepoli di verità»: «Il vicecaporale Tornay sarebbe stato aggredito alla fine del servizio ... "suicidato" in un locale sotterraneo con una pistola silenziata calibro 7 e la sua arma d'ordinanza utilizzata per uccidere i coniugi Estermann nel loro appartamento ... Successivamente il corpo di Tornay sarebbe stato trasportato nell'abitazione degli Estermann, per allestire la messinscena dell'omicidio-suicidio».

Ipotesi, sospetti, congetture, in un giallo che presenta ancora oggi molti lati oscuri e aspetti irrisolti. Un triplice delitto all'interno delle mura del Vaticano, un intreccio misterioso di interessi e omertà, una trama ricca e complessa, degna del miglior thriller d'autore. È probabile che la verità non si saprà mai, non nei prossimi anni almeno, anche se fin d'ora possiamo affermare con ragionevole certezza che non corrisponde, qualunque essa sia, a quella ufficialmente raccontata.

III

LA CROCE E LA SPADA

Uno dei monumenti più noti e meno conosciuti di Roma è l'arco di Costantino, collocato di fianco al Colosseo. Alle sue spalle comincia la bella strada che, fiancheggiando le pendici del Palatino, apre verso piazza di Porta Capena, il cui nome deriva dal varco che si apriva lungo le antiche mura serviane. Da lì, originariamente, aveva inizio la via Appia. Nei pressi c'era anche una fonte purissima, la Fons Camenorum (Capena è la corruzione di quel nome), alla quale le vergini vestali attingevano per i loro riti. Ma è dell'arco che dobbiamo parlare e dell'uomo al quale è dedicato, l'imperatore Costantino (280 circa - 337), colui che ha cambiato volto e destino dell'impero romano, l'uomo che legittimò il cristianesimo, il fondatore di Costantinopoli, nuova capitale imperiale. Personaggio deplorevole dal punto di vista umano, ma quale figura storica può essere definita solo in base alla sua umanità? E Costantino fu politico insigne, secondo alcuni storici fra i massimi.

L'arco trionfale che ne celebra le imprese si trova in ottima posizione, è molto grande, ben visibile ma è anche, ripeto, fra i meno conosciuti. Infatti, come le due colonne coclidi Antonina e Traiana, l'arco deve essere «letto» perché se ne possa davvero cogliere il significato.

Il luogo in cui venne eretto era dedicato al culto di Roma eterna; lì sorgeva il grande tempio di Venere e Roma, costruito da Adriano e restaurato da Massenzio. Oggi, di quella montagna di marmo fatto arrivare dalla Grecia resta solo il cuore di mattoni con l'abside dedicata alla dea Roma e, dietro, quella dedicata a Venere. Povere spoglie di una delle opere più colossali del mondo antico. Accanto c'era l'immensa statua di bronzo che aveva ritratto Nerone, prima di essere trasformata in Apollo, dio Sole, la testa cinta di una corona di raggi, simbolo dell'immortalità dell'Urbe. Durante il Medioevo, negli anni delle lotte fra baroni per la supremazia cittadina e papale, la zona era stata trasformata in fortilizio, i monumenti antichi rasi al suolo, trasformati in calce e fusi nelle parti metalliche per farne armi o monete.

L'arco è di lettura complessa perché si tratta di un'opera di spoglio, cioè realizzata utilizzando «pezzi» provenienti da altri monumenti. Lo storico dell'arte Federico Zeri l'ha lungamente studiato e sui risultati delle sue ricerche baso questi pochi cenni. Le due facce principali dell'arco sono scandite ciascuna da quattro alte colonne. Il monumento è di marmo bianco, le colonne invece (anche se oggi non si distingue bene a causa dell'inquinamento) sono di marmo giallo di Numidia. In ognuna delle zone sovrastanti gli archi laterali ci sono due tondi (otto in tutto) inseriti in un rettangolo. All'origine i rettangoli erano in porfido, durissima pietra rossa di particolare valore. Il suo colore ricordava, infatti, la porpora, riservata esclusivamente alla coppia imperiale. Ebbene, il rosso del porfido e il giallo delle colonne (la porpora e l'oro) rappresentavano (come oggi) i colori della città di Roma (e della sua squadra di calcio). Va precisato che le sculture e i monumenti antichi erano variopinti, e anche le statue non erano bianche come oggi le vediamo, bensì colorate in modo naturalistico.

Alla sommità delle colonne ci sono, appunto, delle statue: rappresentano otto barbari daci prigionieri. Gli otto tondi (clipei) sono di provenienza adrianea; Costantino li ha, cioè, fatti staccare da un monumento di Adriano per farne ornamento al suo. Nell'interno dell'arco principale si vedono due scene: l'imperatore a cavallo riceve l'omaggio di un barbaro inginocchiato; l'imperatore entra vittorioso da Porta Capena, la porta citata poco sopra. Quell'imperatore non è Costantino bensì Traiano. Anche in questo caso, una spoliazione.

Se si osserva poi il primo riquadro a sinistra in alto nella facciata verso il Palatino, si vede l'imperatore, collocato su un piedistallo, al quale viene presentato un capo barbaro. La scultura raffigurava Marco Aurelio, ma la sua testa è stata successivamente sostituita con quella di Costantino. Altro furto. In pratica, una delle poche scene di epoca costantiniana dell'arco è quella che celebra la *Vittoria a ponte Milvio*, collocata sotto i tondi, sempre sul lato verso il Palatino, insieme all'altra con l'*Assedio di Verona*. Gli storici dell'arte ne sottolineano la fattura grossolana, soldatesca, rispetto alla raffinatezza dei rilievi di età precedente.

Perché Costantino spogliò i monumenti altrui per adornare il proprio? Gli studiosi si dividono fra alcune ipotesi. La prima suggerisce che nel IV secolo non si era più in grado di scolpire come in passato, teoria per la verità smentita da opere ragguardevoli eseguite in quel secolo, come per esempio l'arco detto «di Giano quadrifronte». Un'altra ipotesi attribuisce le spoliazioni alla fretta di erigere l'arco per celebrare un imperatore che stava recando notevole scompiglio con la nuova religione di cui s'era fatto protettore. Secondo una terza ipotesi, sostenuta da Zeri, la spoliazione compiuta da Costantino era ideologica: aveva fatto estrarre rilievi dai monumenti di Traiano, Adriano e Marco Aurelio, sostituendo ai ritratti di quegli imperatori il proprio, perché era lui, Costantino, a incarnare il nuovo spirito imperiale.

È possibile che ci sia una parte di verità in ognuna delle ipotesi; è possibile che l'imperatore avesse davvero fretta di vedere il suo arco e che la lusinghiera scritta dedicatoria (in alto, al centro, sul lato verso il Colosseo) volesse consacrarne l'immagine agli occhi dei romani, turbati dalle sue innovazioni religiose. Quella scritta, che in origine brillava nel bronzo dei suoi caratteri (si vedono ancora i fori dei perni che assicuravano le lettere), ricorda che il Senato e il popolo romano hanno dedicato il monumento all'imperatore Cesare Flavio Costantino Massimo Pio Felice Augusto, avendo egli sconfitto i suoi nemici per grandezza di mente e *instinctu divinitatis*, stimolo divino. Prudentemente, la scritta omette di quale divinità si tratti.

Ci sono a Roma altre reliquie di Costantino. Le più vistose, e le più innocenti, sono due sue teste. La prima, colossale, si trova da tempo in Campidoglio, nel cortile del Palazzo dei Conservatori. Era parte di una statua alta dodici metri, collocata nell'abside della basilica di Massenzio. L'imperatore era stato effigiato seduto e simboleggiava l'ideale di un potere politico in contatto con la divinità, ma anche il reciproco, vale a dire il dominio celeste sceso, grazie a lui, sulla terra.

Un'altra testa, molto somigliante alla prima, è stata ritrovata avventurosamente nel 2005 durante gli scavi nel foro di Traiano. Il ritratto marmoreo, di circa sessanta centimetri di altezza, si trovava incastrato in una fogna dov'era finito, chissà quando, o perché ci si voleva disfare di un imperatore divenuto odioso o, più probabilmente, perché la forma stondata del cranio si prestava a spurgare il condotto otturato dai detriti.

«Ahi, Costantin, di quanto mal fu matre, / non la tua conversion, ma quella dote / che da te prese il primo ricco patre!» Così Dante nel XIX canto dell'*Inferno* (vv. 115-117) bolla la «dote» che Costantino, primo imperatore a dirsi cristiano, avrebbe donato a papa Silvestro I, facendolo «ricco». Narra infatti una leggenda che, alla vigilia dello scontro decisivo con il rivale Massenzio, forse addirittura pochi momenti prima della battaglia nei pressi di ponte Milvio, egli avrebbe visto apparire in cielo una croce (o una nuvola a forma di croce) con la scritta «*In hoc signo vinces*», ovvero «*Hoc signo victor eris*», con questo segno vincerai, sarai vincitore. La battaglia contro Massenzio fu vinta e il rivale morì nello scontro o annegato nel Tevere nel tentativo di fuggire. Il successo aprì una vicenda che sconvolgerà il mondo antico e che, ancora oggi, continua a produrre i suoi effetti, soprattutto in Italia.

Secondo un'altra leggenda, però, le cose andarono diversamente. Parecchio tempo prima della battaglia l'imperatore sarebbe stato guarito dalla lebbra che lo affliggeva, dopo alcune immersioni in un'acqua miracolosa ordinate dal futuro papa Silvestro I. Sia stata l'una o l'altra ragione, fatto sta che Costantino fu il primo imperatore a dichiarare il cristianesimo *religio licita*, cioè ammessa fra i culti dell'impero, aprendo così la strada alla sua diffusione. Profondamente grato o per la vittoria sul rivale o per la guarigione da una malattia ripugnante, avrebbe donato al papa e ai suoi successori poteri imperiali pari, se non superiori, ai suoi.

La vicenda ha dato origine a infinite controversie, lotte, sofferenze, ma anche a insigni monumenti, a opere di propaganda nobilitate dall'arte, perfino alla toponomastica di Roma, a cominciare da quella «via della Conciliazione» il cui nome, per strano che sembri, è anch'esso una conseguenza remota della donazione attribuita a Costantino. Una storia nella quale si mescolano motivi leggendari, solide ragioni politiche, scontri di potere, richiami non sempre congrui alla fede cristiana.

La prima domanda da porsi è perché Costantino decise di appoggiare il cristianesimo. Si trattava, in fondo, di una religione nuova, in netto contrasto con la tradizione romana, guardata da molti con ostilità poiché minacciava l'unione di spirito religioso e spirito civile, diciamo pure del «patriottismo» che era stato una delle ragioni della forza di Roma. È possibile che l'imperatore, politico astuto, si fosse reso conto della forza vitale della nuova fede e pensasse di servirsene per rafforzare la coesione culturale e politica dell'impero. Forse considerava Cristo una manifestazione del *Sol invictus*. Infatti, fece coincidere le festività più importanti del cristianesimo con quelle della religione solare: la domenica, ossia «giorno del Signore» o «giorno del Sole» (in inglese, ancora oggi: *Sunday*); il 25 dicembre, giorno natale del Sole (solstizio d'inverno) e del dio Mitra, divenne anche il giorno natale di Gesù. Nella nuova capitale d'Oriente, Costantinopoli, si eressero chiese cristiane, ma l'imperatore lasciò in funzione anche i templi pagani. Egli stesso, del resto, mantenne per tutta la vita la carica di *pontifex maximus*, convertendosi ufficialmente al cristianesimo solo in punto di morte.

C'è un piccolo oratorio a Roma, dove il gesto imperiale viene illustrato per esteso ed è quindi anch'esso legato alla memoria e al mandato di Costantino. È un luogo di straordinario fascino, dedicato a san Silvestro, all'interno del complesso dei Santi Quattro Coronati. Lì, un ciclo di affreschi raffigura la celebre «donazione» con la quale l'imperatore cedeva al papa la supremazia su Roma, l'Italia e l'Occidente. Del luogo ho diffusamente scritto nel mio libro *I segreti di Roma*, nel capitolo «Le torri della paura». Qui basti sapere che fu papa

Innocenzo IV nel XIII secolo, durante la lotta contro l'imperatore Federico II, a volere quegli affreschi, che oggi definiremmo «di propaganda».

Come si è detto, la leggenda voleva che l'imperatore fosse stato guarito miracolosamente dalla lebbra per opera del pio vescovo Silvestro. Il sant'uomo aveva fatto immergere per tre volte Costantino nel battistero lateranense: al termine del rito purificatorio gli immondi segni della malattia erano scomparsi. L'imperatore, assai riconoscente come si può immaginare, aveva stabilito per iscritto, in un documento noto come «Donatio» o «Constitutum Constantini», la supremazia del papa romano su tutti i regnanti della terra. A quella si riferisce Dante quando parla di «dote» e di ricchezza.

Ciò che il sommo poeta ignorava scrivendo la *Commedia* è che nessuna «dote», in realtà, era mai stata concessa a Silvestro. La donazione era certificata da un documento apocrifo, uno dei falsi più famosi della storia insieme ai *Protocolli dei savi anziani di Sion*, realizzati dall'Ochrana, i servizi segreti dello zar, a fini antisemiti. Nel breve testo latino l'imperatore dichiarava di voler donare al papa e a tutti i suoi successori «fino alla fine del mondo», pena la condanna eterna, Roma, l'Italia e l'Occidente. Il pontefice romano acquisiva, quindi, diritti regali sui territori venuti in suo possesso che, sommati a quelli spirituali derivati dall'essere vicario di Gesù Cristo in terra, ne facevano l'uomo più potente del pianeta, l'imperatore degli imperatori; anzi, addirittura il sovrano dal quale ogni altro doveva essere consacrato per acquistare legittimità.

Nasceva così il potere temporale dei pontefici, il loro status imperiale. Più in particolare, nasceva da quel documento falso anche la questione italiana, che si sarebbe trascinata per secoli e sarebbe stata indicata come fonte di molti mali da alcuni degli intellettuali più lucidi, da Dante a Machiavelli, a Guicciardini, all'Ariosto fino ad Alessandro Manzoni e al conte di Cavour.

Ignota la data di composizione del documento, anche se, nella tradizione, il testo veniva fatto risalire al 324, cioè un anno prima del famoso concilio di Nicea, convocato dallo stesso Costantino. La maggior parte degli studiosi lo colloca oggi fra la metà dell'VIII e la metà del IX secolo. L'epoca si prestava infatti alla creazione di un testo che rinsaldasse il potere papale, allora fortemente contrastato dai re barbari, spesso insofferenti verso la Chiesa di Roma. In quei tumultuosi frangenti i papi avevano cominciato ad appoggiarsi alla monarchia franca, i cui sovrani si erano convertiti al cattolicesimo.

Nel 753 papa Stefano II si recò fino all'abbazia di Saint-Denis, vicino a Parigi, dove si custodivano le reliquie di Dionigi che, secondo la leggenda, era stato il primo vescovo della città. A Saint-Denis il papa consacrò re Pipino il quale, in cambio, concesse al pontefice vasti territori nella penisola, grosso modo corrispondenti, in termini attuali, a Emilia, Romagna e parte delle Marche. Conseguenza di questa alleanza fu l'incoronazione come imperatore di Carlo – detto «il Grande» (Carlo Magno), figlio di Pipino, detto «il Breve» –, che papa Leone III volle solennemente celebrare a Roma la notte di Natale dell'800 nella basilica di San Pietro. Era la prima volta, dopo l'abdicazione di Romolo Augustolo nel 476, che un sovrano riceveva il titolo imperiale. Il popolo presente nella basilica, opportunamente istruito, levò il triplice grido di esultanza: «A Carlo, il piissimo Augusto incoronato da Dio, al grande imperatore apportatore di pace, vita e vittoria!».

Dopo i Carolingi, alla guida del Sacro romano impero subentrarono gli Ottoni, restando comunque confermata la supremazia pontificia sul potere degli imperatori, esclusivamente politico e militare. Un equilibrio difficile, che resse più o meno fino alla celeberrima lotta per le investiture, scoppiata fra l'energico papa Gregorio VII (Ildebrando di Soana) e l'imperatore Enrico IV, essendo in ballo, fra le altre cose, l'importante decisione se anche l'imperatore, o solo il papa, potesse concedere episcopati. Una contesa resa incandescente dall'energica personalità dei due protagonisti, ognuno dei quali intendeva rafforzare il proprio ruolo. Il 22 febbraio 1076 Gregorio VII scomunicò Enrico, dichiarandolo decaduto. In precedenza, tuttavia, era stato Enrico a dichiarare decaduto il papa, affermando che il titolo di *rex romanorum* gli dava il diritto di intervenire nell'elezione dei pontefici.

Il contrasto si chiuse (provvisoriamente) con la famosa scena dell'imperatore che per tre giorni, dal 25 al 27 gennaio 1077, fu costretto ad aspettare nel gelo, davanti al castello di Canossa, di essere ricevuto da Gregorio. Gli storici, in realtà, sono divisi sul significato del celebre episodio, ossia se Enrico si sentisse davvero umiliato o se non si trattò, da parte sua, di una mossa diplomatica, certo costosa sul piano del prestigio, ma anche molto astuta, che gli consentiva di riprendersi la sua libertà d'azione. Questa è, però, un'altra storia e noi dobbiamo tornare al Constitutum.

La fermezza dimostrata dal papa a Canossa era stata in certo modo preparata da un documento severissimo, scritto (forse) dallo stesso Gregorio VII nel 1075 e passato alla storia come «Dictatus papae». Autentico o no che fosse (da taluno l'autenticità è discussa), il documento rispecchia sicuramente i principi della cosiddetta «riforma gregoriana», che decreta senza discussione la supremazia papale. Suddiviso in ventisette punti, stabilisce, per esempio, ai punti 9 e 12 che solo al papa tutti i principi devono baciare i piedi e che a lui è permesso di deporre gli imperatori. Ugualmente impressionanti, prescindendo dai capoversi che riguardano ordinamento e competenze ecclesiastiche, sono anche i tre precetti seguenti: «che egli non possa essere giudicato da alcuno» (19); «che la Chiesa romana non ha mai errato né mai errerà per tutta l'eternità, secondo le Scritture» (22); «che egli possa liberare i sudditi dall'obbligo di obbedienza a uomini malvagi» (27). Si tratta di principi che trovano con evidenza la loro base giuridica proprio nel Constitutum fabbricato, secondo una diffusa ipotesi storica, nella stessa cancelleria vaticana. Un altro precetto che con quel documento venne decretato è quello (punto 23) che stabilisce per i papi una quasi automatica santità, ossia «che il pontefice romano, se è stato eletto canonicamente, è senza dubbio fatto santo dai meriti di san Pietro».

Per circa tre secoli il documento che assicurava il potere temporale dei pontefici rimase come ibernato, nel senso che non c'era bisogno di provare *per tabulas* una supremazia che nessuno metteva in discussione.

In tempi diventati molto travagliati si rivelò sempre più necessario provare la base giuridica che aveva originato il dominio. Per esempio, Innocenzo IV, papa dal 1243 al 1254, arrivò a dire che non Costantino, ma Cristo in persona aveva conferito a Pietro e ai suoi successori ogni potere, compreso quello temporale. Fra chi criticò con lucido vigore la donazione c'è Dante, come abbiamo visto con la terzina citata, ma anche un altro grande spirito dell'epoca, ossia Jacopone da Todi, francescano della corrente più rigorosa, povero di Dio, nemico, come Dante, di Bonifacio VIII (Benedetto Caetani, 1294-1303), papa detestato da tutti gli amanti della giustizia.

Il giudizio su Bonifacio non può essere oggi diverso da quello, assai negativo, che allora fu dato. Ai nostri giorni, però, siamo in grado di valutare con maggiore equilibrio la complessità della situazione politica che questo pontefice si trovò ad affrontare. Fu certamente un uomo malvagio, arrivato al soglio di Pietro dopo aver fatto allontanare, e probabilmente uccidere, il suo predecessore Celestino V, ma fu, in primo luogo, un uomo incapace di cogliere il volgere dei tempi. È accaduto tante volte ai pontefici romani, anche in anni vicini, di non rendersi conto dell'anacronismo di certe posizioni, come se l'altezza della carica, lo stesso isolamento dal mondo, li rendessero sordi alle vere necessità dei fedeli e, insieme a quelle, alle esigenze di una politica tollerabile. Bonifacio VIII trova la Sicilia in mano aragonese e il re inglese che respinge le sue rivendicazioni sulla Scozia; trova, soprattutto, il re di Francia Filippo IV, detto «il Bello», che pretende di tassare il clero gallicano e di trattenere il ricavato delle imposte. Bonifacio lo contesta, il re espelle gli esattori papali e sequestra il denaro.

Lo scontro è feroce e riproduce, su scala minore ma non meno violenta, la lotta per le investiture fra Gregorio VII ed Enrico IV. Gli inviati di Filippo il Bello arrivarono, secondo la leggenda, a schiaffeggiare il papa ad Anagni, un gesto pubblico dai riflessi fortemente drammatici. Se non coinvolgesse un «erede di Pietro», sarebbe la lotta fra due sovrani che si contendono, oltre al denaro, brandelli di potere. Uno dei due, però, è anche il capo di una religione e non vuole cedere perché dice di essere investito del suo ruolo da Dio in persona. Un vivido ritratto di Bonifacio lo dà lo storico ottocentesco Ferdinand Gregorovius nella sua monumentale *Storia della città di Roma nel Medioevo*. Ecco la descrizione del corteo d'incoronazione:

> Bonifacio montava un palafreno candido come la neve e coperto da una gualdrappa intessuta di penne di Cipro; aveva la corona di Silvestro in capo, indosso i solenni abiti pontificali; al

suo fianco camminavano, vestiti di scarlatto, due re vassalli, Carlo e Carlo Martello, reggendogli le briglie. (X, V, 3)

Lo sfarzo del corteo di Bonifacio segnava un singolare contrasto con quello della processione che solo pochi mesi prima aveva accompagnato il suo predecessore. Il povero Celestino V, Pietro da Morrone, molisano, si era recato a prendere possesso della cattedra vestito da eremita e in groppa a un asino. Durerà poco sul trono di Pietro, com'è accaduto più di una volta ai papi che si sono voluti fare umili per essere più vicini al vangelo. Celestino sarà costretto ad abdicare (fece, come disse Dante, «il gran rifiuto», *Inferno*, III, 59-60). Poi, quasi certamente, Bonifacio VIII ordinò il suo assassinio. Papa Caetani è il suo opposto: sicuro di sé, arrogante, pronto a commettere delitti se necessario, così come a inventare per il 1300 un Anno Santo che risulterà il suo più rilevante successo. Ancora Gregorovius:

> Tanta affluenza non s'era mai vista. Roma offriva giorno e notte lo spettacolo di eserciti di pellegrini che entravano nella città o ne uscivano ... Arrivavano italiani, provenzali, francesi, ungheri, slavi, tedeschi, spagnoli, perfino inglesi ... Essi vestivano il manto del pellegrino oppure i costumi nazionali del proprio paese; venivano a piedi, a cavallo, su carri, sorreggendo gli stanchi e i malati, carichi di bagagli ... Quando, nella lontananza, vedevano apparire, immersa nel sole, la tetra selva di torri della città santa, lanciavano il grido di giubilo: «Roma, Roma!» come naviganti che dopo un lungo viaggio scorgano la riva.

Il giubileo rafforzò la posizione personale del pontefice, ma soprattutto rimpinguò le sue finanze. I cronisti dell'epoca calcolarono un afflusso di due milioni di pellegrini. Tale la ressa che, aggiunge uno di costoro, «spesso ho visto uomini e donne calpestati dalla folla, a stento io stesso sono sfuggito alcune volte a questo pericolo». Anche Dante vide Roma in quei giorni e non certo a caso il suo poema si apre nella settimana pasquale dell'anno 1300. Annota Gregorovius:

> In quei giorni egli [Bonifacio] poté inebriarsi della pienezza di una sensazione di potenza quasi divina, come forse nessun papa prima di lui. Sedeva sul trono supremo dell'Occidente, ornato delle spoglie dell'impero sconfitto, «vicario di Dio» in ter-

ra, somma autorità dogmatica del mondo, le chiavi della benedizione e della perdizione in pugno; vedeva migliaia e migliaia di uomini accorrere al suo trono dai più lontani paesi e prostrarsi nella polvere come innanzi a un essere di natura superiore. Solo di re non vedeva. Eccettuato Carlo Martello, neppure un sovrano venne a Roma a confessare i propri peccati e a riceverne l'indulgenza. (X, VI, 1)

Quelle assenze avrebbero dovuto preoccupare Bonifacio e forse fu proprio così. Non possiamo sapere se, a tre anni dalla fine del suo pontificato e della sua vita, l'altero pontefice si rese conto che il giubileo da lui voluto segnava l'apogeo del papato, ma anche l'inizio del suo declino; non solo il termine della sua esistenza, ma anche quello di un'intera epoca nella storia del soglio di Pietro. La fine dell'uomo fu terribile, racconta sempre Gregorovius:

> Gli ultimi giorni dello sventurato vegliardo in Vaticano furono tremendi oltre ogni immaginazione. Cocente dolore per i maltrattamenti subiti, senso d'impotenza, diffidenza, paura, sete di vendetta, una solitudine non alleviata da un solo volto amico ... Dicono si chiudesse nella sua stanza rifiutando il cibo; che avesse crisi di rabbia durante le quali batteva la testa contro i muri, e che infine fosse trovato morto nel suo letto ... Fu l'ultimo papa a concepire l'idea della gerarchia romana signora dell'universo con la stessa audacia di Gregorio VII e di Innocenzo III. Ma di questi due papi Bonifacio non fu che un'imitazione abortita. (X, VI, 3)

Chiusa la parentesi, necessaria, dedicata a Bonifacio, torno al Constitutum. Nonostante l'opposizione degli ambienti curiali e l'uso talvolta spregiudicato che si fa del documento, le voci su una sua possibile falsità diventano più insistenti. Le critiche si fanno intense anche da parte di coloro che non mettono in dubbio l'autenticità del lascito, ma ritengono che il papa dovrebbe comunque destinare i proventi del suo dominio non a sé e alla sua Chiesa bensì ai poveri, seguendo l'esempio degli apostoli di Gesù.

Più e più volte lo stesso Dante torna sullo scandalo rappresentato da una Chiesa ricca in un mondo disseminato di miseria. Nel XVI del *Purgatorio* (vv. 127-129) scrive: «Dì oggimai che la Chiesa di Roma, / per confondere in sé due reggimenti, / cade nel fango, e sé brutta e la soma». Nel XXVII del *Paradiso* (vv. 40-42) dà la parola a san Pietro per fargli dire: «Non fu la sposa di Cristo allevata / del sangue mio, di Lin, di quel di Cleto, / per essere ad acquisto d'oro usata».

Fra coloro che con più passione si scagliano contro la corruzione della Chiesa c'è, a cavallo tra il XIII e il XIV secolo, il filosofo Marsilio da Padova, che giunge a equiparare il papa all'antico serpente sotto le cui spoglie, nell'eden, si nascondeva Satana: «*Ille magnus, serpens antiquus, qui digne vocari debet diabolus et sathanas*». Marsilio è fra i primi a vedere nel potere temporale l'origine di molti mali italiani, mentre nella prima metà del Quattrocento un grande umanista di origine tedesca, Niccolò Cusano, sarà il primo a dimostrare l'impossibilità storica che il Constitutum sia autentico. Cusano arriva alle sue conclusioni esclusivamente per via filologica, cioè in base a un accurato esame scientifico con il quale accerta che nelle fonti antiche non v'è alcuna traccia del documento.

L'alto prelato colloca la sua brillante dimostrazione all'interno di una visione globale della Chiesa. Questa deve rappresentare l'unità di tutte le fedi cristiane, ed è appunto la tesi che egli presenterà al concilio di Basilea (1433) con il suo scritto *De concordantia catholica*. La falsità del documento è ormai diventata un tema che oggi definiremmo «di attualità». Infatti, passano pochi anni e nel 1440 un altro brillantissimo umanista, il romano Lorenzo Valla, scrive un saggio tanto breve (poco più di cento pagine) quanto stringente. Si intitola: *De falso credita et ementita Constantini donatione* (La donazione di Costantino falsamente creduta e smentita).

Alla dotta e irrefutabile dimostrazione che il documento non può essere autentico per ragioni storiche e linguistiche Valla aggiunge, con vigore dialettico e solidità d'argomenti, l'accusa alla gerarchia cattolica di essere fra le cause della rovina d'Italia, di aver fatto «carte false» per avidità di potere, di aver ordinato la fabbricazione del Constitutum per scopi di dominio indegni della religione che si pretendeva di difendere, di avere in tal modo offeso la memoria degli antichi pontefici e dei primi cristiani, avendo fra l'altro ammantato la carica pontificale di un fasto indegno dell'insegnamento di Gesù. Uno dei segni più famosi di questo fasto e della volontà di dominio è il «triregno», una tiara in forma di alta cupola cinta da tre corone, copricapo extraliturgico che ogni papa indossava durante la cerimonia d'incoronazione. Le corone lo raffiguravano rispettivamente come padre dei re, rettore del mondo, vicario di Cristo in terra.

Il saggio di Valla trova ampia diffusione in quegli anni, ma viene pubblicato solo nel marzo 1506 a Strasburgo suscitando un'eco, tutto sommato, modesta; il dado, però, era ormai tratto e le date lo dimostrano. Il 1506 è l'anno in cui viene posta la prima pietra della nuova basilica di San Pietro. Il 31 ottobre 1517 Martin Lutero, affiggendo le famose novantacinque tesi sulla porta della cattedrale di Wittenberg, scatena un movimento di protesta contro la corruzione di Roma destinato a spaccare la cristianità e l'Europa. Era un duro monito, il peggiore che la Chiesa, intesa come comunità di fedeli, potesse ricevere. Ma servì in minima parte a cambiare i corrotti costumi della gerarchia.

Qualche anno prima, nel maggio 1493, papa Alessandro VI Borgia, su richiesta dei sovrani di Spagna, era intervenuto in una contesa che vedeva quel paese contrapposto al Portogallo nella spartizione delle isole atlantiche. Per giustificare la sua presa di posizione aveva fatto riferimento ancora una volta al Constitutum, nonostante la sua ormai notoria falsità, emanando la bolla *Inter caetera*, un documento che sanzionava giuridicamente la nascita del colonialismo europeo e inaugurava l'espansione ideologica e culturale del cattolicesimo romano nei territori d'oltreatlantico. Anche qui la data è importante. Oggetto del litigio fra le due nazioni cattoliche erano le nuove terre appena scoperte nel continente americano. Papa Borgia, così discutibile dal punto di vista spirituale, dimostrò un esemplare intuito geopolitico: fu il primo capo di Stato a capire che quelle «isole» dai confini ancora incerti potevano avere dalla loro il futuro. Se non si fosse trattato di un pastore di anime ci sarebbe da esserne ammirati.

La falsità del Constitutum, sempre più largamente accettata, non compromise comunque il dominio temporale dei pontefici. Le questioni di potere non le definiscono né la fede né i documenti, ma la forza e il sangue. Una prima limitazione all'influenza mondana della Chiesa non fu la filologia di Lorenzo Valla a segnarla, bensì la pace di Augusta, detta anche «pace di religione» (settembre 1555), che mise fine alla lotta fra cattolici e luterani. Da quel momento i principi tedeschi furono liberi di aderire all'una o all'altra delle due confessioni, con una scelta che si estendeva automaticamente ai loro sudditi (*cuius regio, eius religio*).

Secondo una robusta corrente storica, quella pace fu il primo passo verso la laicità degli Stati. Una delle sue clausole stabiliva che, qualora un principe-vescovo cattolico fosse passato al luteranesimo, gli era vietato incamerare i beni del vescovato o dell'abbazia, non poteva cioè renderli eredità della propria famiglia. Per le «conversioni» anteriori al 1552 rimase tuttavia in vigore il diritto ereditario dei benefici e dei possedimenti ecclesiastici. I principi luterani ritennero la clausola inaccettabile e si rifiutarono di votarla. Essa venne aggiunta con una deliberazione del re dei romani, il che rende la disposizione più debole rispetto alle altre. Fra le cause dalla guerra dei Trent'anni ci fu anche questa sostanziale ambiguità.

Il passo successivo in questo lento e sanguinoso cammino verso la conquista della laicità fu, quasi un secolo dopo, la pace di Vestfalia (1648) che, mettendo fine alla guerra dei Trent'anni, stabilì un ordinamento dell'Europa rimasto sostanzialmente in vigore fino a Napoleone. Nasceva, insomma, una comunità internazionale vicina alla concezione attuale, laica e aconfessionale: cominciava a vedere la luce il concetto di sovranità dello Stato.

Le alte gerarchie cattoliche capirono subito le conseguenze possibili di quel principio e, infatti, la pace di Vestfalia venne considerata una sconfitta. Il papato perdeva molte diocesi e moltissimi monasteri, ma, soprattutto, vedeva seriamente ridimensionato il suo ruolo politico. Il rappresentante pontificio Fabio Chigi tentò con ogni forza di opporsi al trattato; alla fine, sconfitto, rifiutò di sottoscriverlo definendolo «l'infame pace che tanto cede agli heretici». Sette anni dopo, nel 1655, lo stesso Chigi divenne pontefice con il nome di Alessandro VII. Sarà il papa del Bernini, che gli erigerà in San Pietro un prezioso mausoleo, un papa che molto si adopererà per abbellire Roma e farà ricchi numerosi suoi familiari.

Fra le grandi trasformazioni che prendono corpo nel corso del XVI secolo c'è, dunque, anche questa, che vede l'Italia in prima linea dal momento che il potere temporale dei pontefici era anche allora concentrato principalmente nella penisola. Molti grandi spiriti si resero conto che l'estensione politica di un potere che avrebbe dovuto essere solo spirituale rappresentava un pericolo. Nelle *Istorie fiorentine* commissionate nel 1520 dal cardinale Giulio de' Medici (dal 1523 al 1534 papa con il nome di Clemente VII) Niccolò Machiavelli, pur fra molte cautele, scrive:

> Tutte le guerre che [dopo un certo periodo] furono da' barbari fatte in Italia furono in maggior parte dai pontefici causate, e tutti e' barbari che quella inondorono furono il più delle volte da quegli chiamati. Il qual modo di procedere dura ancora in questi nostri tempi; il che ha tenuto e tiene l'Italia disunita e inferma.

Anche Francesco Guicciardini, nella sua *Storia d'Italia* (1539), si esprime in termini che descrivono con vivezza quale guasto e corruzione l'esercizio diretto del potere politico abbia provocato alla Chiesa:

> Cominciarono a essere le cure e i negozi loro non più la santità della vita, non più l'augmento della religione, non più lo zelo e la carità verso il prossimo, ma eserciti, ma guerre contro a' cristiani, trattando co' pensieri e con le mani sanguinose i sacrifici, ma accumulazione di tesoro, nuove leggi, nuove arti, nuove insidie, per raccorre da ogni parte danari; usare a questo fine senza rispetto l'armi spirituali, vendere a questo fine senza vergogna le cose sacre e le profane.

Parole lucide e terribili, un atto d'accusa che Guicciardini renderà ancora più esplicito nei *Ricordi*, arrivando a chiamare le gerarchie ecclesiastiche «una caterva di scellerati», augurandosi di vederli restare «o sanza vizi o sanza autorità».

Non tutti ovviamente la pensavano allo stesso modo. È il caso del filosofo Tommaso Campanella, vissuto nella seconda metà del Cinquecento, il quale stimava «la gloria d'Italia maggiore nel pontificato» e auspicava addirittura una supremazia dei papi sui sovrani della terra.

Altri, anche all'interno della Chiesa, avevano però capito che la battaglia per il Constitutum apparteneva al passato. Il cardinale Roberto Bellarmino, per esempio, gesuita, spirito acutissimo, spietato inquisitore, aveva intuito che la sconfessione del documento non avrebbe nuociuto al potere temporale concesso da Costantino ai papi, i quali disponevano di un'investitura di ben altra portata e che non poggiava su un documento cartaceo. Già in precedenza, infatti, il cardinale e storico della Chiesa Cesare Baronio aveva sostenuto che la falsità del documento poteva essere non un danno, ma addirittura un vantaggio. Il suo ragionamento era che Pietro e i suoi successori avevano ricevuto ogni potere da Cristo in persona. Quindi il fatto che un documento imperiale, in ultima analisi di un uomo mortale, riconoscesse quel potere diventava, rispetto a Cristo, una diminuzione, ed era comunque ininfluente.

Questo capitolo non racconta l'intera vicenda del Constitutum, sulla quale esistono ottimi studi; vorrebbe solo offrire una piccola prospettiva per inquadrare quel falso documento all'interno della vicenda nazionale italiana, sulla quale il preteso lascito di Costantino ha avuto, e continua ad avere, rilevanti conseguenze.

A partire dal XVII secolo il potere politico della Santa Sede ha cominciato a declinare, non però a causa di quel pezzo di carta grossolanamente manipolato, piuttosto per una serie di cause che sempre più spesso hanno posto le gerarchie romane in contrasto con i tempi. La filosofia dei Lumi ha accelerato il fenomeno, le due grandi rivoluzioni del XVIII secolo (americana e francese) hanno avuto fra i loro oppositori anche la Chiesa di Roma, in una guerra combattuta ora con le armi ora con le ideologie. Le associazioni segrete, massoneria in testa, hanno individuato nel Vaticano un avversario; le alte gerarchie cattoliche hanno risposto qualificando i seguaci delle filosofie egualitarie, a cominciare dai socialisti, nemici di Dio. Per due secoli intellettuali, filosofi, storici, uomini di scienza fra i maggiori si sono affannati a indicare nelle religioni organizzate uno dei maggiori ostacoli al rinnovamento, all'uguaglianza fra gli uomini, al riconoscimento dei loro diritti come cittadini.

Così profonda fu la rottura con il passato operata in quegli anni che nemmeno la volontà restauratrice del Congresso di Vienna (1815), dopo gli sconvolgimenti di Napoleone, fu in grado di ricomporre il quadro preesistente. Per ben tre volte in quel periodo si dichiarò decaduto il potere temporale dei papi. La prima nel febbraio 1798, quando le truppe di occupazione francese proclamarono la Repubblica romana e arrestarono Pio VI, che morirà prigioniero a Valence l'anno successivo. L'esperimento ebbe breve durata, ma era la prima volta che accadeva dopo un millennio; era un segnale potente, che però non venne raccolto. La seconda volta fu nel 1809 quando, aggravatisi i rapporti fra Napoleone e il Vaticano, l'imperatore dei francesi dichiarò la fine del potere temporale e l'annessione dei territori pontifici. La terza nel 1849, quando un'altra Repubblica romana, nata questa volta per l'ardimento dei patrioti, ebbe effimera e gloriosa vita (febbraio-giugno), promulgando fra l'altro una delle costituzioni più avanzate d'Europa. La quarta e definitiva volta sarà il 20 settembre 1870, allorché Roma poté ricongiungersi al neonato Regno d'Italia per diventarne la capitale.

Come questi episodi dimostrano, la donazione di Costantino e il potere temporale, evolvendosi la situazione politica nel resto d'Europa, si erano trasformati in un problema soprattutto italiano, cioè in una lotta per il controllo della penisola. Questione di potere, certo. Complicata, però, da una tradizione secolare, dal timore dei nuovi tempi, dalla paura delle gerarchie di veder barcollare, insieme con la fede, anche la libertà spirituale della Chiesa.

Invano il conte Camillo di Cavour, artefice dell'unità italiana, si era affannato, fino a pochi mesi dalla morte, a rassicurare il pontefice. Proprio l'interesse spirituale, aveva suggerito, consiglierebbe al papa di abbandonare l'anacronistica pretesa di un potere temporale. Da presidente del Consiglio, era tornato più volte sul tema, offrendo ampie garanzie: «Santo Padre, noi vi daremo quella libertà che avete invano chiesta da tre secoli a tutte le grandi potenze cattoliche ... noi siamo pronti a proclamare nell'Italia questo gran principio: libera Chiesa in libero Stato».

Nulla servì a vincere in Pio IX e nelle sue gerarchie una diffidenza che era psicologica prima che politica. L'espressione «libera Chiesa in libero Stato», lungi dal rassicurare, suonava come una minaccia. Senza dire che l'anticlericalismo acceso di una parte del movimento risorgimentale accresceva tali timori. Giuseppe Garibaldi, per esempio, non nascondeva la sua avversione per la Chiesa. Riprendendo in termini sbrigativi l'argomento di Guicciardini scriveva a un'amica inglese: «La teocrazia papale è la più orribile delle piaghe da cui il mio povero paese è afflitto; diciotto secoli di menzogna, di persecuzioni, di roghi e di complicità con tutti i tiranni d'Italia resero insanabile tale piaga».

All'interno del cattolicesimo esisteva, peraltro, una robusta corrente che, condividendo l'impostazione di Cavour, vedeva nettamente il pericolo che il potere temporale rappresentava per la libertà della Chiesa e per l'efficacia del suo insegnamento, ed era consapevole dei gravi compromessi cui l'esercizio della politica costringe la spiritualità. Lo scrive il sacerdote e filosofo Antonio Rosmini; lo scrive il più grande scrittore cattolico italiano, Alessandro Manzoni: «Credo che quando la religione fu spogliata in Francia dello splendore esterno, quando non ebbe altra forza che quella di Gesù Cristo, poté parlar più alto, e fu più ascoltata».

La questione si trascinerà a lungo. Come già ricordato, solo l'11 febbraio 1929 il capo del governo Benito Mussolini firmerà il trattato lateranense e il concordato con la Chiesa. Lo Stato Vaticano riconosceva, in cambio, la legittimità del Regno d'Italia. Era un accordo che molti hanno giudicato sfavorevole alla nazione in numerose sue clausole e, soprattutto, nel costosissimo allegato finanziario. Pio XI, papa regnante all'epoca della stipula, commentò invece la firma dei Patti con aperto favore: «Crediamo di avere con essi ridato Dio all'Italia e l'Italia a Dio». Con grande lucidità il pensatore comunista Antonio Gramsci scrisse nei suoi *Quaderni del carcere*:

> La capitolazione dello Stato moderno che si verifica per i concordati viene mascherata identificando verbalmente concordati e trattati internazionali. Ma un concordato non è un comune trattato internazionale: nel concordato si verifica di fatto un'interferenza di sovranità in un solo territorio statale poiché tutti gli articoli di un concordato si riferiscono ai cittadini di uno solo degli Stati contrattanti sui quali il potere di uno

Stato estero giustifica e rivendica determinati diritti di giurisdizione. Il concordato è dunque il riconoscimento esplicito di una doppia sovranità in uno stesso territorio statale. Nel mondo moderno, cosa significa praticamente la situazione creata in uno Stato dalle stipulazioni concordatarie? Significa il riconoscimento pubblico a una casta di cittadini dello stesso Stato di determinati privilegi politici. La forma non è più quella medievale, ma la sostanza è la stessa.

È dal patto firmato nel 1929 che prende nome quella «via della Conciliazione» cui accennavo più sopra. Alla fine dell'ultima guerra i Patti lateranensi sono stati accolti nella Costituzione della Repubblica italiana (in vigore dal 1° gennaio 1948), che all'articolo 7 recita: «Lo Stato e la Chiesa cattolica sono ognuno nel proprio ordine indipendenti e sovrani. I loro rapporti sono regolati dai Patti lateranensi». Voti a favore 350; voti contrari 149. Fra i favorevoli ci furono anche i voti dei comunisti guidati da Palmiro Togliatti e non mancarono le polemiche. L'articolo 7 contraddiceva in generale lo spirito della Carta, in particolare la lettera dell'articolo 3 che stabilisce: «Tutti i cittadini hanno pari dignità sociale e sono eguali davanti alla legge, senza distinzione di sesso, di razza, di lingua, di religione, di opinioni politiche, di condizioni personali e sociali». Si ripeté per anni che il Pci di Togliatti aveva svenduto la laicità dello Stato per agevolare la sua permanenza al governo. Se di questo si era trattato, fu un errore e quella permanenza non durò molto. Dopo la sconfitta elettorale del 1948 i comunisti vennero cacciati all'opposizione, dove sono rimasti per trent'anni.

Molta acqua è passata sotto i ponti del Tevere nei diciotto secoli dall'inizio di questa storia. La falsa donazione di Costantino è, tutto sommato, una vicenda beffarda, che però ha avuto conseguenze tragiche, prolungatesi nel tempo come poche altre o forse nessuna. La storia d'Italia è stata pesantemente influenzata da questa «interferenza di sovranità», come la chiamava Gramsci.

Nella vicenda si sono mescolate e sovrapposte arroganza, brama di possesso, sincero timore per le sorti dell'istituzione ecclesiastica nonché le ipocrisie, le mosse oblique, le mezze verità, i trucchi che sempre accompagnano l'attività politica. Ma la storia della donazione di Costantino rappresenta anche un raro strumento di conoscenza, soprattutto dopo che è stata dimostrata la falsità del documento. Il Constitutum e le sue conseguenze ci aiutano a vedere come nemmeno un'organizzazione che si pretende divinamente ispirata riesca a sottrarsi alle debolezze, alle paure, alle menzogne di ogni altra istituzione. Il che rende la Santa Sede umana, molto umana. Forse troppo.

IV
IL PREZZO DELLA GLORIA

La basilica vaticana, San Pietro, la chiesa dei papi, è uno dei massimi templi costruiti in onore di una divinità. La sua edificazione condensa un'avventura umana e spirituale con pochi paragoni nel mondo. Le complesse vicende del venerando edificio, prima nella versione voluta dall'imperatore Costantino, poi nella definitiva forma rinascimentale, segnano, anche grazie alla simbologia che le ha accompagnate, alcuni dei momenti fondamentali della religione cattolica.

Basilica immensa, può contenere fino a 20.000 persone. È lunga 194 metri e alla sommità della cupola supera i 130 metri. Occupa più di 2 ettari di suolo. Le 13 statue della facciata sono alte quasi 6 metri. Nelle navate si drizzano 148 colonne che raggiungono i soffitti a un'altezza di 44 metri. Le statue inserite da Bernini nei quattro pilastri centrali sono di 5 metri ciascuna, di 2 metri i putti giganteschi che sostengono le acquasantiere; 30 sono gli altari, 147 le tombe dei papi. Grandiosa nelle dimensioni e nella struttura, la basilica diventa incomparabile se si pone mente alla quantità di tesori che contiene e alla qualità degli artisti che si sono adoperati per adornarla.

La sua immagine è talmente nota da risultare addirittura logorata dal consumo visivo cui viene di continuo sottoposta. Così la maggior parte di coloro che la guardano non la «vedono» davvero, non ne restano sorpresi e abbagliati come invece dovrebbero; e se la diffusione del suo profilo su ogni medium disponibile svolge un'apprezzabile opera di propaganda per la Chiesa, certamente, però, ottunde la sua unicità architettonica e artistica. A poco a poco la basilica di San Pietro ha finito per diventare San Pietro e basta, come se fosse stata lì da sempre, immutabile nel tempo, archetipo eterno, emblema per antonomasia della religione cattolica, sede del suo sommo pontefice.

Le vicende della basilica sono state movimentate, talvolta drammatiche. Ogni sua parte è stata lungamente dibattuta, studiata e infine realizzata come oggi la vediamo perché racchiudesse il massimo significato concettuale e simbolico, una carica di ammonimento ma anche di fascino, indice di un potere smisurato.

Questo capitolo non racconta, però, la storia della basilica, non tutta almeno. Esistono ottimi libri sull'argomento, la vicenda è lunga e complicata, ricca di episodi quasi sempre meritevoli di essere riferiti. Qui si raccontano solo alcuni di tali eventi, si dicono le ragioni per cui certe opere, che caratterizzano o arricchiscono la basilica, si trovano dove si trovano, per quale fine furono commissionate, con quali vantaggi e a quali costi; e parlando di costi non ci si riferisce solo al denaro. Del resto, su San Pietro e su alcuni degli artisti che vi lavorarono bisognerà tornare in successivi capitoli, perché la basilica, fra le tante cose, è anche un repertorio, un condensato di storia, evoca le beatitudini celesti, ma contiene monumenti e tombe che richiamano assai concrete e controverse vicende umane, storie di santi, certo, ma anche di re e di regine, donne e uomini illustri che molto provarono, ma certo non la santità, per cui è lecito chiedersi che cosa fecero o non fecero per meritare una sepoltura nel massimo tempio della cristianità.

Nei tempi più remoti il Vaticano era un terreno malsano e quasi derelitto che culminava in un modesto colle poco oltre la riva del Tevere. Nei primi decenni dell'era volgare Caligola e poi Nerone, come abbiamo visto, vi avevano allestito un circo, che era collocato sul lato sinistro dell'attuale basilica. Uno dei tanti circhi esistenti in città, che potremmo chiamare «stadi» nel significato moderno del termine, luoghi cioè di divertimento e di passione, di folla e di grida, dove la sfida atletica si trasformava spesso da gioco sportivo in evento pubblico, quando non dichiaratamente politico. Queste opere erano quasi sempre magnifiche per ardimento architettonico e per capienza. Il circo di Caligola e Nerone, per esempio, era abbellito, a metà della spina, da un obelisco egizio in granito rosso (proprio quello che ora si trova al centro della piazza antistante la basilica), e nel 37 si era dovuta costruire una nave apposita per trasportarlo a Roma. Quanto alla ricettività, sulle gradinate del circo Massimo potevano sedere fino a 250.000 spettatori.

Nel 67, un anno prima che Nerone morisse, in quel circo venne giustiziato, secondo la leggenda, l'apostolo Pietro, Cefa il pescatore, il capo della comunità cristiana di Roma, condannato a morire crocifisso ma, come lui stesso aveva chiesto, a testa in giù, cioè rovesciato rispetto alla straziata posizione del suo maestro. Pare che il suo corpo venisse inumato lungo una stradina che fiancheggiava il circo, in una povera tomba scavata nella terra. Qualche secolo più tardi l'imperatore Costantino, il primo a riconoscere piena dignità alla nuova religione, accolse volentieri le indicazioni dei cristiani di Roma, che vollero nello stesso luogo, in memoria di quel sacrificio, una basilica.

Così, intorno al 320, gli architetti imperiali cominciarono a progettarne la costruzione. Dovevano erigerla in modo che il suo centro, che era poi la ragione stessa della sua esistenza, coincidesse con il brandello di suolo in cui si diceva che l'apostolo fosse stato sepolto. Per ottenere questo risultato si dovette orientare l'asse principale della costruzione in direzione est-ovest e, poiché il terreno digradava da nord verso sud, si rese necessario cominciare con imponenti opere di sbancamento prima che una sola pietra fosse posata. E subito l'opera venne definita «una follia».

Si trattava in pratica di rimuovere buona parte del colle Vaticano, di drenare opportunamente il terreno che presentava numerose pozze acquitrinose, di predisporre opere di fondazione abbastanza robuste da reggere l'enorme peso della futura costruzione. Era anche necessario sventrare l'antica necropoli che sorgeva su parte di quel terreno e nella quale pagani e cristiani si trovavano da lungo tempo sepolti gli uni accanto agli altri. Nel 326, un anno dopo il fondamentale concilio di Nicea, è lo stesso Costantino che, come altri capi di Stato dopo di lui, dà il via ai lavori, impugnando un badile e cominciando a scavare la fossa per le fondazioni.

I resti venuti alla luce grazie a recenti campagne archeologiche sembrano dimostrare che i lavori procedettero alla svelta. Anche questa prima basilica, al pari di quella che la sostituirà, ha dimensioni notevoli: la facciata misura 64 metri, le cinque navate in cui è suddivisa sono lunghe 90 metri, e quella centrale è larga 24 metri e alta oltre 30 (18 e 15 metri sono rispettivamente le altezze delle navate laterali). Il monumento celebrativo, sotto cui c'è la tomba che ha contenuto i resti di Pietro, non si sa se volutamente o per un errore nel calcolo delle quote, risulta più basso del piano di calpestio di quasi mezzo metro; tutto viene comunque racchiuso in una teca adorna di marmi alta circa 3 metri, mentre la tomba è rivestita con lastre di bronzo ciprio.

La basilica costantiniana era preceduta da uno spazioso cortile (detto il «paradiso») circondato da un porticato. Al centro era collocata (almeno a partire dal Mille) una fontana con acqua zampillante dalla «pigna» che oggi si trova in Vaticano, nel cortile omonimo. Con quell'acqua, prima di accedere alla basilica, i fedeli compivano riti di purificazione lavandosi almeno il viso e le mani. Il segno della croce con le dita inumidite nell'acqua benedetta è oggi il residuo simbolico di quelle antiche abluzioni. La povera tomba di Pietro, sepolto nella nuda terra, si era così trasformata in un prezioso mausoleo.

Quasi contemporaneamente cominciarono, purtroppo, anche le prime interessate deviazioni: chi voleva incidere il proprio nome sul muro adiacente alla tomba, e molti lo desideravano, doveva fare un'offerta ai diaconi che sovrintendevano al servizio. Pratica, questa, che avrà notevole sviluppo e, nei secoli successivi, sarà causa di traumi profondi.

Le spese per l'edificazione erano ingenti, tanto più che l'imperatore aveva predisposto per i fedeli un luogo di accoglienza e di meditazione dove poter pregare l'apostolo e primo *pontifex* sul luogo stesso del suo martirio, così che il suo esempio alimentasse la fede di ognuno. Quanto a Costantino, la sua fede e riconoscenza furono messe in evidenza dall'iscrizione dedicatoria incisa sull'arco fra navata e transetto: «*Quod duce te mundus surrexit / in astra triumphans / hanc Costantinus victor tibi condidit aulam*», sotto la tua guida il mondo è risorto, trionfante fino alle stelle, così il vittorioso Costantino ti dedica quest'aula.

In favore della nuova religione Costantino dispiega la più grande energia. Oltre a San Pietro, fa erigere in quegli stessi anni basiliche di dimensioni sicuramente imperiali, tutte collocate a raggiera fuori del più fitto tessuto urbano: San Giovanni in Laterano, avviata prima ancora di San Pietro, lunga poco meno di 100 metri; Santa Croce in Gerusalemme, voluta da sua madre Elena, che si diceva avesse riportato dalla Terrasanta un frammento della vera croce di Gesù; la basilica di San Sebastiano sull'Appia, 75 metri di lunghezza; il mausoleo di sua figlia Costanza, sulla Nomentana, oggi conosciuto come Santa Costanza (fra le più belle e suggestive chiese protocristiane).

La Roma della classicità era stata una città popolata di statue: figure togate nei fori, imperatori a cavallo, grandiose terme e ninfei ricchi di immagini umane, templi delle divinità pagane adorni di colonne e mosaici. Dal IV secolo, con la costruzione delle grandi basiliche, e poi nei due secoli successivi, la Roma dei monumenti antichi si trasforma. Molte sculture vengono distrutte, alcune per semplice incuria, altre per precisa scelta ideologica. Il cristianesimo tende a sublimare i suoi simboli, preferisce una figurazione meno materiale di quella cara ai romani, illustra le sue divinità con la pittura e il mosaico più che con la scultura. Poi, a partire dal V secolo, la sostituzione delle antiche aule romane con chiese cristiane comincia a diffondersi anche nel centro della città. Sorgono allora la chiesa dei Santi Giovanni e Paolo sul colle Celio, San Marco sotto il Campidoglio, San Lorenzo in Lucina, Santa Maria in Trastevere, Santa Sabina sull'Aventino, San Clemente a poca distanza dal Colosseo, Santa Maria Maggiore sull'Esquilino.

La Roma cristiana, succedendo alla classicità e sostituendosi a essa, ne annulla non solo la presenza, ma la stessa memoria; dov'erano le statue e gli altari degli dei pagani colloca i propri, rimpiazza le divinità protettrici delle varie attività umane con i suoi santi, i vecchi riti con la sua ortodossia: in capo a pochi decenni quasi non resta traccia visibile delle vecchie religioni. Ci sono i testi, certo, quelli della filosofia, della letteratura, del teatro, delle scienze naturali, che monaci pazienti, ingegnosi amanuensi, spesso grandi artisti e grafici si adopereranno meticolosamente a copiare per i pochi in grado di leggerli. Ma dei culti più popolari, dell'ampia tolleranza religiosa garantita da Roma non resterà traccia.

Il più acceso sostenitore del cristianesimo, Paolo di Tarso (san Paolo), nella Lettera ai Romani (1,26-31) copre di vituperio la memoria degli antichi costumi e dei culti che vi erano legati: «Le loro donne hanno cambiato i rapporti naturali in rapporti contro natura. Così gli uomini, lasciando il rapporto naturale con la donna, si sono accesi di passione gli uni per gli altri commettendo atti ignominiosi uomini con uomini ... Dio li ha abbandonati in balia di un'intelligenza depravata, sicché commettono ciò che è indegno, colmi come sono di ogni sorta d'ingiustizia, di malvagità, di cupidigia, di malizia; pieni d'invidia, di omicidio, di rivalità, di frodi, di malignità; diffamatori, maldicenti, nemici di Dio, oltraggiosi, superbi, fanfaroni, ingegnosi nel male, ribelli ai genitori, insensati, sleali, senza cuore, senza misericordia». Un ritratto spietato che mette a nudo tutta la capacità di collera di cui era capace un neoconvertito di fiammeggiante intelligenza e di smisurata passione.

Eppure, proprio Roma imperiale (e pagana) Costantino ha in mente quando ordina o favorisce la costruzione delle nuove basiliche con il preciso intento di proclamare, rendendolo manifesto, il potere cristiano. Il mausoleo che il grande imperatore Adriano si era fatto costruire sulla riva del Tevere (oggi più noto come Castel Sant'Angelo) è, nella sua solennità, uno dei prototipi. Adriano aveva puntato sull'imponenza della costruzione, altrettanto farà Costantino. Il modello imperiale darà, con il passare degli anni, un connotato riconoscibile al ruolo dei nuovi pontefici: le dimensioni degli edifici, la ricchezza dei paramenti, la solennità dei riti, il penetrante profumo dell'incenso, la suggestione dei canti, le luci riverberate dall'oro dei mosaici, tutto rimanderà a un'idea di potere che si vuole superiore a quello degli antichi imperatori, perché i papi cristiani hanno, su quelli, anche la potestà suprema di rimettere i peccati e garantire la vita eterna. La Chiesa si fa così erede dell'impero, incaricata di una missione di civiltà universale pari e, anzi, superiore a quella che Roma aveva esercitato nel mondo classico.

I mosaici protocristiani ritraggono spesso il Cristo come un imperatore seduto in trono, avvolto nella toga dorata, *Dominus dominantium* (Signore dei signori), circondato dagli apostoli raffigurati come senatori romani. La nuova Chiesa fa suo l'ideale universalistico del vecchio impero al tramonto sottolineando la continuità da essa rappresentata. Per quanto riguarda i pontefici, si dice usualmente che il primo di loro ad appropriarsi del titolo di *pontifex maximus* sia stato Damaso, papa dal 366 al 384, anche se la dizione (abbreviata: Pont. Max.) comincerà a comparire sui frontoni di chiese ed edifici parecchio più tardi.

L'elezione di Damaso fu particolarmente drammatica poiché il clero romano era diviso in due fazioni che si contrapponevano per ragioni sia dottrinali sia di potere. Accadde così che si trovarono eletti due papi (Ursino e Damaso) aspramente concorrenti. Lo storico Ammiano Marcellino, fra i maggiori autori della tarda latinità, straordinario testimone della decadenza imperiale, scrive nei suoi *Rerum gestarum*:

> L'ardore di Damaso e Ursino per occupare la sede vescovile superava qualsiasi ambizione umana. Finirono per affrontarsi come due partiti politici, arrivando allo scontro armato, con morti e feriti ... Ebbe la meglio Damaso, dopo molti scontri; nella basilica di Sicinnio, dove i cristiani erano riuniti, si contarono 137 morti e dovette passare molto tempo prima che si calmassero gli animi. Non c'è da stupirsi, se si considera lo splendore della città di Roma, che un premio tanto ambito accendesse l'ambizione di uomini maliziosi, determinando lotte feroci e ostinate. Infatti, una volta raggiunto quel posto, si gode in santa pace una fortuna garantita dalle donazioni delle matrone, si va in giro su un cocchio elegantemente vestiti e si partecipa a banchetti con un lusso superiore a quello imperiale. (XXXI)

Alla fine Damaso riuscì a prevalere, anche se il modo in cui aveva ottenuto la vittoria nocque alla sua fama di uomo di religione. Ma l'importanza di questo pontefice per ciò che riguarda il nostro racconto è che egli fu il primo vescovo di Roma a fondare la propria supremazia non sul deliberato dei concili o su editti di altra natura, ma direttamente sul vangelo, il famoso «testo petrino» (Matteo 16,18): «Tu sei Pietro e su questa pietra edificherò la mia Chiesa e le porte degli inferi non prevarranno contro di essa». Una proclamazione considerata passo essenziale per la fondazione di una vera e propria dinastia papale, come poi si sarebbe affermata.

Torniamo alle basiliche cristiane, erette a imitazione degli edifici pubblici della Roma classica che erano, nello stesso tempo, luoghi sacri e civili poiché la religiosità romana tendeva a unificare le due sfere. Come Romolo e Remo avevano fondato la vecchia città, così i santi Pietro e Paolo diventano le due figure fondatrici di una nuova Roma sotto il segno della croce. A mano a mano che si allontana dall'originario e rigoroso monoteismo ebraico, la nuova religione ricrea un suo pantheon. Non più il solitario Jehova della Bibbia, ma un'intera famiglia divinizzata, genitori e figlio. Attorno a loro, numerose figure divine e semidivine che con il passare dei secoli diventeranno migliaia. Ogni luogo, ogni attività, ogni organo del corpo avrà un suo protettore al quale rivolgersi, proprio come accadeva con l'antico pantheon pagano.

In una città che diventava sempre più fatiscente, nella quale palazzi e aule, acquedotti e templi venivano depredati o cadevano in rovina, lo splendore e la vastità delle nuove basiliche, e fra queste, della principale, davano al visitatore e al pellegrino l'immediata e vivida sensazione che un nuovo potere era succeduto al vecchio e che a esso ormai era opportuno rivolgersi per ogni necessità di questa vita e dell'altra.

Era dunque necessario che la basilica di San Pietro fosse all'altezza di tali immani compiti di fede e di dominio, e che tutti, dai più umili fedeli ai monarchi regnanti, avessero, entrando, l'immediata sensazione di un potere dal quale dipendeva la loro legittimità e, non di rado, la loro stessa esistenza. Nessuna religione aveva mai osato tanto.

Con il tempo, però, la basilica fatta costruire con tanta magnificenza da Costantino si deteriorò notevolmente. Alla metà circa del XV secolo, il grande architetto e umanista Leon Battista Alberti fa notare a papa Niccolò V (al secolo Tommaso Parentucelli) che nella navata centrale i muri hanno ormai un fuori piombo di oltre un metro. Firenze, intanto, ha da poco avuto il nuovo duomo di Santa Maria del Fiore, coronato dalla magnifica cupola del Brunelleschi, un'armoniosa montagna che si erge imperiosa dominando la città e la pianura nel recinto dei colli. Niccolò V, che è toscano, sente in modo particolare la sfida. Ha scelto il Vaticano quale sede papale e sta pensando a come rafforzarlo. Fa costruire i quattro torrioni agli angoli di Castel Sant'Angelo, rafforza le mura leonine con bastioni più elevati, ordina che vengano bonificate le stradine e i vicoli dei Borghi, divenuti covo di ladri e tagliagole (il prete fiorentino Rosello Roselli, in una lettera del 1450 a Cosimo de' Medici, ne descriveva in questi termini le condizioni: «Questa terra è una spiluncha de ladri: ogni dì se rubba e uccidesi come gli uomini fussero castroni; non basta la moria che v'è, ché anchora se tagliano a pezi come rape»).

Il papa è figura controversa, contro di lui cominciano a circolare irriverenti battute che resteranno a lungo una tradizione popolare. La sua fama di gran bevitore, rapido nel far eliminare i suoi nemici, detta questo anonimo distico: «Da quando è Niccolò papa e assassino / abbonda a Roma il sangue e scarso è il vino». Nel secondo capitolo del XIII libro della sua *Storia della città di Roma nel Medioevo*, Ferdinand Gregorovius dedica alla corte pontificia un secco giudizio:

> Roma papale era a quel tempo già moralmente guasta, il clero corrotto e odiato. I cardinali vivevano come principi temporali; la loro dissipatezza non offendeva soltanto i sentimenti dei repubblicani, ma anche quelli di molti semplici cittadini. I membri della curia, innumerevole stuolo di prelati gonfi di prebende e tuttavia mai sazi di accumularne, offrivano un disgustoso spettacolo di arroganza, di cupidigia, di corruzione morale.

Molto riuscì a fare papa Niccolò, ma non tutto ciò che avrebbe desiderato. Ebbe comunque il merito di rendere evidente che il problema della veneranda basilica costantiniana non era ulteriormente eludibile. Riprenderà il suo progetto un altro papa di grande temperamento, cioè Sisto IV (Francesco Della Rovere), che regnò per una dozzina d'anni dal 1471 al 1484. La sua opera maggiore fu la ricostruzione della *capella magna* dei sacri palazzi che da lui, infatti, prese il nome, ossia la cappella Sistina, opera di tale importanza, anche per le vicende artistiche di cui sarà teatro, da meritare una trattazione più ampia in un successivo capitolo.

Sisto fece anche costruire nuove strade e un nuovo ponte (ponte Sisto) a valle del vecchio ponte Sant'Angelo, che nei periodi di maggior afflusso di pellegrini dava luogo a spaventosi ingorghi (durante l'Anno Santo del 1450 i fedeli che si affollavano in entrata e in uscita avevano creato una tale congestione che circa duecento persone rimasero soffocate nella calca, annegarono nel Tevere o morirono sotto gli zoccoli dei cavalli). Nel fervore di opere gli è accanto un giovane cardinale che, come accadeva spesso, è anche suo nipote, Giuliano Della Rovere.

Anche Giuliano diventerà papa; sarà, anzi, uno di quei pontefici capaci di segnare il proprio tempo con la forza del temperamento e la vastità delle ambizioni. Nulla hanno di religioso uomini di questa tempra; sono condottieri capaci di rivestire con uguale abilità un paramento sacro o la corazza del combattente, di brandire con la stessa efficacia l'aspersorio o la spada. Giuliano venne eletto nel 1503, all'età di sessant'anni, dopo un conclave durato un solo giorno. Segnerà un pontificato memorabile, come s'intuì subito dal nome che si dette, Giulio II, con evidente e diretto richiamo a Giulio Cesare. Papa politico e guerriero, ispiratore di progetti grandiosi, fautore di una monarchia nazionale di cui il successore di Pietro, vero *pontifex maximus*, fosse capo indiscusso e imperatore. Davanti agli occhi aveva il modello di Ottaviano Augusto e lo guidava una smisurata energia nella quale rientravano anche le arti, viste, però, non tanto come espressioni estetiche quanto come uno dei possibili strumenti della sua politica.

È lui a riprendere con mano ferma i progetti di Niccolò V mai portati a compimento e a realizzarne di nuovi. Appena tre anni dopo la sua elezione, nel 1506, incarica uno dei migliori architetti dell'epoca, Donato Bramante, di cominciare a progettare un nuovo edificio che sostituisca la pericolante basilica costantiniana. Sarà un'avventura che durerà più di un secolo e nella quale vari papi si succederanno. Le strutture esterne saranno terminate nel 1621; ancora più a lungo bisognerà attendere per il completamento degli interni. Nel popolino romano comincia a correre la voce che un'impresa di tale imponenza non avrebbe mai avuto davvero fine.

Il cantiere affidato al Bramante ebbe celere inizio: il 18 aprile 1506 venne posata la prima pietra. L'idea guida era di non demolire subito la vecchia chiesa, bensì di dare avvio alla nuova per le parti che risultavano esterne rispetto alle esistenti. Le demolizioni cominciarono l'anno seguente e non mancarono critiche e polemiche nei confronti del metodo con il quale si stava operando, soprattutto perché l'antico manufatto, dopo alcuni mesi di lavoro, si presentava con lo sgradevole aspetto che hanno tutte le fabbriche in corso d'opera: monco in alcune parti, corroso nelle strutture, scoperchiato quasi per intero.

Nel 1513 il settantenne Giulio muore, e muoiono pure i suoi due successori. Nel 1534, alla scomparsa di Clemente VII de' Medici, sale alla cattedra di Pietro, con il nome di Paolo III, Alessandro Farnese, che sarà un buon papa, anche se della sua memoria storica fa parte un accentuato nepotismo, compresa la nomina a cardinale di due figli adolescenti di un suo figlio naturale. È proprio lui, papa Farnese, che alla fine del 1546 propone a Michelangelo di assumere la responsabilità della «fabbrica di San Pietro». L'artista ha settantadue anni, la sua salute non è ottima, l'incarico è pesante; sulle prime tergiversa, cerca di allontanare un lavoro che perfino lui, gigantesco artefice, sente gravoso. Il papa, però, insiste. Scrive il Vasari che in quella scelta egli sembra davvero «ispirato da Dio». Alla fine l'artista accetta, ma a una condizione: se deve dirigere il lavoro, dice, vuole esserne il solo responsabile e nessuno deve interferire con le sue decisioni.

È una richiesta inaudita, che ha riflessi professionali, ma anche politici; si può perfino immaginare che Michelangelo l'abbia avanzata nella speranza di ottenere un rifiuto. Noi, che conosciamo i risultati, possiamo ben dire che il papa fece la scelta migliore. Ma in quel momento chi poteva dirsi certo del risultato per un'opera già costata anni di lavoro e «denari molti», destinata a diventare il centro di una religione che attraversava una crisi epocale, squassata dalla Riforma luterana e dallo scisma del re d'Inghilterra Enrico VIII? L'artista era illustre, le sue opere precedenti mirabili, ma dirigere il cantiere della «fabbrica» era cosa nuova anche per lui, se non altro per le titaniche dimensioni dell'impresa. Incredibilmente, però, il papa accettò. Il 1° gennaio 1547, con un *motu proprio* affidava l'opera al Buonarroti con mandato in pratica illimitato, conferendogli per iscritto «ogni autorità e che potesse fare e disfare quel che v'era, crescere e scemare, variare a suo piacimento ogni cosa».

Le varianti non tardarono. Michelangelo scartò la pianta progettata dal Sangallo, giudicandola troppo complicata, troppo costosa, troppo «todesca», cioè gotica; fece tirar giù alcuni muri del transetto già costruiti, modificò il disegno della cupola progettata dal Bramante quarant'anni prima. Si possono immaginare le proteste, le invidie, i rancori provocati da così drastiche decisioni. Si parlò di vanità, di denaro gettato, di ambizioni sfacciate.

Era stato creato un organismo apposito, la Congregazione dei deputati, per sovrintendere alla costruzione del tempio e alle spese relative. Proprio dalla Congregazione si levarono le critiche accese di chi si sentiva spogliato di competenze e responsabilità che riteneva proprie. In marzo si tenne una riunione a Castel Sant'Angelo presieduta da papa Farnese in persona. Alcuni deputati si levarono per reclamare che, se si fossero esaudite le pretese dell'artista fiorentino, si sarebbero dovuti demolire i due terzi di quanto già fatto. Era un'operazione sensata? Quando mai si era visto un tale spreco di lavoro e di denaro? Tanto più che proprio la necessità di trovare i soldi per il cantiere di San Pietro era stata fra le cause della rivolta luterana. E che era stato il papa in persona ad approvare i progetti del Sangallo, che ora bisognava demolire.

Paolo III fu però irremovibile: avvalendosi del suo potere sovrano confermò che, fra tutti i disegni esaminati, quelli del Buonarroti gli parevano i migliori e che dunque in base a quelli si sarebbe d'ora in avanti proceduto.

Michelangelo aveva ripreso l'idea bramantesca di una pianta a croce greca (quattro bracci di uguale lunghezza) iscritta in un quadrato e sovrastata, nell'intersezione dei due assi, da una grande cupola. Di conseguenza, fece rafforzare i muri portanti, rendendoli ciclopici come oggi li vediamo, mentre «svuotava» l'interno della basilica dalle colonne progettate da Bramante e dai corridoi circolari immaginati dal Sangallo. Progettò la cupola e ne avviò la costruzione. Nel 1564, anno della sua morte, l'opera era stata completata fin quasi al tamburo: poderose colonne gemellate che s'alternano con imponenti finestroni.

Sarà papa Sisto V (Felice Peretti, 1585-1590) a dare nuovo impulso al cantiere e a numerose altre opere. Subito dopo la sua elezione ordina numerosi nuovi lavori. Giulio II aveva aperto via Giulia e la Lungara sulle due sponde del fiume; Leone X e Paolo III avevano concepito il celebre Tridente (Ripetta-Corso-Babuino) che dalla porta oggi detta «del Popolo» s'irradiava verso il centro della città; Gregorio XIII aveva aperto via Merulana per unire il Laterano a Santa Maria Maggiore.

Sisto V («un papa rugantino, un papa tosto / un papa matto come papa Sisto» scriverà il Belli) nel suo quinquennio di regno farà di tutto. Per esempio, fa collocare le statue di san Pietro e san Paolo in cima alle due famose colonne coclidi, la Traiana e l'Antonina; fa restaurare più di venti chilometri di acquedotto (l'Acqua Felice, poi detta «Pia», e anche «Marcia»); fa tracciare alcune strade rettilinee, grandiose per l'epoca; disegna un'arteria di quasi quattro chilometri (battezzata, infatti, per l'ultimo tratto via Sistina) che da Santa Croce in Gerusalemme, superata Santa Maria Maggiore, scavalcato il Quirinale (all'altezza delle Quattro Fontane), arriva fino a Trinità dei Monti. Per quanto riguarda la nostra storia, però, ciò che più importa è che nel gennaio 1588 questo papa irrefrenabile convoca gli architetti Giacomo della Porta e Domenico Fontana e ordina che la cupola della basilica, rimasta incompiuta, sia terminata nel più breve tempo possibile.

Gli architetti avevano preventivato dieci anni; sotto il pungolo pontificio l'opera sarà completata in ventidue mesi. Della Porta studia alcune varianti, impegnandosi comunque a esaudire nei tempi la volontà pontificia. Assolda una schiera di ben ottocento operai i quali, lavorando giorno e notte, completano la complessa struttura: il 15 giugno 1590 viene posata l'ultima pietra. Sisto V ha settant'anni e morirà due mesi dopo. Fa però in tempo a vedere conclusa anche quest'impresa spettacolare che avrebbe dato a San Pietro il suo coronamento e alla città uno dei più caratteristici tratti del suo profilo.

Di un'altra impresa, spettacolare forse quanto questa, il dinamico papa, rimasto solo cinque anni sul trono, si era fatto promotore: lo spostamento dell'obelisco egizio. L'imponente monolite era stato trasportato da Alessandria a Roma nel I secolo per ordine dell'imperatore Caligola. Giaceva ora a terra, derelitto, in quello che era stato il circo di Nerone; si trattava di farlo arrivare fino all'informe spazio irregolare compreso fra l'eterno cantiere della basilica e le stradine umide e malsicure dei Borghi, chiuse in direzione del fiume da Castel Sant'Angelo.

L'impresa si presentava di enorme difficoltà, non tanto per il trasporto in orizzontale, quanto per il sollevamento a un'altezza tale da consentire di calarlo a perfetto perpendicolo sulla sua base. L'unica energia disponibile era quella muscolare, di uomini e di animali, potenziata, quando possibile, dagli argani, che con i loro sistemi di funi demoltiplicavano il peso. Per progettare con sufficiente sicurezza il lavoro furono necessari sette mesi di studio, centinaia di uomini e di cavalli, decine di grossi argani. L'esecuzione materiale richiese quattro mesi di preparativi, dall'aprile al settembre 1586. Si costruirono una «strada pensile» per il trasporto in orizzontale e un doppio castello di legno per il sollevamento all'altezza necessaria. Un editto minacciava di morte chiunque si fosse inoltrato nella piazza, intralciando la rischiosissima impresa.

Un discendente di Domenico Fontana, Carlo Maderno, anch'egli architetto della fabbrica di San Pietro, circa un secolo dopo i fatti ci ha lasciato una descrizione particolareggiata dell'evento. Scrive:

> Scandagliò il Fontana quanto poteva alzare e muovere di peso un argano, vestito con affidati canapi, con moto di quattro cavalli gagliardi e assicurate traglie, a tutta forza che non potessero spezzare il grosso canape. Riconobbe che ciascheduno argano alzava circa ventimila libbre. Destinò dunque 40 argani per il sollevamento di libbre ottocentomila, e due leve di lunga tratta, premute a forza d'argano, per sollevare il rimanente del peso dell'obelisco imbragato, di un milione quarantatremila cinquecentotrentasette libbre.

Perché l'opera andasse a buon fine era necessario che queste decine di argani lavorassero con azione sincronica e coordinata. Di conseguenza, il regista dell'operazione doveva avere una visione panoramica e totale delle forze in campo e la possibilità di dare comandi che fossero uditi da tutti, non potendo disporre, ovviamente, di microfoni e altoparlanti. S'impose il più assoluto silenzio agli astanti, resi del resto muti dall'emozione, mentre squilli di tromba davano l'attacco per le varie fasi del lavoro.

Grazie all'accuratissima preparazione e alle ingenti forze impiegate, la fase conclusiva si svolse quasi senza incidenti:

> Ciascheduno [arrivato] al suo luogo e uffizio, si diede con ogni attenzione principio all'impresa. Prima di ciò, tutti inginocchiati e implorata di nuovo l'assistenza di Dio, cominciò l'architetto, che eminentemente risiedeva come principale direttore, a far suonare la tromba; onde tutti con unita applicazione cominciarono a dar moto ai 140 cavalli degli argani 44 con 800 uomini di lavoro. Tutti erano attenti in modo tale che, con grande ordine, seguì l'unione della forza delle macchine, e dallo strato si vide ergersi in piedi con tanta prestezza che rese stupore e meraviglia agli astanti, in vederne con tanta agilità l'erezione. Sì che piombò a perpendicolo nel destinato luogo alle 23 ore del detto giorno [10 settembre 1586] dove per allegrezza del fine di così stupenda impresa, furono fatte allegrezze infinite.

L'unico pericolo fu quando, nel momento culminante, la tensione delle funi divenne così forte che queste cominciarono a fumare; di lì a poco avrebbero sicuramente preso fuoco, con le rovinose conseguenze che si possono immaginare. Secondo il racconto popolare fu un marinaio ligure, infrangendo la consegna tassativa del silenzio, a lanciare il celebre grido: «Acqua alle corde!». Così fu fatto e l'impresa fu salva.

Qualche decennio più tardi, papa Paolo V (Camillo Borghese) pensò di ridare alla basilica una pianta a croce latina, che preferiva rispetto a quella a bracci uguali immaginata da Michelangelo. Incaricò l'architetto Carlo Maderno di allungare la navata, spostando quindi in avanti la facciata, anche per aumentare la capienza della basilica. In pratica si trattava di un ritorno all'originaria concezione longitudinale o «allungata» del Sangallo, che Michelangelo aveva corretto. Maderno eseguì l'ordine con acume. Chi guarda oggi San Pietro vede come la sua facciata sia scandita, al pari della cupola, da finestroni alternati a grandi colonne. Ben sei di esse sono raggruppate al centro, come se dovessero sorreggere il timpano, mentre nello stesso tempo enfatizzano la loggia centrale sporgente destinata alle più importanti celebrazioni: la proclamazione del nuovo papa, le benedizioni solenni.

Il primo progetto del Maderno non piacque molto al papa, che trovava l'altezza dell'edificio eccessiva rispetto alla lunghezza. Il pontefice suggerì quindi all'architetto di estendere la facciata sui due lati in modo da riequilibrarla in senso longitudinale. Al di là delle lesene che chiudevano l'insieme, vennero allora aggiunte due ulteriori finestre sovrastanti un arco al livello del suolo e ornate, in alto, dai due orologi disegnati, alla fine del Settecento, da Giuseppe Valadier.

Questo l'edificio che nel 1656, non più giovanissimo, Bernini si trovò a dover coronare con una piazza che risultasse adeguata al resto. Il risultato è sotto gli occhi di tutti ed è difficile immaginare chi avrebbe saputo far meglio di quel mirabile doppio colonnato che abbraccia il vasto spazio, le fontane, l'obelisco, la folla di fedeli che di frequente lo colma.

Quanto era costata la nuova basilica? Una cifra sicuramente smisurata, pari del resto alla mole della costruzione e alle ambizioni che doveva simboleggiare. Ma le mura e la cupola titaniche non erano ancora niente in confronto agli arredi e agli innumerevoli arricchimenti artistici che l'avrebbero progressivamente ornata. Se le dimensioni della costruzione rendevano evidente lo straordinario potere che aveva saputo erigere una tale magnificenza, la definitiva sistemazione delle navate e dell'esterno aggiunsero a quel potere il suggello della gloria.

Quando Bernini, ancora una volta lui, immaginò il tripudio di oro e di luce della *Cattedra di Pietro* sul fondo dell'abside, interpretò nel modo più appropriato l'idea regale che i papi avevano costruito nei secoli attribuendosi prerogative imperiali. Il grande artista ideò un tripudio di angeli, fasci di raggi dorati, vapori di nubi, quattro statue colossali di dottori della Chiesa latina e greca, putti che sorreggono le chiavi e il triregno e, al centro, la cattedra che, secondo una leggenda, sarebbe stata quella di Pietro mentre, nella realtà, è un trono regalato al papa da Carlo il Calvo nell'875.

La gloria, appunto, proclamata nel modo più luminoso, solenne ed esplicito. Del resto, non c'è organismo al mondo, dinastia o governo, istituzione o cattedra, che possa competere con la Chiesa di Roma nel fasto spettacolare delle sue cerimonie: funerali, incoronazioni, beatificazioni. Quando si chiede quanto sia costato dispiegare un tale sfarzo non ci si riferisce quindi soltanto al denaro. Certo, il denaro fu necessario, e perché fosse sufficiente non ci si fermò nemmeno davanti alla simonia più sfacciata, alle scandalose vendite di indulgenze che furono fra le cause della rivolta luterana.

Nel 1507, regnando Giulio II, venne emanata la bolla *Salvator noster* con la quale si annunciavano speciali indulgenze a chi avesse fatto un'offerta; la raccolta del denaro era delegata ai vescovi. Fu chiamato «sacro commercio», una specie di indulto ultraterreno con il quale i fedeli potevano scontare anni e anni di purgatorio, e che includeva la facoltà di girare il beneficio ai propri defunti. I costi della corte pontificia aprivano voragini nei bilanci poiché quel denaro andava sì alla fabbrica di San Pietro, ma anche a ripianare gli interessi che i banchieri europei, finanziatori del Vaticano, esigevano alle scadenze pattuite.

È probabile che la spaccatura della cristianità ci sarebbe stata comunque, ma certo l'indegno commercio ne accelerò l'arrivo. Alla fine dell'ottobre 1517 il monaco agostiniano tedesco Martin Lutero, un professore di esegesi biblica di origine contadina, inchiodò, secondo la leggenda, sulla porta della cattedrale di Wittenberg le sue novantacinque tesi, vale a dire i punti in cui contestava la pratica delle indulgenze. Una delle questioni sollevate era: «Perché il papa, più ricco del triumviro Crasso, non paga di tasca propria i lavori per la chiesa di San Pietro invece di farla costruire con l'obolo dei poveri credenti?».

Per la prima volta dalla sua fondazione la Chiesa, che si era chiamata «cattolica», cioè universale, metteva a repentaglio proprio quel connotato. Non era una delle tante piccole o grandi «eresie» che, soprattutto agli inizi, ne avevano accompagnato lo sviluppo. Era una vera e drammatica spaccatura, alla quale l'ambizioso Enrico VIII avrebbe aggiunto, pochi anni più tardi, lo scisma anglicano, secondo cui, fra le altre cose, il Primo ministro inglese non poteva essere di fede cattolica. Solo nel 1829 il duca di Wellington (vincitore di Napoleone a Waterloo) ottenne che re Giorgio IV approvasse il Catholic Emancipation Act, una legge per l'emancipazione politica dei cattolici che rimuoveva gli impedimenti consentendo loro di essere eletti o di guidare un governo di Sua Maestà. Le quali maestà, del resto, continuano a fregiarsi del titolo di *Defensor fidei* che Enrico VIII s'era guadagnato con il suo durissimo trattato contro Lutero. Contraddizioni che spesso si verificano quando, in una religione, fede e politica sono eccessivamente mescolate.

Circa un secolo e mezzo dopo l'inizio del movimento protestante, nel 1656-57, il gesuita Pietro Sforza Pallavicino, cardinale e storico, scrisse una *Istoria del Concilio di Trento* notevole per la sua oggettività, nonostante fosse stata commissionata direttamente dal papa. Il titolo completo del lavoro è *Istoria del Concilio di Trento, scritta dal P. Sforza Pallavicino, della Comp. di Giesù ove insieme rifiutasi con autorevoli testimonianze un istoria falsa divolgata nello stesso argomento sotto nome di Petro Soave Polano*. Si trattava della risposta cattolica a un trattato molto polemico uscito pochi anni prima. Ciononostante, l'autore precisò: «L'edificio materiale di San Pietro rovinò in gran parte il suo edificio spirituale; poiché allo scopo di radunare tanti milioni di scudi quanti ne assorbiva il lavoro immenso di quella chiesa, convenne al successore di Giulio far ciò donde prese l'origine l'eresia di Lutero, che ha impoverita di molti milioni di anime la Chiesa».

Se il gesuita Sforza Pallavicino avesse ragione e quale sia, in ogni caso, il bilancio di questa storia, valuti ognuno da sé.

V

LA CHIESA SENZA VOCE

Un brutto segnale c'era stato nel momento stesso dell'elezione. Era l'agosto 1978, Paolo VI era morto da pochi giorni dopo aver regnato per quindici anni. Il conclave che avrebbe portato al soglio il successore era stato rapidissimo, quattro votazioni nella stessa giornata, poco più di ventiquattro ore. Risultato: 101 voti a favore su 111 partecipanti. Fra le due correnti, i conservatori (schierati per l'arcivescovo di Genova Giuseppe Siri) e i progressisti (a favore dell'arcivescovo di Firenze Giovanni Benelli), alla fine aveva vinto lui: Albino Luciani, veneto, sessantasei anni, uomo pio, forse troppo, per quella carica.

Un brutto segnale ci fu, dicevo: la tradizionale fumata che, se di colore bianco, annuncia l'avvenuta elezione, nel suo caso s'innalzò all'inizio grigia per poi volgere velocemente al nero nonostante la quasi unanimità dei voti. Pochi attimi dopo la radio vaticana dava l'annuncio e, a brevissima distanza, l'apertura della finestra centrale sulla facciata di San Pietro fugava ogni dubbio: Giovanni Paolo I poté presentarsi ai fedeli entusiasti. Il fumo nero si era ormai dissipato nell'aria di Roma. Il nuovo papa avrebbe volentieri parlato ai fedeli, avrebbe voluto aprire subito il suo cuore. Ma il capo del cerimoniale suggerì, imperiosamente, di limitarsi alla sola benedizione, come da programma.

Che fosse un papa particolare, però, lo si capì ugualmente. Parlava più come un parroco che come un regnante, sorrideva spesso, usava espressioni gentili, arrossiva con facilità, e lo ammetteva. Confessò anche quale timore l'avesse colto nell'apprendere di essere stato scelto come successore di Pietro («*Tempestas magna est super me*»). Anche per questo, verosimilmente, scelse per la prima volta nella storia millenaria della dinastia pontificia un doppio nome, Giovanni Paolo I, quasi invocando la protezione dei suoi due grandi predecessori.

Tutti sanno che il suo fu uno dei pontificati più brevi, appena trentatré giorni, e che la sua morte fu repentina. Ma per cercare di capire come mai siano rimasti tanti dubbi sulle cause reali del decesso, bisogna almeno riassumere la quantità di cose che il mite Albino Luciani fu capace di fare o di annunciare in quel mese o poco più in cui gli fu consentito regnare. Comincia subito, con veemenza, a rivedere dettagli procedurali o cerimoniali niente affatto insignificanti, oltre che di grande visibilità mediatica: abolisce il *plurale majestatis*, anche se «L'Osservatore Romano» gli correggeva i testi prima di pubblicarli; abolisce la tiara, o triregno, confermando in questo la volontà di Paolo VI; abolisce la sedia gestatoria portata a spalla dai valletti e seguita da due flabelli, in una scenografia di tipo egizio adatta tutt'al più a un teatro d'opera; abolisce la messa per l'incoronazione, sostituita da una «solenne cerimonia per l'inizio del ministero petrino»; rifiuta di sedere sul trono durante le cerimonie solenni.

Strani, inauditi, furono i suoi primi discorsi. Disse che Dio era padre, ma più ancora madre: si rifaceva all'Antico Testamento, ma così dicendo violava una tradizione consolidata. Infatti, papa Ratzinger, secondo il quale «Dio è solo padre», l'ha immediatamente ripristinata. Parlò spesso di sé in termini umani, raccontando delle sue esperienze e del suo passato ministero, ammettendo le sue debolezze. Si capì subito che era un papa umile, e si cominciò a dire con altrettanta rapidità (ne conservo, da cronista, memoria netta) che forse non era adatto alla complessità della carica, che la sua elezione era stata un errore. Si ipotizzò anche che, con ogni probabilità, non sarebbe durato. Infatti, non durò. In secoli remoti Celestino V si era recato ad assumere la carica pontificia cavalcando un mulo o forse un asino. Bonifacio VIII lo sbalzò senza troppa fatica dal trono. Giovanni Paolo I si disse servo di Gesù e della Chiesa, e anche nel suo caso l'incarico ebbe breve durata.

Una delle cose che si seppero dopo la sua morte improvvisa è che sul tavolo della sua stanza era stata trovata una copia del settimanale «Il Mondo» aperta su un'inchiesta dal titolo *Santità... è giusto?* Rivolgendosi direttamente a lui, il giornale chiedeva se fosse giusto «che il Vaticano operi sui mercati di tutto il mondo come un normale speculatore? È giusto che abbia una banca con la quale favorisce di fatto l'esportazione di capitali e l'evasione fiscale di cittadini italiani?».

Vedremo fra poco fino a che punto la presenza del «Mondo» nella stanza possa essere significativa. Ciò di cui non si può dubitare è che il problema delle ricchezze, ovvero della finanza vaticana, disinvolta fino all'arbitrio, fosse per papa Luciani più che un cruccio, un vero incubo. In quei veloci trentatré giorni tornò più volte sull'argomento; avrebbe addirittura voluto scrivere un'enciclica sulla povertà nel mondo, se ne avesse avuto il tempo; auspicava (sognava) un ritorno della Chiesa alla povertà evangelica, e che almeno l'1 per cento degli introiti del clero fosse devoluto ai poveri. La Chiesa non deve avere potere né possedere ricchezze, diceva.

Aveva anche altre idee. Pensava, per esempio, che il ruolo così marginale della donna, anche all'interno della Chiesa, dovesse essere ridefinito. Pensava che non si potessero proibire *sic et simpliciter* gli anticoncezionali, senza tener conto delle circostanze specifiche che alle volte ne consigliano o ne impongono, anche drammaticamente, l'uso. Pensava che una banca, in particolare la banca del Vaticano, dovesse avere un fine etico, essere cioè di aiuto anche ai meno abbienti. (Quasi vent'anni dopo la sua morte, nel 2006, l'economista bengalese Muhammad Yunus avrebbe vinto il Nobel per la pace con un'idea non molto lontana da quella: il «microcredito», ovvero un sistema di piccoli prestiti per imprenditori troppo poveri per ottenere credito dalle banche normali.) Era quasi un rivoluzionario papa Luciani, non poteva durare in quel posto, circondato da quella curia, con quelle responsabilità, quei precedenti. Infatti, non è durato.

Un altro inquietante segnale, molto serio questa volta, si ebbe pochi giorni dopo la sua elezione, quando la rivista «O.P. Osservatore politico» di Mino Pecorelli, che un anno dopo sarebbe stato assassinato, pubblicò l'elenco di un centinaio di ecclesiastici iscritti alla massoneria. Il foglio era generalmente ritenuto uno strumento usato dai servizi segreti italiani (o parte di essi) per indirizzare messaggi di varia natura, non esclusi avvertimenti e minacce.

Per altro verso erano noti i rapporti di Pecorelli con Licio Gelli, capo della loggia massonica deviata P2. Che senso aveva in quel caso la pubblicazione dell'elenco? Nella lista comparivano, fra gli altri, il segretario di Stato vaticano (l'equivalente del presidente del Consiglio) Jean Villot, il «ministro degli Esteri» vaticano Agostino Casaroli, il vicario di Roma Ugo Poletti, il potente direttore della banca vaticana Paul Marcinkus, il vicedirettore dell'«Osservatore Romano» don Virgilio Levi, il direttore della radio vaticana Roberto Tucci.

Albino Luciani dovette ricavarne la sensazione di essere circondato. Il patto associativo segreto che si diceva legasse quell'insieme di uomini era un invito alla prudenza, a fare attenzione alle mosse, a non agitare troppo le acque che avevano trovato un proficuo e consolidato equilibrio. Parafrasato in termini di conversazione quotidiana, l'elenco diceva: calma Santità, prudenza, lasci perdere!

Furono queste premesse a far sospettare un omicidio nella fine improvvisa di Albino Luciani. Ipotesi facilitata dalle numerose incongruenze e reticenze (ancora una volta!) nella ricostruzione dei fatti. L'ora della morte venne in un primo tempo indicata nelle 23. Più tardi spostata alle 4.45 del mattino successivo. Il ritrovamento del corpo fu attribuito al suo segretario John Magee, ma il giorno prima si era detto che la scoperta era stata fatta dalla fedele suora Vincenza Taffarel. Una terza voce, insistente, dava per certo che a entrare per primo nella stanza fosse stato, invece, proprio Jean Villot. Si disse che al momento del trapasso le mani del papa stringessero, nell'ordine, il libro *L'imitazione di Cristo*, alcuni fogli di appunti, un elenco di nomine da fare il giorno successivo, la bozza di un discorso. Certo che, in ogni caso, dalla sua camera vennero immediatamente asportati alcuni oggetti personali: occhiali, pantofole, appunti, una confezione di medicamento per l'ipotensione.

Bastano questi elementi per costruire un assassinio? O quanto meno per ipotizzarlo? Così pensa lo scrittore investigativo inglese David Yallop, che si è occupato più volte del Vaticano e che, sulla morte di papa Luciani, ha scritto un libro duramente accusatorio: *In nome di Dio*. Libro fortunato, bisogna dire, che ha venduto in tutto il mondo sei milioni di copie. Che cosa sostiene Yallop? Che due fossero gli argomenti altamente pericolosi toccati da papa Luciani, uno di dottrina e uno eminentemente pratico.

Il primo riguardava l'ostilità della Chiesa nei confronti di ogni tipo di contraccezione, che Giovanni Paolo I sembrava voler rimettere in discussione. Secondo alcune alte personalità di curia, fra le quali il segretario di Stato Villot, ogni innovazione in materia voleva dire un tradimento nei confronti della linea fissata da Paolo VI con la sua enciclica *Humanae vitae* (luglio 1968).

Ancora più cogente l'altro argomento, vale a dire la gestione finanziaria del piccolo Stato, in particolare il funzionamento di una banca come lo Ior con i suoi traffici, la sua discutibile clientela, il tradimento reiterato delle sue finalità nei confronti delle «opere di religione». Come vedremo meglio nel capitolo dedicato per l'appunto allo Ior, non è mai stato chiaro se il numero uno della banca, monsignor Marcinkus, sia stato utilizzato dalla cerchia che aveva intorno o non sia piuttosto vero il contrario, e cioè che sia stato lui a sfruttare la sua vasta rete di conoscenze in Italia, in Europa, negli Stati Uniti. Nei giorni precedenti la morte di Giovanni Paolo I era trapelata la notizia che il papa volesse alienare gran parte delle ricchezze vaticane per destinarle alla costruzione di case e scuole nelle parti del mondo dove c'era più bisogno, nei paesi dove la miseria si presenta con il volto più offensivo se confrontato con l'opulenza talvolta sfacciata dell'Occidente.

Papa Luciani sembrava, insomma, intenzionato a riportare la Chiesa alla povertà delle origini, il che appariva a molti un proposito inaccettabile, tanto più che avrebbe comportato la rimozione di alcuni dei più influenti uomini di curia. Le cronache di allora riferirono voci di un forte dissidio con il cardinale segretario di Stato Villot, degenerato addirittura in un aperto scontro.

Di fronte a una morte tanto inaspettata sarebbe stato auspicabile chiarire ogni dubbio eseguendo un'autopsia del cadavere, che invece fu negata. Un rifiuto inspiegabile, che rafforzò le più malevole congetture sulle cause del decesso, aggravate da un ulteriore dettaglio. Il bollettino ufficiale attribuì la morte a un infarto acuto del miocardio. Ipotesi ragionevole, dal momento che l'infarto può colpire anche una persona in apparente buona salute. Contraddetta, però, dal fatto che sul volto del papa morto non erano visibili quei segni di sofferenza che sicuramente un attacco cardiaco avrebbe provocato. Da questo insieme di circostanze lo scrittore inglese Yallop ha dedotto la sua ipotesi: la morte repentina sarebbe da attribuire sì a una crisi cardiaca, ma provocata da un potente veleno. Davanti a questa ridda di voci, riprese dai maggiori media mondiali, sarebbe stato opportuno che la Chiesa approfondisse le cause della tragedia, le chiarisse e le rendesse note. Invece, si è scelta, come sempre, la strada di un inquietante silenzio.

Lasciamo il Vaticano con i suoi misteri e spostiamoci, per le ragioni di analogia che fra poco vedremo, verso un'altra delle meraviglie di Roma: la basilica di San Paolo fuori le Mura.

Al tramonto, nelle sere d'estate, il mosaico della facciata s'incendia ai raggi obliqui del sole fermo sulla linea dell'orizzonte. È in quei momenti che la basilica di San Paolo irradia al meglio il suo splendore: sul fondo oro spiccano le figure di Cristo benedicente fra i santi Pietro e Paolo; sotto, l'Agnus Dei che ha per sfondo le venerande mura di Roma; nella fascia più bassa quattro profeti antichi incastonano le tre finestre, suggellando il legame fra la Bibbia degli ebrei e il Nuovo Testamento dei cristiani.

Le vicende secolari di questa basilica basterebbero da sole a riempire un libro. Costruita, secondo la leggenda, nel luogo stesso in cui Paolo di Tarso era stato sepolto dopo la decapitazione, consacrata nel 324 da papa Silvestro I, ricostruita e riconsacrata nel 390, divenuta in pieno Medioevo centro di un piccolo borgo feudale stretto attorno alle sue mura, abitato fino a quando un terremoto, nel 1348, non fece crollare il campanile e parte delle misere dimore circostanti. Poi ancora ridecorata e restaurata fino alle drammatiche giornate di metà luglio del 1823, quando un incendio spaventoso la distrusse in gran parte. Pochi giorni prima, il 7 luglio, il pontefice regnante Pio VII (papa Chiaramonti) si era rotto una gamba. Sembrava un incidente da poco, invece, per le scarse cognizioni mediche di allora, risultò incurabile. La sua agonia fu lunga e dolorosa. Quando la basilica bruciò non gli si disse nulla per non dargli ulteriore afflizione. Morì un mese dopo, in agosto, ed ebbe la postuma consolazione di essere seppellito in San Pietro nello splendido mausoleo ideato da Bertel Thorvaldsen.

Ricostruita caparbiamente ancora una volta, San Paolo non ha la stessa profusione di opere di altre basiliche, come Santa Maria Maggiore o San Giovanni. Emana però un'aura speciale; voluto o no che sia, il rifacimento ottocentesco restituisce una doppia sintesi: quella fra l'austerità del cristianesimo delle origini e il fasto del cattolicesimo ottocentesco; quella fra l'Occidente e l'Oriente, fra la terra d'origine dell'ebreo Shaul di Tarso e il continente europeo; Roma città dell'Europa e Roma estrema propaggine del Medio Oriente lungo il cammino del sole. Il quadriportico che accoglie il visitatore è da questo punto di vista emblematico. Il mosaico abbagliante della facciata sullo sfondo, la statua gigantesca di san Paolo al centro (stretti nei pugni i suoi simboli: il libro e la spada), le palme, le colonne di granito che si levano in triplice fila per dieci metri di altezza: l'insieme è nello stesso tempo maestoso e familiare, romano ed esotico.

Ancora. Nell'interno, il magnifico ciborio del XIII secolo, il candelabro scolpito per il cero pasquale, il grande mosaico dell'abside con le sue immagini stilizzate che riportano a quell'età di mezzo durante la quale si poté assistere alla lenta nascita di una nuova religione detta «cristiana». E il transetto, invece, con la sua pompa, la maestà dei volumi, il soffitto arricchito dagli stemmi papali, le lesene in pavonazzetto che ripartiscono le pareti, i due altari rivestiti di malachite e lapislazzuli (dono dello zar Nicola I): un fasto che restituisce intera la regalità di un pontificato erede della gloria imperiale di Roma.

Bisogna pensarla, questa basilica, nella sua forma e nella sua collocazione originarie, quando il luogo era ancora sperduto nell'agro, due o tre chilometri fuori della cerchia delle mura, nella spoglia pianura che costeggia una delle pigre curve del Tevere. Il fiume, il mare, l'impero, le province, l'inquieta terra di Palestina con i suoi profeti visionari, la sua fede cocciuta in un unico Dio. Così tutto era cominciato. E bisogna pensare all'uomo al quale la chiesa venne dedicata. La sua immagine accoglie il visitatore all'ingresso per poi tornare più e più volte all'interno, scolpita e dipinta, mentre i frammenti del suo sepolcro e ciò che resta del corpo decapitato sarebbero custoditi sotto l'altare, in una cripta che affiora al di là di una fitta grata d'ottone.

Chi è stato davvero Paolo di Tarso, san Paolo per la Chiesa cattolica, Shaul o Saulo nel suo nome ebraico originale? Chi è stato al di fuori dell'agiografia, delle sue indiscutibili capacità, dell'azione per molti aspetti rivoluzionaria che lo fece diventare, lui ultimo arrivato nella cerchia ristretta del cristianesimo iniziale, il primo di tutti? Il più attivo? L'uomo giustamente chiamato «l'apostolo dei gentili», ossia dei pagani, capace di estendere la predicazione di Gesù anche al di fuori delle comunità ebraiche? L'uomo che viene addirittura definito il «vero fondatore del cristianesimo»?

Quasi tutto ciò che sappiamo di lui è lui stesso a dircelo. Infatti, le notizie contenute negli Atti degli apostoli – che dal capitolo 13 al 28 gli sono per intero dedicati – vengono considerate dagli storici non completamente attendibili. Si preferisce basarsi sui dati che emergono dalle sette lettere ritenute autografe su un totale di quattordici attribuitegli dalla tradizione.

Shaul era nato a Tarso, in Cilicia, fra il 5 e il 10 d.C., da una famiglia di farisei ellenizzati, suo padre essendo diventato cittadino romano. Scrive: «Anch'io infatti sono ebreo, della discendenza di Abramo, della tribù di Beniamino». Dopo aver studiato a Gerusalemme alla scuola di Gamaliele, venne inviato a Damasco su incarico – secondo una versione dei fatti – del sommo sacerdote, che gli aveva affidato il compito di riportare ordine in una comunità sconvolta da quanti riconoscevano Gesù come messia, rifacendosi al suo insegnamento. Secondo un'altra e forse più solida versione, il viaggio a Damasco sarebbe stato una sua iniziativa personale.

Stiamo alla prima variante. La delicatezza dell'incarico fa capire che il sommo sacerdote aveva individuato in quel giovane doti particolari. Il compito, infatti, era critico; oggi diremmo a metà fra la repressione poliziesca e il richiamo a una linea più ortodossa. Fin da giovane Paolo si era dimostrato profondamente motivato, ricco di enorme energia, di una visione chiara dei suoi obiettivi e dotato di tutto l'ardore necessario per conseguirli. Si era messo in mostra come persecutore dei seguaci di Gesù, aveva approvato, assistendovi di persona, la lapidazione di Stefano. Forse viene descritto in modo più crudele di quanto in realtà non sia stato. Una base di vero, però, doveva esserci, quanto meno nel suo energico decisionismo.

Dunque, Shaul parte e durante il viaggio gli accade di avere una visione che spezza traumaticamente in due la sua vita e resta uno degli episodi più sconvolgenti nel cristianesimo delle origini. «All'improvviso lo avvolse una luce dal cielo e cadendo a terra udì una voce che gli diceva: "Saulo, Saulo, perché mi perseguiti?". Rispose: "Chi sei, o Signore?". E la voce: "Io sono Gesù che tu perseguiti. Alzati ed entra nella città e ti verrà detto ciò che devi fare".»

Tale è il bagliore della visione che egli ne rimane accecato fino a quando un discepolo di Gesù di nome Anania non gli impone le mani facendogli riacquistare la vista. Così, più tardi, Saulo o Paolo racconta gli eventi, anche se non si esclude che la «visione» e la cecità siano stati conseguenza di una crisi epilettica. Vale la pena di osservare che il racconto della conversione sulla via di Damasco, riportato ben tre volte negli Atti degli apostoli, nelle lettere di Paolo è appena accennato.

Poiché egli arriva a Damasco in veste di possibile persecutore, giustamente i «fratelli» diffidano di lui e lo rimandano a Tarso, dove rimane diversi anni a studiare e a meditare. Gli altri intanto, a cominciare da Pietro, continuano con successo la loro predicazione. In questo periodo, proprio Pietro compie un gesto audace, accettando l'invito a pranzo di un centurione romano di nome Cornelio. Per un ebreo osservante sedersi a tavola con un *goy* voleva dire mangiare cibo non kasher, cioè impuro. Ma Pietro aveva avuto anche lui una visione, durante la quale Dio in persona lo aveva autorizzato a rompere il divieto mosaico sul cibo. Interpretando in senso estensivo l'evento, Pietro ne deduce l'autorizzazione divina a frequentare anche i pagani.

L'episodio, che figura negli Atti degli apostoli, dà quindi a

Pietro una specie di primogenitura sulla predicazione fuori della cerchia ebraica. Potrebbe trattarsi, tuttavia, di una specie di «precedente» che gli viene attribuito per legittimare quella che sarà in seguito l'azione svolta, con la consueta energia, da Paolo. La discussione sul punto è vivace fra gli studiosi e di non facile scioglimento. La cosa certa è l'asprezza del dissidio che si crea fra gli ebrei che volevano mantenersi fedeli al precetto mosaico e quelli che invece vedevano con favore un'adesione a questa nuova corrente per la quale Paolo prometteva invitanti facilitazioni non solo sul cibo, ma, soprattutto, sull'abolizione della circoncisione, da lui dichiarata non necessaria per i convertiti dal paganesimo.

Paolo era dotato di grande energia fisica e intellettuale, ma anche di un temperamento collerico; la combinazione di questi elementi contribuì, naturalmente, a rendere ancora più aspra la disputa, che verteva anche sul dilemma di che cosa fosse necessario per la salvezza. L'osservanza della legge mosaica o la fede in Gesù detto il Cristo? Apparentemente, Pietro era d'accordo con lui sulla prevalenza della fede. Nonostante questo, però, cedendo forse alle pressioni di qualche ebreo-cristiano, aveva ricominciato ad attenersi alle vecchie regole.

Nella Lettera ai Galati vediamo Paolo entrare in azione con la più grande determinazione. Resosi conto che molti stavano travisando la sua predicazione, spinti da «coloro che seminano turbamenti e vogliono sovvertire il vangelo di Cristo», scrive furente: «Se noi stessi o un angelo disceso dal cielo vi annunciasse un vangelo diverso da quello che vi abbiamo annunciato, sia anatema! Ripeto quello che ho già detto: se qualcuno vi annuncia un vangelo diverso da quello che avete ricevuto, sia votato alla maledizione divina». Da dove ricavasse una tale certezza di essere nel giusto, lo dice subito dopo: «Il vangelo annunciato da me non è a misura d'uomo: infatti, né io l'ho ricevuto da un uomo né da un uomo sono stato ammaestrato, ma da parte di Gesù Cristo attraverso una rivelazione».

Anche se non lo dice esplicitamente, Paolo fa intendere con chiarezza che Pietro non aveva rispettato l'accordo di Gerusalemme, accordo che lasciava a lui l'esclusiva della conversione dei gentili non circoncisi.

L'apostolo reclama la propria supremazia. Egli dice: badate bene che sono io e non altri il più fedele interprete di Gesù. Gli studiosi fanno notare che, dopo l'assemblea di Gerusalemme e l'acceso litigio che ne seguì, Pietro sparisce dagli Atti. Il seguito del testo è quasi tutto dedicato a Paolo.

Non si può riassumere troppo la complessa dottrina di Paolo, sulla quale esiste una sterminata esegesi. Accenno solo, a scopo orientativo, a un paio di punti. Paolo sviluppa la teoria secondo cui Gesù il Cristo doveva morire e poi risorgere per portare la salvezza sia ai giudei che ai gentili. Egli esalta il culto della Resurrezione e l'importanza di commemorare la sua Passione. Nella Prima lettera ai Corinzi scrive: «Se Cristo non fosse risorto, vana sarebbe la nostra predizione, vana la nostra fede. Ci troveremmo a essere falsi testimoni di Dio perché abbiamo testimoniato che ha resuscitato il messia, mentre non l'avrebbe resuscitato se fosse vero che i morti non risorgono». Bisognava avere un'immensa fede per ritenere verosimili parole come queste, contraddette dall'esperienza comune, che vede nella morte un viaggio senza ritorno.

Per ottenere il suo risultato Paolo deve compiere anche un'altra operazione dottrinale: spoliticizzare la figura di Gesù, sostituire al profeta che aveva predicato solo per «le pecore smarrite di Israele» un annunciatore universale di salvezza. Il «liberatore» di Israele diventa così il «redentore» dell'umanità. Estendendo il suo messaggio ai Gentili, basandosi sulla fede in Lui e non sull'osservanza della Legge (scrive infatti: «Dalle opere della Legge non verrà mai giustificato nessuno»), dà alle parole di Gesù una dimensione mondiale, porta la divulgazione della Parola di Dio a tutti gli uomini della terra, facendo diventare la nuova fede *katholikè*, cioè universale.

Non è più la religione di un singolo popolo, è abolito il legame che impone a ogni nuovo nato la religione dei padri, la scelta di fede dipende ora dalla coscienza di ognuno. E basta la fede per salvarsi. Forse non si può dire che sia Paolo il vero fondatore del cristianesimo come sostiene, invece, una nutrita corrente di studiosi. Certo, egli dà alla nuova fede una dimensione sconosciuta prima di lui e pone le premesse perché si trasformi in una religione.

Quale possibile legame esiste tra la figura di Albino Luciani, morto dopo soli trentatré giorni di regno, e la basilica dedicata a Paolo di Tarso? Il legame è indiretto, ma non per questo meno significativo. Proprio in quella basilica, un giovane abate sarebbe stato costretto dal Vaticano a dimettersi per «le sue ripetute disobbedienze» e perché intendeva «la Chiesa come una società democratica, tutta rivolta al piano sociale». L'abate si chiamava Giovanni Battista Franzoni, uno dei tanti esponenti di quella «Chiesa senza voce» che sempre ha accompagnato la storia del cattolicesimo. Una Chiesa minoritaria, a volte tollerata, più spesso osteggiata dalle gerarchie, che non è mai riuscita ad avere una supremazia e che solo con Albino Luciani, e tanto brevemente, ha potuto arrivare al soglio di Pietro.

«La Chiesa» sosteneva Pier Paolo Pasolini negli *Scritti corsari* del 1975 «non può che essere reazionaria: non può che essere dalla parte del Potere; non può che accettare le regole autoritarie e formali della convivenza.» Eppure, come ha scritto lo storico cattolico Pietro Scoppola sulla «Repubblica» il 9 febbraio 2007, «c'è una religiosità popolare, che, pur in forme talvolta vicine alla superstizione, conserva riserve profonde di umanità e di solidarietà. Vi è un fenomeno imponente di volontariato cristiano del tutto estraneo nella sua cultura e nella sua prassi a ogni disegno di egemonia. Vi sono riserve e istituzioni culturali non chiassose, ma radicate nel tessuto sociale e aperte sempre più al dialogo e alla collaborazione ... Vi è ormai una Chiesa del silenzio, che soffre di una sorta di emarginazione ufficiale, ma che rappresenta la riserva per la vera alternativa».

Tutti sanno chi è stato il campione di questa Chiesa che qui definiamo «del silenzio»: Francesco d'Assisi, paladino di un cristianesimo mistico che, con la sua carica «eversiva», si è sempre opposto alla religione intesa come istituzione. Francesco si ribellò al padre, si spogliò di ogni ricchezza per consacrarsi a Dio, facendosi servo degli ultimi della terra. Un «santo rivoluzionario», si è scritto, guardato con sospetto a Roma. Il suo Ordine si inseriva in quel vasto movimento pauperistico del XIII secolo che condannava la corruzione degli ecclesiastici tanto coinvolti negli interessi materiali, invischiati nella sanguinosa lotta per le investiture.

Francesco fu la prima, ma non l'ultima voce di questo cristianesimo mistico. Pochi anni dopo la sua morte (1226), un altro francescano avrebbe scritto il più bell'inno mai dedicato a Maria: lo *Stabat Mater*. Si chiamava Jacopone da Todi. Nel 1278 era entrato nell'Ordine come frate laico, scegliendo la corrente rigoristica degli spirituali o «fraticelli», contrapposta alla fazione predominante dei conventuali. Questi ultimi, sostenuti da papa Bonifacio VIII, volevano attenuare il rigore della regola di Francesco. Nella sua sfida al potere costituito e nella difesa dello spirito originario del francescanesimo, Jacopone arrivò a disconoscere la validità dell'elezione di quel papa. Sarà prima scomunicato, poi condannato all'ergastolo e imprigionato nel carcere conventuale di San Fortunato a Todi. Solo alla morte di Bonifacio, nel 1303, verrà liberato.

Non scamperà invece alla vendetta della Chiesa un altro paladino del movimento pauperistico, un eretico montanaro che predicava l'eguaglianza, la povertà, l'affrancamento della donna, la rivolta contro le angherie dei signori feudali e della gerarchia ecclesiastica. Ancora oggi il suo nome rivive fra i movimenti antagonisti piemontesi. Da Ivrea alla Valsesia sui muri compare talvolta la scritta: «Dolcino vive».

Nel 1291, fra Dolcino entrò a far parte degli apostolici (uno dei tanti movimenti pauperistici fioriti in quel periodo), guidati da Gherardo Segarelli. Accusato di eresia, il movimento fu represso dalla Chiesa e Segarelli arso sul rogo il 18 luglio 1300. Fra Dolcino ne assunse allora la guida. Predicando nei dintorni di Trento, conobbe la giovane Margherita Boninsegna, donna bellissima secondo i cronisti, che divenne sua compagna affiancandolo nella predicazione.

Nel 1304 gli apostolici si rifugiarono in Valsesia, dove era in atto una ribellione contro l'oppressione dei feudatari; i dolciniani si allearono con i rivoltosi, ma un esercito imponente, guidato dai vescovi di Novara e di Vercelli, venne armato contro di loro. I dolciniani resistettero fino a quando, provati dall'assedio e dalla mancanza di viveri, furono sconfitti e catturati nella settimana santa del 1307. Quasi tutti i prigionieri furono passati per le armi; fra Dolcino, dopo un sommario processo, fu condannato a morte. Condotto su un carro attraverso Vercelli, venne torturato, gli furono strappati il naso e il pene con tenaglie arroventate. Sopportò i tormenti senza gridare né lamentarsi. Fu issato sul rogo e arso vivo sul Sesia.

Il suo nome divenne leggenda. Nel 1907, per il seicentesimo anniversario del suo martirio, fu eretto un obelisco di dodici metri alla presenza di diecimila persone, per lo più operai, sulla cima del monte Massaro. Nel 1927, all'inizio dell'era fascista, le Brigate Nere lo abbatterono a cannonate. Sarebbero dovuti passare quasi cinquant'anni perché, nel 1974, un monumento più piccolo fosse collocato nello stesso punto.

Il francescanesimo e il movimento pauperistico furono dunque repressi dal Vaticano; la loro carica rivoluzionaria venne spenta con la forza. Eppure, la corrente antagonista e minoritaria del cattolicesimo non morì. Il dissenso cattolico fluì per secoli sotterraneo, parallelo al potere di Roma. I «cattolici delle catacombe» non scomparvero mai del tutto, anche se per secoli divennero quasi invisibili, in attesa di tempi meno ostili. Bisogna aspettare il Novecento per veder riemergere con forza questa Chiesa degli ultimi, un merito che va in gran parte attribuito al concilio Vaticano II.

Prima, però, c'era stato don Milani con i suoi scritti (*L'obbedienza non è più una virtù*) e le sue affermazioni («Io reclamo il diritto di dire che anche i poveri possono e debbono combattere i ricchi»). Venne incluso nel novero dei cosiddetti «cattocomunisti» e processato per apologia di reato (aveva difeso l'obiezione di coscienza al servizio militare). Morì prima che fosse emessa la sentenza.

Il concilio Vaticano II (1962-65) aprì un periodo nuovo per la Chiesa. Fu la rivincita dei progressisti, segnò il rifiuto di secoli di tradizione autoritaria. In America Latina molti parroci, seguaci della teologia della liberazione, abbracciarono la lotta marxista. In Europa nacquero i coordinamenti dei «preti operai». In Italia fiorirono le comunità cristiane di base. All'interno di questo vasto e articolato movimento si colloca, dunque, la comunità di San Paolo, nata a Roma sul finire degli anni Sessanta, di cui dom Giovanni Battista Franzoni diventa abate.

Scriveva di lui Pier Paolo Pasolini nel 1974: «Non c'è predica di dom Franzoni, che prendendo convenzionalmente il pretesto o dal Vangelo o dalle Lettere di Paolo, non arrivi implacabilmente ad attaccare il potere».

Le sue prese di posizione contro il Concordato e contro la guerra in Vietnam, così come la solidarietà espressa verso le lotte operaie del 1969, gli procurano l'aperta ostilità del Vaticano. Nel giugno 1973, con la lettera pastorale *La terra è di Dio*, dom Franzoni denuncia le collusioni vaticane con la speculazione edilizia a Roma. Poco dopo si dimette dalla carica di abate. Molti fedeli gli restano vicini, e con loro comincia un nuovo cammino ecclesiale: la comunità nasce così.

Nel 1974 Franzoni si dichiara a favore della libertà di voto dei cattolici nel referendum sul divorzio. L'istituto viene confermato con una maggioranza del 60 per cento circa. Il 27 aprile don Ambrogio Porcu, procuratore dei cassinesi, gli notifica la sospensione *a divinis, latae sententiae*. Franzoni definisce illegale la punizione; duecento sacerdoti firmano un appello a suo favore; i vicari generali di alcune diocesi inviano la loro solidarietà. Ma il giorno dopo, il cardinale Ugo Poletti esprime «pieno consenso» alla decisione: dom Franzoni è sospeso.

In occasione delle elezioni politiche del 1976 l'ex abate annuncia che voterà per il Pci. Il 2 agosto dello stesso anno viene ridotto allo stato laicale. È il cardinale Poletti a emanare il decreto motivandolo con «il profondo turbamento che l'atteggiamento di dom Franzoni ha causato e continua a causare nel popolo di Dio»; le sue «ripetute disubbidienze», nonché il rifiuto, a due anni dalla sospensione *a divinis*, di dare «segni di effettiva resipiscenza».

La risposta di Franzoni è secca: «Nella Chiesa ci siamo, ma emarginati e sospetti; torneremo a esserci con la pienezza dei nostri titoli e ministeri quando nella Chiesa non ci si chiederà più l'amputazione delle nostre scelte politiche... Non rientreremo noi preti colpiti, da soli, ma rientreremo con tutti i compagni e le compagne che abbiamo incontrato nel frattempo nelle lotte di fabbrica o nei campi, nelle lotte di quartiere o nella solidarietà con i popoli del Terzo Mondo. Quando nella Chiesa potremo starci tutti, dichiarando ad alta voce le nostre scelte politiche, allora sarà festa grande».

Nel febbraio 2007 «il martellante interventismo della Conferenza episcopale italiana», guidata dal cardinale Camillo Ruini, contro il progetto di legge sui «Dico» (i diritti per le coppie conviventi fuori dal matrimonio) ha spinto la comunità di San Paolo a intervenire, con una lettera «in opposizione alla linea indicata dalla gerarchia cattolica», dal titolo *Possumus, Lettera aperta alla Chiesa cattolica italiana*: «Siamo convinti che non spetti a nessuna Chiesa e religione indicare ai cittadini e al parlamento la giusta interpretazione della legge naturale. In tale interpretazione, del resto, la Chiesa romana si è contraddetta più volte nel corso della storia e potrebbe continuare a sbagliare anche oggi. Sua missione, insieme alle Chiese sorelle, è quella di annunciare l'Evangelo di Gesù ... Proprio in quanto cattolici, e per ragioni teologiche, affermiamo il nostro aperto dissenso alle prese di posizione della Cei, che ci sembrano lontane dal Vangelo».

Nella sua ferma opposizione alla linea ufficiale della Chiesa la comunità di San Paolo non rimane isolata. A schierarsi contro i dettami del Vaticano in materia di unioni di fatto sono tutte le comunità cristiane di base. Il 30 marzo 2007 la loro segreteria nazionale emana un documento che vale la pena di leggere, almeno in parte:

> Da anni ci siamo impegnati, come tanti altri, a immedesimarci nelle discariche umane prodotte nella «città delle famiglie normali». E lì abbiamo trovato bambini abbandonati per l'onore del sangue, ragazze madri demonizzate e lasciate nella solitudine più nera, handicappati rifiutati, carcerati privati della parentela, gay senza speranza, coppie prive di dignità perché fuori della norma, minori violentati dai genitori, mogli stuprate dietro il paravento del debito coniugale. Oggi le ragazze-madri vanno a testa alta senza essere costrette da genitori e parroci ad abortire facendo ricorso alle mammane oppure ad abbandonare i figli per l'onore della famiglia. Gli handicappati hanno cessato di essere la vergogna della famiglia, da nascondere in istituto, perché considerati il segno di qualche peccato. I gay vivono alla luce del sole la propria realtà. I giovani non hanno più bisogno di nascondere ipocritamente i loro rapporti. E le violenze all'interno

della famiglia incominciano a venire alla luce del sole. Bisogna riscoprire le strade dell'apertura planetaria della famiglia, densa di storia anche evangelica, nelle esperienze delle giovani generazioni e dei nuovi soggetti sociali, senza nascondere limiti e pericoli, presenti in ogni apertura al nuovo, ma anche senza demonizzazioni, perché riteniamo che in quell'apertura stia la salvezza della famiglia umana e dello stesso matrimonio.

Le comunità di base hanno un altro esponente di spicco in don Enzo Mazzi, fondatore della comunità dell'Isolotto di Firenze, un quartiere alla periferia sudovest della città, sorto nel novembre 1954, quando furono consegnate le prime chiavi di un lotto di mille alloggi in quella che era stata progettata come la prima città satellite della capitale toscana: case popolari, una chiesa, una parrocchia. Proprio qui, alla fine degli anni Sessanta, nasce la comunità di base di don Mazzi. «Ubbidire alla gerarchia cattolica» egli dichiara «significa quasi sempre disobbedire alle esigenze più profonde, vere ed evangeliche del popolo.»

Un altro prete scomodo firma questo appello: don Franco Barbero, fondatore della comunità cristiana di base di Pinerolo. Il 25 gennaio 2003 «il prete che benedice le coppie gay» perde lo status clericale per un provvedimento della Congregazione per la dottrina della fede, firmato dall'allora prefetto, cardinale Joseph Ratzinger. A non piacere alla Chiesa di Roma non sono solo le nozze fra omosessuali da lui celebrate, ma anche i suoi scritti (più di venti testi di cristologia), dove don Franco sostiene che l'infallibilità del papa è solo un'ideologia che non trova riscontro nella Bibbia; l'estromissione delle donne dal sacerdozio è frutto del maschilismo e della visione sessuofobica del Vaticano; la nascita verginale di Gesù è leggendaria perché Gesù aveva sorelle e fratelli carnali; il celibato è una scelta meravigliosa, ma non può essere imposto; eterosessuali e omosessuali devono avere pari dignità.

Oggi, circa cinque milioni di italiani (il 12 per cento della popolazione adulta) sono impegnati nel vasto mondo dell'associazionismo cattolico. Un esercito di fedeli non sempre convergente con le posizioni ufficiali, che spesso esprime un senso di appartenenza e una sensibilità autonoma, se non critica, rispetto al Vaticano. Pax Christi, Noi siamo Chiesa, La Rosa Bianca sono alcune delle associazioni cattoliche progressiste che chiedono il rinnovamento della Chiesa. Movimenti di varia natura, con un numero variabile di seguaci, tutti, però, fortemente motivati sul piano teologico e sociale.

Un altro possibile e forte esempio è quello della Cittadella, un complesso di edifici, nel cuore di Assisi, che vuole essere «crocevia e spazio di convivialità, quasi laboratorio delle diversità, nella convinzione che ogni cultura e ogni religione è portatrice di valori autentici». Religiosi e laici della Cittadella stimolano riflessione e preghiera, dialogo e confronto con i testimoni del nostro tempo: artisti, registi, scienziati, teologi, psicologi, filosofi impegnati per la dignità dell'uomo.

Nel settembre 1961 Pasolini partecipò a uno dei loro convegni e venne ospitato per qualche notte. In camera, come accade a tutti i visitatori, trovò una copia dei vangeli. Sulle prime sospettò trattarsi di una provocazione di don Rossi e dei suoi volontari, anche se, in fondo, si trovava ad Assisi proprio per parlare di un film su Gesù. Il titolo della sua futura opera, *Il Vangelo secondo Matteo*, nacque comunque in quelle ore. Il regista annoterà nelle *Regole di un'illusione*:

> D'istinto allungai la mano al comodino, presi il libro dei vangeli che c'è in tutte le camere e cominciai a leggerlo dall'inizio, cioè dal primo dei quattro vangeli, quello secondo Matteo. E dalla prima pagina giunsi all'ultima – lo ricordo bene – quasi difendendomi, ma con gioia, dal clamore della città in festa. Alla fine, deponendo il libro, scoprii che, fra il primo brusio e le ultime campane che salutavano la partenza del papa pellegrino [papa Roncalli in visita ad Assisi], avevo letto intero quel duro ma anche tenero, così ebraico e iracondo testo che è appunto quello di Matteo. L'idea di un film sui vangeli m'era venuta altre volte, ma quel film nacque lì, quel giorno, in quelle ore.

Questa «Chiesa di frontiera», vicina agli ultimi, aperta al confronto e lontana dal potere della curia romana, ha un altro illustre rappresentante in don Luigi Ciotti, ordinato sacerdote nel 1972 dal cardinale Michele Pellegrino, che come parrocchia gli affidò la strada. Il suo impegno pubblico era già iniziato nel 1966 con la creazione del Gruppo Abele, che opera all'interno delle carceri minorili e aiuta le vittime della droga. Nel 1982 don Ciotti contribuisce alla costituzione del Coordinamento nazionale delle comunità di accoglienza (CNCA), 260 organizzazioni che operano in tutti i settori del disagio e dell'emarginazione con «un approccio laico e pluralista». Nel 1995 fonda Libera, una rete di associazioni impegnate nella lotta alla mafia, che utilizzano a fini sociali i beni confiscati ai boss della malavita. Neanche a lui sono mancati problemi con le istituzioni e con la Chiesa: «Perché finché dai una mano a chi è in difficoltà sei bravo» ha confidato a Marco Politi nel libro *Il ritorno di Dio*. «Quando però cominci a porre interrogativi, a denunciare ingiustizie, allora inizi a diventare scomodo.»

C'è nella confessione cattolica del cristianesimo una ricchezza di elaborazione evangelica che non tutti conoscono e che solo sporadicamente affiora. Mi sono limitato a qualche nome, in realtà sarebbero numerosissimi. Dal grande teologo (dissidente) Hans Küng al cardinale Carlo Maria Martini, dai preti delle *favelas* in America Latina ai parroci del Mezzogiorno d'Italia impegnati contro la mafia.

Anche se papa Albino Luciani è stato un servo obbediente della Chiesa, già i suoi primi atti hanno reso evidente da che parte battesse il suo cuore, quale sarebbe stata la direzione del suo pontificato se le circostanze, o gli uomini, gli avessero consentito di prenderla. Forse Albino Luciani è stato assassinato, forse no. È certo in ogni caso che i suoi brevi giorni sono stati resi tormentosi dalla scoperta di quale abissale distanza dividesse il vangelo dalla carica che gli era piovuta addosso. Finiti i festeggiamenti, si era ritrovato solo nell'immensità del Vaticano, dei suoi interessi, dei suoi intrighi, circondato da una curia che sentiva lontana, quando non apertamente ostile ai suoi propositi e alla sua fede, chiusa in quei palazzi, separata dalle speranze e dalle lotte di tanti comuni fedeli, di tanti semplici preti. Giuseppe Siri, arcivescovo di Genova, confidò in privato che la causa della morte di papa Luciani era forse da cercare nella sua eccessiva emotività, nel turbamento che non lo aveva mai abbandonato dal giorno dell'elezione.

Si è anche ipotizzato che a ucciderlo sia stato un immenso dolore, la sindrome comunemente definita «crepacuore». Che quella sindrome sia stata bruscamente portata a conclusione dal veleno è un'ipotesi, che non possiamo né confermare né escludere.

VI

DUE GENI RIVALI

Esiste a Roma un magnifico crocevia che, purtroppo, può essere ammirato solo a rischio della vita e che di conseguenza viene per lo più ignorato. Se dicessi che si tratta del quadrivio formato dall'incontro fra strada Pia e strada Felice non tutti capirebbero. Una toponomastica aggiornata permette di individuarlo: è l'incrocio fra via XX Settembre e via delle Quattro Fontane. I romani chiamavano la prima Alta Semita, perché corre lungo il crinale di un colle, conduce da Porta Pia al Quirinale e oggi ha come sfondi da una parte la mirabile porta michelangiolesca, dall'altra un bell'obelisco egizio e il complesso dei Dioscuri.

L'altra strada, ortogonale alla prima, porta da Santa Maria Maggiore a Trinità dei Monti; venne aperta, come abbiamo detto, da Sisto V e ha a sua volta due obelischi come sfondo. Solo per un caso, del resto, non si chiude con un obelisco anche la prospettiva verso Porta Pia. Accadde infatti che nel 1822 papa Pio VII pensò di sistemare al Pincio un piccolo graziosissimo obelisco di nove metri che giaceva da tempo in Vaticano nel cortile della Pigna. L'abate Cancellieri lo supplicò di sistemarlo invece sul torrione di Porta Pia, in modo che dal citato quadrivio si potessero ammirare in un sol colpo quattro obelischi. Alla fine vinse il papa e oggi l'obelisco sorge su un piazzaletto nel giardino del Pincio, a fianco della Casina Valadier. Era stato fatto per ordine dell'imperatore Adriano, il quale voleva ricordare il suo amasio Antinoo, il che lo connota di delicata malinconia. Assicura Aelius Spartianus che alla notizia della morte del bellissimo giovane, annegato nel Nilo, Adriano «pianse come una donnetta».

È un peccato che non si possa sostare con calma nel mezzo di questo quadrivio, attraversato notte e giorno da un traffico furibondo. Le quattro prospettive sarebbero tutte degne d'attenzione, se non altro per le vicende che hanno fatto la lunga storia di quei luoghi. Meno ammirevoli sono le fontane che sempre papa Sisto fece sistemare sulla smussatura dei quattro angoli, ornamento modesto a confronto con le molte, incomparabili fontane che esistono a Roma. Fermi su un marciapiede si può tuttavia compiere un'operazione meno rischiosa ma non meno meritevole. Fissare lo sguardo sulla facciata della chiesa di San Carlo alle Quattro Fontane, affettuosamente detta, non solo per le sue ridotte dimensioni, San Carlino. È uno dei capolavori di Francesco Borromini. Il sommo architetto la disegnò nel 1634 per l'Ordine spagnolo dei trinitari scalzi, un ordine povero e austero di monaci, il cui scopo principale era la raccolta di fondi per liberare i cristiani fatti prigionieri dai «turchi».

Borromini è importante per Roma e la sua importanza si vedrebbe ancora meglio se fosse vissuto in un'altra epoca o in un'altra città, se, cioè, non l'avesse schiacciato la poderosa, invadente presenza di un altro genio, Gian Lorenzo Bernini. Accadde, invece, che questi due sommi artisti si trovarono a lavorare l'uno a fianco dell'altro (non di rado l'uno contro l'altro), lasciando comunque a noi, che siamo arrivati dopo, la possibilità di mettere a confronto due diverse visioni di una religiosità nata, in entrambi i casi, all'ombra del Vaticano e negli anni tremendi della Controriforma. Bernini si apriva verso il mondo e tutto l'abbracciava nella vastità del suo genio; Borromini, al contrario, si chiudeva sempre più in se stesso, fino alla fine angosciosa che vedremo.

Bernini usò il suo talento in ogni campo, comprese quelle che oggi chiameremmo «pubbliche relazioni». In sostanza fece sempre ciò che voleva, ma con l'aria di volere, soprattutto, far felice il committente. Borromini anche in questo fu l'opposto: si mostrò insofferente e scontroso, nulla fece mai per piacere al mondo, esibendo la sua indipendenza in un'epoca terribile, che voleva soprattutto obbedienza. Chi visita Roma ha, fra le altre, la fortuna di poter ammirare, separati l'uno dall'altro da poche centinaia di metri, due capolavori di questi artisti: San Carlino per Borromini, Sant'Andrea al Quirinale per Bernini.

Si può cominciare da San Carlino. Sul piccolo terreno di cui i religiosi disponevano, il trentacinquenne Borromini riuscì a far entrare un dormitorio per venti confratelli e un refettorio; poi la biblioteca, un chiostro e infine la chiesa, compresa la sua cripta sotterranea. I lavori del chiostro cominciarono nel febbraio 1635; tre anni dopo fu iniziata la chiesa, il cui cantiere venne però interrotto più volte, comportando un forte ritardo soprattutto per la facciata, che rimase a lungo nuda e sulla quale l'artista tornerà in età avanzata senza riuscire mai a completarla. Quando morì, solo l'ordine inferiore era terminato; la porterà a compimento suo nipote Bernardo.

La facciata aggetta nella parte centrale, flette sulle ali con due profonde concavità e culmina in alto con un coronamento appuntito a ridosso del minuscolo campanile. Il movimento è frenetico, non c'è zona, anche minima, che non sia stata disegnata, progettata, riempita da un ornamento, una nicchia, una statua, una scorniciatura, un simbolo. Sui fianchi del portone due finestre ovali, sotto ogni finestra una testa di cervo le cui corna formano un cerchio nel quale è iscritta la croce dei trinitari, sotto le teste una ghirlanda.

Sopra il portone vi sono tre statue, ma la loro collocazione è opera del nipote Bernardo. La figura centrale, dedicata a san Carlo Borromeo, è racchiusa in una nicchia sormontata da due grandi ali, al di sotto due angeli, a fianco degli angeli due colonne culminanti in due capitelli in stile misto, dai complessi ornamenti. La trabeazione, nella parte centrale, si apre in una movimentata balaustra; poi, ancora nicchie, colonne, riquadri, rami di palma, croci, un finestrone a baldacchino, altri due angeli che sorreggono un ovale contenente in origine un affresco della Trinità, poi perduto. Questa descrizione, nemmeno completa, della facciata dà già un'idea dell'enorme quantità d'informazioni e di suggestioni che l'artista racchiuse in una superficie così ridotta.

Varcata la soglia ci troviamo in uno spazio ellissoidale dove prevale un colore chiaro, quasi bianco, solo interrotto dalla doratura di alcune finestrine e delle cornici degli altari. Le pareti sono movimentate come l'esterno, si alternano curve concave e convesse, colonne, nicchie, alcune dotate di una volta trilobata, quali con una doppia conchiglia, quali arricchite da foglie appuntite. Poi, profili, modanature, aggetti, piani inclinati, giochi di curve. Il soffitto (l'interno della cupola) è in sé un capo d'opera, con il suo intrico di lacunari in stucco profondamente rilevati a formare una fitta alternanza di esagoni e ottagoni intercalati dalle croci dei trinitari. Nei pennacchi, quattro medaglioni in stucco.

Nelle anse delle pareti l'architetto ha ricavato un vano scala, l'ingresso alla sacrestia e due minuscole cappelle, l'una a destra dell'entrata, l'altra a sinistra dell'altare maggiore. Lì si conservano, in un'urna, le spoglie della beata Elisabetta Canori Mora, terziaria dell'Ordine della Trinità, donna molto infelice e molto pia, con alle spalle una movimentata vita familiare conclusa da luminose opere di pietà. In un corridoio del convento sono esposti i due flagelli (uno di corda, uno di ferro) con i quali duramente si disciplinava.

A poche decine di metri verso piazza del Quirinale sorge, sullo stesso lato della strada, la chiesa di Sant'Andrea, uno dei tanti capolavori di Gian Lorenzo Bernini, eretta solo pochi anni dopo: San Carlino venne consacrata nel 1646, la ristrutturazione di Sant'Andrea cominciò nel 1658.

Benché San Carlino stupisca per la fitta e agitata rete degli ornamenti e delle invenzioni, se ne esce con l'impressione di un'austerità di fondo. Nonostante l'invenzione sia quasi convulsa, la costruzione resta severa, povera nella dominante scialbatura degli ambienti. Entrare a Sant'Andrea fa l'effetto di un pugno. Di colpo, dopo quel bianco come di calce, il fasto e il dardeggiare di svariati colori: marmi policromi, pitture sontuose, gli ornamenti sovraccarichi delle cappelle, gli angeli con le vesti agitate quasi da un tumulto di vento, teatrali nell'atteggiamento, enfatici, gonfi, magnifici. Né Borromini né Bernini chiesero denaro per i loro lavori, entrambi però pretesero, come solo compenso, di poterli eseguire in piena libertà. Anche per tale ragione le due chiese li rivelano, e basterebbero forse queste due opere, senza bisogno d'altro, per capire chi siano stati.

Le forme, in primo luogo: entrambe le chiese sono a pianta ovale, ma è notevole la differenza tra la forma ellissoidale concepita da Borromini e il perfetto ovale di Bernini. Diversa la luce che inonda i due edifici: bianca e fredda in San Carlino, dorata, calda, rassicurante, lussuosa in Sant'Andrea. Diverse le decorazioni, anche perché là erano i poveri trinitari, qui i potenti gesuiti. E infatti, in Sant'Andrea la più sontuosa cappella è dedicata a sant'Ignazio. I due capolavori sono così radicalmente difformi che si potrebbe pensare a due religioni diverse, se alcuni simboli non li accomunassero. Proprio le differenze, però, ci fanno meglio capire che cosa s'intenda per barocco e quale fosse il manifesto «politico» che la Chiesa affidava a quello stile che l'avrebbe a lungo caratterizzata.

Il termine «barocco» si riferisce a uno stile preciso? A un'indicazione di spazio e di tempo oppure a una generica cultura? In realtà «barocco» descrive un indirizzo di tale esuberante vitalità da poterlo definire più facilmente con una negazione: è barocco tutto ciò che non è «classico». Se il filosofo Benedetto Croce lo aveva a torto considerato un «non stile», diciamo pure «cattivo gusto», aveva però visto giusto nel ritenerlo soprattutto l'indicatore di un riconoscibile clima culturale e spirituale.

È esattamente ciò che si vede in queste due chiese. Le loro clamorose difformità rimandano non solo al diverso temperamento dei loro artefici, ma anche a due differenti e lontane concezioni spirituali.

Ogni artista conosce i vincoli del suo mestiere, ma quelli di un architetto sono forse i più stringenti, dovendo egli operare con elementi quasi immodificabili: i materiali e lo spazio. Quando il giovane Borromini si applicò al cantiere di San Carlino sapeva di dover erigere tutto ciò che i bravi monaci gli chiedevano disponendo, sul fronte di via XX Settembre, di soli ventiquattro metri nei quali far entrare chiesa e chiostro; per di più, il terreno era di forma irregolare, con uno degli angoli smussato dalla fontana. Costretto, o forse stimolato, dalle difficoltà, studiò ogni dettaglio, lo arricchì con una quantità di finezze e di soluzioni ingegnose: dalla pianta alle balaustrate, dalle nicchie al campanile, allo straordinario interno della cupola. E la facciata, naturalmente: idee così ardite da imprimere a uno spazio tanto ridotto articolazione e respiro senza uguali.

Un ambiente che non può sfuggire è il chiostro; vi si accede da una porticina a fianco dell'altare maggiore. La pianta sarebbe rettangolare, ma gli angoli sono tagliati e le colonne dividono lo spazio su due livelli. La balaustra del piano superiore è sorretta da eleganti colonnine, capovolte le une rispetto alle altre. Al centro, un bel pozzo ottagonale, per il quale Borromini disegnò perfino la struttura in ferro battuto che lo sovrasta. Nel piccolo ambiente anche la luce gioca il suo ruolo, diversamente modellando nelle varie ore del giorno le ombre degli archi, delle balaustrate, delle colonne. Si disse allora che questa piccola chiesa sarebbe entrata per intero in uno dei pilastri della cupola di San Pietro. È vero, ma è anche vero che sarebbe un errore, nonostante la cupa religiosità dell'artista, racchiudere la sua forte tensione creativa nei limiti dell'arte sacra.

Ciò che conta è il carattere affettuoso e raccolto di questi ambienti minuscoli, il miracolo di aver saputo creare un incanto che evoca come pochi altri luoghi il richiamo pacato e rasserenante del sacro. Dal punto di vista biografico, San Carlino fu la prima committenza per la quale Borromini ottenne, nella piccola cerchia dei suoi ammiratori, fama di artista capace di combinare ingegno progettuale ed economia di costi. Da quell'incarico non ricavò nemmeno un quattrino, come certificano i documenti: «Possiamo affermare della nostra fabbrica che mai ha voluto ricevere un giulio» scrive fra Juan de San Bonaventura, priore dell'Ordine, nonché attento controllore dei lavori della chiesa. Il quale, ammirato, annota anche che quella chiesetta è talmente bella «così rara al parer di tutti che pare non si trova altra simile nello artificioso et capriccioso, raro et estraordinario in tutto il mondo».

Un'altra acuta osservazione aggiunge il frate, scrivendo che l'opera era «ben fondata sugli antichi e sugli scritti dei migliori architetti». Conclude riferendo che i monaci ebbero molte richieste per vedere i disegni del progetto da parte di numerosi stranieri arrivati perfino dall'India. Gli elogi finali li riserva alla valentia professionale con la quale l'architetto aveva seguito maestranze e lavori cominciando con il disporre

> le materie in modo tale alli artefici, che quel lavoro che doveva portare molte giornate, lo fa venir così facile anco che sia difficilissimo, come se si facesse lavoro liscio e ordinario: perché detto Francesco lui medesimo governa al murator la cuciara, drizza al stuchator il cuciarino, al falegname la sega, el scarpello al scarpellino, al matonator la martinella et al ferraro la lima di modo che il valor delle sue fabbriche è grande ma non la spesa come censura suoi emuli.

A Roma non s'era mai visto un architetto di livello fare niente di simile.

La cronaca del frate ci mostra, insomma, un uomo di grande talento, desideroso di conversare con gli artigiani, capace di guidare ognuno nell'arte sua, non meno di quanto un direttore d'orchestra sia in grado di suggerire ai vari strumentisti dinamica o respiro di una frase. «Francesco» lo chiama il monaco. Infatti, era quello il vero nome dell'uomo usualmente chiamato Borromini. Francesco Castelli, nato in Svizzera, a Bissone (Canton Ticino), modesto villaggio di pescatori sul lago di Lugano, il 27 settembre 1599. Di Gian Lorenzo Bernini sappiamo molto di più perché di lui si scrive continuamente e le sue opere, nei punti più celebri della città, sono da secoli sotto gli occhi di tutti. Di Borromini sappiamo meno, e già in vita le cronache lo hanno trascurato perché non erano molti gli episodi che potessero colorirne l'esistenza e i biografi, com'è noto, hanno bisogno di carne e di sangue per accendere la fantasia propria e di coloro che li leggeranno.

Bernini, con il suo genio rutilante, occupa a tal punto e per decenni il centro della scena che la Roma del XVII secolo sembrerebbe, senza di lui, vuota. Del resto, aveva cominciato prestissimo, scoperto dal cardinale Scipione Borghese, nipote di Paolo V, che lo riteneva, non a torto, un *enfant prodige*. Bernini lavora senza sosta, imprimendo alla città una fisionomia diventata per molti aspetti definitiva. È lui il favorito dei potenti, lui domina la vita papale, cioè di corte, ne riempie con la sua presenza gli ampi e fastosi spazi, riceve continue commesse pubbliche e private, è abile, seduttivo, incanta chi lo ascolta, è consapevole del proprio talento, versatile, pronto, nulla fa per nascondere la sua poliedrica creatività. È pittore, scultore, architetto, decoratore, scenografo, costumista teatrale, maestro di pirotecnie. Diranno che ha incarnato l'ultimo genio universale del Rinascimento. Diranno anche che, come Wagner o Beethoven, non ha lasciato eredi, rendendo ridicoli coloro che hanno tentato d'imitarlo.

Infatti, non è lui ma l'altro, il malinconico Borromini, che seminerà per l'architettura del futuro, anche se ci vorranno decenni per scoprirlo. Borromini, il rivale, in alcune circostanze addirittura il nemico, l'uomo che ha osato sfidarlo e che, in un'occasione, è riuscito a far demolire una sua creazione per sostituirla con la propria. Se Bernini è naturalmente teatrale, Borromini, uomo di scarse parole e di ancor più scarsi abiti, sa inventare curve, ornamenti e marchingegni senza precedenti; come ha osservato il monaco di San Carlino, egli attinge ai modelli classici, ma sa poi come torcerli e farli vibrare adattandoli al proprio gusto, alle esigenze della costruzione, allo spirito del tempo in modo «raro et estraordinario».

Francesco Castelli era un bambino di nove anni quando lascia le rive, non sempre liete, del suo lago per trasferirsi a Milano. Come apprendista scalpellino lavora alla fabbrica del Duomo e impara i segreti dell'arte muraria che, eseguita al più alto livello, è artigianato finissimo, certo non inferiore a quello dell'ebanista o del mastro ferraio. Quando, anni dopo, farà costruire la facciata per l'oratorio di San Filippo Neri, adiacente alla Chiesa Nuova in corso Vittorio, avrebbe voluto plasmare l'intera facciata «come se fosse un unico pezzo di terracotta».

Non potendo realizzare il suo desiderio, s'ingegnò di trovare una soluzione analoga. I mattoni romani, come si può vedere negli antichi manufatti, sono molto sottili e regolari. Quelli prende a modello. Ne fa fare di uguali, ordina che si posino con uno strato sottilissimo di malta fra l'uno e l'altro, così riducendo al minimo lo spessore delle giunture. In questo modo riesce ad avvicinarsi molto all'idea della «terracotta» che aveva in mente e a obbedire alla volontà dei committenti, i quali gli avevano chiesto «positivezza e modestia», tali da rendere «povera» la facciata di un oratorio che doveva sorgere accanto alla maestosa Chiesa Nuova di Santa Maria in Vallicella. Che fosse un capolavoro lo ammise, a bocca stretta, perfino Bernini. Obiettò solo che il carattere dell'edificio sarebbe stato più adatto a un «casino di villa» che non a una costruzione religiosa.

Appena superato il delicato passaggio dell'adolescenza, Francesco decide di andare a Roma. Lascia dunque il Duomo e s'avvia, a piedi, alla volta della capitale cattolica. Dorme nei conventi, mangia dove può. È un ragazzo che sente ardere dentro di sé due fuochi: quello della religione e quello del proprio mestiere. A Roma trova alloggio presso un cugino materno, Leone, che abita in vicolo dell'Agnello (oggi vicolo Orbitelli), non lontano dalla chiesa di San Giovanni dei Fiorentini sul Lungotevere, e lavora alla fabbrica di San Pietro come capomastro. Questo Leone, infatti, è anch'egli scalpellino e viene da quella zona del Canton Ticino dov'è diffusa l'arte di tagliare o modellare la pietra e che, oltre a Borromini, ha dato parecchi nomi illustri all'architettura, Carlo Maderno (di cui Leone ha sposato una nipote, Cecilia) e Domenico Fontana fra i massimi.

Insomma, anche Francesco, come tutti gli immigrati, comincia a muoversi in un ambiente familiare. Sui libri paga di San Pietro compare con il nuovo nome di Francesco Bromino o Borromino. Si disse che il motivo fosse la devozione sua e della famiglia per il santo arcivescovo Carlo Borromeo: Bissone e alcune parti della Lombardia facevano infatti parte delle province borromee (di cui è rimasta traccia nelle isole Borromee sul lago Maggiore). È anche possibile che, più banalmente, il nuovo nome servisse a distinguerlo dai numerosi Castelli che lavoravano nei cantieri.

Il primo a dimostrargli piena fiducia è proprio Maderno, che chiama il giovane conterraneo a dare una mano nel suo «studio», diremmo oggi, facendogli eseguire disegni o addirittura inventare dei dettagli. Talvolta, nel chiedergli di mettere in pulito i progetti gli consente di apportare qualche variante. Maderno con l'allievo è brusco, anche se si sente, sotto la ruvidezza e l'irascibilità, che per quel suo quasi parente acquisito nutre una stima che rasenta a tratti l'affetto. Dimostra più dei suoi sessantacinque anni (siamo intorno al 1620), soffre di calcoli, ha tali difficoltà a camminare che deve farsi trasportare «in seggetta». Anche se non lo dà a vedere, quel giovane taciturno e ingegnoso, che si aggira nello studio e sembra capace di anticipare i suoi desideri, gli dà grande consolazione.

Il ventenne Borromini è silenzioso, quando non lavora studia, nelle pause di cantiere gli altri si svagano e lui consulta i libri, traccia una curva insolita, cerca una soluzione inaspettata. La sua biblioteca è fornita, possiede volumi che spaziano in molti campi: matematica, idraulica, fisica. Ma vi si trovano anche le opere dei classici, nonché volumi che oggi definiremmo più o meno di chimica, ma che allora comprendevano materie al confine con il soprannaturale e la magia: le trasformazioni alchemiche, i simboli e le proprietà nascoste nella natura delle cose e delle parole. È del resto probabile che Borromini abbia fatto parte di quella specie di antenata della massoneria (nata ufficialmente solo nel 1717) che era la «corporazione dei muratori».

La sua figura, almeno in età giovanile, è gradevole; il suo biografo Filippo Baldinucci lo descrive «uomo di grande e bello aspetto, di grosse e robuste membra, di forte animo e d'alti e nobili concetti». Un'incisione anonima, in età ormai matura, ci dà invece l'immagine di un volto inquieto e severo, aduggiato da un'evidente nevrosi; una «melanconia» che non lo abbandonerà mai, unita a una cupa religiosità che gli accidenti della vita rafforzeranno, fino al fatale gesto conclusivo. Qualunque medico lo visitasse oggi diagnosticherebbe con facilità una «sindrome maniaco-depressiva», male oscuro dell'anima allora ignoto, di cui si intravedevano i sintomi, ma per il quale nessuno riteneva possibile una cura.

Quel male dell'anima l'artista, comunque, lo manifesta perfino negli abiti, perennemente neri e tagliati nell'antica foggia spagnola in voga durante la sua giovinezza. Secondo un altro suo biografo, il Passeri, «volle di continuo comparire col medesimo portamento e abito antico senza voler seguire l'usanza come si pratica giornalmente». D'altronde, Borromini aveva cominciato a lavorare in quella Lombardia che per due secoli (fino al 1714) era rimasta sotto dominazione spagnola, quella che Manzoni racconta nel suo romanzo.

La malinconia borrominiana richiama, ovviamente, un'altra famosa malinconia, quella del Tasso. Nel poeta della *Gerusalemme* l'insania ebbe, però, caratteri più evidenti, sconfinò in atteggiamenti così clamorosi da costringere i suoi protettori a farlo rinchiudere in luoghi sorvegliati. La malinconia borrominiana, invece, rimase tutta rivolta verso l'interno, le manifestazioni esteriori si limitarono a certe asprezze del temperamento, alla difficoltà nei rapporti umani, se si vuole, a un'innaturale castità. Quando Borromini nacque, Tasso era già morto da quattro anni: i due artisti sono vissuti in società profondamente diverse; eppure, nel loro atteggiamento verso la vita si può intravedere più di una somiglianza. Più grave la pazzia del Tasso, più cruda la nevrosi del Borromini, al quale fu risparmiata la pena del ricovero ma che, a differenza dell'altro e per quanto ne sappiamo, non conobbe nemmeno l'affetto di una donna o d'un amico.

Una sola «femmina» entrò nella sua vita, l'affezionata serva Mattea, rimasta per lunghi anni al suo servizio. Finita la giornata, Francesco si ritirava nella sua abitazione, dove unica compagnia erano i libri e i progetti a cui continuava a lavorare fino a notte fonda alla fumigante fiamma di una lucerna. Rara distrazione quella di recarsi talvolta, venuta la sera, all'oratorio dell'ospedale di Santo Spirito per ascoltare Giacomo Carissimi eseguire all'organo le proprie musiche. Con quelle composizioni, già iniziate con Palestrina, nacque la forma musicale oggi nota come «oratorio», ed è anche questo uno dei volti della Controriforma.

Gian Lorenzo, o meglio Giovan Lorenzo, era nato per caso a Napoli. Suo padre Pietro, scultore, originario di Sesto Fiorentino, aveva trovato lavoro nel cantiere della certosa di San Martino. A Napoli comunque restò poco. Nel 1605, quando Gian Lorenzo aveva solo sette anni, la famiglia Bernini era già a Roma. Tutto quello che mancò a Borromini, che gli era di appena un anno più giovane, Bernini lo ebbe a dismisura: simpatia, riconoscimenti, fama, denaro, gloria.

All'inizio del XVII secolo erano al lavoro in Europa alcuni geni che avrebbero segnato il loro tempo, da Shakespeare a Rembrandt, da Galileo a Cartesio a Newton. Anche Roma stava vivendo una fase eccezionale nelle arti, dove erano contemporaneamente all'opera Caravaggio, i Carracci, Rubens, per non citarne che alcuni. A Roma però, ancor più che negli altri territori pontifici, vigevano le ferree regole stabilite anche in campo artistico dalla Chiesa dopo il trauma della Riforma di Lutero.

La maggior parte delle opere eseguite in quel periodo riflettono, infatti, con chiarezza l'intento devozionale ed edificante con il quale erano state commissionate ed eseguite. Per di più, mancando una borghesia come quella, per esempio, dei Paesi Bassi, i committenti erano quasi esclusivamente i principi della Chiesa, cardinali colti e ricchi, desiderosi di abbellire le loro dimore, le ville, i giardini. Pietro Bernini era stato convocato a Roma da papa Paolo V, eletto come pontefice di compromesso, in realtà uomo di grande temperamento. Fra le altre opere commissionò la cappella di famiglia, detta appunto «Paolina», nella basilica di Santa Maria Maggiore. Lì Pietro realizzò quello che viene considerato il suo capolavoro, un'*Assunzione della Vergine* dove contorte figure di angeli musicanti scortano la madre di Gesù in cielo, mentre alcuni apostoli assistono, si direbbe con qualche preoccupazione, al prodigio. Molti artisti dell'epoca erano figli d'arte o formati in qualche bottega. Gian Lorenzo lo fu più di ogni altro: visse nell'atelier del padre, ne apprese i segreti, respirò quell'aria. Sarebbe forse accaduto comunque, poiché, come Rossini o Mozart, come Picasso o Stravinskij, Bernini figlio non aveva bisogno di apprendere la sua arte: l'aveva nel sangue.

Papa Paolo V aveva fatto cardinale e teneva come segretario il prediletto nipote Scipione. È lui che, incuriosito dalle voci che giravano sul conto di quel prodigioso giovinetto, lo manda a chiamare. Il figlio di Gian Lorenzo, Domenico, nella biografia del padre scrive che in quell'incontro così impegnativo il bambino si comportò magistralmente: «Si diportò con una tale mistura di vivacità e di modestia, di sommissione e di prontezza, che ne restò rapito l'animo di quel principe e volle immediatamente introdurlo al pontefice». Con questo secondo e ancora più impegnativo colloquio Gian Lorenzo entra trionfalmente nel suo futuro.

Accadde, infatti, che Paolo V, per metterlo alla prova, gli chiese di disegnargli su due piedi e in sua presenza una testa. Per nulla intimidito, con il più seducente candore Bernini chiese al pontefice che testa volesse, se di uomo o di donna e di che età e con quale espressione. La testa di san Paolo, rispose il papa. In capo a mezz'ora la testa era terminata. Tale la sua fattura che il papa, meravigliato, disse ad alcuni cardinali che facevano corte intorno a lui: «Questo bambino sarà il Michelangelo del suo tempo». Chi riferisce la frase è sempre Domenico ed è possibile che abbia, per amore filiale, esagerato. Certa comunque l'ammirazione di Paolo V, che fece cadere nelle piccole mani di Gian Lorenzo dodici monete d'oro. Il primo denaro guadagnato grazie al suo straordinario talento.

Cuore di questo libro non è la storia dell'arte, ma la politica pontificia, compresa quella artistica. Mi limito quindi a riferire qualche episodio che illustri i rapporti fra i due sommi artisti e quelli con il potere dal quale entrambi dipendevano. Con efficace formula, il seicentesco pittore e storico Filippo Baldinucci così riassume l'esistenza di Borromini: «Fu sobrio nel cibarsi e visse castamente. Stimò molto l'arte sua, per amor della quale non lesinò fatica».

Una vita così schiva, ovviamente, non poteva giovargli. Roma era, come sempre è stata, una città nella quale, a una religiosità ostentata e tutta esteriore, fa da specchio una diffusa corruzione; e quando non corruzione, una mollezza profonda, un disincanto che sconfina spesso nel cinismo. Se non ci fosse stata la scontrosità del carattere, sarebbe bastato l'ostinato rigore, la stessa integerrima moralità a mettere Borromini in cattiva luce. Il suo rivale Bernini sapeva come mettersi al centro della scena, come catturare l'attenzione e la benevolenza degli astanti, quali che fossero. Borromini, al contrario, dava l'impressione di essere un uomo altero e, per dirla in una parola, «antipatico».

Anche nel rapporto con il denaro i due erano dissimili. Secondo il biografo Leone Pascoli, Borromini «in materia d'interesse era assai delicato, non dimandò mai prezzo di sue fatiche ad alcuno, né volle unirsi co' capimastri per sfuggire ogni ombra di sospetto d'intelligenza e di partecipazione». Non si fatica a immaginare quanto un simile comportamento risultasse eccentrico nella Roma dell'epoca.

Appena ricevuto l'incarico per la fabbrica di San Pietro, Bernini lo chiama per un aiuto, soprattutto nella parte tecnica della costruzione, dove Borromini è più esperto. La collaborazione parte male. Bernini pare profittare della sua posizione preminente per sfruttare il lavoro del collega, elogiandolo a parole, ma senza accompagnare gli elogi con i dovuti compensi. Scrive Baldinucci:

> Tirate che furono dal Boromino a buon termine le fabriche di quel pontificato, il Bernini tirò li stipendi et salarii tanto della fabrica di San Pietro come del Palazzo Barberini et anche li denari delle misure e mai diede cosa alcuna per le fatiche di tanti anni al Boromino ma solamente bone parole.

Nel febbraio 1631 Borromini ha trentadue anni, non è più il giovane scalpellino arrivato a Roma quindici anni prima. Eppure, per tutti i lavori eseguiti come «aiutante dell'architetto» nella fabbrica di Palazzo Barberini viene liquidato con 25 scudi. Bernini, per altre opere equivalenti, di scudi ne aveva ricevuti 250. Quando Borromini apprese la notizia pare, a detta di un biografo, che abbia esclamato: «Non mi dispiace che abbia avuto li denarii, mi dispiace che goda l'onor delle mie fatiche». Eppure, con il Bernini continua a collaborare, anche perché, si deve pensare, non era possibile fare altrimenti. L'ostilità, però, resta, giocosa a volte, altre intrisa di livore.

Tre papi influiscono sulla vita professionale di Borromini. Quello a lui più favorevole fu certamente Innocenzo X (Giambattista Pamphili), asceso al trono nel 1644 come successore di Urbano VIII Barberini. Era un uomo abilissimo ma incolto, così descritto da un cronista: «Non è amico di belle lettere né di oratori né di poeti, laonde indarno molti si affaticano di presentarli scritture perché non sono gradite né tenute in alcun conto da Lui».

Oltre a essere di carattere ruvido, papa Pamphili andava facilmente in collera diventando violento e, come se non bastasse, era anche molto brutto. La sola persona in grado di addolcirne il comportamento pare fosse Olimpia Pamphili, nata Maidalchini, donna di potere e d'intrigo, andata sposa in seconde nozze con un fratello del pontefice (donde il nome di famiglia), amante *en titre* dello stesso papa, di cui aveva favorito l'elezione. Il povero Innocenzo morì nel gennaio 1655, dopo una lunga agonia durante la quale i parenti e donna Olimpia portarono via dalla dimora papale tutto ciò che era possibile. Per tre giorni la salma rimase abbandonata in un magazzino dietro la sacrestia di San Pietro. Furono gli operai a montare la guardia di notte perché i topi non straziassero il corpo in decomposizione. Successivamente, il nipote Camillo gli fece erigere un monumento in Sant'Agnese, a piazza Navona.

La fama di donna Olimpia fu così persistente che quando il pittore impressionista Edouard Manet dipinse, nel 1863, il celebre ritratto di donna ignuda sul letto che guarda sfrontata davanti a sé (remoto modello la *Venere* di Tiziano) lo intitolò *Olympia* pensando, probabilmente, alla grande cortigiana della Controriforma romana. L'artista intendeva suggerire che le cortigiane erano le regine della società parigina del Secondo Impero così come Olimpia Pamphili lo era stata della corte papale.

Ebbene, è proprio papa Innocenzo X, uomo privo di ogni grazia, che prende a benvolere il Borromini. La cosa venne agevolata dalla nomina di Virgilio Spada a elemosiniere segreto. Padre Spada era un sacerdote colto, già priore dei filippini negli anni in cui Borromini lavorava all'oratorio. Forte del nuovo incarico, è lui a segnalare al papa la valentia dell'artista e la sua esemplare correttezza di vita.

Il papa, che desiderava liberarsi dei favoriti del suo predecessore, gli conferma l'incarico di completare il Palazzo della Sapienza e la costruzione della chiesa. Gesto generoso ma, ancora una volta, Borromini si trova a dover modificare un progetto già in parte realizzato da altri. E ancora una volta vince. Annota un cronista dell'epoca che al cavaliere Borromini «non dava travaglio il miscuglio de' cantoni e delle linee dritte e torte, né la mancanza di lume vivo, conoscendo come il trofeo del valore dell'architetto nascesse dalle difficoltà».

Neanche Bernini temeva le difficoltà. Di lui si dice che, costretto talvolta dalle circostanze a fare un ritratto senza avere sotto gli occhi il modello, esclamasse: «Chi vuol sapere quel che un uomo sa, bisogna metterlo in necessità». Gian Lorenzo godette di un quasi costante favore anche se circondato, si può capire, da infinite gelosie. Il papa a lui più favorevole fu comunque Urbano VIII Barberini, uomo e pontefice ambizioso, che volle fare dell'arte uno strumento privilegiato per esibire il trionfo della Chiesa, la sua potenza anche mondana e guerriera, dopo il trauma della Riforma. Papa Barberini fu il grande protettore dell'artista. Girava a Roma la maligna diceria secondo cui «se Gian Lorenzo non gli rimbocca le coperte, il papa non dorme». C'era anche chi definiva Bernini «il cagnolino del papa». Tale la familiarità che a un certo punto il pontefice, per mettere a tacere le malelingue, costrinse l'artista a prender moglie.

Papa Urbano commissionò a Bernini fin dal 1627 la propria tomba. L'artista vi lavorerà per anni, reinterpretando la michelangiolesca tomba dei Medici a Firenze. Maestosamente seduta a quattro metri di altezza, la statua del pontefice, grande il doppio del naturale, incombe con il braccio levato nella benedizione, solennemente avvolta nei pesanti abiti rituali. Ai suoi piedi due donne, la Carità e la Giustizia, e soprattutto, al centro, il sarcofago con sopra uno scheletro velato che sorregge il cartiglio URBANUS VIII BARBERINUS PONT. MAX. Nel monumento si mescolano marmi di vario colore, bronzo brunito e dorato, un'accentuata scansione architettonica, effetti dichiaratamente pittorici. Esso basterebbe da solo a chiarire che cosa fu il «barocco» a Roma e quale connotato seppe dargli il più geniale dei suo artefici.

Se per Bernini quasi tutto fu (quasi sempre) facile, per Borromini, al contrario, le difficoltà furono sempre numerose, compreso, appunto, il Palazzo della Sapienza. Quando si entra nel cortile dell'edificio dall'ingresso di corso Rinascimento ci si rende conto, per esempio, di quali invenzioni l'artista dovette escogitare per modificare una costruzione lasciata da altri a metà. Il precedente architetto, Giacomo Della Porta, aveva già impostato la parete concava che chiude il cortile pensando di erigere nello spazio residuo una chiesa circolare iscritta in una forma quadrangolare.

Borromini cambiò tutto, impostando la pianta su due triangoli equilateri che s'intersecano formando una stella a sei punte: *maghèn David*, lo scudo, l'ebraica stella di David, simbolo di saggezza, particolarmente appropriata per la chiesa della Sapienza. Inoltre, immagina una pianta centralizzata, come già per San Carlino, qui però concepita soprattutto per favorire l'ascolto della predicazione, importante in una chiesa destinata a professori e allievi dello Studium Urbis.

Celata nella pianta c'è anche una complessa simbologia, dal momento che i due triangoli incrociati che formano la stella di David costituiscono il sigillo di Salomone, nel quale è racchiusa la sintesi del pensiero ermetico e massonico. La combinazione e l'intreccio delle linee rappresentano i quattro elementi base dell'universo: fuoco, aria, terra, acqua. Le stelle della cupola sono 111, un numero che può anche essere scritto 1+1+1, che dà come somma 3, simbolo a sua volta del cielo e della perfezione (*Omne trinum est perfectum*), della Trinità, di altri elementi magici compresi i tre gradi dell'evoluzione mistica: purificazione, illuminazione, comunione con Dio.

Nei lavori di Borromini compaiono spesso richiami a simboli magici, massonici, esoterici, mistici. Anche l'oratorio dei filippini ne abbonda: cuori fiammeggianti e gigli appartengono alla simbologia cara a Filippo Neri; corone e rami di palma (talora in forma stilizzata) sono collegati alla vita eterna, ma possono alludere al Santo dei Santi nel tempio di Salomone quando sono uniti a teste di cherubini e a colonne salomoniche. La stella a otto punte che Borromini ha usato nella biblioteca simboleggia i Padri della Chiesa. E così via.

Nella chiesa di Sant'Ivo il simbolo più clamoroso è il coronamento della lanterna, una curiosa cuspide a spirale che spicca ancora oggi al di sopra dei tetti di Roma. Che cosa significa quel singolare e affascinante pinnacolo? La torre di Babele? Una vite? Una conchiglia? Una corona fiammeggiante? O ha ragione lo storico dell'arte Maurizio Fagiolo quando scrive: «La spirale, teorema ed emblema dell'infinita Sapienza divina, si attorce nello spazio come il serpente dell'eternità». Fra le numerose spiegazioni, a me pare preferibile quella della torre di Babele, raffigurata spesso (a partire dagli ziggurat della Mesopotamia) come un tronco di cono a gradoni ascendenti. (L'esempio più noto di ziggurat tuttora esistente – anche se scempiato dalla guerra – è il minareto Malwiya a Samarra, in Iraq, alto 52 metri, tutto in mattoni d'argilla, risalente al XIII secolo, capolavoro dell'arte islamica.)

La cupola di Sant'Ivo procurò al suo creatore alcuni guai di natura pratica e, potremmo dire, contrattuale. Parve, infatti, ai committenti che l'architetto non avesse calcolato bene i carichi e che «il gran peso messo sopra la cuppola» potesse provocare serie lesioni all'edificio. Il rettore dello Studium Urbis gli fece arrivare una diffida con la quale «il detto signor rettore protesta contro lo stesso [architetto] per ogni danno che possa verificarsi nel tempo di quindici anni secondo quanto dispongono i regolamenti cittadini». Con grande tranquillità, sicuro dei calcoli e della sua esperienza, Borromini rispose garantendo per iscritto la stabilità della costruzione:

> Io infrascritto inherendo all'obbligo che per ragione comune hanno gl'architetti di mantenere per lo spazio di quindici anni le fabbriche da loro fatte, dal quale non intendo sottrarmi ... obligo me, eredi et beni in forma Camerae Apostolicae, per tutti i danni che potessero succedere nella fabbrica della cappella e cuppola della Sapientia.

Dopo tre secoli e mezzo, come si può vedere, la «cuppola» è ancora ben salda.

Anche Bernini, pur in un'ininterrotta fortuna, incontrò alcune umiliazioni. Grave, per esempio, quella provocata dalla pessima idea di papa Urbano di far erigere due campanili alle estremità della facciata di San Pietro. Nel 1637, per disposizione del pontefice, l'artista fu incaricato del progetto. L'impresa era già stata tentata in passato, ma si era poi deciso di soprassedere a causa di alcuni problemi dovuti alla natura «sabbiosa» del terreno e allo stato delle fondazioni. Maderno stesso era stato criticato quando aveva «allungato» la basilica, di modo che la cupola era diventata solo parzialmente visibile dalla piazza (come del resto è oggi). Ciononostante, il papa chiese che i campanili venissero comunque eretti, così da accrescere la maestosità dell'insieme.

Bernini accettò l'incarico, progettò due grandi torri a tre piani per un costo di settantamila scudi, cifra enorme, più che doppia rispetto ai trentamila preventivati dal Maderno. Prima di passare all'esecuzione pensò di cautelarsi con alcuni autorevoli pareri, in particolare quelli della Congregazione della reverenda fabbrica e di due valenti «capomaestri». Di comune accordo si stabilì che le fondazioni erano sufficienti a reggere le nuove costruzioni. Scrive Filippo Baldinucci: «Onde fu luogo al prudente artefice di mettersi a quell'impresa con sicurezza».

Non fu così. Bernini aveva mantenuto le basi già costruite dal Maderno con l'idea di erigervi sopra il suo progetto, come al solito assai elaborato. Alla fine del giugno 1641 il papa in persona andò a ispezionare i lavori. Ciò che vide gli piacque poco, anche perché si erano formate delle crepe nella facciata. In breve, ordinò di abbattere il costruito, dopo aver fatto all'artista pubbliche rimostranze. Bernini ne riportò un'umiliazione tale che, si disse, cadde ammalato. Il papa, d'altra parte, nel luglio 1644 morì lasciando le casse dello Stato in una situazione disastrosa sia per le immense spese della basilica sia a causa della guerra condotta contro la famiglia Farnese per impadronirsi del ducato di Castro.

Fra il 1646 e il 1649 Borromini lavora al restauro della veneranda basilica di San Giovanni in Laterano, *mater et caput* di tutte le chiese del mondo, ridotta in condizioni di tale rovina che la sua prima tentazione fu di buttare giù tutto e tutto rifare daccapo. I rifacimenti dovevano essere realizzati in fretta, essendo imminente l'Anno Santo del 1650. Ma durante i lavori si verifica una «tragedia»: nel dicembre 1649, a pochi giorni dall'inaugurazione, un chierico di nome Marco Antonio Bussoni viene trovato morto con evidenti segni di percosse.

Si apre un'inchiesta, anche perché arriva alla giustizia un biglietto anonimo nel quale si chiede d'indagare sull'evidente omicidio. L'inchiesta risolve l'enigma. Il Bussoni era stato sorpreso mentre danneggiava alcuni marmi della basilica «fratturandone spigoli e angoli». Borromini, informato del fatto, aveva ordinato agli operai di punirlo. Fu un ordine imprudente? O poco chiaro? Gli operai esagerarono? Fatto sta che il disgraziato venne ucciso dalle percosse e che suo fratello Giuseppe denunciò il Borromini per omicidio, con atto pubblico che comportava l'incarceramento preventivo del sospettato. Era un'onta che l'artista non poteva sopportare. Per scansare una tale vergogna indirizzò una supplica al pontefice, chiedendogli di avocare a sé l'inchiesta annullando le eventuali altre. Ricordava i suoi meriti nel restauro della basilica, la sua moralità e, per contro, che il Bussoni era stato sorpreso a compiere un danneggiamento sacrilego.

Il giudizio andò nel senso sperato, anche se con una sentenza contraddittoria: Borromini, *ex speciali gratia*, venne assolto dall'accusa, però confinato per tre anni a Orvieto. A seguito di un successivo intervento di Virgilio Spada, l'esilio venne poi sensibilmente ridotto. Un paio d'anni dopo, nel 1652, il papa, con cerimonia pubblica in San Pietro, gli conferiva la croce dell'Ordine di Cristo, con diritto al titolo di cavaliere.

In almeno un paio di occasioni i due rivali lavorarono insieme o, quanto meno, uno di fronte all'altro. La prima fu per la costruzione del baldacchino di San Pietro, uno dei capolavori di Bernini, al quale Borromini collaborò a lungo. Al momento della committenza Bernini aveva ventisei anni, ma era già così consapevole del proprio valore che presenterà per l'opera un conto complessivo di ben duecentomila scudi. Da notare che Borromini aveva firmato il suo primo contratto professionale solo a trentacinque anni. Il termine «baldacchino» designa, dice lo Zingarelli, «una copertura mobile a forma di padiglione, retta da aste, sotto la quale si porta in processione il Santissimo Sacramento». Nella pratica della Chiesa cattolica, anche il papa, issato sulla sedia gestatoria, benediceva la folla dei fedeli al riparo di un baldacchino. In senso più esteso, baldacchino è la copertura di stoffa pregiata che ricopre troni, altari, letti signorili. La parola deriva da «Baldac(co)», antico nome per Baghdad, città dalla quale provenivano i preziosi tessuti.

Bernini, rifacendosi all'origine del nome, costruì con la pietra, il legno e il bronzo il più sontuoso baldacchino mai immaginato. Impegno formidabile anche per un artista della sua esperienza: si trattava di riempire uno spazio amplissimo sovrastato dall'enorme cupola michelangiolesca. La progettazione e l'esecuzione dell'opera richiesero circa dieci anni e solo dopo molte ricerche ed elaborazioni si riuscì a concepire la soluzione definitiva. Le quattro colonne che sorreggono il coronamento sono tortili, richiamo di sapore orientale che riprende le colonne della basilica costantiniana ma allude anche, simbolicamente, all'ordine vitineo, dal tempio di Salomone a Gerusalemme. L'artista, del resto, imprimeva volentieri un «movimento» ai materiali utilizzati, fosse la pietra o, come in questo caso, il bronzo che, per la cronaca, si ottenne smantellando alcuni rivestimenti del Pantheon. È in quell'occasione che Giulio Mancini, medico del papa, coniò il celebre epigramma «*Quod non fecerunt Barbari, fecerunt Barberini*».

In cima alle colonne si trovano quattro angeli alle cui spalle si sviluppano altrettante grandi volute, a forma di dorso di delfino, riunite al centro a sorreggere un globo con sopra una croce. Il risultato è di scenografica spettacolarità e di totale sorpresa. Appunto uno degli scopi che l'artista voleva raggiungere.

La copertura riprende l'idea del movimento e della leggerezza così come gli ornamenti laterali che, arricchiti da ricami e da nappe, simulano la tessitura di una stoffa preziosa. Bernini amava questi inganni virtuosistici che davano sfogo al suo senso della teatralità e che saranno tra i fondamenti dell'estetica barocca. Mai però dimenticava l'essenziale. Il suo baldacchino gareggia con una cupola alta più di 100 metri, sotto la navata maggiore alta 44. Con i suoi 30 metri di sviluppo verticale, quasi eguaglia un palazzo di dieci piani e ciononostante, inserito in quel contesto, appare all'occhio di proporzioni più aggraziate che imponenti. Borromini intervenne a più riprese nella lunga progettazione del manufatto, soprattutto per la copertura, che Bernini voleva concludere con una statua di peso eccessivo. Alla fine si scelse la sfera dorata, che fra l'altro riprende quella di coronamento della cupola esterna, sorretta da volute in legno che fanno pensare a delfini, una soluzione armoniosa per la gran parte concepita da Borromini.

Nel 1653 papa Innocenzo X volle che Borromini prendesse in mano il cantiere per la costruzione della chiesa di Sant'Agnese a piazza Navona e qui i destini dei due uomini nuovamente si incontrano, anche se indirettamente. Per prima cosa Borromini ordinò la demolizione di quanto preparato dai predecessori e la loro estromissione. Seguirono, ovviamente, accesi risentimenti nei suoi confronti, tanto più che, dopo due anni, il pontefice morì nelle orribili circostanze già ricordate. A quel punto suo nipote Camillo Pamphili riprese il controllo della fabbrica e i rapporti con Borromini diventarono tempestosi.

Pare che gli appaltatori arrivassero a sobillare gli operai mentre don Camillo, arrogante per la ritrovata supremazia, bersagliava il Borromini di critiche, dicendo ora che le mura gli parevan poco solide, ora che le fondazioni erano inadeguate. L'atmosfera divenne presto intollerabile. Il biografo ticinese del Borromini, Piero Bianconi, così efficacemente la descrive:

> I muratori non sapevano come e che cosa fare, stavano giornate intere con le mani in mano mentre l'architetto pareva incerto, irresoluto, instabile ... il sole carezzava la tonda cupola, toccava la rosea guglia che s'alzava in mezzo alla piazza, i candidi giganti gesticolavano sopra il fragore dell'acqua e gli rammentavano l'odiato Bernini.

I «candidi giganti» cui accenna Bianconi sono le magnifiche statue della Fontana dei Fiumi, sormontata da un obelisco, che Bernini aveva eretto al centro della piazza (1648-1651), una delle sue tante mirabili creazioni, fra le più felicemente scenografiche, forse la più bella di Roma: mossa, di proporzioni perfette per il luogo, arricchita da dettagli di magnifica teatralità che vanno a completare la bellezza dell'insieme. Per fare solo qualche esempio: il serpente di mare, il leone che sbuca dalla grotta per abbeverarsi, la palmetta scossa dal vento. Anche Borromini aveva partecipato (anni prima) al progetto di canalizzazione per far arrivare l'Acqua Vergine a piazza Navona. Il suo progetto, però, era stato rifiutato perché «troppo povero, magro, austero», in poche parole schiacciato dalla magnificenza di quello berniniano. I quattro fiumi raffigurati rappresentano le quattro parti del mondo allora conosciute: Danubio, Nilo (con il capo coperto perché le sorgenti erano ignote), Gange, Rio de la Plata. Sormonta le rocce un obelisco egizio ritrovato in pezzi nel circo di Massenzio sulla via Appia. Bernini lo fece rimettere insieme e restaurare.

Le date dei rispettivi lavori smentiscono, comunque, una leggenda secondo la quale le statue della fontana farebbero gesti di sdegno o di rifiuto verso la facciata borrominiana di Sant'Agnese: il Rio de la Plata alza preoccupato il braccio come se la facciata dovesse cadere; il Nilo ha il capo velato per non dover guardare un simile obbrobrio. La verità è che quando Borromini lavorò a Sant'Agnese, la Fontana dei Fiumi era già al suo posto, dunque l'intento denigratorio del Bernini è solo nell'immaginazione popolare.

L'arrivo del nuovo papa Alessandro VII (Fabio Chigi) ricollocò Bernini al centro della scena romana, compreso il suo ruolo di architetto di corte. Da lui l'artista ottenne varie grandiose commesse, fra cui il colonnato di piazza San Pietro, la Scala Regia in Vaticano, la chiesa di Sant'Andrea al Quirinale con la quale abbiamo aperto il nostro racconto. Al Borromini, invece, fu solo consentito di portare avanti gli incarichi già affidati. Alessandro VII, chiaramente, non lo amava e i suoi lavori proseguirono con lentezza fra molte difficoltà, soprattutto per mancanza di fondi. In parecchi casi non riuscì a vederne la fine.

Non è facile amare Borromini a prima vista, specie per un profano al quale sfuggono i tanti pregi tecnici dei suoi progetti. Bernini è molto più cordiale, non c'è opera nella quale il suo genio non si proclami, a volte in modo addirittura sfacciato. Borromini ha però la caratteristica di risultare, una volta scoperto, indimenticabile, anche nelle sue opere minori. Ne è un esempio la galleria prospettica di Palazzo Spada, in piazza Capo di Ferro. Borromini fece vari interventi in quell'edificio, oggi sede del Consiglio di Stato. In una delle propaggini del cortile si trovò a disporre di un angusto «corridoio» lungo poco più di otto metri, in pratica inutilizzabile. Lo trasformò in una galleria che dà l'impressione di essere lunga più di venti metri grazie a un'attenta manipolazione della prospettiva. È uno dei gioielli segreti di Roma, ma è anche il piccolo segno preciso che le certezze razionaleggianti del Rinascimento stavano scomparendo, sostituite, come in questo caso, da un gioco illusorio di spazi inesistenti.

Tutto, non solo la diversa fortuna, separa i due grandi rivali.

Li separano il temperamento, la visione del mondo, la ricerca dei piaceri e dell'amore più in generale, il rapporto con la sensualità intesa nel senso più ampio di godimento della vita attraverso i sensi. Tutte le opere di Bernini parlano di questa apertura sensuale. Tutte le opere di Borromini la negano. Il primo è cattolico e pagano, il secondo, anche se formalmente cattolico, sembra più vicino ai grandi riformatori europei, Lutero, Calvino, Zwingli. Bernini gioca, allude, scherza con il suo lavoro; Borromini medita, indica, presagisce. Il primo è tutto: pittore, scultore, architetto, illusionista, letterato. Borromini è, solo e severamente, architetto; le figure umane non lo interessano, men che meno le donne. Bernini le modella nel marmo, e sotto il suo scalpello la pietra acquista la serica morbidezza della pelle.

Nell'arte della Controriforma c'era un solo modo consentito per rappresentare la bellezza femminile: bisognava raffigurarla nelle sante o nelle eroine del mito. *Proserpina rapita da Plutone re degli inferi* (Roma, Galleria Borghese) è in realtà un fermo-immagine che annuncia lo stupro imminente. Le dita del rapitore affondano nella carne della coscia e della schiena, il gesto disperato di lei che cerca di sottrarsi non fa che rendere più evidente l'approssimarsi della violenza. L'*Estasi di santa Teresa* (Roma, Santa Maria della Vittoria) è stata descritta innumerevoli volte nella sua scoperta sensualità. Meno nota, ma ugualmente eloquente un'altra statua: la beata Ludovica Albertoni (Roma, San Francesco a Ripa), colta anch'essa nella contorsione e, verrebbe da dire, nei gemiti di un insostenibile piacere.

Per Borromini diventerà sempre più raro poter vivere la trafelata, creativa confusione di un cantiere e anche ciò contribuisce a far prevalere, nei suoi ultimi anni, la latente maniacalità del temperamento. Abita nella piccola casa di vicolo dell'Angelo, accanto alla chiesa di San Giovanni dei Fiorentini, arredata con un povero mobilio. Il suo aspetto fisico riflette il disordine del suo stato d'animo; appare «disfatto di corpo e spaventoso di volto». Narra il Baldinucci:

> Egli era solito di patir molto di umor malinconico, o, come dicevano alcuni dei suoi medesimi, d'ipocondria, a cagione della quale infermità, congiunta alla continua speculazione nelle cose

dell'arte sua, in processo di tempo egli si trovò sì sprofondato e fisso in un continuo pensare, che fuggiva al possibile la conversazione degli uomini stando solo in casa, in null'altro occupato che nel continuo giro dei torbidi pensieri.

Suo nipote Bernardo chiama più volte i medici a consulto, ma la psichiatria, a tutt'oggi così aleatoria, era ancora di là da venire. L'unico sensato consiglio che i dottori riescono a dare è che le sue mosse siano sorvegliate, perché non si faccia del male da solo. Per il resto, meglio affidarne la cura ai preti. Scrive il Baldinucci:

> Pochi giorni avanti la sua morte diede alle fiamme tutti quei disegni che egli aveva destinato all'intaglio e non avevalo potuto effettuare. E ciò fece per timore che i medesimi non venissero in mano de' suoi contrari i quali, o gli dessero fuori per lor propri, o gli mutassero.

Nella notte del 2 agosto 1667, dopo ore di particolare agitazione e smania, incastra la sua spada contro una traversa del letto, si appoggia alla punta e spinge con tutto il peso del corpo. La lama lo passa da parte a parte, alle urla del povero artista fatto demente accorre Francesco Massari, il capomastro che presta servizio in casa. Il colpo è stato terribile, ma non lo ha ucciso. Si invoca al soccorso, accorrono aiuti che estraggono il ferro, entrano in casa anche uomini di giustizia. Al confessore, sopraggiunto per gli estremi sacramenti, Borromini fa in tempo a dire d'essersi procurato da solo l'orribile squarcio, racconta l'irritazione, la smania:

> finalmente essendomi ricordato che avevo la spada qui in camera a capo al letto et appesa a queste candele benedette, essendomi anche accresciuta l'impazienza di non avere il lume, disperato ho preso la detta spada, quale avendola sfoderata, il manico di essa l'ho appuntato nel letto e la punta nel mio fianco e poi mi sono buttato sopra di essa spada dalla quale con la forza che ho fatta a ciò che entrasse nel mio corpo sono stato passato da una parte all'altra.

La tremenda ferita, in capo a una giornata di sofferenza, lo conduce alla morte. L'inquieto Borromini spira alle sei di mattina del 3 agosto 1667. Le gazzette riportano in breve la notizia: «È morto suicida il cav. architetto Francesco Borromini». Anche la cerimonia funebre è modesta, si tiene sotto la cupola di San Giovanni dei Fiorentini, dov'è la tomba di Carlo Maderno, accanto al quale ha chiesto di essere seppellito.

Borromini muore in età di sessantotto anni; Gian Lorenzo Bernini a ottantadue. Dunque, gli sopravvive di quattordici anni e di quasi tre papi. Egli muore infatti nello stesso anno di Alessandro VII Chigi, avendo potuto servire ancora Clemente IX e Clemente X e per qualche anno Innocenzo XI. Borromini muore tragicamente. Bernini muore come si può morire a ottanta e passa anni. Scrive suo figlio Domenico che nel 1680 egli soffrì di «una lenta febbre a cui sopravviene in ultimo un accidente di apoplessia che gli tolse la vita». Resiste al colpo, ma resta paralizzato nella parte destra, compreso il braccio. Ci scherza su, si dice contento, come riferisce suo figlio: «Che riposi alquanto quella mano che ha sì tanto lavorato». Sopravvisse un paio di settimane e, mentre le forze scemavano, mai perse la lucidità e perfino la bizzarria che lo avevano caratterizzato. Morì a casa sua il 28 novembre 1680 e venne scortato alla sua sepoltura in Santa Maria Maggiore da gran folla di popolo.

Diversi in tutto, fino all'estremo trapasso.

VII

STORIA AVVENTUROSA DI UN PALAZZO

Piazza del Quirinale è una delle più belle al mondo, chiusa com'è su tre lati, aperta sul quarto dal belvedere che spazia sul lontano profilo dei colli e sulla grande cupola stagliata nel cielo occidentale. Da quella terrazza, in certe sere d'estate, il tramonto si trasforma in un turbinio di celeste, indaco, rosa e blu quale nessun pittore oserebbe immaginare, nel timore di sembrare eccessivo. Una bellezza toccante, che non emana solo da ciò che lo sguardo può abbracciare, ma viene anche dall'accavallarsi di eventi che hanno avuto per teatro la sommità di questo colle, presenze immateriali, ondate di memorie, pagine di storia vicina e remota, spesso drammatica, talvolta equivoca, in qualche caso decisiva. Si può dire che il racconto del Quirinale – la piazza, il palazzo, anzi, i palazzi, le fontane, i giardini – rifletta quasi per intero la storia di Roma e del papato che l'ha governata per secoli.

Si dice che il nome possa derivare da Cures, città di provenienza dei sabini che per primi abitarono il colle. Qui Costantino fece costruire le sue terme, subito circondate da ville, così che la zona divenne presto residenziale. Abbandonata nel Medioevo, fu riscoperta solo nel XVI secolo quando, proprio nelle terme, vennero riportate alla luce le statue dei Dioscuri Castore e Polluce, scambiati per domatori di cavalli, da cui il nome popolare di Monte Cavallo con cui l'altura divenne nota. Papa Sisto V fece sistemare i due colossi sulla piazza, ai lati della fontana. Il gruppo, sovrastato dall'obelisco, completa la fisionomia dello slargo. Quanto ai Dioscuri, si tratta di due belle statue, copie di finissimo artigianato degli originali greci del V secolo a.C. attribuiti a Fidia e Prassitele, con un errore che l'iscrizione del basamento perpetua e che una serie di equivoci, a metà tra la beffa e la correttezza politica, ricorda ancora oggi a chi sappia guardare.

Infatti, nella seconda metà del Settecento, Pio VI incaricò l'architetto Giovanni Antinori di spostare le statue collocandovi nel mezzo l'obelisco proveniente dal mausoleo di Augusto, gemello dell'altro oggi sistemato all'Esquilino. Un primo tentativo, nel 1783, fallì e l'ironia popolare trasformò l'iscrizione OPUS FIDIAE nel derisorio OPUS PERFIDIAE PII SEXTI. Un secondo tentativo, tre anni più tardi, andò invece a buon fine e l'entusiasmo per l'impresa (non facile, dati i poveri strumenti di allora) fece dettare un'enfatica dicitura nella quale l'obelisco stesso narra in prima persona la sua millenaria vicenda, concludendo: INTER ALEXANDRI MEDIUM QUI MAXIMA SIGNA / TESTABOR QUANTO SIT MINOR ILLE PIO (collocato fra queste eccelse statue di Alessandro, testimonierò quanto quello sia inferiore a Pio).

Quando, nel 1798, i francesi instaurarono la Repubblica giacobina, il riferimento così riduttivo ad Alessandro parve una provocazione nei confronti di Napoleone, per cui l'ultima riga divenne, con minor enfasi: TESTABOR SEXTI GRANDIA FACTA PII (testimonierò le grandi opere di Pio Sesto). Il frettoloso scalpellino dimenticò, però, un particolare, per cui sotto la «S» di *Sexti* si vede ancora il discendente della «Q» di *Quanto*. Nel 1818, finalmente, la sistemazione del magnifico monumento venne completata da Pio VII. Raffaele Stern concepì una nuova fontana, per la quale utilizzò un vascone proveniente dal foro romano, dove era diventato un abbeveratoio per i bovi.

I Dioscuri, l'obelisco e la fontana danno già da soli un'idea delle vicende di cui ogni dettaglio di questa piazza è stato testimone. Si potrebbe anche citare il giardino che si trova su via del Quirinale, di fronte al palazzo: per crearlo vennero demolite due chiese e altrettanti conventi. Si volle che l'imperatore Guglielmo, ospite del re d'Italia nel 1888, avesse la più ampia visuale dalla finestra del suo appartamento. Si potrebbe menzionare, all'interno, la cappella Paolina che ha la stessa dimensione della Sistina in Vaticano, oppure la Loggia delle Benedizioni sopra il portone principale, disegnata dal Bernini, come il robusto torrione alla sua destra, strumento difensivo munito di artiglierie. Anche qui si dovette far ricorso a demolizioni, abbattendo una parte dell'adiacente villa Colonna, per dare ai cannoni un sufficiente fronte di tiro.

La sistemazione definitiva della piazza, su impulso di papa Pio IX, fu opera di Virginio Vespignani, architetto e urbanista assai operoso in quegli anni dell'Ottocento. Si trattava di adattare uno snodo, ormai divenuto cruciale con la progressiva urbanizzazione e i nuovi quartieri. Vespignani livellò il piano della piazza, creando la scalinata che scende verso via della Dataria e il bel raccordo che, con una doppia curva di 90 gradi, affronta il fianco occidentale del colle. Per aprirlo dovette demolire la cordonata d'accesso alle Scuderie ed erigere un muraglione di contenimento che fece ornare da nicchie con statue. L'effetto è molto suggestivo, come si scrisse già allora, poiché salendo verso la piazza «è bello vedere quasi d'improvviso le grandiose moli del Palazzo Apostolico, della Consulta, lo stupendo gruppo di cavalli, l'obelisco, la fontana».

Un cenno a parte meritano gli appartamenti preparati per l'arrivo di Napoleone, che a Roma non riuscì mai a mettere piede, ma che del Quirinale voleva fare la sua seconda reggia dopo quella parigina, e anche per questo aveva dato al figlio il titolo di *roi de Rome*. Roma e Parigi dovevano diventare le due capitali del suo impero. Non ebbe tempo per completare il progetto poiché in dieci anni o poco più si consumò il suo destino, concluso dall'umiliazione e dall'agonia di Sant'Elena.

Nell'estate del 1809 l'armata francese aveva occupato nuovamente Roma e papa Pio VII, come già il suo predecessore, era partito prigioniero per la Francia. Se si guarda solo all'efficienza, prescindendo da ogni altro elemento, l'amministrazione napoleonica dimostrò una notevole apertura, sotto la guida del barone Camille de Tournon, prefetto della città, potendo contare, fra gli altri, su collaboratori del livello di Canova, Camuccini, Valadier, Stern. Per esempio, venne sistemata la zona compresa fra ponte Milvio e la Porta del Popolo, aprendo una grande strada rettilinea parallela alla via Flaminia (oggi viale Tiziano) e progettando il contenimento del Tevere, nel suo tratto urbano, fra due alti muraglioni. Si mise anche mano al prosciugamento delle paludi Pontine, già iniziato sotto Pio V e completato solo durante il fascismo. Si crearono spazi per bar, ristoranti, palestre, teatri, svaghi all'aria aperta. Ma si pensò anche ai morti, progettando il cimitero del Verano.

Per ciò che qui più interessa, ci si preparò soprattutto a trasformare il Palazzo del Quirinale in una vera reggia. Architetto dei palazzi imperiali viene nominato, il 28 febbraio 1811, Raffaele Stern, il quale aveva in mente un palazzo in cui «riunire il carattere e la magnificenza di quello dei Cesari di cui ammiriamo ancora i resti imponenti». La situazione in cui trova l'immobile non è delle migliori. Scrive con accorata partecipazione:

> Ciò che esiste e che era abitato dal Papa è irregolare e piccolo per ricevere il nostro Augusto Monarca ... l'edificio manca di tutto, le finestre hanno cattivi infissi vetrati, i pavimenti sono in cotto e in cattivo stato, il mobilio del Papa consisteva in qualche cattiva tappezzeria in damasco, in pochi tavoli e in banchi di legno.

La corrispondenza e i rapporti con Parigi sono incessanti; si tratta di conciliare due esigenze: approntare gli appartamenti con il massimo sfarzo, facendo procedere la ristrutturazione con la maggiore rapidità. Il cantiere si apre nel novembre di quell'anno. È gigantesco e vi si applicano ben tremila operai: restauri alle volte, ai fregi, alle porte, aggiunte di marmi ricavati in genere dai rocchi di antiche colonne, ma anche costruzione di servizi essenziali, quali, per esempio, i bagni. (Come fa notare Marina Natoli in una sua bella monografia sul palazzo – pubblicata dalla Libreria dello Stato nel 1989 –, «i bagni del Quirinale furono, dopo il bagno costruito per Luciano Bonaparte a Palazzo Nuñez, i primi realizzati a Roma».) Martial Daru, intendente dei beni della corona, appare insoddisfatto dei lavori, trova che gli operai romani procedano con minor solerzia rispetto a quelli parigini, anche se con indiscutibile maestria. Proprio la maestria colpisce, invece, il prefetto Camille de Tournon, che nelle sue *Memorie* scrive:

> I numerosi statuari che si trovano a Roma nella preparazione dei blocchi di marmo da mettere in opera impiegano un numero considerevole di semplici scalpellini dotati di una notevole intelligenza

e capacità ... l'incisione o anche la scultura delle pietre dure e delle conchiglie, siano in cavo o in rilievo, è un'industria che esporta i suoi magnifici prodotti in tutta Europa. All'epoca impiegava più di ottanta elementi, senza contare gli abili artisti che li dirigevano.

Le vicende militari di Napoleone non permisero il completamento dell'opera. Dopo la vittoria di Lipsia gli austro-prussiani, alla fine del marzo 1814, entrano a Parigi; il 4 aprile l'imperatore abdica e un mese dopo sbarca nell'isola d'Elba. Il 24 maggio, alle ore 19, papa Pio VII rientra a Roma varcando la Porta del Popolo; lo accompagnano, in carrozza, gli eminentissimi cardinali Mattei e Pacca.

Il Palazzo del Quirinale non conoscerà mai più un simile fervore d'opere né progetti di tale grandiosità. Stern continua a prestare i suoi servigi, ma sotto il governo papale i mezzi disponibili non sono più quelli di una volta. Le cose peggioreranno dopo la morte di Pio VII, nel 1823, fino a toccare il punto più basso con Pio IX. Come ha scritto Giuliano Briganti in una monografia sul Quirinale, «ciò che fu fatto è solo inutile aggiunta o, peggio ancora, irrispettosa e incolta manomissione».

Molte delle opere progettate per Napoleone vennero smantellate, né le cose migliorarono quando il palazzo, dopo il 1870, divenne la reggia dei Savoia. Con decisione nefanda, per esempio, in occasione della visita di Hitler a Roma si distrusse l'ala in cui era stato sistemato il delizioso appartamento per l'imperatrice francese. Secondo Marina Natoli, le poche cose che restano di quei giorni «appaiono oggi quasi come dei frammenti archeologici», ombre di quella che era stata una cultura artistica fra le prime al mondo.

Questo libro è dedicato ad alcuni episodi della storia politica della Santa Sede e a questi bisogna ora tornare. Sisto V è il primo papa che muore all'interno del Quirinale, nel 1590, ma chi lo abitò in permanenza fu, a partire dal 1592, Clemente VIII. Il palazzo rimase la residenza pontificia fino alla drammatica notte del 5 luglio 1808, che segnò l'inizio degli avvenimenti cui s'è accennato in apertura di capitolo. I fatti andarono così: il 2 febbraio 1808 il generale Miollis occupa Roma in nome dell'imperatore dei francesi. Atto inaudito, tanto più che il papa regnante, Pio VII, il 2 dicembre 1804 si era recato a Parigi per assistere all'incoronazione in Notre-Dame. Nel celeberrimo quadro di David si vede Napoleone, già cinto d'alloro, nell'atto di deporre la tiara sul capo dell'imperatrice Joséphine. Il papa è seduto in un angolo, con espressione malinconica e in una collocazione che rispecchia da sola la precarietà dei reciproci rapporti.

Né le cose migliorano in seguito. Il 17 maggio 1809 l'imperatore emana da Vienna un decreto con il quale lo Stato romano è annesso all'impero francese, con conseguente decadenza del potere temporale del pontefice. La motivazione giuridica, se così vogliamo chiamarla, è che l'influenza esercitata da un principe straniero all'interno dell'impero può rivelarsi contraria alla sicurezza; diventa quindi consigliabile revocare la donazione fatta al vescovo di Roma da Carlo Magno. Si legge nel documento che

> allorquando Carlo Magno, imperatore dei francesi e nostro augusto predecessore, fece donazione di parecchie contee ai vescovi di Roma, le donò per il bene di questi Stati e che per questa donazione Roma non cessò di far parte del suo impero; che, in seguito, questo insieme di potere spirituale e di autorità temporale è stato ed è ancora fonte di dissensi e ha portato spesso i pontefici a impiegare l'influenza dell'uno per sostenere le pretese dell'altro; che, così, gli interessi spirituali e le cose celesti, che sono immutabili, sono stati mescolati agli affari terrestri, i quali per la loro natura cambiano secondo le circostanze e la politica del tempo.

Motivazioni in parte fondate, in parte pretestuose, non molto dissimili comunque da quelle che pochi decenni più tardi userà Cavour nel tentativo di risolvere in modo pacifico la spinosissima questione romana: le «cose celesti» e gli affari della politica vanno raramente d'accordo, anzi, obbligano spesso a rischiosi compromessi, un punto sul quale concordava, del resto, anche il pensiero cattolico più liberale.

La reazione del pontefice è decisa: Napoleone viene scomunicato e nella sua bolla *Quum memoranda*, del 10 giugno 1809,

Pio VII fa scrivere: «I sovrani apprendano ancora una volta che sono sottomessi al nostro trono e al nostro comando per la legge voluta da Gesù Cristo. Siamo anche noi depositari di una sovranità, e ben più nobile».

Poco prima dell'alba del 5 luglio un centinaio di soldati francesi aiutati da un pugno di «giacobini» romani scalano le finestre del palazzo che fronteggiano, su via del Quirinale, la chiesa di Sant'Andrea. Il gesto è oltraggioso; in seguito, Napoleone dirà che si era trattato di un'iniziativa personale del generale Miollis nel timore di un'insurrezione popolare, o di un ordine del generale Radet. In ogni caso, non di un suo mandato. I soldati fanno irruzione, gli svizzeri di guardia obbediscono all'ordine di non reagire e si lasciano disarmare. Mentre nella piana di Wagram, a nordest di Vienna, Napoleone sta per affrontare una delle sue più belle battaglie, a Roma il generale Radet si presenta a Pio VII ingiungendogli, in nome del governo imperiale, di rinunciare al potere temporale.

Il papa non si lascia intimidire, anzi, replica con coraggio: «Noi non possiamo né cedere né abbandonare quello che non ci appartiene. L'imperatore potrà farci a pezzi, ma non potrà ottenere questo da noi. Dopo quanto abbiamo fatto per lui dovevamo attenderci una simile condotta?». Il generale gli comunica che dovrà tradurlo altrove. Il pontefice chiede, per prepararsi, due ore di tempo, che gli vengono negate; chiede allora di lasciare Roma in compagnia di alcune persone di sua fiducia, ma nemmeno questo gli è concesso. Pio VII, allora, con un bel gesto non privo di una sua alta teatralità, prende solo il breviario e un crocifisso e, salito in carrozza, parte per l'esilio.

La brutta avventura si concluse, dopo molte pene, in modo positivo. La caduta dell'impero napoleonico pose fine al conflitto, Pio VII poté finalmente lasciare l'esilio di Fontainebleau e rientrare a Roma. Assistito dall'abilissimo segretario di Stato Ercole Consalvi (ordinato cardinale senza mai essere stato prete), il papa si dedicò alla ricostruzione del suo Stato, che il Congresso di Vienna gli aveva quasi integralmente fatto riavere. Quale fine ironia che questa vicenda cominci e si concluda nella stessa città nel rapidissimo volgere di soli sei anni.

Pochi decenni dopo, nel 1848, in un'occasione ancora più drammatica, il palazzo venne nuovamente violato. Anche in Italia e nello Stato della Chiesa il 1848 è un anno di agitazioni e di rivolgimenti. A Roma la situazione è particolarmente confusa. Come sempre accade quando il bisogno di cambiamento non trova una valvola di sfogo politica, si verificano frequenti tumulti dove la spinta della folla, non potendo indirizzarsi verso un obiettivo, dilaga in ogni parte; nei tumulti, a richieste ragionevoli si alternano le pretese più assurde. Gli estremisti hanno buon gioco ad alimentare l'insofferenza diffusa. In settembre il papa affida il governo a Pellegrino Rossi, uomo di prim'ordine, pari di Francia, professore di economia politica, inviato a Roma come ambasciatore dai francesi, fatto conte per la sua maestria diplomatica.

Rossi deve cercare di ridare autorità e immagine al sovrano pontefice e, nello stesso tempo, mettere in piedi un'amministrazione meno arretrata avviando alcune indispensabili riforme economiche e sociali. Sarebbe probabilmente riuscito in quell'impegnativo compito, ma non ebbe il tempo di provare. Due mesi dopo la nomina, il 15 novembre, mentre sale lo scalone del Palazzo della Cancelleria apostolica per inaugurare la sessione del parlamento, due o tre facinorosi lo pugnalano alla gola, uccidendolo. Rossi aveva cominciato a laicizzare il regno pontificio ed era favorevole a una «Lega italiana», vale a dire a una federazione dove ogni Stato avrebbe conservato una sua autonomia. Cauto riformismo il suo, quello che le circostanze consentivano, proprio per questo inviso ai più accesi, preda delle loro smanie insurrezionali, eterna tragedia di ogni processo politico. Cavour, nel primo discorso al parlamento italiano, definirà Rossi una delle più belle e grandi figure del Risorgimento.

A seguito della sua morte il ribellismo, che fino a quel momento si era sporadicamente manifestato, diviene aperta rivolta. Pio IX si chiude nel Palazzo del Quirinale, assediato dalla folla. È una rivolta confusa, senza una direzione politica riconoscibile. I manifestanti chiedono che il papa dichiari guerra all'Austria, che abolisca i privilegi, che dia vita a una costituente italiana, che apra alle riforme. La piazza vocifera, grida, si agita, preme contro il portone; gli svizzeri, più intimoriti che minacciosi, aprono il fuoco; i rivoltosi, dopo un primo sbandamento, si riorganizzano; nelle loro file ci sono anche soldati e guardie civiche, gente addestrata alle armi. La sparatoria si fa intensa, alternata a tentativi di assalto. Ci sono morti e feriti da entrambe le parti, resta ucciso lo stesso segretario del papa.

Sotto l'urto di quella tragedia il pontefice decide di abbandonare Roma. La sua fuga viene rapidamente organizzata con l'aiuto dell'ambasciatore bavarese Karl von Spaur. Nella notte del 24 novembre, travestito da semplice prete e spacciandosi per precettore di casa Spaur, Pio IX fugge a Gaeta, riparando sotto la protezione del re delle Due Sicilie.

Pio IX, Giovanni Maria Mastai Ferretti (1792-1878), ha avuto un peso rilevante nella storia sia della Chiesa cattolica sia dell'Italia, soprattutto grazie a due forti ragioni concomitanti: un regno lunghissimo, di ben trentadue anni, e gli straordinari cambiamenti che ha via via dovuto affrontare. Basta pensare che la sua infanzia incrocia gli anni della Rivoluzione francese, e che attraversa giovinetto l'epoca di Napoleone e la Restaurazione. Più avanti negli anni assiste ai moti rivoluzionari del 1848 e all'affermarsi degli ideali risorgimentali che mettono in discussione il suo regno. Già anziano vedrà i soldati piemontesi impossessarsi della sua residenza e il Quirinale diventare reggia degli «usurpatori» Savoia. Una straordinaria parabola, una lunga vita, un'epoca assai travagliata, che avrebbe dovuto essere affrontata con una visione intellettuale e politica, una duttilità, di ben altra ampiezza. Così non fu.

A soli trentacinque anni Giovanni Mastai Ferretti era stato nominato arcivescovo di Spoleto, nel 1840 divenne cardinale. Sei anni più tardi, il 16 giugno 1846, al quarto scrutinio e con una maggioranza di trentasei voti su cinquanta votanti venne eletto papa. Nella votazione finale aveva battuto il cardinale Lambruschini, fieramente reazionario, e questo fece sperare che il suo papato si sarebbe orientato verso un sia pur moderato riformismo. I patrioti italiani, infatti, lo accolsero con favore, ci fu chi arrivò a vedere in lui l'incarnazione di quell'ideale «neoguelfo» di cui aveva scritto il sacerdote Vincenzo Gioberti nella sua opera *Del primato morale e civile degli italiani*. Gioberti aveva una concezione federale dell'unità italiana, un programma politico centrato su idee diffuse anche in Francia, con le quali si tendeva a conciliare religiosità e nazione, cattolicesimo e liberismo.

In particolare nel caso italiano, un papa favorevole al progetto avrebbe rappresentato un punto di forza della più grande importanza. Manzoni, Rosmini, Pellico, Tommaseo avevano accolto con favore l'idea rassicurante del passaggio a un'Italia federale nel nome della moderazione e senza spargimento di sangue. Contrarie si erano invece dichiarate alcune personalità cattoliche e i gesuiti, che temevano, non a torto, i pericoli di confusione fra ordine politico e ordine religioso.

Fra chi, almeno in un primo tempo, si era entusiasmato per quelle idee figura Giuseppe Montanelli (nonno del famoso giornalista Indro), uomo di penna, ufficiale, deputato, spirito assai romantico. Nelle *Memorie d'Italia* scriverà a proposito della sua iniziale infatuazione: «Errammo, e nondimeno sia benedetto quell'errore; poiché senza il "Viva Pio IX", chissà quando le moltitudini italiane si sarebbero per la prima volta agitate nell'entusiasmo della vita nazionale, della quale, o volere o non volere, serbano oggi scolpita in mente l'immagine che, più presto o più tardi, sarà generatrice del fatto». Giudizio molto disincantato, probabilmente realistico su quali fossero, anche allora, le occasioni e i pretesti capaci di accendere l'entusiasmo popolare.

Il nuovo papa cominciò bene: concesse un'amnistia per i reati politici, avviò alcune istituzioni di garanzia, assicurò una (limitata) libertà di stampa. Roma, che fino al 1815 aveva avuto solo un «Diario bisettimanale» e nessun quotidiano fino al 1846 (!), vide fiorire d'improvviso alcune iniziative giornalistiche di temperato liberalismo. Pio IX abolì anche le discriminazioni nei confronti degli ebrei e la loro residenza forzata nel ghetto, autorizzò la costruzione di una breve linea ferroviaria, il 14 marzo 1849 concesse la costituzione e, ciò che più conta dal punto di vista politico, inviò alcuni reparti del suo esercito al conflitto in corso contro l'Austria, la famosa Prima guerra d'indipendenza. Durò poco; già alla fine di aprile lasciò chiaramente intendere di voler abbandonare la causa italiana: «Teniamo in terra le veci di Colui che è autore di pace ... amiamo di un medesimo paterno amore tutti i popoli e tutte le nazioni». La conseguenza pratica immediata fu che le sue truppe, in marcia verso i confini settentrionali dello Stato della Chiesa, vennero richiamate.

Perché accadde? Il dibattito su questo repentino cambiamento di fronte è stato lungo, le opinioni divise. Si è parlato di «tradimento della causa risorgimentale», si è accennato a pressioni insistenti dei gesuiti, contrari a quell'impegno, si è anche detto che il papa si sentiva «strumentalizzato» dagli «italiani» e per questo volle tirarsi indietro. È possibile che la verità sia un po' la somma di tutte queste ragioni con in più quella, fondamentale in un uomo politico quale il papa deve essere, di aver capito che la posizione di capo di una Chiesa e di uno Stato, titolare di un duplice potere, spirituale e mondano, con il duplice ruolo di papa e di re, imponeva vincoli e prudenze che nemmeno la sua volontà poteva valicare.

Il voltafaccia, o tradimento, rifiuto, presa di coscienza, o comunque lo si voglia definire, fu una delle premesse, probabilmente la più incisiva, dei tragici eventi che si sarebbero verificati nei mesi successivi. Si potrebbe dire che un uomo politico più lungimirante, o meno costretto dalla tradizione e dalla dottrina, avrebbe potuto trarre conseguenze del tutto diverse da quegli ostacoli; per esempio, riesaminando la questione del potere temporale, che era ormai giunta a maturazione. È facile dirlo con il senno di poi; in ogni caso, non fu quella la sua reazione.

Di ciò che accadde a Roma dopo la fuga del papa a Gaeta, dell'avventura breve e gloriosa della Repubblica romana ho narrato nel capitolo «Fratelli d'Italia» del mio *I segreti di Roma* e a quello rimando chi fosse interessato. Qui, invece, seguiamo Pio IX nel suo esilio, che non fu comunque molto lungo: diciassette mesi, dal novembre 1848 all'aprile 1850.

La politica pontificia per riconquistare il regno procede su un doppio binario. Da un lato si svaluta l'azione del governo repubblicano, dall'altro si incitano le potenze cattoliche europee a intervenire. In febbraio, in un discorso indirizzato al corpo diplomatico, il papa dice:

> A Voi ci rivolgiamo affinché vogliate ripetere i nostri sentimenti e le nostre proteste alle vostre corti e ai vostri governi. Precipitati i sudditi pontifici, per opera sempre della stessa ar-

dita fazione, nemica funesta della umana società, nell'abisso più profondo di ogni miseria, Noi, come principe temporale, e molto più come capo e pontefice della cattolica religione, esponiamo i pianti e le suppliche della massima parte dei nominati sudditi pontifici, i quali chiedono di vedere sciolte le catene che li opprimono. Domandiamo nel tempo stesso che sia mantenuto il sacro diritto del temporale dominio della Santa Sede, del quale gode da tanti secoli il legittimo possesso universalmente riconosciuto.

In un'allocuzione al Sacro Collegio dei cardinali, tenuta nell'aprile successivo, ammonisce:

Chi non sa che la città di Roma, sede principale della Chiesa cattolica è ora divenuta, ahi! una selva di bestie frementi, ridondante di uomini d'ogni nazione, i quali o apostati o eretici o maestri, come si dicono, del comunismo o del socialismo, e animati dal più terribile odio contro la verità cattolica, sia con la voce sia con gli scritti, sia in qualsivoglia altro modo, si studiano con ogni sforzo d'insegnare e disseminare pestiferi errori d'ogni genere, e di corrompere il cuore, e l'animo di tutti, affinché in Roma stessa, se sia possibile, si guasti la santità della religione cattolica, la irreformabile regola della fede?

Nel medesimo tempo il segretario di Stato, cardinale Antonelli, invia alle cancellerie di Spagna, Francia, Austria e Regno delle Due Sicilie un messaggio dove, fra l'altro, si legge:

Le cose dello Stato pontificio sono in preda di un incendio devastatore per opera del partito sovvertitore di ogni sociale costituzione, che sotto speciosi pretesti di nazionalità e d'indipendenza nulla ha trascurato di porre in opera per giungere al colmo delle proprie nequizie. Il decreto detto fondamentale offre un atto che da ogni parte ribocca della più nera fellonia e della più abominevole empietà.

E conclude: «[Il papa] si rivolge di nuovo a quelle stesse potenze, specialmente a quelle cattoliche, che con tanta generosità di animo hanno manifestato la loro decisa volontà ... nella certezza che vorranno agire con ogni sollecitudine col loro morale intervento affinché Egli sia restituito alla sua Sede». Il cardinale scrive «morale intervento», ma ciò cui allude è l'intervento delle armi. Così, infatti, il messaggio viene interpretato e questo, infatti, accadrà.

L'azione politica del papa è ininterrotta e non conosce sfumature. Il suo è un attacco frontale, una sfida senza mediazioni. Da Gaeta egli dichiara di nessun valore e privo di legalità il governo repubblicano e vieta ai «buoni cristiani», minacciandoli di scomunica, di partecipare alle elezioni, che definisce «atto sacrilego». Di fatto, allontana dal voto i moderati, con il risultato che dalle urne (alta la percentuale dei votanti: 50 per cento con punte del 70) esce un'assemblea nella quale prevalgono gli estremisti.

Come giudicare quell'atto? Un errore politico? O un'abile astuzia? Allontanando i moderati dalle urne, lasciando per conseguenza spazio agli estremisti, la neonata Repubblica si sarebbe trovata con un governo fortemente sbilanciato a sinistra (diremmo oggi), quindi più facilmente soggetto a eccessi, più probabile bersaglio di critiche. Accadrà di nuovo con il *Non expedit* dopo la breccia di Porta Pia (20 settembre 1870), ulteriore conferma di una linea di miope intransigenza.

Si può immaginare con quale stato d'animo il papa fece ritorno a Roma non appena le circostanze lo resero possibile. Se nella prima fase del pontificato il suo comportamento era parso ad alcuni ambiguo, ora ogni dubbio è fugato. La sua è autentica e profonda opera di restaurazione, compreso il ripristino della pena di morte che la Repubblica romana aveva abolito. Pio IX si concentra sull'azione pastorale (seminari, sacerdoti, missioni fra gli «infedeli», congregazioni) e su qualche opera sociale per venire incontro a un risveglio popolare che non può essere ignorato. Ma anche su temi di dottrina e propriamente teologici la sua visione si conferma decisamente reazionaria. L'8 dicembre 1854 proclama il dogma dell'Immacolata Concezione e con la bolla *Ineffabilis Deus* precisa:

> Dichiariamo, pronunciamo e definiamo che la dottrina la quale ritiene che la beatissima Vergine Maria nel primo istante della sua concezione, per singolare privilegio di Dio onnipotente e in vista dei meriti di Gesù Cristo, Salvatore del genere umano, sia stata preservata immune da ogni macchia della colpa originale, è rivelata da Dio e perciò da credersi fermamente e costantemente da tutti i fedeli.

Quel gesto segna sicuramente in profondità il suo pontificato e suscita viva emozione nel mondo cattolico, anche se molti fedeli hanno oggi perso la precisa nozione del suo significato e lo confondono con il dogma sulla verginità di Maria.

Dieci anni dopo, Pio IX promulga l'enciclica *Quanta cura*, che reca in appendice il famigerato *Sillabo*, vale a dire una sorta di catalogo degli errori della modernità.

I tempi galoppano, le novità si susseguono in ogni campo, le innovazioni e i rivolgimenti nell'industria, nella politica, nelle lotte sociali, nei mezzi di comunicazione sono travolgenti; è come se il mondo abituale nel quale il papa e tutta la sua generazione hanno visto la luce stesse velocemente tramontando. In questo tramonto, da capo spirituale, Pio IX vede soprattutto il pericolo che la sua Chiesa non sia più il fulcro, l'asse di riferimento della moralità umana. L'angoscia lo spinge a scrivere parole di accorata condanna delle

> nefande macchinazioni di uomini iniqui, che schizzando come i frutti di procelloso mare la spuma delle loro fallacie, e promettendo libertà mentre che sono schiavi della corruzione, con le loro opinioni ingannevoli e coi loro scritti dannosissimi, si sono sforzati di sconquassare le fondamenta della cattolica religione e della civile società, di levare di mezzo ogni virtù e giustizia, di depravare gli animi e le menti di tutti ... e massimamente la gioventù inesperta e di guastarla miseramente, di attirarla nei lacci degli errori, e per ultimo di strapparla dal seno della Chiesa cattolica.

Il *Sillabo* riassume le sue angustie. È un documento nel quale viene condannato senza mezzi termini il progresso e con il progresso tutto ciò che i nuovi tempi si tirano dietro: il liberalismo, la civiltà moderna, la libertà, compresa quella di stampa e di pensiero. Pio IX giudica gravi errori il divorzio, l'abolizione del potere temporale, l'ipotesi che il cattolicesimo non sia più l'unica religione dello Stato e, anzi, l'idea stessa che la Chiesa possa essere separata dallo Stato. Ritiene inammissibile il pubblico esercizio di altri culti, la pubblica manifestazione di opinioni, idee, pensieri. Il socialismo viene definito «errore funestissimo». Il pontefice considera le società liberali che si vanno affermando un po' dappertutto in Occidente una dannazione, è quasi ossessionato da quell'idea, teme (non a torto) che la modernità si accompagni all'indifferenza religiosa. Nella stessa enciclica lamenta in modo accorato:

> Chi non vede e pienamente capisce come l'umana società, sciolta dai vincoli della religione e della vera giustizia, non possa certamente prefiggersi altro, fuorché lo scopo di procacciare e aumentare ricchezze né seguire altra legge nelle sue azioni, se non l'indomita cupidigia dell'animo di servire ai propri comodi e piaceri?

Sono parole che colgono indubbiamente uno degli aspetti della modernità. La società di massa è, infatti, anche questo; la cupidigia e l'opacità dei valori sono certamente fra le caratteristiche di molte culture contemporanee dominate dalla frenesia del denaro e dei consumi. I rischi che il papa intravede, chiuso nella cittadella di Pietro, sono gli stessi che i maggiori pensatori contemporanei hanno indicato, in particolare nella seconda metà del XX secolo. Papa Mastai vede, dunque, il possibile male, trascura però tutto il resto e cioè le conquiste sociali, i vantaggi della libertà, la diffusione della conoscenza, i progressi derivanti da una ricerca scientifica sciolta finalmente dai lacci dell'obbedienza a una dottrina. Soprattutto, da uomo che si pretende politico, indica la cura sbagliata, reclamando il puro ritorno a un assolutismo ormai divenuto inattuale e impossibile.

Il 6 dicembre 1864, due giorni prima della pubblicazione del *Sillabo*, Pio IX annuncia alla Congregazione dei riti la sua intenzione di convocare al più presto un concilio generale, vale a dire una riunione di tutti i vescovi del mondo, per discutere gli argomenti che i tempi prepotentemente impongono, riguardanti la vita ecclesiale. Sarà il ventesimo nella storia della Chiesa e per la prima volta si terrà nella basilica di San Pietro, prendendo così il nome di «Vaticano I». Ci vorranno mesi di faticosa elaborazione prima che possa effettivamente aprirsi. Fra l'altro, nel 1866 scoppia la guerra fra Italia e Austria e vengono ritirate le truppe francesi dislocate a Roma a difesa del papato. Solo il 29 giugno 1868, con la bolla *Aeterni Patris*, l'assemblea viene finalmente convocata.

La prima sessione si apre l'8 dicembre 1869 con la partecipazione di quasi ottocento cardinali venuti da ogni parte del mondo. Quali finalità si proponeva un evento tanto solenne? Gli storici ne indicano principalmente due, che corrispondono, del resto, alle decisioni più importanti prese dall'assemblea. La prima era di vedere sancite dal voto dei padri conciliari le posizioni che il papa aveva assunto con il *Sillabo*. In quel documento il pontefice aveva condannato la modernità, additandone gli aspetti negativi. Si trattava ora di rovesciare la prospettiva per stabilire quale dottrina la Chiesa di Roma dovesse proporre per opporsi al razionalismo, al liberalismo, al materialismo e, soprattutto, alla «funestissima» dottrina politica del socialismo.

Il 24 aprile 1870 viene adottata all'unanimità (667 presenti) la costituzione *De fide catholica*, che stabilisce la natura dogmatica di quella religione precisando, fra le altre cose, in qual senso la Bibbia deve intendersi ispirata da Dio.

Gli scontri maggiori si ebbero, però, sull'altra e più impegnativa decisione, riguardante il primato del papa e la sua infallibilità quando si esprime *ex cathedra* su materie di fede. Anche se l'argomento non era ufficialmente all'ordine del giorno quando il concilio si aprì, tutti sapevano che se ne sarebbe discusso e fin dalle fasi preparatorie il dibattito aveva aspramente diviso i partecipanti. Molti vescovi, soprattutto dell'area francese, austro-tedesca e, in parte, degli Stati Uniti, consideravano pericolosa un'affermazione così impegnativa sia verso l'esterno e le altre religioni sia verso l'interno, data la concentrazione nella figura del papa di un potere enorme, capace di soffocare ogni discussione collegiale.

Il provvedimento stabiliva infatti che il pontefice, essendo sostenuto o addirittura ispirato dallo Spirito Santo, non può sbagliare quando proclama un nuovo dogma o elabora in modo definitivo una dottrina. Non a caso la costituzione sull'infallibilità (18 luglio 1870) venne denominata *Pastor Aeternus*, e il suo «dispositivo» recita:

> Dichiariamo dogma rivelato da Dio: ogni qualvolta il romano Pontefice parla *ex cathedra*, vale a dire quando nell'esercizio del suo ufficio di pastore e maestro di tutti i cristiani, con la sua somma apostolica autorità dichiara che una dottrina concernente la

fede o la vita morale dev'essere considerata vincolante da tutta la Chiesa, allora egli, in forza dell'assistenza divina conferitagli dal beato Pietro, possiede appunto quella infallibilità, della quale il divino Redentore volle munire la sua Chiesa nelle decisioni riguardanti la dottrina della fede e dei costumi. Pertanto, tali decreti e insegnamenti del romano Pontefice non consentono più modifica alcuna ... chi dovesse arrogarsi, che Dio ne guardi, di contraddire questa decisione di fede sarà oggetto di scomunica.

Per più di un aspetto le due decisioni, fede e infallibilità, si presentano legate. Attuale anche ai nostri giorni è, per esempio, il rapporto tra fede e ragione. I misteri della fede, affermava il documento, non possono essere afferrati dalla natura umana ma, reciprocamente, la verità rivelata non può mai contraddire i risultati dell'investigazione razionale. Rovesciando ancora una volta la prospettiva, ogni affermazione che contraddica le verità illuminate dalla fede deve ritenersi falsa. La fede però, si evince dalla costituzione, non è paragonabile a una dottrina filosofica suscettibile di essere perfezionata nel tempo; le verità di fede sono stabilite una volta per tutte; affidate alla protezione e all'infallibile interpretazione della Chiesa, non possono essere modificate con il pretesto di una più approfondita interpretazione. Nella parte conclusiva, insomma, l'insegnamento dottrinale si congiunge all'infallibilità pontificia.

Questo dogma fu voluto fortemente dal papa, sospinto anche dai gesuiti. Protestarono gli ambienti laici, ma anche i cattolici più liberali si dichiararono contrari. Già nel corso della discussione avevano preso a circolare negli ambienti vaticani alcuni libelli anonimi (*Ce qui se passe au Concile*, *La dernière heure du Concile*) nei quali si denunciavano l'impossibilità di una libera discussione e l'arroganza papale nell'attribuirsi un potere contrario, si diceva, allo stesso insegnamento del vangelo.

Intanto, se nel 1866 c'era stata la guerra fra Italia e Austria, ora si addensavano sull'Europa nubi assai più tempestose rappresentate dal conflitto tra Francia e Germania. Prendendo a pretesto quella sciagura che ormai tutti consideravano imminente, molti vescovi abbandonarono Roma. In realtà, si trattava di quasi tutti gli esponenti della minoranza contraria al dogma dell'infallibilità e la loro partenza era un espediente per sottrarsi alla votazione e a un assenso che non si sentivano di dare. Ci fu anche un piccolo gruppo di vescovi, soprattutto dell'Europa centrale, che, riuniti in una setta chiamata «Chiesa dei vecchi cattolici», diede vita a un vero scisma. Il risultato fu che alla votazione conclusiva lunedì 18 luglio 1870, vigilia della guerra franco-prussiana, il papa ottenne la prerogativa della supremazia e dell'infallibilità solo con il voto di 433 vescovi sugli 800 presenti all'inizio. Il risultato era stato raggiunto, ma al prezzo assai elevato di una spaccatura profonda nel seno stesso del cattolicesimo.

Di quella straordinaria potestà si avvalse, per esempio, Pio XII quando, nel 1950, proclamò il dogma dell'Assunzione della Vergine Maria con una formula molto solenne, dettata proprio dal desiderio di non lasciare spazio a interpretazioni dissenzienti: «Pronunziamo, dichiariamo e definiamo essere dogma da Dio rivelato che l'immacolata Madre di Dio sempre vergine Maria, terminato il corso della vita terrena, fu assunta alla gloria celeste in anima e corpo».

Non per questo sono però cessate le critiche di alcuni teologi, fra i quali Hans Küng e il suo allievo August Bernhard Hasler, il quale ha concentrato il suo forte dissenso in particolare sull'impossibilità di distinguere bene i confini della pretesa infallibilità, data anche l'elasticità della dizione «*ex cathedra*»: «La vaghezza dei concetti consente sia un'applicazione estensiva del dogma in modo da aumentare il potere del papa, sia un'interpretazione più ristretta che, di fronte a errati insegnamenti del passato, possa sempre permettere di sostenere che essi non rientrano nel cosiddetto "magistero infallibile"». Del resto, né il dogma dell'Immacolata né quello dell'infallibilità sono mai stati accettati dalle altre confessioni cristiane per motivi nello stesso tempo dottrinali e di reciproco peso nei rapporti.

L'ottantanovesima e ultima sessione del concilio si tenne il 1° settembre. Una settimana dopo, le truppe piemontesi entravano negli Stati della Chiesa e il 20, pochi minuti prima delle otto, aperta una breccia nelle mura aureliane a cento metri da Porta Pia, entravano in Roma, ponendo fine al dominio temporale dei papi. Pio IX si considerò prigioniero in Vaticano; l'intendente dei sacri palazzi rifiutò di consegnare le chiavi del Quirinale, nel frattempo sbarrato, sicché fu necessario forzare i portoni per entrarvi: il pontefice volle che fosse manifesta la violenza subita. Esattamente un mese dopo, il 20 ottobre, con la bolla *Postquam Dei munere*, Pio IX prorogava a tempo indeterminato il concilio che, in effetti, è stato ufficialmente concluso solo nel 1960 da papa Giovanni XXIII come preparazione al concilio Vaticano II.

I grandi rivolgimenti europei, nel frattempo, proseguivano. Se la disfatta di Sedan poneva fine al fragile impero di Napoleone III, quello stesso conflitto permetteva al re di Prussia Guglielmo di farsi proclamare imperatore tedesco nella Galleria degli specchi del castello di Versailles. Ma le conseguenze di Porta Pia furono di grande rilievo anche per il neonato Regno d'Italia, poiché il contrasto fra il papa e il re avrebbe avuto conseguenze pesanti e durevoli sulla vita degli italiani. Nel settembre 1874 la Sacra Penitenzieria, organo politico del Vaticano, emanò il famoso *Non expedit* (Non conviene), con cui si sconsigliava vivamente ai cattolici di partecipare alla vita pubblica del regno. Bisognerà arrivare al 1905 perché un altro papa, Pio X, attenui il divieto e al 1919 perché Benedetto XV, revocandolo, permetta a un prete, don Luigi Sturzo, di fondare il Partito popolare italiano, dal quale deriverà poi la Democrazia cristiana.

Quali ragioni furono alla base di una reazione così dura da parte della Chiesa? Il motivo più superficiale è, ovviamente, la perdita del potere temporale. Dopo secoli di dominio il pontefice romano si vedeva privato delle sue funzioni sovrane, con tutte le immaginabili conseguenze di status, interessi, peso politico mondiale. Per di più, alla breccia fecero seguito numerose espropriazioni di beni che colpivano direttamente finanze e prerogative accessorie al potere temporale. Invano Cavour (morto prematuramente nel 1861) aveva esortato con lucidità il papa a considerare quanto anacronistico fosse, nella nuova Europa, il mantenimento di un potere allo stesso tempo spirituale e politico. Ancora nel marzo 1861, in un discorso alla Camera dei deputati aveva affermato:

> Tutte quelle armi di cui deve munirsi il potere civile, in Italia e fuori, diverranno inutili quando il pontefice sarà ristretto al potere spirituale. Eppercìò la sua autorità, lungi dall'essere menomata, verrà a crescere assai più nella sfera che sola le compete.

Agli inviti aveva alternato le rassicurazioni:

> Qualunque sia il modo in cui l'Italia giungerà alla Città Eterna, vi giunga per accordo o senza, giunta a Roma, appena avrà dichiarato decaduto il potere temporale, essa proclamerà il principio della separazione, e attuerà immediatamente il principio della libertà della Chiesa sulle basi più larghe.

Davanti a queste considerazioni Pio IX non recedette di un passo: accanto alle perdite materiali egli vedeva nel Regno d'Italia l'affermarsi del peggiore spirito del secolo, vale a dire quel materialismo che aveva duramente condannato nel *Sillabo*, vedeva nel razionalismo liberale di derivazione illuminista la pretesa di stabilire una supremazia della ragione sulla fede, il portato ultimo di quella Rivoluzione francese che aveva scardinato la vecchia società teocratica. Dopo il 1870 non esitò a scomunicare collettivamente la classe dirigente dell'Italia unita e poi, nel 1873, il re Vittorio Emanuele II in persona. Dal suo punto di vista non c'è dubbio che sia stato uno dei papi più profondamente fedeli alla missione spirituale di cui si sentiva investito.

L'espropriazione di alcuni beni materiali ebbe la sua parte, ma il fondo della contesa era ideologico, quindi irriducibile. Pio IX si autorecluse all'interno delle mura vaticane perché voleva che il mondo sapesse quale sopruso era stato commesso imponendo una separazione fra Stato e Chiesa. In Italia e in Europa i fedeli mostravano l'icona del papa prigioniero. Preti e suore vendevano come una sacra reliquia la paglia sulla quale, dicevano, il Santo Padre era costretto dal governo italiano a passare le sue notti d'infelice.

Tutto questo dava alimento al suo rancore, rafforzava la sua convinzione che le nuove dottrine fossero portatrici di male. Nel socialismo egli non condannava né la visione politica né la dottrina economica, bensì la concezione della famiglia, il cambiamento di ruolo della donna, una morale domestica che giudicava antitetica a quella cristiana, uno strumento «per ingannare e corrompere l'improvvida gioventù» alienandola dall'insegnamento della Chiesa, consegnandola, senza difese, a ideali solo terreni. La separazione fra Chiesa e Stato, la reciproca sovrana libertà sulla quale Cavour insisteva ritenendola rassicurante, era esattamente ciò che il pontefice considerava la peggiore minaccia.

D'altra parte, si può capire che per un'istituzione come la Chiesa cattolica, che si ritiene depositaria della sola possibile verità, ogni diversa ipotesi suoni provocatoria e, anzi, blasfema. La diffidenza verso i diritti dell'individuo, conquistati alla fine del XVIII secolo, si mantenne viva anche nei successori di Pio IX. Pio XI, papa Ratti, dichiarerà in pieno Novecento: «Se c'è un regime totalitario, totalitario di fatto e di diritto, è il regime della Chiesa, perché l'uomo appartiene totalmente alla Chiesa, deve appartenerle, dato che l'uomo è creatura del buon Dio ... E il rappresentante delle idee, dei pensieri e dei diritti di Dio non è che la Chiesa». Giovanni Paolo II, papa Wojtyła, nell'enciclica *Evangelium vitae* ha affermato invece, e poi ribadito, che «la democrazia, a onta delle sue regole, cammina sulla strada di un sostanziale totalitarismo» quando vota in contrasto con l'etica sostenuta dalla Chiesa: la stessa ideologia, il totalitarismo, è rivendicata con fierezza se attribuita alla Chiesa; condannata se messa in pratica da una democrazia.

Il feroce contenzioso tra Regno d'Italia e papato suscitò l'opposta reazione dei circoli liberali, che si produssero in numerose manifestazioni di anticlericalismo. Si andava dalle battute più volgari (lo stesso Garibaldi aveva definito Pio IX «un metro cubo di letame») all'ossessivo timore di vedere in ogni organizzazione cattolica un'oscura manovra contro la nazione. Si arrivò a chiedersi se fosse lecito considerare i cattolici cittadini a pieno titolo. I cattolici, d'altra parte, reagirono a loro volta propagando l'idea che il Risorgimento e l'unità d'Italia erano il portato degli interessi massonici europei e che lo stesso Cavour, affiliato a quella setta, prendeva ordini dalla massoneria internazionale, la quale da Londra manovrava la politica estera del piccolo regno piemontese.

Per molti fedeli cattolici Pio IX rappresentò una figura dotata di immensa popolarità e prestigio. Si è detto, a ragione, che è cominciato con lui il «culto personale» nei confronti del pontefice, anche perché, al di là della politica che ritenne di adottare e della durezza con cui la difese, le sue doti umane, la bonarietà, il calore furono notevoli.

Pio IX morì a Roma il 7 febbraio 1878 all'età di ottantasei anni. Venne sepolto in Vaticano, ma solo in via provvisoria. Tre anni più tardi, infatti, terminata la tomba nella basilica di San Lorenzo al Verano, la salma vi fu trasferita. D'intesa con il prefetto e il questore di Roma, si era stabilito che il trasporto avvenisse di notte, per evitare incidenti. La notizia fu però fatta filtrare dagli ambienti clericali che speravano si rinnovassero le manifestazioni di affetto che tante volte c'erano state quando il papa era in vita. Lo stesso fecero gli anticlericali, anch'essi mobilitati, ma per ragioni opposte.

Il governo (IV gabinetto Depretis) si era mostrato restio a organizzare un servizio d'ordine troppo vistoso, sempre nella speranza, infondata, di una certa riservatezza. Fatto sta che il carro funebre e la sua scorta trovarono lungo il percorso una notevole folla con bandiere e cartelli. Da una parte si inneggiava al papa-re; dall'altra si rispondeva gridando: «Al fiume il papa porco», minacciando di gettare la salma nel Tevere. Volarono sassi, rotearono bastoni, i tafferugli assunsero una rilevanza tale che il corteo proseguì con la più grande celerità verso la sua destinazione seguito da una folla vociferante. Il papa regnante, Leone XIII, protestò vibratamente, parve quasi che la «questione romana» dovesse riaprirsi. Fu il prefetto a perdere il posto, mentre il ministro degli Esteri dovette scusarsi con i principali governi europei.

Il 3 settembre 2000 papa Giovanni Paolo II ha beatificato Pio IX in piazza San Pietro.

VIII

DUE TOMBE

Alla sommità di Porta del Popolo, sul lato che affaccia nella piazza omonima, è murata una grande lapide di marmo bianco sulla quale si può leggere: FELICI FAUSTOQUE INGRESSUI – ANNO DOM MDCLV. A quale mai ingresso felice e propizio dell'anno 1655 si fa riferimento? Quale personaggio meritò una tale duratura memoria del suo arrivo?

La dedica si riferisce a Cristina di Svezia, una delle donne più notevoli del suo tempo, grande animatrice di «accademie», di ingegno vivace, ma altresì irascibile, sfacciata, incostante. Cristina si misurò con alcuni dei più grandi o discutibili suoi contemporanei, da Luigi XIV al cardinale Mazzarino, da papa Alessandro VII al sulfureo abate Vanini; con loro tentò di rivaleggiare in astuzia o in magnificenza uscendone per lo più sconfitta. Una delle sue migliori biografe, Veronica Buckley, ha scritto che Cristina aveva certamente una mente dotata, ma che, nella sua affannosa e disperata ricerca di grandezza, le mancò la scintilla del genio, sicché un bilancio della sua vita può descriverla come «un'irregolare perla barocca, lucente e preziosa nonostante le sue imperfezioni».

A Cristina di Svezia è intitolata a Roma la strada che rasenta il giardino botanico di Palazzo Corsini (allora Riario) da lei fondato. Ma, ciò che più conta, la regina è una delle poche donne che abbiano in San Pietro un fastoso mausoleo (opera di Carlo Fontana) e sotto, nelle cripte, una sepoltura che si viene a trovare, per una coincidenza che certo non le sarebbe dispiaciuta, accanto a quella di Giovanni Paolo II. È scritto sul sarcofago: CORPUS CHRISTINAE ALEXANDRAE GOTHORUM SUECORUM VANDALORUMQUE REGINAE – OBIIT DIE XIX APRILIS MDCLXXXIX.

Nella primavera del 1689, quando morì, aveva sessantatré anni. Era arrivata a Roma trent'anni prima, dopo aver rinunciato al trono di Svezia in favore di suo cugino. Che cosa l'aveva spinta ad abdicare? E che cosa le aveva fatto attraversare l'Europa intera per farsi cattolica e venirsi a stabilire nella città dei papi, culla della Controriforma? È una storia complicata nella quale si mescolano i moti più segreti dell'animo e le convenienze della politica, il caso e gli anni terribili che il continente attraversava quando i fatti si svolsero. L'insieme di queste circostanze ha condotto Cristina, nata luterana, lesbica dichiarata, mandante di assassinio, fino alla gloria di San Pietro.

Già alla nascita, figlia di Gustavo Adolfo il Grande e di Maria Eleonora di Brandeburgo, si crearono degli equivoci. Era l'8 dicembre 1626 e venne al mondo semiavvolta nell'amnios. Una strana combinazione, piena di presagi, volle che nascesse nello stesso anno in cui veniva consacrata la basilica di San Pietro. Aveva voce forte, molta vitalità e probabilmente un'ipertrofia clitoridea per cui le levatrici, confuse, la presero per un maschio.

Solo il giorno dopo, a un più attento esame genitale, si scoprì il suo vero sesso. Il re, dicono, non se ne dispiacque molto; pare che abbia commentato ridendo: «Sarà abile, poiché ci ha ingannato tutti». Suo padre, re valoroso e collerico, morì durante la guerra. Era stato uno strenuo difensore della Riforma voluta da Lutero, acceso nemico della corruzione papale. Circostanze che aumentarono le dimensioni dello scandalo quando Cristina annunciò la sua conversione.

L'iniziale equivoco sul suo sesso l'accompagnò per tutta la vita e potrebbe essere la spiegazione più facile per il suo lesbismo. Più volte nel corso degli anni tornò sull'argomento, che fu anche la ragione principale della sua abdicazione. Quando era ormai in età matura, un giorno cadde da un calesse lanciato a gran velocità nei giardini di Palazzo Corsini e rimase a terra con le gonne così sollevate che nessuno osava avvicinarsi per soccorrerla. Si alzò da sola e disse ridendo: «Così adesso sapete che non sono né un maschio né un ermafrodito, come qualcuno vuole far credere».

Salita al trono a sei anni, a diciotto assunse il governo del paese; quando abdicò a favore del cugino Carlo Gustavo ne aveva ventotto: aveva regnato per dieci anni, non del tutto scontenta del suo stato se dobbiamo credere a queste parole: «Il trono mi ha fatto da culla, ero appena nata che fu necessario salirvi ... Io ero così bambina da non capire né la mia sventura né la mia fortuna: ricordo tuttavia di essere stata felice nel vedere tutte quelle persone, ai miei piedi, che mi baciavano la mano».

Fra gli eventi memorabili del suo regno si deve registrare l'arrivo a corte del filosofo francese Cartesio, dal quale la giovane donna, colta e curiosa, voleva apprendere la filosofia e perfezionare la matematica. Il pover'uomo, che era arrivato a Stoccolma di malavoglia e solo dopo grandi insistenze, fu costretto a fare lezione alle cinque del mattino, per di più dovendo tenere la testa scoperta di fronte alla sovrana. A quarant'anni Cartesio aveva scritto un *Discorso sul metodo* che aveva impresso una svolta sull'uso della ragione umana e sul rifiuto di ogni dogmatismo. Ora, a cinquant'anni passati, si trovava a dover dare lezione battendo i denti dal freddo. Non resse al gelido inverno scandinavo; morì nel febbraio 1650 di polmonite rimpiangendo, si deve supporre, le dolcezze della natia Turenna.

Sulle cause della sua morte, per la verità, è circolata di recente anche un'altra versione. Il professor Theodor Ebert, dell'università di Erlangen, ha pubblicato nel 2009 un libro intitolato *La misteriosa morte di René Descartes*, nel quale sostiene che non il freddo, ma il veleno avrebbe ucciso il filosofo. Frugando negli archivi Ebert ha scovato un rapporto del medico di Cartesio che diagnosticava «ostinato singhiozzo, espettorazione di color nero, respiro irregolare». Sintomi riconducibili a un avvelenamento da arsenico, un tossico, scrive, con il quale la Chiesa ha sempre avuto grande familiarità. Secondo il cattedratico, movente dell'omicidio sarebbe stato l'insegnamento impartito dal filosofo, che sembrava ostacolare la prevista conversione al cattolicesimo della regina. Un'ostia avvelenata somministrata dal padre agostiniano François Viogué sarebbe stata lo strumento. Il sacerdote, del resto, nutriva un tale odio verso il filosofo da rifiutargli l'estrema unzione perché, disse, «voglio spedirlo dritto all'inferno».

L'episodio che allontanò per sempre Cristina dal trono fu l'ennesima richiesta dei dignitari di Stato che la spingevano a trovare finalmente un marito per dare al regno e alla dinastia un erede. Sulle prime la regina lasciò, irata, la sala del parlamento; più tardi, con maggior calma, confermò il suo diniego alle nozze: «Mi è impossibile sposarmi» esclamò. «Non intendo spiegarvene i motivi, sappiate solo che non mi è proprio possibile. Il matrimonio suscita in me una tale ripugnanza che non so quando riuscirei a vincerla.» Più volte, in seguito, ebbe a dichiarare che l'atto sessuale le sembrava un gesto di sottomissione della donna nei confronti del maschio e che il pensiero le riusciva intollerabile. Diceva anche: «Non sopporto l'idea di essere usata da un uomo nel modo in cui un contadino usa i suoi campi». Contraddicendosi, però, era anche stata capace di dire alla regina madre di Francia (o ad Anna d'Austria secondo altre versioni): «"Scopare" è ciò per cui sono fatte le belle ragazze».

Questa repulsione nei confronti del sesso riguardò anche le donne? La questione è controversa, benché siano noti alcuni suoi appassionati amori femminili. Il più celebre è quello per la bellissima contessa svedese Ebba Sparre, una dama di corte che Cristina affettuosamente chiamava «Belle». Un giorno la presentò all'ambasciatore inglese definendola con molta spregiudicatezza «la mia amata, compagna del mio letto [*my bed-fellow*]». Dopo parecchi anni che viveva a Roma le inviava ancora lettere di questo languido tenore: «Quanto sarei felice se solo potessi vedervi, Belle, ma, anche se vi amerò sempre, non posso rivedervi, quindi non potrò mai essere felice. Sono vostra come lo sono sempre stata, non importa in che parte del mondo mi trovi. Vi sono sempre cara come una volta?». O anche: «Non devi dubitare di un'amicizia sopravvissuta a tre anni di separazione. Se rifletti al potere che hai su di me, devi anche ricordare che ho avuto il tuo amore per dodici anni. Ti appartengo, non potrai mai perdermi, cesserò di amarti solo alla mia morte».

Cristina non era bella, lo dicono i suoi numerosi ritratti, anche se tentano d'ingentilirne l'aspetto; lo confermano anche le testimonianze dei contemporanei. Il viaggiatore inglese Edward Browne, in una lettera del 1665, scrive: «È piccola, grassa e un po' storta; di solito indossa una giacca viola, la cravatta larga e una parrucca da uomo; è sempre allegra, ha un atteggiamento libero». Parecchi anni più tardi, siamo nel 1688, un francese, sempre in una lettera, la descrive in termini ancora meno lusinghieri: «È bassa di statura, troppo grassa e corpulenta. Le sue fattezze, la voce e il viso sono quelli di un uomo. Ha un grosso naso, grandi occhi azzurri, sopracciglia bionde e un doppio mento, dal quale spuntano ciuffi di barba».

Nel corso della sua giovinezza l'avvenimento politico centrale fu la pace di Vestfalia che, firmata il 24 ottobre 1648, pose fine alla celebre guerra durata trent'anni fra i sovrani luterani del Nordeuropa e gli Asburgo cattolici, una guerra fatta soprattutto di massacri e di saccheggi, consumatasi per lo più sul suolo della Germania, che ne uscì devastata. Con quel trattato l'Europa trovava un nuovo assetto che sarebbe durato fin quasi ai nostri giorni: la Francia cominciava la sua ascesa, quando il futuro Re Sole aveva solo dieci anni, mentre la Spagna declinava avendo perso le province dei Paesi Bassi. Fra gli sconfitti c'era il papa, come abbiamo già visto, che vedeva nel trattato la fine della speranza cattolica di un continente unificato sotto il triregno di Roma.

E Cristina? La regina di Svezia, figlia del grande Gustavo Adolfo che in quella guerra era morto, era diventata una dei garanti della pace. Se per sue privatissime ragioni non le piaceva sedere su un trono, si sarebbe potuta limitare ad abbandonarlo, restando però uno dei personaggi di maggiore spicco del suo paese. Avrebbe potuto farsi paladina della tolleranza religiosa, onorando così la memoria del suo defunto padre. Scelse diversamente e sui motivi di questa scelta i biografi si dividono perché le fonti sono reticenti e perché è quasi impossibile scrutare nell'animo di un essere umano. Unica certezza è che suo padre, strenuo difensore della Riforma, avrebbe fortemente disapprovato il suo gesto.

Cristina scelse Roma, il sole del Mediterraneo, una natura più clemente, una luce meno fredda, capace di riscaldare perfino la miseria o la sporcizia che certo nella Città Eterna, come del resto nella sua Svezia, non mancavano. Scrive uno dei suoi biografi: «Aveva rinunciato alla corona, ma voleva rimanere una regina, essere al centro delle cose» e questo Roma glielo avrebbe consentito. Ma insediarsi come luterana nella città dei papi non era possibile, e in ogni caso non era opportuno. In quanto regina, era stata di diritto capo della Chiesa del suo paese, così come il re d'Inghilterra (dopo Enrico VIII) lo era della Chiesa anglicana. Stabilirsi a Roma comportava, di necessità, una conversione alla fede cattolica.

La cosa non fu semplice. L'ex sovrana partì dalla Svezia con il solo seguito di quattro gentiluomini e fece tappa a Bruxelles, dove venne regalmente alloggiata nello splendido Palazzo d'Egmont. Lì, nella cappella privata adiacente alla sua stanza, alla vigilia di Natale del 1654, abiurò la fede luterana e recitò il *Credo* dei cattolici. Era solo il primo passo, perché quella di Bruxelles era, in realtà, soltanto una cerimonia privata che non poteva certo accontentare l'irrequieta Cristina. Infatti, qualche mese dopo era a Innsbruck, ospite dell'arciduca Ferdinando, e lì finalmente, il 3 novembre 1655, nella cappella reale l'ex regina di Svezia venne ufficialmente accolta nella nuova Chiesa con la dovuta pompa, abiti adatti, messa solenne, compresa la recita del *Te Deum*, squilli di campane, rombi di cannone, giubilo popolare.

A Roma intanto era salito al trono di Pietro Alessandro VII. Cristina gli invia subito una lettera di totale sottomissione, scritta in un coraggioso italiano: «Ho manifestato al mondo per obbedire a Vostra Santità aver lasciato con somma allegrezza quel regno dove il riverirla è posto fra i peccati inammissibili...». La conversione di una regina, per tattica che fosse, era una conquista importante per la Chiesa cattolica dopo la profonda ferita della Riforma. Come oggi si direbbe, il papa intendeva sfruttarla mediaticamente. Anche per questo, oltre che per la peste che infuriava a Roma, l'avvicinamento di Cristina seguì un itinerario più tortuoso del necessario; c'era bisogno di tempo per preparare in modo adeguato l'arrivo della neoconvertita: Mantova, Ferrara, Bologna, Pesaro, Ancona, Loreto, Assisi, Bracciano.

L'ingresso fu in realtà doppio. Il primo avvenne quasi di soppiatto all'imbrunire del 10 dicembre; poi, dopo qualche giorno di riposo, Cristina uscì dalla città per raggiungere ponte Milvio, dove si formò un fastoso corteo composto da nobili, alti prelati, uomini d'arme, carrozze e cavalli, che la scortarono con ogni solennità fino a San Pietro. Per lei il papa aveva fatto allestire una speciale vettura, ma la giovane donna (aveva appena compiuto ventinove anni) preferì montare il suo bianco palafreno e così entrò in città attraversando Porta del Popolo, percorrendo le strade fitte di gente incuriosita che l'applaudiva: vestita di velluto verde, la spada al fianco, un gran cappello piumato, che era ornamento ma anche riparo dal tempo grigio con il quale Roma l'accoglieva. Per la cronaca si può aggiungere che un cappello piumato di quel tipo fecero indossare anche a Greta Garbo quando, nel 1933, girò il film *La regina Cristina*, per la regia di Rouben Mamoulian.

Alessandro VII era contento di quell'arrivo, anche se aspettava di conoscere meglio quella donna irrequieta per poterla valutare appieno. Fabio Chigi, papa severo e pio, aveva vissuto a lungo nei paesi tedeschi apprezzandone la religiosità austera, la silenziosa capacità di raccoglimento, così diversa dalla fede chiassosa e paganeggiante praticata a Roma. Nella sua stanza da letto aveva fatto mettere una bara, perché fosse un costante *memento mori*. In quanto a donne, era riuscito a far allontanare dal Vaticano la temibile Olimpia Maidalchini, che aveva soggiogato il suo predecessore di cui era stata a lungo l'amante.

Uscita di scena Olimpia, che morì poco dopo di peste, vi entrava ora la svedese Cristina, intrigante anche lei, ma con una dose d'ingenuità che ne faceva più una sognatrice che un vero strumento di potere o un pericolo. Cresciuta nel rigore del luteranesimo e nel gelo del suo paese, l'ex regina si trovava ora immersa nello splendore barocco di Roma, in una religiosità dove il fasto dei riti sostituiva spesso la profondità della fede, in una città di feste, balli, pettegolezzi, corteggi e corse, dove i palazzi dei nobili erano disseminati come gemme in un mare di misere casupole e dove l'aristocrazia, di cappa o di tonaca, brillava in mezzo a una plebe abbandonata nella più indegna ignoranza. Una città rimasta al fondo pagana, dove strani oggetti, circondati da un alone di leggenda, venivano venerati dal popolino come autentiche reliquie: un braccio di Giuseppe d'Arimatea, uno dei trenta denari pagati a Giuda, un frammento della vera croce, uno dei pani che Gesù aveva miracolosamente moltiplicato e perfino il suo prepuzio, esciso al momento della circoncisione.

Il primo alloggio di Cristina fu una delle più belle dimore romane: Palazzo Farnese, con la galleria affrescata da Annibale Carracci, monumento della pittura rinascimentale. C'erano le feste, dove le maschere servivano a nascondere malizie e galanterie proibite, le corse carnascialesche dove gareggiavano cavalli e asini, dove venivano costretti a correre gli ebrei «deicidi», anche se anziani, irrisi dalla folla, fatti bersaglio di proiettili di ogni tipo, dalla frutta marcia ai gatti morti. Insomma, l'eterna Roma dello splendore e dell'abiezione, pronta al dileggio, alla ferocia e alla generosità, sempre un po' infantile, nell'un caso come nell'altro. Degli «ebrei di questa città di Roma» Cristina si proclamò protettrice nell'agosto 1686, tre anni prima di morire. Fu un atto di coraggio nella città che poco più di un secolo prima aveva inventato la loro reclusione nel ghetto.

Consapevole del suo rango di sovrana, Cristina aprì i suoi saloni a quanto di meglio la città offrisse in fatto di ingegno, spirito, potere; buona parte dei cardinali che risiedevano a Roma, più o meno una trentina, presero l'abitudine di partecipare alle sue serate, contenti dell'accoglienza, festosa e solenne a un tempo, che era loro riservata.

Fra i suoi ospiti più frequenti figurava il cardinale Decio Azzolino, originario di Fermo, che delle natie Marche conservava l'astuzia. Era un uomo di statura modesta e d'ingegno vivissimo; delle sue nove sorelle ben cinque s'erano monacate così come s'era fatto sacerdote uno dei fratelli. Nelle famiglie di modesta fortuna era considerato un buon rimedio mettere le ragazze senza dote al servizio della Chiesa.

Protetto dalla terribile donna Olimpia, Azzolino, ai tempi di Innocenzo X, era stato nominato, appena ventenne, segretario della Cifra, addetto cioè ai codici segreti della corrispondenza pontificia. Ufficio della massima delicatezza, come si può capire, che comportava buona tecnica, forte realismo e anche una notevole propensione all'intrigo. Di queste doti Azzolino darà ampia prova scalando la carriera ecclesiastica fino al rango di cardinale. Ciò non toglie che la sua vita fosse sessualmente molto intensa, almeno fino a quando non conobbe Cristina. Fra i due fu amore, lungo, tenero, forse carnale (non è possibile dirlo con certezza), certo intessuto di slanci, di gelosie e di ripicche come ogni vero amore.

Quando tutti e due si erano fatti anziani, li si poteva ancora vedere mentre passeggiavano fianco a fianco nel giardino di Palazzo Corsini discutendo pacatamente, commentando gli ultimi libri, confidandosi i rispettivi acciacchi, il passo diventato più lento, le possibili fiamme giovanili placate dall'età. Di tutti i fantasmi, le utopie, i sogni di cui la regina aveva vagheggiato nel corso degli anni, la cosa più concreta che le rimaneva, superata la soglia dei sessant'anni, era l'anziano cardinale che un tempo era stato capace d'influenzare l'elezione di un papa e che adesso cominciava ad alienare parte dei suoi beni destinandoli a opere di beneficenza.

Nella precedente vita di Cristina c'era stato, però, un episodio che va raccontato, perché descrive nello stesso tempo il suo temperamento e l'interessata benevolenza politica con la quale veniva considerata dal papa e dalla sua corte. Si tratta di un omicidio, per di più perpetrato in modo così spietato da spiccare indelebile anche in un'esistenza movimentata come la sua.

Nel novembre 1657 Cristina si trovava a Fontainebleau ospite di Luigi XIV, re di Francia. Scopo della visita era cercare finalmente di sapere se il futuro *Roi Soleil* l'avrebbe davvero aiutata a conquistare il trono di Napoli. Cristina, con notevole ingenuità o con sconsiderata ambizione, aveva infatti pensato di potersi inserire nelle lotte tra Francia e Spagna per ritagliarsi un suo regno. Luigi aveva solo diciannove anni, ma il suo «tutore», l'astutissimo cardinale Mazzarino (nato in uno sperduto villaggio degli Abruzzi e arrivato fino alla corte di Francia), le aveva fatto capire che forse, prima o poi, la cosa si poteva tentare.

In realtà, Mazzarino pensava a se stesso e al suo re, le mezze e ambigue promesse erano solo un modo per tener buona quella donna irrequieta che a Roma, chissà, poteva tornare utile. I mesi passavano e il Regno di Napoli diventava sempre più evanescente. Anzi, peggio. Voci insistenti assicuravano che Mazzarino stava trattando segretamente la pace con la Spagna, il che per Cristina voleva dire abbandonare completamente il progetto. L'ex regina aveva covato così a lungo il sogno da aver già fatto disegnare le uniformi per l'esercito di cui si sarebbe messa a capo: giubbe viola e nere con ricami in argento. Ora, però, tutto rischiava di dissolversi come bruma al sole. La sua stizza, o forse ragioni più concrete, la spinsero ad attribuire la responsabilità del possibile smacco al marchese Gian Rinaldo Monaldeschi, scudiero di corte, personaggio forse infido, ma che non meritava certo la terribile fine che Cristina decretò dopo averlo accusato di tradimento.

L'orribile scena avvenne il 10 novembre nella Galleria dei Cervi del castello di Fontainebleau. Lì erano convenuti la regina, tre uomini, un prete e lo sventurato marchese. Cristina mostrò un pacchetto di lettere firmate da un suo uomo di fiducia (Francesco Maria Santinelli), nelle quali si sparlava gravemente di lei. Le missive in realtà erano state falsificate proprio dal Monaldeschi che, interrogato seccamente, ammise il fatto accampando vari, e deboli, pretesti. L'uomo era terrorizzato, Cristina irremovibile, i tre uomini avevano già la mano pronta sull'elsa della spada. A un certo punto Monaldeschi si gettò ai piedi della regina implorandone il perdono (un quadro conservato nel castello ritrae la scena), le parlò a lungo, singhiozzando. La regina lo ascoltò impassibile. Poi, alla fine di quelle lunghe perorazioni, disse gelidamente al sacerdote: «Preparate quest'uomo a morire». Ciò detto, lasciò la galleria ritirandosi nelle sue stanze.

Ci furono vari altri tentativi di intercessione, si fece anche presente a Cristina che il castello era un possedimento reale e che l'uccisione di un uomo avrebbe violato sia il diritto sia le leggi dell'ospitalità. Cristina replicò che anche a Fontainebleau restava integra la sua facoltà di giudicare i suoi sudditi e che, dunque, il prete facesse alla svelta ciò che il suo ministero dettava. Quando fu chiaro che nulla poteva più essere tentato, uno dei tre uomini con mossa fulminea immerse il ferro nel ventre dell'implorante marchese. Il colpo non fu mortale, anche perché Monaldeschi sotto l'abito aveva indossato (inutile prudenza) una cotta di ferro. Furono necessari altri colpi, ma anche questa volta nessuno fu decisivo. Sanguinante, mutilato di alcune dita che aveva perso cercando di fermare la lama degli assalitori, il marchese strisciava gemendo lungo le pareti, perdendo sangue dagli squarci, raccomandandosi a Dio, in un'interminabile agonia. Finalmente, uno dei tre carnefici riuscì a ucciderlo, trapassandogli la gola da parte a parte.

Che cosa avesse fatto il marchese per spingere la regina a una tale spietatezza non è mai stato interamente chiarito. Certo, non il falso delle lettere, rozzo complotto di cortigiani. Si è parlato di amore diventato odio, di confidenze utilizzate per danneggiarla, di una congiura per farle perdere il trono di Napoli, di parole adulatrici crudamente smentite dai comportamenti. Alla fine si comunicò che il marchese si era reso colpevole di tradimento politico, più che altro per dare una parvenza di copertura legale a quell'atroce esecuzione. Grandi restarono, comunque, la collera di Mazzarino e lo sconcerto del papa, che ordinò addirittura a Cristina di non tornare a Roma per un certo tempo. Comando che l'orgogliosa regina si guardò bene dall'osservare.

Al contrario, per tutta la vita, ogni volta che l'episodio veniva in qualche modo ricordato, Cristina si affrettava a confermare la sua convinzione di essere stata nel giusto. A Mazzarino aveva scritto: «Noi gente del Nord siamo piuttosto selvatici per natura e non molto paurosi ... per quanto riguarda ciò che ho fatto con Monaldeschi, posso dirvi che, se non l'avessi già fatto, non andrei a letto stasera senza farlo e non ho ragione di pentirmene». Chi visita oggi il castello di Fontainebleau può vedere in una bacheca la cotta di maglia di ferro e la spada alle quali il Monaldeschi tentò di affidare la propria vita. Guardando bene, pare di scorgere fra le maglie alcune residue tracce di sangue, a meno che non si tratti di ruggine.

L'assassinio del marchese lasciò un'ombra nella vita di Cristina che nessuno dimenticò mai, anche se non ci furono conseguenze di alcun genere. Rientrata a Roma, la regina riprese la sua solita esistenza: le accademie, le riunioni con i personaggi eminenti e gli artisti, l'amorosa amicizia con il cardinale Azzolino. Alla sua «corte» si incontravano di frequente Alessandro Scarlatti (che per un periodo fu il suo maestro di cappella), Arcangelo Corelli, il clavicembalista Bernardo Pasquini, non di rado lo stesso Bernini. Fra le presenze preferite si contavano anche alcune delle migliori cantanti che la città avesse (Angelina Quadrelli, Antonia Coresi, Maria Landini) nonché il castrato Antonio Rivani, detto «Cicciolino», un virtuoso dalla voce angelica di cui Cristina era (artisticamente) gelosissima.

Nell'edificio dove sorgeva il vecchio carcere di Tor di Nona, l'ex regina fece allestire un teatro pubblico, il primo a Roma, dove si esibivano nella recitazione, e soprattutto nel canto, delle vere donne, le sue «belle protette»: papa Clemente X (1670-1676) aveva dovuto rimangiarsi una vecchia ordinanza che vietava alle donne di calcare le scene, dove erano sostituite dai castrati con le loro voci in falsetto, una proibizione che faceva parte della più generale misoginia cattolica, particolarmente alimentata dai gesuiti dopo il concilio di Trento.

Ma l'attivismo della sovrana non si limitava alla sfera mondana. Oltre all'organizzazione botanica del giardino, Cristina mise in piedi una biblioteca forte di circa trentamila volumi e quasi diecimila manoscritti, un importante gabinetto di medaglie, un vero laboratorio scientifico, dove cominciò a fare esperimenti d'alchimia. Voleva, come tutti coloro che si chinavano a scrutare il mondo dell'occulto, trasformare il piombo in oro. Nel suo caso, però, con una precisa finalità sconfinante nell'utopia o in un'altra illusione: con l'oro che avrebbe ricavato, voleva allestire un esercito per scendere in campo contro i turchi.

L'oro, naturalmente, non arrivò e l'esercito rimase uno dei suoi pazzi progetti mai realizzati. Intanto, nel 1676, il conclave, su pressante invito di Luigi XIV diventato molto potente, eleggeva papa Benedetto Odescalchi con il nome di Innocenzo XI. Il nuovo pontefice portò con sé una ventata restauratrice: chiusura dei teatri, compreso il Tor di Nona, rinnovata proibizione per le donne di calcare le scene e finanche di prendere lezioni di musica, giudicata «arte nociva alla loro modestia». Ci furono proteste, caute però: il nuovo pontefice era il primo a dare l'esempio di una vita austera e non pareva prudente infastidire un sovrano appena insediato. Il predecessore, Clemente X, aveva concesso a Cristina una rendita di dodicimila scudi l'anno, che Innocenzo si affrettò ad abolire. Pare che l'interessata non se la sia presa troppo. Aveva sempre vissuto al di sopra dei suoi mezzi, facendo debiti, attingendo a misteriose risorse con quella disinvoltura che possiede solo chi non ha mai conosciuto vere ristrettezze.

Continuò la sua vita, che ormai seguiva collaudati binari, ebbe qualche amore oltre alla lunga consuetudine affettuosa con il suo cardinale. Una delle ultime amanti fu la ballerina e cantante Angelica Voglia, nota anche come «Giorgina». I rapporti di Cristina con le donne sono sempre stati curiosi e complicati, anche se in fondo spiegabili, al contrario di altre sue reazioni. Durante un viaggio in Francia, per esempio, aveva voluto incontrare Ninon de Lenclos, celebre cortigiana, che era stata «ristretta» nel convento di Lagny per aver esagerato nel dispensare le sue grazie. Cristina si era intrattenuta per ore con lei scambiando confidenze e lasciandosi andare a giudizi sulla religione che, riferiti, avevano grandemente offeso il papa. L'ex sovrana aveva dichiarato infatti che la sua vera religione era quella degli antichi filosofi e che tutto il resto le pareva burla, o impostura.

Era probabilmente sincera in questo vivace apprezzamento per una vita libera da legami, aperta al disordine, in definitiva pagana. Per la stessa ragione, forse, detestava le donne gravide, lei che aveva lasciato il trono per non obbedire all'obbligo dinastico di diventare madre. Quando seppe che una delle sue cameriere era rimasta incinta, ordinò che non comparisse più alla sua presenza.

Così rimase fino alla fine, attorniata dalla corte più variopinta e improbabile che si fosse vista a Roma: spiriti eletti, grandi artisti, ma anche imbroglioni, avventurieri, lenoni, prostitute. Negli ultimi anni la sua spiritualità parve rafforzarsi, con la paradossale conseguenza per lei di sentirsi ancora più irritata, o delusa, dal fasto della corte pontificia. Al suo Azzolino scrisse in una lettera: «È penoso vedere così tanti milioni del tesoro della Chiesa impiegati per lussi sconvenienti e gratificazioni a favore di assolute nullità, che si presentano a succhiare il sangue e il sudore dei poveri».

Aveva forse capito che a lei molto era concesso e quasi tutto era perdonato in virtù della sua conversione. Non poteva sapere, ma se ne sarebbe certo compiaciuta, che nella basilica di San Pietro le avrebbero eretto un fastoso mausoleo. Aveva rasentato il genio, ma era anche stata lesbica, capricciosa, violenta e mandante di un assassinio, e la sua presenza in quella basilica piena di santi, vergini e martiri (a cominciare dal co-fondatore Pietro) era chiaramente incongrua. Anche da morta, però, Cristina mantenne la carta che le aveva assicurato in vita la vittoria: essere stata una delle più belle conquiste della Chiesa, una regina strappata all'eresia luterana.

La basilica di San Pietro è gremita di monumenti funebri; i più sono insigni o per la fattura o per le qualità delle persone onorate. Il mausoleo di Cristina di Svezia e l'altro, di cui ora dirò, hanno entrambi la loro ragione prevalente nella strategia politica dei papi.

Nella navata di sinistra, subito dopo l'ingresso, si vede un magnifico cenotafio che Antonio Canova ha scolpito ed eretto nel puro stile neoclassico che gli è proprio. Una complessa iscrizione dedicatoria recita: IACOBO III IACOBI II MAGNAE BRIT REGIS FILIO KAROLO EDUARDO ET HENRICO DECANO PATRUM CARDINALIUM IACOBI III FILIIS REGIAE STIRPIS STUARDIAE POSTREMIS ANNO M.DCCC.XIX.

Dunque, nell'anno 1819 così l'artista immortalò la famiglia Stuart, che, a partire dal 1371, aveva regnato per tre secoli sulla Scozia, e poi fino al 1714 sull'intera Gran Bretagna. Curiosa l'origine del nome perché *Stewart* o *Steward*, poi *Stuart*, indicava all'inizio la carica di siniscalco (maggiordomo, alto dignitario) che nel XII secolo il re David I, sovrano di quelle terre, aveva concesso a un membro della famiglia. Il periodo che a noi interessa viene però molto dopo, nel XVII secolo, a cavallo dei grandiosi accadimenti che vanno sotto il nome di *Glorious Revolution*, la Rivoluzione gloriosa del 1688, una serie di eventi che dettero alla Gran Bretagna il primato nella nascita di una monarchia costituzionale.

Accadde che lo sventurato Carlo I Stuart, re di Gran Bretagna e Irlanda (1600-49), sposasse la cattolica Enrichetta Maria, figlia di Enrico IV di Francia e sorella di Luigi XIII. All'inizio del Cinquecento un suo predecessore, il poderoso Enrico VIII, irritato dal fatto che il papa gli avesse negato il divorzio, aveva dato vita a una nuova confessione cristiana, chiamandola *Anglicana Ecclesia*. Di questa, si era dichiarato capo investendo della carica i suoi successori. Per conseguenza, il matrimonio di Carlo con una «papista» venne considerato imprudente e molti vi videro (e soprattutto temettero) l'inizio di un riavvicinamento a Roma.

Tale latente diffidenza esplose poi a seguito della pesante politica fiscale che re Carlo era stato costretto ad adottare per finanziare le sue guerre. Il contrasto continuo fra corona e parlamento, la sproporzione fra la volontà del re e i fragili poteri di cui disponeva, come sempre accade quando è questione di un'arrogante debolezza, favorirono la guerra civile. In breve: il 9 febbraio 1649 il sovrano finì sotto la scure del boia. Un secolo e mezzo prima che i giacobini facessero cadere a Parigi la testa di Luigi XVI (1793), sono gli inglesi a mozzare il capo del loro sovrano.

Alexandre Dumas fa girare la trama del suo romanzo *Vent'anni dopo* proprio sul tentativo di Athos e Aramis di salvare la vita del povero Carlo. I due valorosi moschettieri vengono inviati in Inghilterra, insieme con il Lord di Winter, su richiesta di Enrichetta Maria, sorella di Luigi XIII e moglie del re d'Inghilterra, Scozia e Irlanda Carlo I. Aramis, Athos e Winter devono cercare di soccorrere il sovrano inglese. I tre lo raggiungono sul confine con la Scozia, dove le truppe reali stanno combattendo. Il salvataggio però fallisce e Carlo viene giustiziato.

Morto il re, lo rimpiazza sul trono non un altro re, ma un tiranno, quell'Oliver Cromwell, leader dei puritani, che assumendo il titolo di Lord Protettore del Commonwealth proclama sì il proprio personale potere, ma evoca anche il fantasma di una possibile repubblica. La successiva restaurazione degli Stuart vede avvicendarsi sul trono due fratelli, figli entrambi del defunto Carlo I: Carlo II dal 1660 al 1685 e poi, per un periodo più breve, Giacomo II dal 1685 al 1688.

Quando si dice che la Rivoluzione gloriosa è stata un evento rapido e, nella sostanza, incruento, non si fa quindi un'affermazione del tutto esatta. Si può dire che il suo svolgimento fu rapido (essa durò nel complesso circa tre mesi) e le sue vittime relativamente poche solo se non si tiene conto che le vicende, di cui re Giacomo II diventerà, come ora vedremo, protagonista, sono la parte conclusiva di un conflitto cominciato durante il regno triste e convulso di suo padre Carlo I. Il duca di York, questo il suo titolo prima di salire per un breve periodo sul trono, era stato comandante della Marina reale (Lord High Admiral). Quando gli inglesi, nel 1664, s'impadronirono del territorio olandese della Nuova Olanda, fu in suo onore che la città più importante, New Amsterdam, venne ribattezzata New York.

La prima moglie di Giacomo, Anna Hyde, muore nel 1671 lasciandogli due figlie, Maria e Anna (come nelle dinastie imperiali romane, gli stessi nomi si ripresentano più volte di generazione in generazione). Per le nuove nozze Giacomo sceglie una principessa cattolica italiana, Maria Beatrice d'Este dei duchi di Modena, subito suscitando sospetti nel parlamento, dove c'è chi dice che Maria è in realtà una spia del papa. Nel tentativo di riequilibrare la situazione, il regnante Carlo II organizza il matrimonio fra Maria, figlia di primo letto di suo fratello Giacomo, e il protestante Guglielmo d'Orange, statolder (governatore) d'Olanda, che alleverà la prole nella religione riformata, allontanando il pericolo di un ritorno alla confessione cattolica.

Lo stratagemma nuziale non placa però il malcontento. Un ministro anglicano, Titus Oates, ex gesuita, comincia a diffondere la voce di un possibile complotto papista, inteso a eliminare re Carlo II per sostituirlo con il cattolico Giacomo. La moglie di Carlo, Caterina di Braganza, principessa portoghese, si è rivelata sterile e, anche se il sovrano ha messo al mondo una dozzina di figli con varie amanti, manca però un erede legittimo. Ciò rende suo fratello Giacomo il più probabile candidato alla successione.

Carlo II muore nel febbraio 1685, essendosi convertito anch'egli, in extremis, al cattolicesimo. Giacomo, duca di York, diventa il nuovo re; ha cinquantadue anni ed è accolto inizialmente con favore. Ben presto, però, deve fronteggiare rivolte e congiure; la sua «Dichiarazione d'indulgenza», con cui si proclamava la libertà religiosa nel regno, viene accusata non di equiparare i cattolici agli anglicani, ma di avvantaggiarli. Le cose si aggravano ulteriormente quando si viene a sapere che la regina Maria Beatrice è incinta. Se sarà un maschio diventerà lui il primo nella linea di successione, scalzando gli Orange.

Buon soldato, Giacomo II si è dimostrato un sovrano debole. Quasi che a poco fosse servita la tragica esperienza di un padre finito sotto la mannaia, ha ripetuto parte dei suoi errori. Ostenta il suo cattolicesimo e questo gli mette subito contro i più prestigiosi circoli anglicani. Sfida l'influenza protestante affidando ai cattolici le posizioni di potere ovunque gli sia possibile (governo, forze armate, università). Ristabilisce, per la prima volta dal 1558, un rapporto diplomatico con la Santa Sede e ciò suscita l'ira di molti, tanto più che Giacomo è, a titolo personale, cattolico, ma è anche, in quanto sovrano regnante, capo della Chiesa anglicana. Un patente conflitto d'interessi, lo definiremmo oggi.

In breve, il povero Giacomo commette l'errore più grave, il peggiore per un leader politico: gli sfugge, o trascura, lo stato d'animo prevalente nel suo popolo. Durante il regno di suo fratello Carlo, Londra ha conosciuto due eventi tragici: nel 1665 una rovinosa epidemia di peste, l'anno successivo un disastroso incendio noto come *the great fire*, che l'ha in buona parte distrutta. La gente comune è stanca di tanti disagi e delle guerre di religione, molti sembrano pronti ad accogliere il messaggio di John Locke e di altri illuministi che propongono la tolleranza religiosa e l'adozione del principio che nessuna fede possa essere imposta; che si possano sì guidare gli uomini verso una Chiesa, ma che non sia lecito forzarveli. Il contrario di quanto sostiene, a Roma, papa Innocenzo XI, ed è una delle ragioni per le quali i cattolici vengono definiti «superstiziosi» e «idolatri».

Nel maggio 1688 una delegazione inglese si reca in Olanda per chiedere ufficialmente a Guglielmo d'intervenire. Lo statolder risponde che se ciò che si vuole da lui è uno sbarco di truppe, ovvero un intervento armato, ha bisogno, per legittimare l'impresa, di una richiesta firmata da un numero significativo di notabili. L'invito arriva il 30 giugno, sottoscritto da personalità eminenti, anche se non tutte del livello che Guglielmo avrebbe desiderato. Gli eventi, però, premono con tale forza da far superare l'insufficiente prestigio di quel pugno di firme.

C'è dell'altro. Il 10 giugno Maria Beatrice ha dato alla luce un figlio maschio vivo e vitale, al quale sono stati imposti i nomi di James Francis Edward e l'usuale titolo di principe di Galles.

Re Giacomo ha ora un erede; per anglicani e protestanti la nascita di quell'innocente bambino accresce i timori del possibile ritorno di una dinastia papista sul trono d'Inghilterra.

La posizione di Giacomo continua, insomma, a peggiorare. L'arcivescovo di Canterbury e buona parte del clero anglicano rifiutano di leggere dal pulpito la nuova edizione della Dichiarazione d'indulgenza, come il re ha ordinato. Il sovrano, infuriato, vorrebbe trascinare i vescovi ribelli in giudizio, ma ne viene sconsigliato. Gli si fa presente che una loro non improbabile assoluzione renderebbe ancora più evidente la sua debolezza. Il re insiste e il processo, concluso da un verdetto di non colpevolezza, si trasforma, come previsto, in uno smacco. Alcuni storici fanno cominciare da quella sentenza l'atto finale della sua rovina.

Un altro errore, frutto della convulsione del momento, è la minaccia di sospendere la legge sull'*habeas corpus* in vigore dal 1679, garanzia dell'imputato nei processi penali, istituto molto importante, il cui principio risale addirittura alla Magna Charta Libertatum sottoscritta da re Giovanni Senza Terra nel 1215. Non c'è bisogno di dire quale enorme errore sia la minaccia di ledere quella fondamentale conquista. Avvertito del pericolo di un'invasione, il re si dice certo che Guglielmo, suo genero, non oserà fargli un tale affronto: sua figlia Maria impedirà che il marito aggredisca il di lei padre. Sappiamo che non fu così, tanti esempi, anche nella storia italiana o in quella di Roma, ci dicono che sono sempre le ragioni del potere a prevalere.

Infatti, il 30 ottobre 1688 Guglielmo salpa e il 5 novembre approda a Torbay, nel Devon. È la prima volta dal 1066 che un esercito sbarca sulle coste inglesi con intenzioni ostili. Ancora una volta re Giacomo non sa bene che fare, se andargli incontro con le truppe lasciandosi alle spalle una capitale sguarnita oppure trincerare l'esercito attorno a Londra, con il rischio di dover aspettare per un tempo pericolosamente indefinito l'arrivo di Guglielmo. Gli unici ufficiali sui quali può contare sono i cattolici, i quali, però, contrariamente a quanto dice la voce popolare, coprono solo il 10 per cento dei ruoli di comando. Più volte durante quelle convulse giornate Giacomo ricorda all'ambasciatore francese e al nunzio papale il destino di Edoardo II,

Enrico IV e Riccardo II, tutti assassinati da loro congiunti. Guglielmo ha dato alla moglie una sola garanzia: la persona di suo padre Giacomo non sarà violata. Ma, anche qui, è noto quanto poco basti a far svanire la promessa di un potente.

Fra i tanti timori il re ha quello che il neonato possa essergli sottratto per venire allevato come un protestante. Ordina quindi a uno dei pochi fedeli ancora disposti a rischiare per lui di prendere con sé sua moglie e il bambino e di portarli in salvo in Francia presso suo cugino Luigi XIV. Giacomo dà loro ventiquattro ore di vantaggio poi, nottetempo, fugge a sua volta, dopo aver dato ordine di sciogliere l'esercito. Scambiato per un prete, viene fermato lungo la strada e costretto a rientrare a Londra. Guglielmo, che sta già trattando per la successione, apprende la notizia con dispetto. Per decidere del futuro ha bisogno che il trono sia libero e vuoto. Giacomo riceve a quel punto il suggerimento, o l'ordine, di recarsi ove meglio creda, purché fuori dall'Inghilterra. Si stabilirà con una piccola corte a Saint-Germain-en-Laye, a pochi chilometri da Parigi, una delle residenze dei sovrani di Francia.

Questi i fatti, sommariamente riassunti, che sono la premessa della Rivoluzione gloriosa. Eventi intricati, come si vede, che anche nell'estrema semplificazione con la quale sono qui narrati mostrano quali forti spinte muovessero i protagonisti; quali ideali politici o istanze religiose determinassero le loro azioni, soprattutto quali formidabili interessi prevalessero quasi sempre sugli affetti e sulla religione. Eppure, la somma di elementi così disparati, di azioni spesso motivate dall'egoismo partorì un evento fondamentale nella storia della civiltà occidentale. Il risultato finale di quelle lotte furono le notevoli limitazioni che il parlamento inglese fu capace d'imporre alla corona. In Inghilterra, e in seguito anche al di fuori dell'isola, si affermò il principio politico che il potere di un re va equilibrato da una serie di contrappesi, affinché a nessuno venga in mente di scambiare lo scettro regale per il bastone del tiranno. Comunque, per quanto riguarda le vicende locali, sul trono d'Inghilterra mai più siederà un cattolico.

Guglielmo sbarca il 5 novembre 1689; Giacomo fugge il 23 dicembre; il parlamento si riunirà nella seconda metà di gennaio; il 13 febbraio a Guglielmo e a sua moglie Maria viene offerta, congiuntamente, la corona d'Inghilterra.

Alla nostra storia interessa però, in modo particolare, quel bambino appena nato, figlio di Giacomo e di Maria Beatrice, allontanato con una fuga drammatica nel timore che potesse essere educato nella fede protestante. Nel 1718 quel bambino, diventato ormai un giovane trentenne, si stabilisce a Roma, incoraggiato e benissimo accolto da papa Clemente XI e dai suoi successori. Il pontefice gli farà dono del Palazzo Muti Papazzurri, un bell'edificio dall'imponente portale con colonne, che in piazza della Pilotta fronteggia l'attuale università Gregoriana. Al palazzo i papi aggiunsero poi la cospicua rendita di dodicimila scudi quando lo sfortunato pretendente al trono sposò Maria Clementina Sobieska, ricca principessa polacca, cattolica, di quattordici anni più giovane, nipote di quel Giovanni Sobieski che nel 1683 aveva contribuito in maniera decisiva a liberare Vienna dall'assedio ottomano.

Non bisogna pensare che nozze di così trasparente significato politico e religioso fossero facili da organizzare. Al contrario, la voce della promessa scambiata fra i due alimentò una serie di avventurose mosse e contromosse fra vari regnanti, papa compreso. Corrieri segreti attraversarono a spron battuto l'Europa, esperti diplomatici studiarono adeguate soluzioni, diverse trame vennero ordite per impedire le nozze. La giovane principessa si ritrovò al centro di un intrigo che oggi sarebbe degno di un appassionante sceneggiato televisivo.

Il più deciso oppositore del progetto fu Giorgio I Hannover, diventato re di Gran Bretagna e d'Irlanda, che temeva di vedere la questione cattolica riaffacciarsi nella sua isola dopo essere stata così fortunosamente sistemata e, come speravano molti suoi sudditi, in modo definitivo. L'imperatore d'Austria Carlo VI accolse le inquietudini del sovrano; saputo che Maria Clementina avrebbe attraversato i suoi territori per recarsi a Roma, la fece arrestare e rinchiudere in un castello a Innsbruck. Un alloggio piuttosto lugubre, dal quale, però, l'ardimentosa principessa riuscì a evadere dopo aver ingannato i guardiani. Quando giunse a Bologna, per evitare altri colpi di mano, si organizzò subito il suo matrimonio per procura con James. Le vere nozze furono celebrate a Montefiascone nel settembre 1719. Papa Clemente XI, ed era poi questo il senso politico dell'intera vicenda, li proclamò re e regina d'Inghilterra concedendo loro una scorta armata oltre a un alloggio in città e un altro sui colli a sud di Roma.

Dall'unione nacquero due figli, il primogenito, Charles Edward Louis Philip Casimir, nell'anno successivo alle nozze; il secondo, Henry Benedict, nel 1725. Non fu un matrimonio felice, nonostante la drammatica determinazione con la quale era stato voluto. Poco tempo dopo la nascita del secondo figlio, Maria Clementina venne presa da un'autentica mania religiosa, si ritirò a pregare in un convento accusando suo marito ora di adulterio (il che era verosimile), ora di voler affidare i figli a un precettore protestante il che, a Roma, non doveva essere facile nemmeno a un sovrano, ancorché spodestato.

L'infelice principessa morì a soli trentadue anni, nel 1735. Papa Benedetto XIV, il bolognese Prospero Lambertini, commissionò allo scultore Pietro Bracci (autore del *Nettuno* della Fontana di Trevi) un sontuoso monumento funebre che si può ammirare in San Pietro: una composizione che, nel fasto e nel movimentato panneggio, richiama Bernini, composta di marmo, alabastro e bronzo, mentre l'immagine della defunta è raffigurata a mosaico in un ovale sostenuto da un piccolo angelo.

Il primogenito Charles Edward continuò, con il pieno appoggio pontificio, a combattere per la riconquista del trono. Quando aveva venticinque anni, effettuò uno sbarco nelle isole Ebridi, dove riuscì a issare lo stendardo di suo padre. Ebbe perfino l'appoggio di alcuni clan scozzesi, ma nulla poté contro la reazione inglese e dovette riprendere velocemente il mare. A suo padre avevano dato il nomignolo di «Old Pretender», a lui venne affibbiato quello di «Bonnie Prince Charlie», ma anche di «Young Pretender», titolo che racchiude un pungente gioco di parole dal momento che *pretender* ha il significato di «pretendente» (al trono), ma anche di «simulatore».

In realtà, più di lui avrebbe meritato l'ambiguo nomignolo suo fratello Henry, che aveva ripreso il titolo di duca di York appartenuto al nonno. Dopo la morte del fratello, Henry continuò a reclamare il trono, anche se ormai, in Europa, era chiaro a tutti che l'ipotesi di una restaurazione cattolica in Inghilterra era irrealizzabile. Nel 1747, quando aveva solo ventidue anni, papa Benedetto XIV lo aveva nominato cardinale della diocesi di Santa Maria in Portico in Campitelli. Nel 1761 un altro papa, Clemente XIII, lo fece vescovo della diocesi Tuscolana, a Frascati. Proprio nella cattedrale di Frascati il cardinale Henry Benedict, duca di York, volle che fossero celebrate le solenni esequie di suo fratello quando costui venne a morte, nel gennaio 1788. La cerimonia si svolse con la pompa degna di un sovrano: sulla bara erano state deposte la corona e lo scettro regale.

Nella vita del cardinale duca di York non ci sono episodi salienti, se si prescinde dalla ricorrente diceria che le sue preferenze omosessuali fossero un po' troppo ostentate per il rango e in una città come Roma. La scrittrice inglese Hester Lynch Thrale (1741-1821), amica e biografa di Samuel Johnson, che l'iscrizione tombale definisce una donna «*witty, vivacious and charming*», scrive nei suoi famosi diari che il cardinale «teneva pubblicamente un ganzo», cosa che gli italiani «considerano una questione di gusti».

Un'altra testimonianza dello stesso tenore ci viene da Giuseppe Gorani (1740-1819), gran personaggio, soldato, scrittore e avventuriero (una strada a Milano ne ricorda il nome), che fece parte degli illuministi lombardi e nel 1789, allo scoppio della Rivoluzione francese, partì immediatamente per Parigi. Gorani condivideva le inclinazioni sessuali del cardinale, acquisite, confessa, durante l'adolescenza nel collegio milanese dei padri barnabiti. Nelle memorie, fonte di prim'ordine sui costumi del XVIII secolo, scrive:

> Mi preoccuperò dunque di dire semplicemente quello che ho visto senza pretendere di trarne delle conclusioni. Il suo palazzo [del cardinale] mi parve pieno di giovani adolescenti d'aspetto assai piacente, vestiti da abati. Ciò mi fece sospettare che questa eminenza regale potrebbe avere il gusto di cui è accusato qualcuno dei suoi confratelli.

Testimonianza analoga ci viene, del resto, da Gaetano Moroni (1802-1883), grande erudito e alto funzionario pontificio, il quale racconta, velandola appena, la lunga relazione del cardinale con monsignor Angelo Cesarini, da lui elevato alla dignità di canonico della cattedrale di Frascati.

Sospetti di cui comunque si tenne così poco conto che nel 1803 il cardinale duca di York divenne decano del Sacro Collegio, il che spiega l'iscrizione sul cenotafio del Canova: DECANO PATRUM CARDINALIUM. Morì nel luglio 1807 e, nonostante avesse reclamato tanto a lungo il trono, sulla sua bara non comparvero, come era stato per suo fratello, né scettro né corona; più semplicemente la mitria e la croce pastorale. Le spoglie dei fratelli Stuart vennero poi traslate a Roma e collocate nelle grotte di San Pietro, insieme a quelle del padre Giacomo III. Nel 1939 re Giorgio VI ordinò per loro un bel sarcofago di granito rosso, che oggi si può ammirare nelle cripte della basilica. *Requiescant*.

La considerazione complessiva che si può trarre da queste due belle tombe e dalle relative storie riguarda ancora una volta le differenze fra Chiesa e Vaticano, principale argomento di queste pagine. Sia Cristina di Svezia sia il cardinale duca di York furono patenti e convinti omosessuali. Il che, sia chiaro, nulla toglie (o aggiunge) alla loro personalità, se non fosse che, ancora nel XXI secolo, la Chiesa considera l'amore omosessuale un abominio o poco meno.

Il Vaticano, evidentemente, non sempre condivide tale giudizio, spingendosi a dare a due di loro sontuosa ospitalità nella massima delle sue basiliche, tutto mescolando, le ragioni della teologia e quelle dell'utilità politica. Del resto, come vedremo, in un'altra basilica romana riposano le spoglie di un pluriomicida, quel Renato de Pedis, della banda della Magliana, sepolto in Sant'Apollinare come compenso per una serie di oscuri favori, in aperta violazione del canone 1242 secondo cui «la sepoltura all'interno delle chiese è di per sé vietata, fatta eccezione per il caso in cui si tratti di seppellire il romano pontefice oppure, nella propria chiesa, i cardinali o i vescovi diocesani anche emeriti».

Gli ideali della fede e le ragioni della politica dimostrano, ancora una volta, di rispondere a valutazioni molto lontane fra loro. Non è certo una novità. Molti anni addietro, personaggi di assai maggior peso dell'autore di questo libro avevano lamentato più o meno le stesse cose. Per esempio, Francesco d'Assisi o Martin Lutero.

IX
IL MISTERO DEI TEMPLARI

Di tutte le opere generose o crudeli, memorabili o effimere di cui il Vaticano è stato protagonista nei secoli, di tutte le imprese che la fede o l'interesse politico hanno promosso, nessuna eguaglia quelle legate alle gesta e alla memoria dei cavalieri detti «templari». Ancora oggi, settecento anni dopo la conclusione tragica della loro storia, la forza della leggenda alimenta polemiche, genera imbarazzo, fa avanzare, addirittura, richieste di risarcimento.

Da dove nasce una tale vastità e varietà, una tale durata dell'aura mitica che circonda questi monaci guerrieri?

A Roma, i luoghi che ricordano la saga dei templari sono numericamente scarsi, tutti però di enorme fascino. Evocano un mondo di fede e di avventure, di uomini forti e pii, ma anche di lestofanti, di sante vergini e di sensuali avventuriere che, per alcuni secoli, hanno dato vita a una delle più grandi epopee che l'Europa abbia conosciuto. Uno dei più antichi è la Casa dei Cavalieri di Rodi in piazza del Grillo, con il suo affaccio clamoroso sui fori di Traiano e di Augusto.

L'edificio lo costruirono nel XII secolo i Cavalieri di Rodi, che è l'antico nome del Sovrano Militare Ordine di Malta. Si vedono ancora oggi circolare in città automobili con la targa SMOM che lo indica. Uno dei suoi edifici è, appunto, la Casa di cui sto parlando, che ha avuto nel corso del tempo innumerevoli destinazioni, sacre e profane: abitazione privata, laboratorio di falegnameria, convento delle domenicane della Santissima Annunziata, che dovevano convertire al cattolicesimo le fanciulle e dedicarsi ai misteri divini. Per visitarla è necessario un permesso da richiedere al Priorato dei Cavalieri, in via Condotti.

Sempre su permesso si può visitare la villa dei Cavalieri di Malta all'Aventino, anche questa di raro fascino. Il primo insediamento è addirittura anteriore all'anno Mille, facendo parte di quella serie di chiese e conventi protocristiani che ancora oggi rendono la prospiciente via di Santa Sabina fra le più raccolte della città, silenziosa e mistica, sottratta al frastuono della Roma moderna.

La via termina con una piazzetta ornata con molta eleganza da un muro che la cinge, scandito da obelischi, edicole, stele con emblemi navali e religiosi in una precoce visione neoclassica che Giovan Battista Piranesi concepì nel 1764 su incarico del cardinale Rezzonico, gran priore dei cavalieri. Nella piccola piazza c'è anche il portale con il famoso buco della serratura, dal quale s'inquadra perfettamente, al fondo di una galleria di verzura, la cupola di San Pietro. Poco oltre, un cancello introduce al Priorato dei Cavalieri con la chiesa, Santa Maria del Priorato, disegnata anch'essa da Piranesi, all'interno della quale si trova la tomba dell'artista.

Nell'antico monastero benedettino fu monaco Ildebrando di Soana, che divenne poi papa con il nome di Gregorio VII, insigne nel bene e nel male. Nel XII secolo il monastero diventò proprietà dei templari, i monaci guerrieri il cui tragico destino sto per raccontare. Due secoli dopo, il convento passò ai Cavalieri di Rodi per poi diventare sede del gran Priorato dei Cavalieri di Malta. La chiesa è l'unica cosa che Piranesi, sommo disegnatore e incisore, abbia «costruito». Non è particolarmente bella, mentre armonioso è lo spazio intorno, il giardino curatissimo, il movimento degli edifici, il pozzo dei templari, che risale al XIII secolo. Si colgono qui le vibrazioni del tempo, la sua aura, qui si riesce facilmente a immaginare con quale magia in quei secoli lontani dovesse presentarsi la città dal vertiginoso affaccio sulla valle sottostante: il fiume che scorre, i campanili, le cupole, i colli che chiudono a ovest il giro dello sguardo.

Un terzo luogo legato alle memorie cavalleresche è la chiesa di Sant'Onofrio alle pendici del Gianicolo. Nella chiesa, quattrocentesca ma rimaneggiata numerose volte, è sepolto Torquato Tasso, che passò i suoi ultimi anni in alcune stanzette dell'attiguo convento. Lì, infatti, ha sede il museo dedicato al poeta, nel quale si conservano manoscritti, piccoli cimeli, la corona d'alloro che l'avrebbe incoronato in Campidoglio. L'intero complesso è sotto la tutela dell'Ordine equestre del Santo Sepolcro di Gerusalemme. Cavalieri, ancora una volta.

Anche questo luogo, come i precedenti, è carico di un fascino rimasto intatto, che ha colpito nel tempo tutti i visitatori, compresi i più illustri. Goethe scrisse la tragedia *Tasso* dopo aver visitato i locali abitati dal poeta. Chateaubriand, commosso dai luoghi, annotò nelle sue *Memorie d'oltretomba*:

> Se avrò la fortuna di finire i miei giorni qui, ho preso accordi per avere a Sant'Onofrio una stanzetta adiacente alla camera dove morì il Tasso. Nei momenti liberi della mia ambasciata, alla finestra della mia cella, continuerò le mie *Memorie*. In uno dei luoghi più belli della terra, fra gli aranci e le querce verdi, con tutta Roma sotto gli occhi, ogni mattino, mettendomi al lavoro fra il letto di morte e la tomba del poeta, invocherò il genio della gloria e della sventura.

Ci sono opere pregevoli nella chiesa e in altri ambienti di questo complesso, ma direi ancora una volta che, più della singola opera, conta l'aria che qui si respira, il chiostro, il portico, gli ambulacri, i sepolcri fra i quali quello del marchese Joseph Rondinin, «patrizio romano», che si fece preparare un assai curioso monumento funebre: un realistico scheletro abbraccia il sarcofago destinato, di lì a poco, ad accoglierlo.

Perfino nel furore aspro della battaglia, il senso di pace che emana da questi luoghi placò gli animi. Nel 1849, quando la gloriosa Repubblica romana stava per cadere sotto l'artiglieria dell'armata francese, si propose di fondere una delle tre campane, quella detta «del Tasso», per farne palle da cannone. Nonostante l'angoscia per le sorti del combattimento, Garibaldi ordinò che la campana fosse risparmiata per rispetto del poeta e della sacralità dei luoghi.

Che cosa sono stati gli ordini cavallereschi lo dice, prima ancora della storia, l'eco prolungata e grandiosa che questo fenomeno ha avuto nella letteratura, a cominciare dal ciclo di re Artù e della sua invincibile spada, dei suoi cavalieri, degli amori di Lancillotto. La venerata tomba del Tasso ci ricorda che *La Gerusalemme liberata* è stata considerata per alcuni secoli un punto di riferimento della cultura europea nei ceti sia colti sia popolari.

Il poema parla di magie e di nobili gesta, di cavalieri e di dame guerriere, di avventure, fughe, inseguimenti, amori. Tradotta in molte lingue, la *Gerusalemme* fu amata dai poeti barocchi ed esaltata dai romantici, ha ispirato pittori, incisori, registi di cinema (Enrico Guazzoni, Carlo Ludovico Bragaglia). Leopardi, a Roma, si commosse fino alle lacrime sulla tomba del poeta. Chateaubriand, oltre al passo già citato, scriveva in una lettera del 21 marzo 1829 a Madame Récamier: «Ieri sono andato, fra uno scrutinio e l'altro, in attesa del nuovo papa, a Sant'Onofrio ... Che solitudine incantevole! che vista mirabile! che fortuna, riposare là fra gli affreschi del Domenichino e quelli di Leonardo da Vinci! Vorrei esserci anch'io, non sono mai stato più tentato».

Solo pochi decenni prima del Tasso, Ludovico Ariosto aveva toccato lo stesso tema, cantato le stesse avventure con il suo *Orlando furioso*, uno dei capolavori di ogni tempo. Ariosto e Tasso raccontano le guerre fra cristiani e saraceni collocate nell'era di Carlo Magno (Ariosto) o in quella della prima crociata guidata da Goffredo di Buglione (Tasso). Anche quando la cavalleria è ormai scomparsa, il suo mito persiste, come acutamente intuirà Cervantes, autore del capolavoro dove un «ingegnoso *hidalgo*», invasato dagli ideali cavallereschi, si autoproclama «don Chisciotte».

La «cavalleria» in senso medievale non va confusa con l'arma della cavalleria tipica di ogni esercito fin dai tempi più remoti. Il termine «cavalleria» è in effetti complesso, intriso di significati propri e simbolici. Nella società aristocratica il cavallo è simbolo, ma anche strumento, di forza, potere, ricchezza, capace di trasformare una professione in un'etica.

L'incredibile storia dei templari comincia in una fredda giornata d'autunno, il 27 novembre 1095, quando papa Oddone di Lagery, francese, che regna con il nome di Urbano II – giudicato dagli storici il vero successore di Gregorio VII – chiude il concilio che ha convocato nel cuore della Francia, a Clermont, in Alvernia. La Chiesa sta tenacemente, forse bisognerebbe dire «disperatamente», cercando di riformare se stessa; preoccupano soprattutto i fenomeni del nicolaismo (il matrimonio dei preti) e della simonia (la compravendita di oggetti e benefici sacri). Urbano richiama sacerdoti e laici, regnanti compresi, li redarguisce, indica una via per la salvezza: andare a liberare Gerusalemme. Foucher de Chartres, nella sua *Historia Hierosolymitana*, ha riportato una delle versioni di quell'appello:

> Vadano dunque a combattere contro gli infedeli quelli che finora si sono dedicati a guerre private e abusive con grave danno dei fedeli! Diventino cavalieri di Cristo, quelli che erano solo briganti! Lottino ora, a buon diritto, contro i barbari, quelli che si battevano contro fratelli e genitori ... qui erano tristi e poveri; laggiù saranno felici e ricchi. Qui erano nemici del Signore; laggiù saranno suoi amici.

Abili parole, colme di passione, capaci di indicare uno scopo alto e preciso: non un'accidia riempita di imprese futili o malvagie, bensì la «guerra santa». L'appello, in realtà, ha anche un altro scopo: riaffermare il potere della Chiesa, preservarne il patrimonio e la potenza materiale, continuare la riforma gregoriana imponendo a tutti, a cominciare dai regnanti, la sua legge. Basta pensare, per esempio, alle rigide norme sul matrimonio che saranno imposte anche ai sovrani e sulle quali si consumeranno drammi e scismi, compreso quello famosissimo di Enrico VIII, dal quale, nel 1534, nascerà la Chiesa d'Inghilterra.

L'eco del proclama di Clermont è tale da conferire al papa la statura di autentica guida dell'Occidente cristiano. Nel volgere di pochi mesi migliaia di uomini si mettono in marcia diretti a Gerusalemme. Il loro passaggio è segnato da episodi atroci. Nella valle del Reno vengono massacrati gli ebrei, nelle pianure ungheresi i contadini sono sistematicamente derubati, le campagne dell'impero bizantino vengono messe a sacco. C'è di tutto in quella masnada, come sempre accade in ogni armata, specie se volontaria. Marciano fianco a fianco manigoldi e gentiluomini, avventurieri mossi da smania di bottino e altri mossi dalla ricerca di un ideale.

La prima crociata è forse la più celebre, fonda un mito, apre una saga che durerà in pratica due secoli, sdoppiandosi, però, in un primo evento crudele e dilettantesco e in una spedizione ufficiale. Il nerbo dell'armata è costituito da francesi, fiamminghi e normanni. La guida, fra gli altri, Goffredo di Buglione, duca di Bassa Lorena. Nel luglio 1099 Gerusalemme viene presa d'assalto e conquistata, l'onta della lunga occupazione musulmana è lavata nel sangue. Nell'antica capitale si instaura un regno franco guidato da Baldovino II. Il Santo Sepolcro è liberato, lo scopo dunque raggiunto. Sembra un punto d'arrivo, invece è solo l'inizio.

Qui entrano in gioco i templari. Intorno al 1120, infatti, Hugues de Payns raduna un drappello di otto cavalieri della Borgogna e della Champagne (altre fonti parlano di trenta uomini) e parte alla volta dell'antica capitale della Giudea. I cavalieri si sono chiamati «*pauperes commilitones Christi*», poveri cavalieri di Cristo; giunti a Gerusalemme prendono alloggio in un'ala del palazzo di Baldovino che sorge sulle fondamenta del tempio di Salomone (distrutto dai romani). Lì la piccola compagnia costruisce un monastero che dal tempio prende nome: sono i monaci templari. Al centro del vasto spazio (conosciuto oggi come Spianata delle moschee) si erge un complesso religioso con due moschee; quella detta Al-Aqsa e la dorata Cupola della Roccia, uno dei gioielli dell'architettura musulmana, che orna ancora oggi il profilo della città. Al suo interno si trova la roccia dove Abramo fu sul punto di sacrificare Isacco e dove Giacobbe addormentato ebbe la visione della scala. La roccia, considerata l'ombelico del mondo e delle tre religioni monoteiste, è stata ed è tuttora uno dei punti nevralgici della religiosità planetaria, oltre che di un infinito contenzioso.

L'Ordine templare è nello stesso tempo monastico e guerriero; lo storico Jacques de Vitry, vescovo di Acri, nella sua *Historia orientalis seu Hierosolymitana* così descrive questi monaci:

Alcuni cavalieri armati da Dio e ordinati al suo servizio rinunciarono al mondo e si consacrarono a Cristo. Con voti solenni pronunciati davanti al patriarca di Gerusalemme, si impegnarono a difendere i pellegrini contro briganti e predatori, a proteggere le strade e a prestare servizio come cavalieri del re sovrano. Essi osservarono la povertà, la castità e l'obbedienza secondo la regola dei canonici regolari.

I templari pronunciano dunque i tre voti classici del monachesimo cattolico, ma ne aggiungono un quarto, conciliando l'inconciliabile: servire in armi Gesù detto il Cristo; perché questo lecitamente avvenga sarà necessaria, come vedremo, una complessa e funesta elaborazione del concetto di guerra. I templari vestono abiti semplici, bianche tuniche o mantelli, sulla cui spalla sinistra o al centro del petto spicca, scarlatta, una croce patente (*croix pattée*). La consegna del mantello è un atto solenne, che fa del postulante un templare *ad vitam aeternam*: «Quelli che hanno abbandonato la vita delle tenebre riconoscano con l'abito bianco di essersi riconciliati con il Creatore, come segno di purezza e castità».

Il loro compito è, soprattutto, quello di proteggere i pellegrini pattugliando le strade che portano a Gerusalemme, lungo le quali si verificano frequenti ruberie e atti di violenza. Chi si recava in Terrasanta per onorare i luoghi della passione di Gesù poteva subire violenze, anche sessuali, da parte di bande di predoni. La setta degli «assassini», spesso protagonisti di queste imprese, prendeva il nome dallo stupefacente, l'hashish, assunto prima di attaccare. Inebriati dalla droga, uccidevano sistematicamente le loro vittime dopo averle derubate.

L'Ordine del Tempio nasce intorno al 1120 a Gerusalemme, ma la data ufficiale della sua fondazione è il gennaio 1129, quando a Troyes si riunisce un concilio provinciale cui partecipano prelati della Champagne e della Borgogna e dove, soprattutto, è presente l'autorevole monaco cistercense Bernardo di Chiaravalle, uomo molto influente, politico accorto, consigliere di potenti, profondo conoscitore della dottrina. In un primo tempo Bernardo era stato riluttante a dare eccessivo riconoscimento ai templari; in seguito, il suo atteggiamento cambia, anzi, cambia al punto che è lui a scrivere un documento rimasto famoso: la sua *De laude novae militiae* è un'accorta apologia dei templari, dove Bernardo, con notevole abilità retorica, scrive fra l'altro:

> Una nuova cavalleria ha fatto la sua comparsa nella terra dell'Incarnazione ... che si combatta contro il nemico non desta meraviglia, ma che si combatta anche contro il Male è straordinario ... essi non vanno in battaglia coperti di fronzoli, bensì di stracci e con un mantello bianco ... essi non onorano il più nobile ma il più valoroso, sono i Cavalieri di Dio, sono i Cavalieri del Tempio.

Il loro motto è preso dal Salmo 115 (113B) della Bibbia: «*Non nobis Domine, non nobis, sed nomini tuo da gloriam*» (non a noi, Signore, dai gloria, ma solo al tuo nome). Suona come un talismano, dovrebbe metterli al riparo, quanto meno nel campo cristiano. Vedremo che non basterà.

Come mai un monaco come Bernardo arriva a glorificare in termini tanto espliciti un ordine armato, dedito cioè alla guerra? Il cristianesimo delle origini aveva ripudiato ogni forma di violenza. Successivamente, però, sant'Agostino aveva elaborato il concetto di «guerra giusta», vale a dire «le guerre che vendicano le ingiustizie quando un popolo o uno Stato, al quale dev'essere fatta guerra, non ha punito le iniquità dei suoi o non ha restituito ciò che è stato sottratto attraverso queste ingiustizie». Il passo successivo era stata l'elaborazione di un altro concetto, la «guerra santa», quella cioè che si combatte in difesa della fede cristiana e della Chiesa contro i nemici esterni (pagani, infedeli) o anche interni.

Il concetto di «guerra santa» (*jihad*) sarà largamente applicato anche nel mondo islamico fino ai nostri giorni. Bernardo ne aveva esteso il significato, argomentando che l'uso delle armi da parte dei templari non implicava l'omicidio:

> La morte, quando è data o ricevuta nel nome di Cristo, non comporta alcun peccato e fa guadagnare molta gloria. Nel primo caso, infatti, si vince per Cristo, nell'altro si vince Cristo stesso, il quale accoglie volentieri la morte del nemico come atto di giustizia, e più volentieri ancora offre se stesso come consolazione al cavaliere caduto ... Non è senza ragione che egli porta la spada: egli è ministro di Dio in punizione dei malvagi e in

lode dei buoni. Quando uccide il malvagio egli non è omicida ma, per così dire, «malicida» ed è stimato senza dubbio vindice di Cristo su quelli che fanno il male e difensore dei cristiani.

La guerra santa, in altri termini, viene considerata la più giusta delle guerre, un principio che diventerà base giuridica delle crociate, finalizzate a recuperare i luoghi santi, di cui gli infedeli si sono illecitamente appropriati. Il grido «Dio lo vuole» con cui i crociati vanno all'attacco riproduce, nella brevità di un motto, la dottrina così ingegnosamente elaborata. Dopo di allora, molti eserciti di molte nazioni hanno cercato di rivestire di un ruolo quasi sacro i propri soldati. Perfino gli uomini della Wehrmacht, durante il Terzo Reich, portavano impresso sulla fibbia del cinturone il motto «*Gott mit uns*», Dio è con noi, affermazione, soprattutto in quel caso, decisamente blasfema. Lo scudo ideologico elaborato da Bernardo servì comunque a nascondere a lungo, dietro l'inattaccabile riparo della fede, le consistenti finalità politiche ed economiche di quelle spedizioni.

Con una così vigorosa e abile malleveria l'immagine dei templari ben presto si diffonde. In Europa si parla delle loro imprese e dei loro austeri costumi, sempre più spesso arricchiti da un alone di leggenda. I giovani nobili premono per arruolarsi, i Cavalieri del Tempio diventano numerosi e potenti, anche perché l'arruolamento è quasi sempre accompagnato da generose donazioni: terreni, edifici, denaro, gioielli. Le offerte arrivano anche da parte di chi non entra nell'Ordine di persona; molti contribuiscono al finanziamento, trattandosi di «liberare i possedimenti di Dio», come si usava dire, cioè di organizzare e combattere una guerra che, considerata anche la distanza, aveva costi altissimi.

L'addestramento militare è eccellente, la disciplina severissima: bandita la caccia, i giochi di carte e di dadi, vietato ridere scompostamente, parlare troppo o a voce troppo alta, far crescere i capelli oltre una certa misura. Anche il sonno è rigidamente regolamentato: i cavalieri dormono «in armi», si levano prima dell'alba, devono essere sempre pronti. Chi viola le norme è espulso o imprigionato; alcune mancanze sono punite con pene umilianti: per esempio, mangiare da soli seduti sul pavimento, invece che a tavola insieme agli altri, i quali, dal canto loro, costante richiamo all'austerità dei loro costumi, devono prendere il cibo a due a due dalla stessa scodella, pratica non rara nel Medioevo. Un'immagine ricorrente mostra, del resto, due templari in sella allo stesso cavallo, il che illustra lo stesso austero principio, ma sarà invece interpretato maliziosamente.

In ogni epoca i corpi d'élite hanno avuto e hanno regole ugualmente severe. Di particolare rigore per questi monaci combattenti erano le norme che escludevano le donne, il cui contatto è aborrito al punto che non si può baciare nemmeno la propria madre (*mulier instrumentum diaboli*). È l'abituale atteggiamento di diffidenza degli ordini monastici nei confronti della femminilità, agente, ancorché involontaria, del demonio: «Pericolosa è la compagnia di una donna, perché l'antico diavolo con la compagnia di una donna ha distolto molti dalla retta via che conduce al paradiso».

I templari non sono semplici cavalieri come gli altri, ma soldati di prima linea addestrati ai compiti più rischiosi, e qui sta la novità che rappresentano. Alcuni ordini cavallereschi erano già in vita: esistevano i Cavalieri di San Giovanni, noti come ospitalieri, ed erano all'opera i Cavalieri di Malta. Si trattava, però, di corpi a cavallo dediti alla cura e al ricovero di pellegrini invalidi o ammalati; il loro impegno in operazioni militari restava eccezionale.

I templari sono i primi a prevedere l'uso sistematico delle armi e ciò rafforza l'attrazione che esercitano, la diffusione della loro fama, rivestiti come sono dalla doppia armatura del ferro e della fede. Chi assiste allo spettacolo terrificante di una loro carica, con i bianchi mantelli svolazzanti, il volto chiuso nell'elmo a copertura totale, il riverbero del sole sulle lame mulinanti, ne ricava un timore duraturo. Con il tempo, il valore, la determinazione, il mistero contribuiranno alla costruzione del mito.

Papa regnante in quegli anni è Innocenzo II (Gregorio Papareschi), un pontificato, il suo, fra i più travagliati. Nel 1130 un drammatico scisma divide la cristianità, le opposte fazioni si combattono senza esclusione di colpi. Da una parte ci sono i cardinali sostenitori di Innocenzo, forti dell'appoggio dell'imperatore tedesco Lotario e di numerosi potentati italiani del Centronord. La fazione opposta è costituita da altri cardinali che hanno eletto un «antipapa», Anacleto II (Pietro Pierleoni), appoggiato dal normanno Ruggero II, re di Sicilia, Puglia e Calabria. I suoi sostenitori si concentrano, per conseguenza, nelle regioni meridionali ed è probabilmente la prima volta che la penisola vede una così netta divisione fra zone geografiche, in seguito destinata a ripresentarsi più volte nel corso dei secoli.

Fra le varie accuse che Innocenzo scaglia contro il suo avversario c'è anche quella di avere origini ebraiche. L'antigiudaismo della Chiesa di Roma è stato sempre violento e un simile addebito è destinato a pesare. Infatti, grazie anche alla sua capacità manovriera, Innocenzo finisce per prevalere e il povero «papa del ghetto» è costretto ad asserragliarsi a Castel Sant'Angelo, dove finirà i suoi giorni nel gennaio 1138. Con la morte di Anacleto lo scisma viene sanato, ma la soluzione è solo temporanea. La posta in gioco è troppo alta, la legge elettorale troppo difettosa, le lotte continueranno a ripresentarsi, aspre, anche negli anni successivi.

Bernardo di Chiaravalle doveva aver intuito fin dall'inizio l'esito della contesa, tanto che si schierò subito dalla parte di Innocenzo, probabile vincitore, appoggiandolo presso il re di Francia Luigi VI, dal quale era molto ascoltato. A battaglia conclusa farà accordare ai templari una speciale protezione papale. Nel 1139, infatti, Innocenzo II, con la bolla *Omne datum optimum*, pone l'ordine dei monaci-guerrieri alle sue dirette dipendenze, sottraendolo a ogni altra autorità ecclesiastica, compreso il patriarca di Gerusalemme, ed esonerandolo dal pagamento di ogni tassa e gabella. Significative queste parole: «È Dio stesso che vi ha costituiti difensori della Chiesa e avversari dei nemici di Cristo». Tutti gli ordini religiosi godono di privilegi che difendono con accanimento contro gli altri ordini, i secolari, i poteri laici. I templari diventano i prediletti, da quel momento solo il papa può scomunicare un Cavaliere del Tempio o un membro della sua «familia».

Oltre che molto ricco, l'Ordine diventa in questo modo anche molto potente. Le offerte che riceve sono talmente cospicue che, nonostante le grandi spese per le campagne militari (viaggio, equipaggiamento, costruzione di fortezze), i suoi inventari registrano un forte attivo in beni mobili e immobili. Parallelamente alle azioni militari ha così inizio un'intensa attività finanziaria; si sostiene da più parti che siano stati i templari gli inventori dell'assegno e della lettera di cambio. Sicuramente, essi provvedono al trasferimento di fondi verso sedi lontane, riscuotono le decime per conto del papa, fanno prestiti a persone di rango che motivino adeguatamente le loro richieste, forniscono un servizio di tesoreria ai nobili che non vogliano occuparsene personalmente. Il traffico di denaro ha sempre giovato a chi è stato capace di gestirlo. I templari confermano la regola, accrescendo ancora di più ricchezze e potere; vedremo fra poco in qual modo, in una fase successiva, ciò diventerà causa o pretesto della loro rovina.

Le battaglie contro i musulmani conoscono picchi di inaudita crudeltà da entrambe le parti. Uno degli episodi più atroci avviene nel 1153, all'epoca della seconda crociata, durante l'assedio di Ascalona. Una torre cristiana che ha preso fuoco viene scagliata contro le mura. L'impatto e le fiamme provocano una breccia. Sono mesi che gli assedianti cercano di entrare in una città che pare imprendibile. Bernardo di Tremelay, che comanda un drappello di Cavalieri del Tempio, ordina immediatamente l'irruzione.

In quaranta si gettano al galoppo nel varco apertosi nelle mura. Per loro sventura nessuno li segue: il grosso delle truppe in quel momento è impegnato altrove e la carica resta un episodio isolato. I musulmani, resisi conto dell'esiguità delle forze, non faticano ad avere la meglio. I templari vengono massacrati a colpi di scimitarra, i loro corpi decapitati appesi per i piedi fuori delle mura mentre le teste, spiccate dal busto, vengono scagliate nel campo cristiano tramite catapulte. L'orrore dello spettacolo raddoppia le forze degli assedianti che riescono finalmente a penetrare in città e riservano ai nemici lo stesso spietato trattamento.

Nel corso di quelle guerre il più valente generale musulmano è il leggendario Saladino, Salāh-ad-Dīn, ingiustamente conosciuto in Occidente come «il feroce Saladino». Egli riesce a radunare sotto i suoi vessilli un'armata di oltre duecentomila uomini e nel 1174 compie il miracolo, politico prima che militare, di assicurarsi l'appoggio dell'intero mondo musulmano. Nel febbraio 1179 Saladino invade la Galilea dirigendosi poi a sud verso Gerusalemme. I templari, dall'interno della ben munita fortezza detta «Guado di Giacobbe», gli sbarrano la strada costringendolo a fermarsi. In giugno, però, l'implacabile condottiero torna ad attaccare e questa volta ha la meglio; la fortezza è presa, i templari passati a fil di spada. Cade nelle mani del nemico anche il gran maestro dell'Ordine, Oddone di Saint-Amand. Quando gli comunicano che può riavere la libertà pagando un riscatto, rifiuta con sdegno. Viene imprigionato a Damasco, dove morirà di stenti.

La strada verso Gerusalemme sembra ora aperta anche se, in realtà, dovranno passare anni prima che Saladino e il suo sterminato esercito riescano a conquistare la Città Santa. L'impresa riuscirà solo nell'ottobre 1187, dopo settimane di assedio. I simboli cristiani, a cominciare dalla croce, sono abbattuti e sostituiti con le mezzelune dell'islam; per quanto riguarda i templari, la loro «casa capitana» viene spostata ad Acri, dove rimarrà fino al 1291.

Per molti anni ondate di pellegrini e di combattenti della cristianità continueranno a sbarcare sulle coste della Palestina o anche dell'Africa del Nord. Sono uomini mossi dalla fede, da calcoli militari e commerciali, dal desiderio di espiazione e, considerate le condizioni in cui si viaggiava allora e i rischi di ogni spostamento, partire in pellegrinaggio era di per sé una dura penitenza. Solo nel 1229 Gerusalemme viene restituita ai cristiani, questa volta senza spargimento di sangue, dopo un'intesa diplomatica tra Federico II e il sultano d'Egitto Malik Al-Kamil, uomo illuminato, amico delle arti e delle scienze, il sovrano che lo stesso Francesco d'Assisi volle incontrare.

L'imperatore Federico prende possesso di Gerusalemme, dove cinge solennemente la sanguinosa ed effimera corona del regno. Passa più di mezzo secolo e il 28 maggio 1291 la capitolazione di San Giovanni d'Acri, ultimo baluardo cristiano, segna la fine del Regno di Gerusalemme. I templari si battono da valorosi in quella cittadina ben fortificata, che contava quarantamila abitanti. Il 17 maggio, però, i musulmani riescono ad aprire una breccia nelle mura ed entrano in città. La resistenza dei cavalieri è accanita, molti potrebbero salvarsi via mare, ma non lo fanno; al contrario, rimasti in poco più di cento, si asserragliano nella cittadella riuscendo a tener testa per una settimana a ripetuti assalti. Alla fine, stremati, cedono. In Europa torneranno in pochissimi. C'è da chiedersi se non sarebbe stato meglio per loro morire in battaglia piuttosto che fra gli atroci supplizi che di lì a poco dovranno affrontare.

Ho cercato di condensare in pochi episodi salienti una storia lunga e movimentata, fitta di accanimenti, di slanci eroici, di crudeltà, che si apre con la prima crociata nel 1095 (o 1096) e si chiude quasi due secoli dopo con il massacro di San Giovanni d'Acri. I templari lasciarono sul terreno un numero di cavalieri stimato fra i dodicimila e i ventimila. Qualunque cosa si pensi di loro, non si può dubitare né della loro fede né della loro fedeltà al giuramento. Si può discutere se fosse moralmente appropriato per dei monaci combattere in prima linea, essere assegnati ai compiti più rischiosi e, di conseguenza, più sanguinosi, essere cioè inquadrati in un vero e proprio «corpo speciale», come diremmo oggi. Una volta concesso che questo era ciò che le condizioni religiose e politiche del tempo consentivano, il resto è indiscutibile. Ebbene, per crudele paradosso, sarà proprio «il resto» che verrà usato per annientarli. La loro sarà una rovina rapida e di particolare crudeltà.

Il re di Francia Filippo IV il Bello, in una riunione quasi segreta tenuta il 14 settembre 1307 presso l'abbazia di Maubuisson, ordina il loro arresto in massa. Ciò che segue è tradimento, delazione, ferocia, infamia travestita da ragioni di giustizia. Perché quell'ordine venne dato? Furono motivi complessi che meritano qualche parola, sia pur breve, di spiegazione. Il contrasto fra il trono francese e il papato era cominciato già alla fine del 1200, ai tempi di Bonifacio VIII, papa di deprecata memoria, accusato da Dante di simonia, da Jacopone da Todi di essere «novello anticristo», da altri addirittura di assassinio nella persona del suo predecessore Celestino V.

Il contrasto si era fatto molto acuto a causa della riscossione di certi tributi che il papa riteneva dovuti alla Chiesa, ma che il re non voleva perdere; insomma, faccende di denaro, come sempre molto delicate. Nel marzo 1303 Filippo convoca al Louvre il Consiglio di Stato, durante il quale il fido consigliere Guillaume de Nogaret lancia un vero e proprio atto d'accusa contro Bonifacio, indicato come simoniaco, eretico, sodomita, assassino. Appresa l'inquietante notizia il papa, che si trovava ad Anagni, prepara una bolla di scomunica per il re di Francia. Non ha però il tempo di emanarla perché la mattina del 7 settembre alcuni congiurati, appoggiati dalla famiglia Colonna sua nemica, fanno irruzione nei palazzi papali al grido di «Viva il re di Francia!». Bonifacio, rivestito dei suoi paramenti, seduto sul trono pontificale, fronteggia muto la folla.

Qui ha luogo il celebre (e, in parte, forse leggendario) episodio noto come «schiaffo di Anagni», poiché il Nogaret, che aveva ordine di trascinare comunque il papa a Parigi, lo avrebbe, supremo oltraggio, colpito al viso con la mano rivestita da un guanto di ferro. La celeberrima vicenda è una delle indirette premesse di quanto di lì a poco accadrà. Dopo tre giorni di prigionia Bonifacio viene liberato, ma tale è stato il trauma che morirà poche settimane più tardi.

Il successore di Bonifacio, Benedetto XI, tenta una mediazione tra le famiglie in lite; vi riesce solo in parte e comunque resta poco sul trono. Infatti, muore rapidamente di dissenteria dopo aver mangiato dei fichi molto gustosi, ma con ogni probabilità avvelenati. Il punto di svolta, e il protagonista della nostra storia, lo troviamo con il nuovo papa, Clemente V, al secolo Bertrand de Got, arcivescovo di Bordeaux, con il quale ha inizio il periodo avignonese del papato. Secondo alcuni storici l'astuto Bertrand avrebbe comprato il trono di Pietro concedendo al re, in caso di elezione, tutte le decime del reame per cinque anni. Anche Dante è convinto che Bertrand, «pastor senza legge», abbia acquistato la carica, anche perché Clemente si fa incoronare a Lione e dal 1309 fissa la sua residenza ad Avignone, scelta che lo pone di fatto sotto l'influenza della corona di Francia.

Re Filippo, preda di vera furia vendicativa, vuole processare Bonifacio anche se è morto. Clemente, con un sottile gioco di rimbalzo, non si oppone all'assurda pretesa, anzi, ordina che si comincino ad ascoltare alcuni testi, riservandosi di sfruttare in seguito questa diplomatica cedevolezza. Quando l'implacato Filippo gli ingiunge di sciogliere l'Ordine dei templari, papa Clemente lentamente cede, lasciando nello stesso tempo che s'insabbi il processo al suo predecessore Bonifacio, un'onta che nemmeno un papa disinvolto come lui poteva tollerare.

Per il re si tratta di un cambio vantaggioso. Accanirsi contro Bonifacio morto era solo un iroso capriccio, meglio accontentare Clemente, che sembra dare buone garanzie di obbedienza. Tanto più che l'animosità del sovrano contro i templari si basa su assai concrete ragioni. In occasione di una sommossa popolare dovuta alla pesantezza delle tasse e alla forte inflazione, i cavalieri lo avevano sottratto ai tumulti tenendolo al riparo nella loro fortezza parigina, il Tempio, un poderoso castello fortificato (nell'attuale IV *arrondissement* parigino), ricco di stanze e di celle, perfetto anche come carcere (lì infatti, durante la Rivoluzione, passeranno la prima fase della reclusione Luigi XVI e la sua famiglia). Mentre il popolo e lo stesso papa bollavano Filippo con il nomignolo ingiurioso di «*roi fausseur*», titolare di una moneta fortemente svalutata, i cavalieri avevano avuto l'ardire (e l'ingenuità) di mostrare al re, nei sotterranei del Tempio, i loro forzieri ricolmi.

Nelle mosse successive il rischioso gioco continua; Clemente ritiene di poter tenere l'iniziativa reale sotto controllo dando pieni poteri ai vescovi. Il re inserisce uomini fidati nelle commissioni che dovranno valutare le pesanti accuse contro i cavalieri. Come sempre accade nei complotti, il bandolo lo offre un delatore. Un certo Esquieu de Floryan, ex galeotto nelle carceri di Béziers, riferisce di aver conosciuto in carcere un templare espulso dall'Ordine, il quale gli ha confidato vergognosi episodi: che al momento dell'ammissione i cavalieri devono sputare sulla croce; che si scambiano baci pieni di concupiscenza concludendo spesso il rapporto con atti di sodomia; che adorano uno strano idolo; che il gran maestro si arroga funzioni sacerdotali impartendo l'assoluzione. Si poteva finire sul rogo per molto meno.

Ricopre in quel momento la carica di gran maestro Jacques de Molay, un uomo di sessantaquattro anni, di umili origini, nato nei pressi di Belfort, in Alsazia. Quando ha sentore che una grave minaccia incombe sull'Ordine, tenta di giocare d'anticipo chiedendo lui stesso al papa di aprire un'inchiesta per liberare i cavalieri dalle assurde accuse di cui si vocifera. È un tentativo disperato. Infatti rimane senza esito.

Re Filippo ha impartito ai suoi balivi istruzioni segrete: alla data convenuta i messaggi loro inviati dovranno essere aperti e gli ordini che recano immediatamente eseguiti. Guillaume Imbert, domenicano, confessore del re e grande inquisitore di Francia, deve assecondarne l'esecuzione, se necessario senza l'avallo del papa. È quanto avviene. Recita il messaggio reale: «Tutti i membri del suddetto Ordine nel nostro regno siano arrestati senza eccezione alcuna, imprigionati e sottoposti al giudizio della Chiesa, e che tutti i loro beni mobili e immobili siano confiscati e messi in nostro potere».

Il mandato non poteva essere più esplicito anche nel rivelare le vere intenzioni della corona. Re Filippo, nipote di san Luigi, un bigotto che non intraprendeva affare di Stato senza aver prima ascoltato un paio di messe, pensa di poter raggiungere due fini con lo stesso mezzo: combattere l'eresia e l'oscenità dilaganti fra i templari e impossessarsi di un tesoro in grado di risolvere i suoi problemi finanziari, soprattutto in vista della prosecuzione della guerra contro gli inglesi.

L'ordine regio doveva essere eseguito in modo rapido e simultaneo. Così fu. Il 13 ottobre 1307 Guillaume de Nogaret procede di persona all'arresto del gran maestro prelevandolo all'alba dal Tempio di Parigi; nelle segrete dello stesso Tempio si consuma l'orrore degli interrogatori, accompagnati dalle più strazianti torture. Quando il papa apprende la notizia, ne rimane offeso: gli avvenimenti lo hanno scavalcato, calpestando la sua autorità e le sue competenze. Tuttavia, soltanto due settimane più tardi si decide a scrivere al re:

> Voi, figlio amatissimo, durante la nostra assenza avete fatto violenza ai templari e messo le mani sui loro beni. Vi siete spinto fino a gettarli in carcere ... vi avevamo informato d'aver già

preso l'intera questione nelle nostre mani, volevamo accertare da noi quale fosse la verità ... In quest'azione improvvisa tutti vedranno, non senza ragione, un oltraggioso disprezzo verso di noi e la Chiesa di Roma.

Parole vane, anche perché tardive; il papa dovrà aspettare due mesi prima di ottenere una risposta. Nel frattempo Nogaret, abilissimo nel procacciarsi testimonianze consone ai suoi scopi, ha fatto rintracciare e interrogare un buon numero di cavalieri cacciati dall'Ordine o che hanno disertato. Ora non è più questione della parola di un ex carcerato che riporta di seconda mano dicerie da galera; l'ondata di arresti riposa su una buona messe di verbali firmati e autenticati. Fiaccati dalle torture, minacciati di tormenti ancora peggiori, la maggior parte degli arrestati conferma fra gli spasimi qualunque accusa. Nogaret e il grande inquisitore assistono personalmente agli spaventosi interrogatori, anche una sola ammissione è sufficiente a dichiarare eretico l'imputato, altre eventuali colpe non hanno più importanza.

Lo storico Georges Lizerand, che ha studiato il processo ai templari, in un saggio intitolato *Le dossier de l'affaire des Templiers*, pubblicato a Parigi nel 1923, avanza la tesi che i comportamenti disumani degli aguzzini non sarebbero stati possibili se papa Clemente avesse dimostrato maggiore energia, rifiutandosi di accettare con rassegnata passività le atroci procedure ordinate dal grande inquisitore. Altri papi, nel corso della storia anche recente, si attireranno analoghe accuse di fiacchezza o di eccessiva «prudenza». La politica, in faccende come queste, è sempre pessima consigliera.

Da parte cattolica si è tentato, anche di recente, di giustificare il comportamento di papa Clemente con le straordinarie avversità che dovette affrontare. Resta che alcuni atti che era in suo potere fare non vennero fatti. Avrebbe potuto deporre il grande inquisitore che, in quanto sacerdote, gli doveva obbedienza. Infatti lo farà, ma ancora una volta quando sarà troppo tardi. Gli storici più benevoli dipingono Clemente come un uomo pacifico e di buon cuore, inadatto a reggere il governo in un momento così difficile. Per di più avendo di fronte un uomo come Filippo, freddo e collerico nello stesso tempo, dominato da odi profondi, che pochi anni prima aveva avuto l'ardire di far schiaffeggiare Bonifacio sul trono pontificale. È pure possibile che il papa temesse che una sua aperta resistenza avrebbe provocato il male peggiore, cioè uno scisma da parte del re di Francia. Anche questa domanda resta, comunque, senza una definitiva risposta. La verità è che il papa, all'inizio, tentò di resistere, poi, per ragioni che sappiamo solo in parte, cedette al re, passandogli la mano.

Nogaret vuole decapitare l'Ordine, il suo bersaglio è il gran maestro, sa che facendo cadere lui anche tutto il resto crollerà. Una delle numerose versioni del processo attesta che un certo Giaco, che è stato scudiero del maestro, confessa, dopo un rude trattamento, che costui ha abusato di lui per ben tre volte in una sola notte. Interrogato, de Molay nega; di nuovo interrogato, ammette altre colpe: «L'Ordine templare, fondato a glorificazione del nome di Cristo e della fede cristiana, nonché per la conquista e la tutela della Terrasanta, da lungo tempo per seduzione di Satana rinnegava il Cristo re, sputava sul crocifisso nonché compiva *alia enormia* durante la cerimonia d'ammissione». In seguito ritratterà, ma ormai la sua sorte è segnata.

Ci si è chiesti più volte quali ragioni abbiano indotto il maestro a confessare colpe palesemente infondate. Una delle ipotesi più convincenti è che l'astuto Nogaret abbia posto de Molay davanti a un dilemma del diavolo: perdere se stesso o perdere l'Ordine. In altri termini, l'accusatore era disposto a tacere sulla vergogna d'aver abusato del suo giovane sottoposto se, in cambio, egli avesse ammesso le colpe dell'Ordine.

Re Filippo, mentre tutto ciò accade, si autoproclama fiduciario di tutti i beni dei templari esistenti all'interno del regno. Comanda che i suddetti beni siano requisiti per essere in seguito destinati al finanziamento di una nuova crociata. Naturalmente, nessuna nuova crociata sarà mai indetta. Per converso, riprendono poco tempo dopo i lavori per la costruzione delle cappelle di Notre-Dame e della Conciergerie del palazzo reale, mentre la sua moneta, il *bourgeois*, viene finalmente coniata in una lega metallica di maggior pregio.

Il 22 marzo 1312, nella cattedrale di Vienne, papa Clemente legge la bolla *Vox in excelso*, dove si elencano le gravi accuse contro i Cavalieri del Tempio: «Essi dunque, contro lo stesso Signor Gesù Cristo, erano caduti in una innominabile apostasia, nella scelleratezza di una vergognosa idolatria, nel peccato esecrabile dei sodomiti e in varie altre eresie». Al termine della requisitoria decreta: «Non con sentenza definitiva, ma con provvedimento apostolico, noi, con l'approvazione del santo Concilio, sospendiamo l'Ordine dei templari da ogni funzione, la sua regola, il suo abito e il suo nome, con decreto assoluto, perenne, proibendolo per sempre e vietando severamente che qualcuno, in seguito, entri in esso, ne assuma l'abito, lo porti, e intenda comportarsi da templare».

Il papa non abolisce l'Ordine, si limita a sospenderlo, per di più con sentenza «non definitiva», un provvedimento di compromesso che rivela il suo imbarazzo per le tante accuse non provate. Aggiunge che non saranno tollerate intromissioni nei beni dei templari, anche se in realtà Filippo ne sta già facendo man bassa. Con una bolla successiva lo stesso papa trasferirà ciò che resta di quei beni ai Cavalieri dell'Ordine di san Giovanni, gli attuali Cavalieri di Malta.

Quanto a de Molay, dopo sette anni di durissima reclusione, con un regime alimentare che a stento lo tiene in vita, subisce un ultimo processo, che si conclude il 18 marzo 1314. In un sussulto estremo di dignità, di fronte agli accusatori che non avevano previsto questa possibile reazione in un uomo ridotto l'ombra di se stesso, il gran maestro conclude la sua breve autodifesa gridando: «Sebbene sappia quale destino mi attende, non voglio aggiungere altre menzogne: nel dichiarare che l'Ordine fu sempre ortodosso e mondo d'ogni macchia, rinuncio di buon grado alla vita». Ritrattare significava morte sicura, de Molay sapeva che cosa quelle parole gli sarebbero costate.

Infatti, quella stessa sera venne arso vivo davanti a una grande folla, all'estremità dell'Île-de-la-Cité. Si narrò in seguito che, già avvolto dalle fiamme, avesse gridato che entro un anno avrebbe di nuovo incontrato re e papa di fronte all'Altissimo.

Dopo de Molay salì sul rogo il suo aiutante e amico Geoffroy de Charney, lodando il maestro ormai martire. Pare che alcuni

Una parete affrescata della Domus aurea. In alto, a sinistra, è visibile il foro praticato nel XVI secolo dai primi scopritori che si calavano in questi ambienti, allora ritenuti grotte sotterranee, copiandone i motivi ornamentali, poi diventati le famose «grottesche».

Un dipinto di Antonio Zanchi raffigurante Nerone vicino al cadavere della madre Agrippina, che lui stesso aveva fatto assassinare.

Il vicecaporale delle guardie svizzere Cédric Tornay il giorno del giuramento di fedeltà al papa.

Il colonnello Alois Estermann e la moglie Gladys Meza Romero ricevuti da Giovanni Paolo II.

Un tratto delle mura leonine con la torre di San Giovanni. Le mura vennero fatte costruire da papa Leone IV tra l'848 e l'852 per proteggere il colle Vaticano e la basilica di San Pietro dai musulmani.

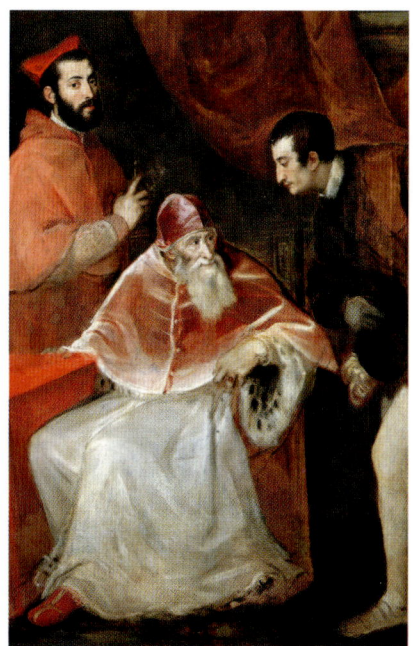

Paolo III Farnese, nel dipinto di Tiziano con i nipoti prediletti Ottavio e Alessandro, era noto per l'accentuato nepotismo.

Fu Giulio II Della Rovere, qui ritratto da Raffaello, a istituire nel 1506 il primo reggimento della guardia svizzera.

Una litografia a colori del sacco di Roma da parte dei lanzichenecchi, che nel 1527, al soldo dell'imperatore Carlo V d'Asburgo, conquistarono e saccheggiarono la città.

L'arco di Costantino, eretto per commemorare la vittoria dell'imperatore romano su Massenzio nella battaglia di Ponte Milvio (312).

La colonna Traiana (qui sopra, un particolare) e quella Aureliana (a lato) celebrano le gesta di Traiano e di Marco Aurelio, due imperatori i cui monumenti furono spoliati per adornare l'arco dedicato a Costantino.

Un affresco del ciclo dedicato alla *Donazione di Costantino* nella basilica romana dei Santi Quattro Coronati. La «Donazione» si rivelò presto un falso clamoroso.

Arnolfo di Cambio, *Bonifacio VIII*, 1303, Vaticano, San Pietro.

Scomunicato da papa Gregorio VII, Enrico IV, qui in un dipinto di Eduard Schwoiser, si umiliò a Canossa per ottenerne il perdono.

Il mosaico absidale protocristiano della chiesa romana di Santa Prassede raffigurante Cristo con gli apostoli tra santa Prudenziana e santa Prassede.

Santa Costanza, sulla via Nomentana, una delle più belle basiliche protocristiane fatte erigere da Costantino fuori del fitto tessuto urbano di Roma, in origine era destinata a essere il mausoleo di sua figlia Costanza.

Albino Luciani
fu eletto papa,
col nome
di Giovanni Paolo I,
il 26 agosto 1978.
Il suo pontificato
durò solo 33 giorni.

Don Lorenzo Milani
con i ragazzi
della scuola di Barbiana
da lui fondata
a Vicchio (Firenze)
a metà degli anni
Cinquanta.

Dom Giovanni Franzoni, anima
e guida della comunità di San Paolo.
Le sue posizioni critiche gli costarono
la sospensione *a divinis*.

Don Luigi Ciotti, fondatore del gruppo
Abele e dell'associazione Libera,
durante un'asta simbolica di beni
confiscati alla mafia.

Sopra: Gian Lorenzo Bernini, *Autoritratto*, particolare, 1623, Roma, Galleria Borghese.

Francesco Borromini, *Autoritratto*, Roma, chiesa di San Carlo alle Quattro Fontane.

La chiesa di Sant'Ivo alla Sapienza, opera del Borromini, con la bizzarra cuspide a spirale che sormonta la lanterna.

Lo scenografico baldacchino realizzato tra il 1624 e il 1633 da Bernini in San Pietro. Alla progettazione collaborò Borromini.

In alto, le facciate di San Carlo alle Quattro Fontane del Borromini e di Sant'Andrea al Quirinale del Bernini e, sotto, i relativi interni, in cui è evidente il contrasto fra gli stili dei due artisti.

Pio IX, pontefice dal 1846 al 1878, fu testimone della presa di Roma da parte dell'esercito del Regno d'Italia.

La fontana dei Dioscuri in piazza del Quirinale: le statue ai lati dell'obelisco rappresentano Castore e Polluce.

Il Palazzo del Quirinale, che fu la residenza dei papi dal XVI al XIX secolo, si affaccia sull'omonima piazza, dal cui belvedere si gode uno splendido panorama di Roma.

Greta Garbo nel ruolo di protagonista nel film *La regina Cristina* del regista Rouben Mamoulian (1933).

Sebastien Bourdon, *Cristina di Svezia*, XVII secolo, Béziers, Musée des Beaux-Arts.

Il seicentesco monumento funebre di Cristina di Svezia, opera di Carlo Fontana.

La tomba degli Stuart, realizzata da Antonio Canova nel 1819.

La Casa dei Cavalieri di Rodi, antico nome del Sovrano Militare Ordine di Malta, affacciata sui fori di Traiano e Augusto. Nel corso del tempo l'edificio del XII secolo ha avuto innumerevoli destinazioni, sacre e profane.

Il suggestivo chiostro della cinquecentesca chiesa di Sant'Onofrio al Gianicolo, dove è sepolto Torquato Tasso.

Un ritratto del generale musulmano Salāh-ad-Dīn (1137-1193), sultano d'Egitto, noto in Occidente come Saladino, Firenze, Galleria degli Uffizi.

I templari davanti a Filippo IV e papa Clemente V, miniatura di Maestro Boucicaut, XV secolo, Londra, The British Library.

Il portone del priorato nella piazza dei Cavalieri di Malta disegnata da Piranesi. Dal foro nel portale si ammira una splendida inquadratura della cupola di San Pietro.

Juan Leal de Valdés, *Sant'Ignazio di Loyola riceve il nome di Gesù*, 1676, Siviglia, Museo de Bellas Artes.

In un altro ritratto, di scuola francese (XVII secolo), Ignazio di Loyola, fondatore della Compagnia di Gesù, è rappresentato in veste di soldato.

La fastosa tomba di Gregorio XV, nella chiesa di Sant'Ignazio, è forse la più ricca di ornamenti di tutta Roma.

L'imponente ma sobria facciata della chiesa del Gesù, principale tempio gesuita di Roma, e, sotto, il suo interno, vero tripudio di ori e marmi policromi.

In origine, la volta della cappella Sistina era decorata con un cielo blu trapunto di stelle. Su incarico di Giulio II, Michelangelo, trentenne, vi realizzò, praticamente senza aiuti, una serie di affreschi, tra cui la celebre *Creazione di Adamo*.

La targa che ricorda il rastrellamento degli ebrei operato dai nazisti il 16 ottobre 1943. Quasi tutti gli oltre 2000 deportati morirono ad Auschwitz.

L'obelisco di piazza San Giovanni, il più alto di Roma, e, sullo sfondo, il Palazzo Laterano.

Veduta aerea di Castel Sant'Angelo, il mausoleo di Adriano trasformato in un'inespugnabile fortezza dai papi.

Tre dei protagonisti dello scandalo che negli anni Settanta-Ottanta ha coinvolto la banca vaticana: il finanziere Michele Sindona, morto avvelenato in carcere; il banchiere Roberto Calvi, impiccato sotto il ponte di Blackfriars a Londra; e il cardinale Paul Marcinkus, per quasi vent'anni alla guida dello Ior.

Emanuela Orlandi durante un concerto alla scuola dove studiava musica, pochi giorni prima di essere rapita.

Mehmet Alì Ağca al processo per l'attentato a Giovanni Paolo II, avvenuto in piazza San Pietro il 13 maggio 1981.

Enrico De Pedis, detto «Renatino», membro della banda della Magliana, che pare coinvolto nel rapimento Orlandi.

La palazzina dove, secondo la testimone Sabrina Minardi, sarebbe stata tenuta prigioniera la ragazza.

Busto dell'imperatore Adriano,
I-II secolo, Firenze,
Galleria degli Uffizi.

Il Passetto di Borgo, camminamento che collega i palazzi vaticani a Castel Sant'Angelo.

La raffinata sala della biblioteca a Castel Sant'Angelo, i cui affreschi raffigurano episodi della fondazione di Roma. Mentre i livelli superiori ospitarono gli appartamenti papali, i sotterranei del castello furono adibiti a carcere dell'Inquisizione.

La rampa elicoidale all'interno di Castel Sant'Angelo, che consentiva l'accesso ai piani superiori, era dotata di un ingegnoso sistema per lo smaltimento delle acque piovane.

Alessandro Magnasco, *Corte dell'Inquisizione*, XVIII secolo, Budapest, Museo delle Belle Arti.

Josemaría Escrivá de Balaguer, il fondatore dell'Opus Dei, tra i fedeli a Barcellona nel novembre 1972.

L'imponente sede dell'Opus Dei di New York e quella, dalla facciata più anonima, di Roma, alle cui spalle sorge tuttavia un più ampio complesso.

Castel Gandolfo, la tenuta di proprietà della Santa Sede che si affaccia sul Lago di Albano, gode dello statuto di extraterritorialità ed è utilizzata dai pontefici per brevi periodi di riposo.

Il maestoso atrio d'ingresso della prestigiosa Pontificia Università Gregoriana a Roma.

spettatori si siano avvicinati al patibolo per raccogliere come reliquie le loro ceneri prima che venissero disperse.

Vera o no che sia la profezia dell'agonizzante de Molay, papa Clemente venne a morte in capo a un mese, re Filippo nel novembre dello stesso anno. Il papa per un tumore all'intestino, il re per le ferite riportate cadendo da cavallo durante una caccia. Le leggende, com'è accaduto per tante altre morti considerate ingiuste o troppo crudeli, si levarono dalle stesse fiamme del rogo e sarebbero durate a lungo.

La sorte atroce dei templari non bastò, infatti, a eliminarne la memoria. Al contrario, proprio la conclusione delle loro avventure contribuì ad alimentarla fino ai nostri giorni. La segretezza delle procedure e dei luoghi, le immense fortune accumulate, i tenebrosi riti iniziatici, l'ombra di accuse diventate a loro volta motivo di fascinazione: numerosi elementi hanno contribuito ad accendere la fantasia. Secondo alcune ipotesi, sono eredi dell'antico Tempio le attuali logge massoniche, secondo altre lo sarebbero varie società misteriose o occulte, come per esempio i rosacroce del XVI secolo.

I templari sarebbero stati venerati anche dai rivoluzionari dell'89, che vedevano in loro le vittime di due poteri, quello reale e quello clericale. Secondo altre ipotesi, infine, le leggende postume sono state alimentate dai conturbanti connotati di cerimonie in cui sacro e profano, ascetismo e sensualità, rigore e oltraggio si confondevano in una serie di riferimenti, dove le pie favole cristiane e i richiami satanici diventavano quasi indistinguibili. Più di recente, l'emblema dei templari (due cavalieri su un solo cavallo) avrebbe esercitato una notevole attrazione su alcuni movimenti gay.

L'impressionante testimonianza di una cerimonia idolatra si può leggere nella deposizione fatta il 1° marzo 1311 davanti alla commissione pontificia da un certo Antonio Sicci da Vercelli, un notaio che era stato al servizio dei templari di Siria, pur non facendo parte dell'Ordine:

> Nella città di Sidone ho sentito raccontare più volte che un nobile di questa città aveva amato una nobildonna armena; da viva non la conobbe mai carnalmente, ma quando fu morta la violò

in segreto nella tomba, la notte seguente il seppellimento. Fatto ciò, egli udì una voce che gli diceva: «Ritorna quando sarà giunto il momento del parto, perché troverai allora una testa, figlia del tuo atto». Il testimone ha sentito dire che, giunto quel giorno, il cavaliere suddetto tornò alla tomba e trovò una testa umana fra le gambe della donna sepolta. La voce si fece di nuovo sentire e gli disse: «Conserva con cura questa testa, perché da essa ti verrà ogni bene». All'epoca in cui ho udito tale racconto il commendatore di quel luogo [Sidone] era Mathieu Le Sarmage, originario della Piccardia. Era diventato fratello del sultano che regnava allora a Babilonia [il Cairo], perché l'uno aveva bevuto il sangue dell'altro e ciò faceva sì che fossero considerati fratelli.

In una versione alquanto diversa lo stesso episodio, che evidentemente aveva larga circolazione, si conclude così:

Egli portò con sé la testa, che divenne il suo genio protettore, ed egli poté sconfiggere i suoi nemici semplicemente mostrandola. A tempo debito la testa entrò in possesso dell'Ordine.

Molti cavalieri, durante interrogati, avevano parlato di un'entità chiamata *baphomet*, ovvero di un oggetto mostruoso legato all'evocazione d'una testa barbuta idolatrata nel corso di cerimonie demoniache. L'etimo della parola *baphomet* è incerto. Secondo alcuni, deriverebbe per corruzione da *Mahomet*; infatti, il profeta dell'islam compare più volte nei verbali del processo; secondo altri poteva derivare dall'arabo *abu fihamat*, che i mori di Spagna pronunciavano *bufihimat*, con questo intendendo «padre della conoscenza».

Osserva Alain Demurger nel saggio *I Cavalieri di Cristo* che in questi racconti compare una serie di elementi costanti: la trasgressione sessuale; i poteri della testa magica, che dà la morte a chi la guarda negli occhi, ma rende onnipotente chi la possiede purché eviti di fissarla. Evidente il richiamo alla testa di Medusa, simbolo spaventoso del sesso femminile; cosicché se la leggenda si può leggere come «una rappresentazione dei fantasmi legati alla paura della donna, con la massima naturalezza si inseriscono in essa i temi della morte oltraggiata, dell'incesto e della sodomia».

A ciò si sommarono altri elementi di sottile esoterismo. Per esempio, si disse che la testa cui si fa cenno nei resoconti fosse in realtà la Sindone di Torino (oggetto considerato magico) che, a quanto pare, fu in possesso dell'Ordine per circa un secolo fra il 1204 e il 1307, anno nel quale tutti i templari vennero arrestati. A questa possibilità la storica Barbara Frale ha dedicato un saggio, *I Templari e la Sindone di Cristo*. In effetti, tre cavalieri, interrogati dagli inquisitori, risposero in modo da far pensare che l'idolo di cui si parla fosse in realtà la Sindone. A conforto, la studiosa aggiunge che Geoffroy de Charney, fidato collaboratore dell'ultimo gran maestro Jacques de Molay, era un membro della stessa famiglia de Charney presso la quale nel 1353 venne rintracciata la Sindone.

Tali nere leggende, dove si mescolavano in modo molto suggestivo elementi orientali, negromanzia, alchimia e torbida sensualità, avevano in realtà cominciato a circolare già molto prima. Wolfram von Eschenbach, templare e poeta tedesco vissuto alla fine del XII secolo, considerato fra i maggiori autori epici dell'epoca, nel suo *Parzival* fa dei cavalieri i protettori del santo Graal, un oggetto (nonché una parola) carico di significati e di mistero, da lui posto al centro di una serie di avventure dove, ancora una volta, l'estasi mistica e quella erotica si confondono. Anche i trovatori francesi cominciano a parlare del Graal nella loro lingua incantevole, così contribuendo a estendere la portata di un mito che finisce anch'esso per intrecciarsi con quello dei templari.

Ma che cos'è il Graal? Per cominciare, è una delle tante leggende su Gesù, ma così ampia e articolata da riempire un intero ciclo. Il misterioso Graal assume nella sua epopea medievale vari significati: è il nome della coppa che servì all'ultima Cena, il vassoio dove Gesù e i discepoli mangiarono l'agnello il giorno di Pasqua, il vaso in cui Giuseppe d'Arimatea, dopo la crocifissione, raccolse il sangue del Salvatore che poi portò con sé in Occidente, accompagnato da Maria Maddalena, divenuta nel frattempo sposa di Cristo e madre di un suo figlio.

Ma, di volta in volta, il Graal è stato anche visto come il piatto con cui i fedeli partecipavano alla festa comune, così come la coppa giustapposta alla lancia, simboli trasparenti delle energie maschili e femminili da cui sgorga la vita. La tradizione cristiana annovera almeno due sacri contenitori: il calice dell'eucaristia e la Vergine Maria. Nella *Litania di Loreto* la Madonna è descritta come *vas spirituale, vas honorabile, vas insigne devotionis*, ovvero vaso spirituale, vaso degno d'onore, vaso di massima devozione: nel grembo (utero, ossia vaso) della Madonna, infatti, la divinità è divenuta carne.

Nel poema di Wolfram von Eschenbach che ho citato, il Graal non è una coppa, bensì una pietra chiamata *lapis exillis*, termine interpretato ora come pietra dell'esilio e, in quanto tale, collegata alla diaspora ebraica; ora come *lapis ex coelis*, ovvero pietra caduta dal cielo. Secondo l'autore, infatti, la pietra sarebbe uno smeraldo caduto dall'elmo del ribelle Lucifero dopo che questi era stato colpito dalla spada dell'arcangelo Michele. Precipitata nell'oceano, sarebbe stata recuperata per magia dal saggio re Salomone e trasformata in una coppa poi adoperata da Gesù nell'ultima Cena. Secondo un'altra e ancora diversa versione della leggenda, la pietra, trasformata in un vaso da unguento, sarebbe stata portata in Inghilterra da Giuseppe d'Arimatea, dove è poi scomparsa. Esiste anche un'interpretazione simbolica, per cui il Graal diventa, di volta in volta, simbolo della tradizione occidentale, dell'inconscio, del sacro cuore di Cristo, della sessualità.

La parola «fine» su questo oggetto misterioso quasi certamente non sarà mai scritta. Ma è proprio qui la forza della leggenda: finché la fisionomia del Graal e la sua esatta natura si confonderanno nelle nebbie dove si mescolano fantasia e realtà, esso manterrà intatto il suo fascino ormai millenario. Ce n'è, insomma, abbastanza per alimentare, come è avvenuto, un intero filone narrativo. Infatti, la ricerca del Graal ha ispirato molti poemi del ciclo bretone. La prima grande espressione letteraria la troviamo nel *Perceval ou le conte du Graal*, del 1180 circa, di Chrétien de Troyes; pochi anni dopo sarà ripreso in Germania da quel von Eschenbach già citato, per poi arrivare fino a noi anche grazie a Richard Wagner (*Lohengrin*, *Parsifal*) e, da ultimo, a film e romanzi molto, spesso inutilmente, avventurosi.

Al di là di ogni fumosa leggenda c'è però almeno un episodio che continua a inquietare. Nella fatidica giornata di ottobre in cui i balivi di Filippo IV eseguirono l'ordine di arresto, un presidio templare riuscì a sfuggire indenne alla retata. Erano i cavalieri acquartierati a Bézu, in Provenza, non lontani da Rennes-le-Château. Si salvarono, pare, perché il comandante di quella guarnigione era un certo Seigneur de Got, un uomo che portava quindi lo stesso nome di famiglia di papa Clemente V.

Mezzo secolo fa, nel 1956, cominciò ad apparire in Francia una serie di studi sull'enigma di Rennes-le-Château. In quei libri, che avevano spesso il tono di racconti popolari, si mettevano insieme Cavalieri del Tempio, dinastia merovingia, rosacroce, alchimia e, soprattutto, il tesoro perduto dei templari, ovvero quella parte della loro fortuna sulla quale l'avido re Filippo non era riuscito a mettere le mani. Nel 1984 uscì anche in Italia un best-seller mondiale firmato da tre autori, Michael Baigent, Richard Leigh, Henry Lincoln, dal titolo *Il Santo Graal. Una catena di misteri lunga duemila anni*. La tesi del libro è che la Chiesa cattolica avrebbe comprato il silenzio dell'abate Bérenger Saunière il quale, restaurando la sua chiesa a Rennes-le-Château, avrebbe scoperto un segreto esplosivo: Gesù non sarebbe morto sulla croce, ma avrebbe trovato riparo in Provenza insieme alla sua sposa Maria Maddalena e al loro bambino.

Quale fondamento hanno queste storie? È possibile che, come accade per ogni leggenda, santo Graal, templari, dinastia merovingia, storia biblica, passione di Cristo, tutto sia stato fuso insieme in una ricostruzione avventurosa, largamente infondata, in ogni caso incontrollabile. Sul suo fascino comunque non c'è dubbio, come dimostra il successo mondiale del *Codice da Vinci* di Dan Brown, che si basa proprio su tali elementi. E come ha dimostrato, ancora prima, un altro successo narrativo, *Il falcone maltese*, di Dashiell Hammett, che ha aggiornato il mito del Graal rendendolo, per così dire, «laico» e riducendo l'oggetto agognato a un inerte pezzo di piombo. D'altra parte, il fascino romantico di storie come queste sta proprio nelle ombre di cui sono intessute, in cui nessuna luce riuscirà mai a penetrare.

Resta, nella vicenda dei templari, il fondo duro della storia: le torbide ragioni per le quali l'Ordine venne annientato, la sua repentina scomparsa nella quale si sommarono da una parte l'avidità di un re, dall'altra l'insufficiente coraggio di un pontefice.

X
L'IRREQUIETO ESERCITO DEL PAPA

Come s'intuisce già dal nome, la basilica del Gesù, nella piazza omonima, è la principale chiesa dei gesuiti a Roma; simboleggia nel modo più stupefacente e sontuoso la fiducia nella fede, la vittoria della religione, l'orgogliosa volontà di rivincita dopo il trauma causato da Lutero, il senso della missione mondiale che la Compagnia si è data fin dalla nascita. La facciata esterna, imponente ma tutto sommato sobria, non lascia indovinare quale tumulto di marmi, sculture, bronzi, stucchi, dorature, cornici, colonne, trabeazioni, affreschi gremisca l'interno. La dimensione della navata, l'ardimento della volta sarebbero sufficienti da soli a darne fastosa testimonianza. Ma non basta.

Proprio al centro della volta il Baciccia (Giovanni Battista Gaulli) ha eseguito nel 1679 un affresco affollato di figure precipiti, giocato su un prodigioso effetto prospettico, per cui il dipinto sembra sfondare il soffitto al di là della cornice dorata che alcuni angeli sorreggono. È il *Trionfo del nome di Gesù* ed è, infatti, Gesù che viene rappresentato nella vividissima luce che squarcia il centro del dipinto e illumina le schiere di santi e di fedeli disposti tutt'intorno.

Ci sono molte opere degne di attenzione in questa chiesa e qualunque guida le enumera, ma forse ciò che davvero conta (succede spesso, non solo a Roma) è il colpo d'occhio, l'affollarsi dei colori e degli ornamenti che compongono una dichiarazione d'intenti, un programma, un manifesto. Lo confermano, per esempio, i due gruppi ai lati dell'altare di sant'Ignazio di Loyola (transetto di sinistra). Da un lato *La Fede trionfa sull'Ido-*

latria, dall'altro *La Religione abbatte l'Eresia*. Il santo è seppellito sotto l'altare, ma nella nicchia centrale, fra quattro enormi colonne rivestite di lapislazzuli, c'è la sua grande statua che ogni giorno, alle 17.30, viene svelata abbassando il dipinto che per il resto del tempo la nasconde. Una volta la statua era tutta in argento, ora è per la gran parte in stucco. L'originale venne fuso per ordine di Pio VI, condannato da Napoleone, con il trattato di Tolentino, a pagare cospicue riparazioni di guerra.

All'ultimo piano di un palazzo adiacente, al numero 45 della piazza, ci sono le Camere di sant'Ignazio, ovvero ciò che resta della casa che era, inizialmente, la sede della Compagnia e dove lo stesso fondatore abitò fino alla morte (1556). Una piccola curiosità che va segnalata è che nella chiesa, subito a sinistra dell'altare, c'è una *Memoria* dedicata a san Roberto Bellarmino, con un busto scolpito dal Bernini. La sepoltura di questo gesuita ricco d'ingegno quanto povero di carità, colui che costrinse Galileo all'abiura e mandò al rogo Giordano Bruno, si trova invece nell'altra grande chiesa della Compagnia, dedicata a sant'Ignazio di Loyola. Avremo modo di tornare su Bellarmino.

Anche a Sant'Ignazio troviamo lo stesso fasto del Gesù, le stesse orgogliose affermazioni, gli stessi affreschi stupefacenti, la stessa visione di una fede fatta per essere diffusa ai quattro angoli del mondo, superbamente certa della sua verità. Quasi al centro della navata, una pietra indica il punto dal quale è possibile osservare con la migliore prospettiva l'affresco che orna il soffitto, realizzato da Andrea Pozzo nel 1685: angeli, beati, santi, un cielo di incommensurabile profondità dove sant'Ignazio, irradiato dalla luce del Cristo, diffonde a sua volta la luce alle quattro parti del mondo. Di nuovo lo stesso messaggio: la missione mondiale come scopo principale dell'Ordine.

Fu papa Gregorio XV (Alessandro Ludovisi), ex studente del collegio gesuita, a suggerire al nipote Ludovico Ludovisi, nel 1622, la costruzione del tempio. Nella cappella di fondo, a destra, se ne può ammirare la tomba mausoleo, forse la più sovraccarica di ornamenti esistente a Roma: un trono a baldacchino, gonfi tendaggi, tripudio di angeli trionfanti, marmi policromi; alla sommità la statua del papa benedicente, ai suoi piedi la *Fede* e l'*Abbondanza*, in un ovale sorretto anch'esso da angeli il profilo del nipote, cardinale Ludovico. Tutt'intorno alla cappella le statue delle virtù cardinali. Non c'è lembo di questo monumento che non esibisca un ornamento, un movimento, una decorazione, un fregio.

Notevole anche l'altare, nonché tomba di san Luigi Gonzaga, ricchissimo di sculture, rilievi, colonne, simboli; anche qui angeli immensi. La chiesa è costruita sul luogo dove ai tempi della Roma imperiale sorgeva il tempio di Iside, al centro di quello che era il quartiere egizio. Dov'è oggi la facciata c'era la Mostra dell'Acqua Vergine: una fontana monumentale, parte dell'unico acquedotto romano costruito ai tempi di Menenio Agrippa e rimasto ininterrottamente in uso fino ai giorni nostri. Il tratto finale dell'acquedotto sgorga infatti nella Fontana di Trevi.

La chiesa del Gesù e quella di Sant'Ignazio esibiscono nell'oro, nel bronzo, negli stucchi e nei marmi la gloria e la vastità delle ambizioni dei gesuiti. Non a caso il loro è l'Ordine religioso cattolico più odiato e più stimato, fatto da uomini di notevole sapienza, capaci di padroneggiare gli argomenti più sottili, ma altrettanto disinvolti, secondo una fama consolidata nei secoli, nell'uso dell'ipocrisia e della doppiezza.

Al pari degli ebrei, notevoli narratori di storielle su loro stessi, i gesuiti sono capaci di ridere dei propri difetti. Sul loro sito internet (www.gesuiti.it) si può leggere questo esempio di humour: un cappuccino muore e va in paradiso. Arrivato alla reception, gli assegnano la sua nuvola e gli indicano il tragitto per raggiungerla. Cammin facendo, vede arrivare uno splendido cocchio dorato trainato da sei cavalli bianchi, una meraviglia. Poco dopo incontra san Pietro. «Santità,» chiede «ma chi c'era in quel bellissimo cocchio?» «Ah, quello?» fa Pietro. «Si tratta di un gesuita.» «Perché lui nel cocchio e io a piedi?» E Pietro: «Sa, padre, è così raro vedere un gesuita da queste parti».

Ci vuole molta fiducia per ridere della propria fama non sempre positiva, spesso, anzi, pessima, più volte confermata nel corso della storia. Il *Dizionario milanese-italiano* del Cherubini, nell'edizione del 1814, dava per la parola «gesuita» queste accezioni: «verro, majale, porco». Anche i dizionari hanno una loro ideologia e quella che permeava il Cherubini è evidente.

Si può anche ricordare, però, che il dizionario Zingarelli, edizione 1943, alla parola «ebreo» precisava: «usuraio, avaro, avido di guadagno».

Sui gesuiti, del resto, uno dei più celebri episodi storici di analogo significato risale alla fine del XVI secolo. La sera del 27 dicembre 1594 il re di Francia Enrico IV, ex ugonotto convertito al cattolicesimo (famosa la sua frase: «Parigi val bene una messa»), noto come «le Vert Galant» per le sue molte amanti, si reca a visitarne una, Gabrielle d'Estrées, all'Hôtel de Schomberg, vicino ai palazzi del Louvre. Ad attenderlo non c'è solo la donna, ma anche un giovane, Jean Châtel, che è lì per ucciderlo. Infatti, lo assale con un coltello, lo manca, lo ferisce a un labbro, gli spezza un dente.

L'attentato è fallito, l'assassino catturato. Uno squilibrato? L'esponente di una fazione avversa? Di lui si sa poco: ha solo diciannove anni, è figlio di un mercante di tessuti. I sospetti cadono su un gruppo di preti; il ragazzo è cresciuto in una scuola dei gesuiti e sarebbe stato convinto al folle gesto negli anni della formazione. Anche se passato tra le file dei cattolici, è noto che Enrico ha conservato una visione religiosa ampia; non a caso di lì a poco, nel 1598, emanerà il celebre editto di Nantes, uno dei primi esempi di tolleranza religiosa, con cui concede una certa libertà di culto ai protestanti nei territori del suo regno. In breve, sul banco degli imputati, insieme al giovane Châtel, finiscono loro, i gesuiti.

Un'irruzione nel collegio gesuitico di Clermont e nella Maison St. Louis alla ricerca di prove conferma le accuse. Châtel sarebbe un sicario inviato dalla sinistra Compagnia di Gesù. Viene rapidamente condannato a morte e, due giorni appena dopo il crimine, gli si legano gli arti a quattro cavalli che, lanciati al galoppo in direzioni opposte, lo squartano vivo. Ma erano davvero stati i gesuiti i mandanti del tentato omicidio? Forti i sospetti, scarse le prove. Il risultato fu, comunque, l'allontanamento, per un certo periodo, della Compagnia dalla Francia.

L'attentato subito dal re era stato un buon pretesto per un provvedimento che molti avevano invocato, sospettando l'Ordine di intrusioni indebite nella politica e di eccessivo attivismo nella pedagogia. Fra l'altro, poiché molti novizi erano spagnoli e spagnole erano le stesse origini della Compagnia, si sospettava che i gesuiti fossero vicini a quella monarchia che contendeva aspramente al trono di Francia la supremazia in Europa.

Enrico IV morirà nel 1610 vittima di un altro attentato. A colpirlo sarà l'oltranzista cattolico François Ravaillac, trentadue anni, che aveva invano tentato di entrare nell'Ordine dei gesuiti. Anche lui verrà squartato vivo in quella che è oggi la parigina place de l'Hôtel de Ville.

In pochi decenni di vita la Compagnia di Gesù si era conquistata una pessima fama, come confermano libelli, processi, diffuse dicerie popolari. Un pamphlet pubblicato in Inghilterra proprio nell'anno dell'assassinio di Enrico IV reca il titolo *Discoveries of the Most Secret and Subtle Practices of the Jesuits*. Il volumetto è zeppo di insinuazioni calunniose mescolate a elementi melodrammatici che diverranno in seguito temi tipici del romanzo gotico: «Davanti al futuro assassino ponevano un coltello, avvolto in un pezzo di stoffa e chiuso in un cestino d'avorio coperto con un Agnus Dei scritto con lettere belle e profumate. Quindi estraevano il coltello per aspergerlo di acquasanta».

A ogni arma venivano attaccate cinque o sei perline colorate con una doppia valenza: indicare il numero delle pugnalate che dovevano essere inferte alla vittima nonché il numero delle anime che, a omicidio compiuto, sarebbero state liberate dal purgatorio. «Tutta la diabolica Compagnia s'inchinava ai suoi [del sicario] piedi. Lo convincevano che in lui vi era qualcosa di divino e che gli altri erano così illuminati dallo splendore che lui emanava, da cadere ai suoi piedi. La recluta aveva la certezza di andare realmente e subito in paradiso, senza passare per il purgatorio.» Una promessa che tutti i fanatici, non solo quelli religiosi, hanno sempre ripetuto e che continuano a ripetere ai danni dei loro adepti più ingenui. Anche oggi.

In un altro libello, del 1759, si prende di mira la fama dei gesuiti di essere grandi esperti in chimica e farmacologia. In *The Doctrines and Practices of the Jesuits* si legge che i gesuiti potevano fornire agli assassini veleni «in grado di infettare pietanze, piatti, saliere, ciotole, bollitori e tutti i tipi di utensili anche nel caso che venissero lavati e puliti per dieci volte».

Un processo che fece epoca per le sue stuzzicanti implicazioni sessuali fu quello intentato da Marie-Catherine Cadière (nata a Tolone nel novembre 1709) contro il suo confessore, il gesuita Jean-Baptiste Girard. Il caso fu discusso nel 1731 davanti al parlamento di Aix-en-Provence. La giovane, figlia di un mercante, accusava il suo consigliere spirituale di stregoneria, di averla indotta ad atti indecenti e di averla messa incinta. Il gesuita replicava sostenendo che la donna era isterica, affetta da convulsioni; che si diceva santa per avere il corpo piagato come quello di Gesù; che, per confermarlo, era arrivata a sporcarsi le mani di sangue mestruale. Anche questo processo, che suscitò vasta eco non solo in Francia, diventò presto un atto d'accusa contro i gesuiti, con Catherine nel ruolo di vittima della loro depravata lussuria. Con una prima sentenza la giovane donna era stata condannata a morte; un mese dopo, nel tripudio generale, fu però riconosciuta innocente e rimandata alla sua famiglia, mentre padre Girard veniva trasferito. Il processo ebbe anche un'interpretazione metaforica, nella quale i gesuiti erano visti come un corpo straniero ed estraneo che cercava di penetrare la Chiesa gallicana e la stessa corona di Francia.

A Londra, il poeta Jeremy Jingle pubblicò nel 1731 un libello dal titolo *Spiritual Fornication*, definito dallo stesso autore «*a burlesque poem*», nel quale «il caso di Miss Cadière e di padre Girard vengono gioiosamente ricostruiti», per esempio, immaginando che il lubrico sacerdote avesse danzato, ipnotizzando la donna con l'aiuto di Satana. A quel punto la bella Catherine si era fatta spogliare e assestare «tre colpi di bacchetta che lei volentieri accetta. Ciò fatto, le sfrega la schiena, le bacia il sedere e anche la cosina ... monta in sella, cavalca al galoppo, stuzzicando quelle parti che sono di sotto» eccetera. Il pamphlet si chiude con la triste fine della povera Cadière che, rimasta incinta, viene costretta ad abortire e chiusa in convento.

L'insistenza della pubblicistica inglese contro i gesuiti non deve stupire. Dopo la riforma anglicana di Enrico VIII l'antipatia dei cristiani inglesi nei confronti della Chiesa di Roma era venuta pienamente alla luce e a Londra si erano registrate numerose iniziative, non solo letterarie, contro i cattolici, chiamati sprezzantemente «papisti». Si era arrivati perfino a incolparli del devastante incendio noto come *the great fire*, che nel settembre 1666 aveva distrutto buona parte della città, e a leggere un sintomo inquietante persino nella data di quell'anno che, scritta in latino (MDCLXVI), comprende in ordine decrescente tutte le cifre della numerologia romana.

La fama sinistra venne rafforzata dalla presunta contiguità di questi religiosi con le pratiche occulte, le arti magiche, l'alchimia, nonché con le sottigliezze del pensiero, comprese quelle ingannevoli, fraudolente, illusorie. Il concorde e malevolo coro accompagna la vita della Compagnia, mescolandosi a elementi romanzeschi degni di un feuilleton. Non a caso, un genio dei romanzi d'avventura come Alexandre Dumas farà dire ad Aramis, uno dei quattro moschettieri, di essere il generale dei gesuiti, depositario di una potenza segreta che dovrebbe condurlo, nei suoi disegni, fino al trono di Pietro.

Ma la critica più insistita è sempre stata di coltivare una doppia morale. Qui il pensiero corre ovviamente alla polemica con i giansenisti e alla risposta di Pascal nelle *Lettere provinciali*, dove, per esempio, si legge:

> Schernendo la vostra morale, tanto sono stato lontano dallo schernire le cose sante, quanto la dottrina dei vostri casuisti è lontana dalla dottrina del Vangelo ... come le verità cristiane sono degne di amore e di rispetto, gli errori a esse contrari sono degni di disprezzo e di odio, poiché vi sono due cose nelle verità della nostra religione: una bellezza divina che le rende amabili, una santa maestà che le rende venerabili; e vi sono due cose negli errori: l'empietà che li rende orribili, e l'impertinenza che li rende ridicoli. (*Lettera XI*)

Parole durissime sotto l'eleganza della forma seicentesca, che il grande critico Francesco De Sanctis riassumerà così: «La morale gesuitica è riuscita ad abbassare la morale del popolo, ad avvezzarlo all'ipocrisia, a contentarsi dell'apparenza, negligendo la sostanza».

Tutto aveva avuto inizio il 15 agosto 1534 a Parigi, città più volte fatale. Sette uomini muovono dall'università della Sorbona, nel quartiere detto «latino», attraversano da sud a nord la città, salgono in cima alla collina di Montmartre, entrano nell'antichissima chiesa di St-Pierre, consacrata da papa Eugenio III nel 1147. Il giorno è cominciato in modo agitato, ci sono stati assalti alle statue della Vergine Maria, morti e incarcerazioni. Due mesi più tardi, in ottobre, i protestanti faranno affiggere numerosi manifesti ironizzando su uno dei dogmi della Chiesa, l'*hoc est corpus* o transustanziazione, ovvero la trasformazione dell'ostia nel vero corpo di Cristo dopo la consacrazione eucaristica. Lo stesso Francesco I, re di Francia, dovrà partecipare a una processione, torce in mano e reliquie in vista, per ribadire il suo ruolo di monarca cattolico nella controversia teologica.

Nel 1517 Lutero ha dato avvio alla sua Riforma, nel 1532 Enrico VIII ha fatto proclamare lo scisma anglicano; per la prima volta dalla fondazione, la Chiesa è attraversata da una spaccatura drammatica che le sottrae interi paesi: buona parte dell'Europa del Nord si allontana da Roma. Il concilio di Trento e la Controriforma sono imminenti, ma il processo di recupero sarà lungo; intanto servono subito nuove forze per contrastare le «eresie».

I sette amici che si riuniscono a Montmartre hanno fra i diciannove e i quarantatré anni, studiano teologia, vengono da esperienze diverse, condividono oltre alla fede un'immensa tenacia. Nel giorno in cui i cattolici celebrano l'assunzione di Maria in cielo (che nel 1950 diventerà dogma di fede), i sette si legano con un rito solenne facendo voto di povertà e castità e impegnandosi a compiere un pellegrinaggio in Terrasanta. Più tardi i voti diventeranno quattro: povertà, castità, obbedienza e completa sottomissione al papa. In quel lontano 15 agosto nacque la Compagnia dell'Ordine di Gesù. Uno solo dei sette era sacerdote, il francese Pierre Favre, meglio noto come Pietro Fabro. Con lui, gli spagnoli Ignazio di Loyola, Francesco Saverio, Nicola Bobadilla, Alfonso Salmerón, Giacomo Laynez e il giovane portoghese Simon Rodriguez.

Tre anni dopo, nel 1537, i sette raggiungono Roma e chiedono al papa l'approvazione del loro Ordine; nello stesso anno, a Venezia, vengono ordinati preti. La Terrasanta, però, resta al momento lontana, dato che le guerre in corso rendono il viaggio praticamente impossibile. Nel 1540 la Compagnia di Gesù viene ufficialmente riconosciuta come ordine; papa Paolo III le assegna, come prima missione, la catechesi di tutti i bambini delle scuole di Roma, mentre Ignazio di Loyola viene scelto per la carica di Superiore generale.

Come tutti i promotori di grandi imprese, anche Ignazio ha una personalità straordinaria, tanto più notevole in una costituzione fisica che è, al contrario, debole. Era nato nel 1491 a Loyola, nella provincia basca di Guipúzcoa, a pochi chilometri da San Sebastian, in una famiglia di piccola nobiltà che lo destina alla vita militare. Sugli anni della giovinezza si leggono diversi racconti, tutti di tono agiografico e che ripercorrono schemi consueti: dissipazioni, gozzoviglie, feste, donne, armi. Un giorno, però, il giovane Ignazio resta gravemente ferito mentre combatte a Pamplona contro i francesi ed è costretto a una lunga degenza. In quel periodo di immobilità, letti tutti i romanzi cavallereschi vicini al suo temperamento e alle sue esperienze, gli capita fra le mani un volume sulla vita di Cristo. È una folgorazione.

Il 25 marzo 1522, davanti all'immagine della Madonna Nera (la «Moreneta», patrona della Catalogna), nell'antichissimo monastero di Santa Maria de Montserrat, Ignazio, poco più che trentenne, appende i suoi armamenti, la spada, il mantello. Con un bastone da pellegrino, una ruvida tunica e sandali ai piedi comincia a vagare, prima in Europa, poi fino a Gerusalemme, quindi di nuovo in Spagna, dove inizia la sua attività teologica. Nel febbraio 1528 è a Parigi, frequenta la Sorbona, conosce i compagni con i quali fonderà l'Ordine.

L'aspetto saliente della sua personalità è quello dello studioso e del teorico. La sua salute è malferma, gli spostamenti gli risultano troppo faticosi; del resto, sa di poter dare il meglio nell'elaborazione di una dottrina. E di una disciplina. Nella sua concezione, la pratica della fede è molto simile a quella di una milizia. L'obbedienza militare alla quale i genitori l'avevano destinato la applica alla volontà della Chiesa e del suo supremo pastore. Quando muore a Roma, nel 1556, il professor Renaldo Colombo, anatomopatologo all'università di Padova, che esegue l'autopsia, descrive nel referto un corpo straziato dalle malattie: «Dai reni, dai polmoni, dal fegato e dalla vena porta ho estratto una quantità illimitata di calcoli biliari di vari colori».

Il ruolo di movimento di evangelizzazione spinta fin nelle terre più remote appartiene invece a un altro dei fondatori: Francesco Saverio, anch'egli spagnolo, nato in Navarra da una famiglia nobile, i cui beni, però, vengono confiscati da Ferdinando il Cattolico dopo la vittoria sugli autonomisti navarrini filofrancesi. Per sfuggire all'indigenza Francesco Saverio lascia la casa e si rifugia anch'egli a Parigi, dove studia teologia diventando ben presto insegnante della materia. La sua vita avventurosa comincia nel 1540, l'anno in cui l'Ordine viene ufficializzato. Da Lisbona s'imbarca verso le Indie. Per dieci anni evangelizzerà l'Oriente, raggiungerà il Giappone, vorrebbe toccare anche la Cina, ma morirà a quarantasei anni, logorato dalle fatiche, sull'isola di Sancian, al largo di Canton. Il celebre ritratto di Murillo lo mostra pallido, poggiato a un bastone, gli occhi levati verso un cielo squarciato dalla luce. Quindici mesi dopo, le sue spoglie sono trasportate a Goa, in India, e qui si inserisce nel racconto un ulteriore elemento prodigioso.

Si narra, infatti, che il corpo non mostrasse alcun segno di putrefazione e che il sangue stillasse ancora dalle vene. Si grida al miracolo. Lì, a Goa, venne seppellito, ma era destino che nemmeno dopo morto trovasse requie. Proprio per il potere miracoloso che le viene attribuito, la salma è smembrata, arti e organi spediti ai quattro capi del mondo. Nel 1614 un avambraccio arriva a Roma, alla chiesa del Gesù, dov'è tuttora conservato in un reliquario. Stessa sorte, nei secoli successivi, per gli organi interni, con punte di vero fanatismo alimentato della credulità popolare. L'Acqua di Saverio, semplice acqua di fonte venuta a contatto con i resti del suo corpo, avrebbe curato le febbri. Mescolata all'Acqua di Loyola, invece, sarebbe diventata un buon rimedio contro le infestazioni di vermi. In Baviera, fino al XVIII secolo si credeva che la sua immagine, appesa alla porta delle stalle, impedisse al diavolo di far ammalare le mandrie.

Queste due esistenze così diverse, ma consumate dall'identica fede, fanno capire quali siano state fin dall'inizio le due principali vocazioni della Compagnia. La battaglia per la vera fede, risposta cattolica all'eresia protestante, e l'evangelizzazione spinta fino agli estremi confini del mondo. Si dice che la missione planetaria abbia ispirato perfino una delle opere più celebri di Bernini su diretta influenza del gesuita e scienziato tedesco Athanasius Kircher (1602-1680), professore di scienze matematiche al Collegio romano. Si tratta della Fontana dei Quattro Fiumi in piazza Navona dove, oltre al Nilo e al Danubio, fiumi familiari, l'artista ha rappresentato per la prima volta i fiumi di lontani continenti: il Gange e il Rio de la Plata.

Al giovane che intendeva farsi gesuita si chiedevano capacità notevoli: vigore spirituale, attaccamento alla Compagnia, buona memoria, capacità di formulare un discorso corretto. Allora come oggi rigide norme disciplinavano la sua vita. Simon Rodriguez, uno dei sette «fondatori», sostenuto dal re del Portogallo, educava gli aspiranti gesuiti con rigorosa severità, obbligandoli a praticare il digiuno, la flagellazione e, secondo fonti dell'epoca, forse malevole, incoraggiando la consuetudine di rinchiuderli nelle loro stanze, o di costringerli a pregare davanti a un cadavere. La parola «obbedienza» si colloca, comunque, al centro della dottrina dei gesuiti non meno di quanto lo sia in un reparto militare.

Lo strumento per plasmare e purificare le anime, avvicinandole alla comprensione del messaggio divino, sono gli esercizi spirituali, concepiti da Ignazio di Loyola e approvati dal papa. Per quattro settimane, scrive il fondatore, occorre ritirarsi in un luogo adatto (quelle che poi vennero chiamate «Case di esercizi»), passandovi intere giornate immersi nel silenzio, meditando sulla vita di Cristo. Un direttore spirituale aiuterà a meglio afferrare i messaggi giunti dal cielo per arrivare finalmente allo stadio privilegiato della *contemplatio ad amorem*. La pratica ha ancora oggi grande importanza, come testimonia l'esistenza della Federazione esercizi spirituali (Fies), con il compito di promuovere i precetti di sant'Ignazio.

Accanto al nutrimento spirituale dei singoli c'è poi la disciplina dell'intero organismo, garanzia della sua efficienza collettiva. Questa insistita somiglianza con un reparto militare ha spinto qualcuno a definire i gesuiti l'«esercito del papa». È Ignazio a dettare le Costituzioni, che prevedono regole e doveri: l'Ordine viene fondato su una rigida impostazione gerarchica, dove ogni grado deve assoluta obbedienza al grado superiore. Al vertice della piramide c'è il pontefice al quale, scriveva Ignazio, si deve obbedienza *perinde ac cadaver* (a somiglianza di un cadavere). Un'obbedienza totale, simbolicamente racchiusa nel celebre motto: «Crederò che il bianco che vedo sia nero, se la Chiesa così lo definirà».

Oltre alle magnifiche chiese con cui questo capitolo si apre, esistevano a Roma altri luoghi notevoli legati alla Compagnia. Uno di questi era il Collegio romano, destinato alla formazione dei nuovi allievi, dunque di particolare importanza, dato il ruolo e le competenze intellettuali richieste ai futuri membri.

Fondato nel 1584, il Collegio romano è stato la più importante scuola gesuitica, rimasta tale fino al 1773, anno, come vedremo, della loro temporanea soppressione. La Compagnia vi ha fatto ritorno nel 1814, dopo la ricostituzione dell'Ordine che Pio VII decretò al termine dell'epopea napoleonica. Ne uscì in via definitiva nel 1870 quando, annessa Roma al Regno d'Italia, il governo confiscò il Collegio romano destinandone una porzione a liceo. Gran parte del loro insegnamento era, ed è, dedicato alla dottrina della Chiesa, ma ai gesuiti va anche riconosciuto il merito di aver incluso negli studi il latino, il greco, la poesia, la filosofia. Soprattutto nei paesi «eretici» le loro scuole avevano lo scopo non troppo nascosto di attrarre i giovani alla Chiesa di Roma. Infatti, numerose famiglie, anche non cattoliche, mandavano i propri figli nei loro collegi per la serietà dell'insegnamento e l'ottima fama di quegli istituti.

Con l'accrescersi del potere della Compagnia aumentò anche l'ostilità nei suoi confronti, non solo in numerose corti europee, ma all'interno stesso della Chiesa. È pur vero che i gesuiti si erano trovati coinvolti in molte e assai discutibili vicende terrene. Nel saggio *Ligne de foi: la Compagnie de Jésus et l'esclavage dans le processus de formation de la société coloniale en Amerique portugaise*, Carlos Alberto de Moura Ribeiro Zeron scrive che, fino a quando non vennero espulsi dal Brasile (1759), i gesuiti avevano utilizzato manodopera indigena e africana praticando altresì il commercio degli schiavi dall'Angola.

Alla morte di Clemente XIII, nel febbraio 1769, la questione gesuitica scoppiò con tale virulenza che la scelta del successore si giocò in gran parte su di loro. Autorevoli esponenti della casata dei Borboni chiesero addirittura che i candidati al trono di Pietro mettessero per iscritto il loro impegno a sopprimere l'Ordine. Ci vollero tre mesi e centottanta votazioni perché fosse finalmente eletto un successore nella persona di Gian Vincenzo Antonio Ganganelli (Clemente XIV), un romagnolo poco più che sessantenne che parve una scelta di compromesso accettabile da tutti, nonostante si fosse rifiutato di impegnarsi formalmente ad abolire la Compagnia.

Clemente aveva ereditato una complicata situazione politica, alla quale aveva cercato di rimediare, fra l'altro, con la distribuzione strategica di alcune porpore cardinalizie. La questione dei gesuiti continuava però a opprimerlo. Dopo quattro anni di pene, nel luglio 1773 dovette decretare lo scioglimento della Compagnia, ordinando addirittura di arrestare il generale dell'Ordine, Lorenzo Ricci, poi tenuto prigioniero fino alla morte in Castel Sant'Angelo.

Le date sono importanti. Siamo verso la fine di quel XVIII secolo caratterizzato dalla filosofia dei Lumi con tutte le varie e durature conseguenze politiche e culturali che quella visione dell'esistenza e dell'organizzazione sociale, dei rapporti fra gli uomini e con lo Stato avrà in Europa e nel mondo. In Francia sono all'opera gli enciclopedisti, che stanno corrodendo le fondamenta dell'assolutismo monarchico. In Inghilterra alcuni decenni prima c'è stata quella *Glorious Revolution* che ha assicurato i diritti del parlamento sulla corona. Non è senza significato che, in anni come quelli, il bersaglio principale diventi la Compagnia di Gesù, considerata da molti, non sempre a ragione, un simbolo degli aspetti più retrivi della Chiesa cattolica.

In un ideale itinerario gesuitico un altro luogo notevole è, a Roma, la splendida chiesa berniniana di Sant'Andrea al Quirinale, già citata nel capitolo «Due geni rivali», che ora, però, dobbiamo vedere sotto un diverso profilo. La chiesa e l'adiacente istituto erano dedicati al noviziato dei giovani aspiranti. Nella prima cappella a destra un quadro del Baciccia raffigura la morte di Francesco Saverio con il crocifisso stretto al petto, circondato da angeli e cherubini che ne confortano l'agonia. Sotto l'altare, in un'urna preziosa, si conserva il corpo di san Stanislao, giovane gesuita polacco morto ad appena diciotto anni.

Stanislao Kostka era nato nell'ottobre 1550 a Rostkow, a pochi chilometri da Varsavia, in una nobile famiglia; suo padre, il principe Jan, era senatore del regno. Mandato a Vienna per completare gli studi, cominciò a praticare gli esercizi spirituali secondo la regola di Ignazio. A differenza di suo fratello, giovane libertino, Stanislao era profondamente religioso. A quindici anni cadde ammalato molto gravemente, per di più trovandosi ospite in casa di un luterano. Il suo tutore, Jan Bilinski, credendolo moribondo avrebbe voluto chiamare un sacerdote per gli estremi sacramenti; temeva però la reazione del padrone di casa, ostile ai ministri cattolici.

Accadde allora qualcosa di straordinario, che l'agiografia così riporta: «Il tutore lo vide all'improvviso, con grande stupore, illuminarsi di uno splendore celeste e assumere un'espressione di dolcezza e reverenza insieme. Ma il suo stupore crebbe ancora quando Stanislao gli si rivolse dicendo con voce chiara e distinta: "Inginocchiati e adora il santo Sacramento. Due angeli del Signore sono con Lui, e anche la vergine martire santa Barbara"». Il giovinetto aveva avuto una visione, da lui stesso in seguito confermata, nel corso della quale uno degli angeli gli aveva dato la comunione.

Forte della sua fede, Stanislao decise di partire alla volta di Roma per farsi gesuita, senza nulla dire, temendo l'opposizione della famiglia. Dopo un breve soggiorno in Germania, si mise in cammino verso Roma. Durante il viaggio si ripeté il fenomeno delle visioni. Un giorno entrò in una chiesa un tempo cattolica, ma poi trasformata in tempio luterano. Quando Stanislao se ne rese conto, fu preso da grande sconforto. Subito, però, gli apparvero alcuni angeli che gli venivano incontro, uno dei quali gli porgeva l'ostia consacrata. Stanislao cadde in ginocchio e ricevette il sacramento direttamente da quelle mani celesti. Dopo un viaggio di millecinquecento chilometri e mentre la famiglia si disperava per la sua scomparsa, il ragazzo arrivò finalmente a Roma, alla Casa dei novizi. Forse per gli strapazzi subiti o forse a causa della sua debole costituzione, il 15 agosto 1568, all'età di diciotto anni, morì.

La Chiesa gli riservò i più grandi onori. Nel 1605 fu proclamato beato, primo in tutta la Compagnia di Gesù; nel 1671 patrono della Polonia; nel 1726 fu fatto santo da papa Benedetto XIII insieme a Luigi Gonzaga. In seguito venne proclamato protettore dei novizi religiosi, della gioventù studiosa e anche dei moribondi. Nei locali adiacenti alla chiesa di Sant'Andrea, vi sono ancora la cappella dove il povero giovane entrò in agonia e una statua molto impressionante che lo ritrae negli ultimi momenti prima della morte. L'opera fu eseguita nel 1702 da Pierre Legros, scultore parigino stabilitosi a Roma, dove era noto come «Monsù Legros». È interamente realizzata in marmi colorati che riproducono, con allucinato realismo, abiti, oggetti, arredi, incarnato del morente.

Nella stessa chiesa di Sant'Andrea, notizia degna d'attenzione, venne consacrato l'ingresso nella Compagnia del celebre gesuita Matteo Ricci (1552-1610), matematico e cartografo, che riuscì a stabilirsi a Pechino, capitale del Celeste Impero, primo fra gli occidentali a essere ammesso nella Città Proibita.

Di un'altra illustre sepoltura bisogna dar conto, poiché la storia dei gesuiti si costruisce attraverso la memoria e il culto dei morti non meno che per l'opera dei vivi. Nella terza cappella a destra della chiesa di Sant'Ignazio si possono vedere sotto l'altare le spoglie, sontuosamente rivestite della porpora cardinalizia, di Roberto Bellarmino (1542-1621), entrato anch'egli giovanissimo nella Compagnia, ma con un destino ben diverso da quello di Stanislao Kostka.

Le ossa di Bellarmino sono state legate con fili d'argento, così come d'argento è la maschera che ne copre il volto e le mani. Il suo ingegno era vigoroso, il suo acume tagliente come un rasoio. Ne dette prova da giovane, quando difese la sua tesi di laurea in teologia per ben tre giorni; ne darà spietata conferma poi, nell'implacabile determinazione con cui mandò al rogo il filosofo Giordano Bruno. Poco più che trentenne, aveva ottenuto una cattedra nell'università gesuitica Gregoriana, dedicandosi in particolare agli studenti del Nordeuropa che, tornati in patria, avrebbero dovuto contrastare il protestantesimo.

Bellarmino aveva visto con chiarezza che, rotto l'argine dell'ortodossia con Lutero, molte cose rischiavano di precipitare. Per questo fece della difesa della dottrina e del canone lo scopo della sua vita, per questo volle che Bruno fosse ucciso. Il processo al filosofo era durato sette anni, senza alcun costrutto nonostante gli interrogatori e le torture. L'implacabile cardinale lo prese in mano nel 1599 e in capo a poche settimane lo portò alla sola possibile sentenza: la condanna a morte dell'imputato, da bruciarsi vivo come eretico. Il 1600 era stato proclamato Anno Santo e l'immagine del filosofo che si torceva tra le fiamme avrebbe dovuto servire da monito a chi, pellegrino o romano, fosse stato tentato dall'eresia di Lutero.

Bellarmino aveva intuito che Bruno, con la sua visione di una pluralità infinita di mondi, aveva aperto un'era nuova per la libertà di pensiero; che se si mette in discussione l'edificio costruito sull'interpretazione canonica delle Scritture, l'intera costruzione dottrinale rischia di cadere. Nel suo *De l'infinito universo et mondi* il filosofo aveva scritto: «Esistono innumerevoli Soli e innumerevoli Terre ruotano attorno a questi». Qualche tempo più tardi si avrà conferma che le cose stanno proprio così.

Bruno aveva enunciato una teoria che anticipava di secoli le scoperte degli astronomi, ma che rendeva più difficile l'idea di un Dio creatore e la fede nella redenzione degli esseri umani per opera di Gesù. Il filosofo insomma era uscito dal cristianesimo e non poteva restare impunito. L'ironia della sorte vuole che nel maggio 2008 un altro gesuita, padre José Gabriel Funes, nominato da papa Ratzinger direttore della Specola vaticana, abbia dichiarato con tutta tranquillità che si può ammettere benissimo l'esistenza di altri mondi e di altre vite anche più evolute della nostra, senza per questo mettere in discussione la fede nella creazione, nell'incarnazione del Cristo, nella redenzione. Il povero Bruno aveva detto le stesse cose, ma con eccessivo anticipo.

La causa di beatificazione di Bellarmino, promossa dai gesuiti, si è prolungata per ben tre secoli, dal 1627 al 1930. Si opponevano ragioni tecniche, motivazioni dottrinali, il senso di opportunità per un uomo che con Giordano Bruno aveva agito in modo giudicato criminale anche da parte di esponenti cattolici. Fatto santo nel 1930 da papa Pio XI, l'anno successivo è stato proclamato dottore della Chiesa universale, da venerarsi come patrono dei catechisti e degli avvocati canonisti. Recita il suo epitaffio: «La mia spada ha sottomesso gli spiriti superbi». Quando, nel 1889, a Roma venne inaugurato il monumento a Bruno in Campo de' Fiori, papa Leone XIII inviò una lettera d'ammonimento da leggere a tutti i fedeli, in cui il filosofo veniva ancora una volta esecrato. Il Vaticano aveva continuato anche in seguito a premere per far demolire il monumento. Torna a onore di Benito Mussolini, capo del governo, aver resistito a quei tentativi.

Questi due santi, il giovinetto polacco morto a diciott'anni invasato da Gesù e dalle visioni angeliche e l'implacabile uomo di dottrina morto ottantenne, non potrebbero essere più distanti. Entrambi gesuiti, entrambi venerati, pongono nella loro lampante diversità la domanda se esista un connotato complessivo della Compagnia, spingono a chiedersi da chi sia fatto, in definitiva, questo «esercito del papa»; se la loro azione non abbia aderito troppo spesso alle estemporanee esigenze della politica; quale prevalente posizione abbiano assunto nell'eterno dissidio esistente nella fede cattolica fra l'esercizio della carità e la proclamazione orgogliosa della verità. Infatti, l'azione dei gesuiti, la loro elaborazione teorica e il loro operato hanno sovente oscillato fra questi due poli.

Nel 1981, anno di acceso dibattito all'interno della Compagnia, papa Giovanni Paolo II decise di nominare un suo rappresentante personale, Paolo Dezza, al posto di Vincent O'Keefe, designato dai gesuiti per sostituire il padre generale Pedro Arrupe caduto ammalato. Secondo la versione ufficiale il Vaticano tentava così di colmare «un certo smarrimento» nella Compagnia e di «aiutare nel discernimento» i gesuiti. La tesi non ufficiale dice, invece, che il colpo di mano rispondeva all'esigenza di mettere sotto controllo la corrente di sinistra della Compagnia coinvolta, in America Latina, nella teologia della liberazione. Più in generale, c'era il desiderio di contrastare la svolta «liberale» impressa da Pedro Arrupe nel corso del suo quasi ventennale mandato.

Nel 1968, a Medellin, in Colombia, la Conferenza episcopale latinoamericana aveva infatti preso posizione contro i regimi autoritari: dittature militari ferocemente oppressive spesso appoggiate (o comunque non apertamente osteggiate) dalla Chiesa di Roma. Contro questa politica di aperta e spesso sanguinosa repressione il clero sudamericano si era in buona parte schierato a fianco delle popolazioni più diseredate, sostenendo le loro lotte, pronunciandosi per una Chiesa vicina al popolo, socialmente attiva. La teologia della liberazione non è stata mai riconosciuta dal Vaticano, che riterrà, al contrario, di doverla arginare anche a costo di togliere autonomia ai gesuiti, vicini sì alle alte gerarchie, ma anche alle popolazioni oppresse dell'America Latina.

Un altro tema che ha suscitato un acceso dibattito è emerso nel 2001, quando il quotidiano «Il Corriere della Sera» ha ospitato una discussione fra lo storico David Kertzer, autore del libro *I papi contro gli ebrei*, e padre Giovanni Sale, storico della Compagnia di Gesù. Kertzer aveva rivolto alla Chiesa l'accusa di aver preparato il terreno all'antisemitismo nazista con il suo secolare antigiudaismo. A riprova lo scrittore citava fra l'altro una serie di articoli usciti sulla «Civiltà cattolica», quindicinale dei gesuiti fondato nel 1850. Nel 1882 la rivista aveva annunciato con particolare soddisfazione i primi congressi dei moderni movimenti antisemiti. Nel 1890 aveva pubblicato tre articoli sulla questione giudaica, con tesi che anticipavano le più infamanti calunnie naziste; più tardi, quegli interventi erano stati riuniti in un libro edito in più lingue.

Lo storico gesuita replicava che l'antigiudaismo manifestato dalla «Civiltà cattolica» era stato prontamente corretto; che, anzi, la rivista era stata, nel 1938, l'unica pubblicazione a opporsi alle leggi razziali volute da Mussolini. In effetti, fra i sacerdoti cattolici, gesuiti compresi, ci sono stati numerosi casi di opposizione al regime e addirittura, nel periodo della Resistenza, di vicinanza ai combattenti per la libertà. Sulla questione dell'antisemitismo, però, l'immagine della Compagnia resta sostanzialmente ambigua, non lontana da quella dello stesso Vaticano.

Lo stesso padre Sale, intervenendo sull'argomento («Civiltà cattolica», novembre 2008), ha definito «eccessivamente prudente» il comportamento di Eugenio Pacelli prima di diventare papa con il nome di Pio XII, all'epoca in cui era segretario di Stato: «Su questa materia la segreteria di Stato assunse un atteggiamento piuttosto prudente, pensando che in tal modo si potesse ottenere qualcosa di concreto a vantaggio degli ebrei, in particolare di quelli convertiti al cattolicesimo». Con questo atteggiamento si chiedeva al governo fascista «di utilizzare come criterio discriminatorio non il dato biologico razziale, ma quello religioso», ragione per cui, aggiungeva padre Sale, «appare oggi imbarazzante per lo storico cattolico, soprattutto dopo le aperture del concilio Vaticano II in tale materia, giustificare con categorie morali o religiose tale impostazione di pensiero e tale modo di procedere».

Un atteggiamento di analoga ambiguità si è riscontrato del resto alla fine dell'ultima guerra. Dopo l'abrogazione delle leggi razziali a opera del governo Badoglio, il padre gesuita Luigi Tacchi Venturi, inviato del cardinale segretario di Stato Luigi Maglione, sostenne che quella legge, «secondo i principi e le tradizioni della Chiesa cattolica, ha bensì disposizioni che vanno abrogate (quelle sui convertiti e sui matrimoni misti), ma ne contiene anche altre meritevoli di conferma». Definendo alcune di quelle norme «meritevoli di conferma» si cercava ancora una volta di isolare l'aspetto religioso (la conversione), suggerendo di tenere in piedi le limitazioni ispirate invece dal pregiudizio razziale.

Dal governo di padre Arrupe in poi, la Compagnia di Gesù si è invece segnalata spesso per le sue ampie aperture sia in campo sociale sia su questioni di dottrina. Nel gennaio 2008, pochi giorni prima che venisse eletto il nuovo padre generale della Compagnia, nella persona del teologo spagnolo Adolfo Nicolás, papa Benedetto XVI ha chiesto ai gesuiti una maggiore fedeltà soprattutto «nel promuovere la vera e sana dottrina cattolica ... in particolare su alcuni aspetti della teologia della liberazione, e vari punti della morale sessuale». Chiaro il messaggio ed evidente l'inquietudine del papa sui temi che vuole rendere caratterizzanti del suo pontificato.

Un altro gesuita che ha dato forti preoccupazioni al Vaticano è il teologo americano Roger Haight. Già nel 2004 la Congregazione per la dottrina della fede (ex Sant'Uffizio), allora presieduta proprio dal cardinale Ratzinger, aveva condannato le sue tesi vietandogli l'insegnamento della teologia presso l'università gesuitica di Cambridge, Massachusetts, la Weston School of Theology. Durante l'estate del 2008 il teologo è stato nuovamente condannato; la diffida all'insegnamento questa volta è stata estesa a ogni tipo di scuola, anche non cattolica, con in più la proibizione di pubblicare libri «finché le sue posizioni non siano rettificate».

L'accusa di fondo nei suoi confronti è che Haight impiega un metodo teologico nel quale i contenuti della fede sono subordinati alla loro accettabilità da parte della società contemporanea. L'interessato replica dicendo che la teologia cattolica avrebbe maggiori speranze di sopravvivere se diventasse più comprensibile per la cultura dominante in Occidente, soprattutto presso i giovani. Le gerarchie e il combattivo teologo gesuita dicono in sostanza la stessa cosa, esaminandola però da due punti di vista esattamente opposti. In effetti, nel corso dei secoli la Chiesa ha dimostrato più volte di sapersi adattare prontamente alle esigenze dettate dalla politica o dai costumi. Non si tratta quindi di stabilire se sia più importante la società oppure la dottrina. In gioco qui c'è, ancora una volta, una questione di supremazia o, se si vuole, di obbedienza.

Del resto, padre Haight ha trovato opposizioni anche all'interno della Compagnia. Un altro teologo gesuita, padre Gerald O'Collins, che insegna nella prestigiosa università Gregoriana di Roma, ha criticato le sue posizioni sostenendo che «per un Gesù come quello che Haight concepisce non varrebbe certo la pena di morire». Questioni delicatissime sulle quali non è facile, e forse nemmeno lecito, intervenire. Anche, però, una dimostrazione di quali inquietudini agitino la Compagnia in un momento così difficile per la Chiesa di Roma. Secondo i calcoli del vaticanista Sandro Magister, dei sette teologi inquisiti dalla Congregazione per la dottrina della fede, ben quattro sono gesuiti.

Gesuita, del resto, è uno dei maggiori teologi viventi, il cardinale Carlo Maria Martini, che sarebbe forse stato eletto papa se la sua visione teologica e sociale non lo avesse impedito. Nel suo libro *Conversazioni notturne a Gerusalemme* padre Martini discute con il confratello austriaco Georg Sporschill sulle principali questioni della dottrina cattolica. Emerge dalle sue parole una concezione umanizzata della Chiesa, per esempio sul difficile tema del celibato dei preti («Forse non tutti hanno il carisma»), sulla possibilità del sacerdozio femminile, sull'omosessualità. Sulla contraccezione Martini rompe i tabù che ben tre papi (Paolo VI, Giovanni Paolo II, Benedetto XVI) hanno perpetuato. Circa la famosa enciclica *Humanae vitae* emanata da Paolo VI nel 1968, che dettava la dottrina relativa all'atto sessuale nel matrimonio legandolo strettamente alla riproduzione, Martini ricorda che su quel tema il papa aveva sottratto ogni decisione ai padri conciliari riservandola a se stesso: «Purtroppo l'enciclica *Humanae vitae*» scrive «ha provocato anche sviluppi negativi ... questa solitudine decisionale a lungo termine non è stata una premessa positiva per trattare i temi della sessualità e della famiglia».

Ma forse il punto di fondo, l'apertura più grande verso un cristianesimo concentrato sull'amore piuttosto che sull'orgoglio della verità, si rivela quando Martini fa sua la famosa esclamazione di madre Teresa di Calcutta, «Dio non è cattolico», parafrasandola nelle parole: «Non puoi rendere cattolico Dio». Le implicazioni di questo assunto sono enormi e infatti, nella visione del cardinale, vanno applicate alla stessa figura di Gesù, che lui vede molto più benevola, dunque assai lontana da quella del «vero Dio e vero uomo» che emerge dal libro di Joseph Ratzinger *Gesù di Nazaret*.

Storia movimentata quella dei gesuiti, segnata da irrequietudini, contraddizioni, disseminata di molto male, che certo non è mancato, e di parecchio bene, com'è regola, del resto, per ogni grande avventura umana. Nel suo concreto operare la Compagnia sembra aver fatto propria l'esortazione di Martin Lutero al suo allievo più importante e, di fatto, erede ideologico Philipp Schwarzerd Melanchthon (Filippo Melantone), cui, in una lettera, il grande Riformatore inviò un precetto destinato a essere molto citato e molto frainteso: «*Esto peccator et pecca fortiter, sed fortius crede et gaude in Christo*», sii pure peccatore e pecca fortemente, ma credi con ancora più forza e rallegrati in Cristo. Non era un'esaltazione del peccato, come si è spesso voluto far credere. Era, al contrario, un invito a essere sempre completamente onesti con Dio grazie alla forza della fede.

Si può pensare molto male dei gesuiti, infatti spesso è stato così. Ma nella tensione intellettuale e dialettica di questa Compagnia sta oggi uno dei pochi segni di vitalità dottrinale di fronte a una politica vaticana sempre più ripiegata su una corta visione, segnata dal conformismo e talvolta, purtroppo, dall'arroganza del potere.

XI
I BANCHIERI DI DIO

Nel poderoso torrione di Niccolò V, addossato al palazzo adibito a residenza del pontefice, ha sede lo Ior, acronimo molto noto che sta per Istituto per le Opere di Religione, vale a dire la banca del Vaticano. La mole imponente della costruzione si può intravedere anche restando all'esterno, in via di Porta Angelica, davanti al cancello sorvegliato dagli svizzeri. La costituzione della banca risale al giugno 1942, quando Pio XII, papa Pacelli, eresse alcuni preesistenti istituti in una vera e propria banca dotata di personalità giuridica.

Il suo fine, come per ogni istituto di quel tipo, era di mettere a profitto i capitali. Però con la particolarità che gran parte degli utili avrebbero dovuto, per statuto e per dare sostanza al nome, essere appunto destinati a «opere di religione». Poiché quando si parla di politica quasi nulla è più indicativo dell'uso che si fa del denaro, la domanda che bisogna porsi è in quale misura la politica vaticana, fatta anche attraverso la sua banca, sia simile a quella di un qualunque altro Stato non particolarmente assistito dall'alto dei cieli.

Esiste al riguardo un precedente significativo. Per gestire l'ingente patrimonio che la Santa Sede incamera con il Concordato del 1929, Pio XI chiama l'ingegner Bernardino Nogara, abilissimo banchiere. Prima di accettare l'incarico, Nogara vuole che sia chiara una condizione: gli investimenti dovranno essere liberi da qualsivoglia considerazione religiosa e potersi effettuare ovunque nel mondo. Così sarà, tanto è vero che nemmeno la Seconda guerra mondiale influì sulle finanze vaticane, poiché Nogara, con l'aiuto di potenti mediatori cattolici, aveva trasferito negli Stati Uniti buona parte di quelle sostanze, riottenendole accresciute di valore alla fine del conflitto.

In questa lunga tradizione di abili finanzieri e investitori si può fare un ulteriore passo indietro. Nel 1862, mentre diventava evidente che, nonostante le resistenze di Pio IX, il dominio temporale dei papi stava per concludersi, Francesco Saverio de Merode, personaggio geniale e avventuroso, di origine belga, fece acquistare dalla Società Immobiliare i terreni adiacenti alla futura stazione Termini. Li ottenne a un prezzo irrisorio, trattandosi di una zona priva di valore urbanistico. L'uomo, però, aveva intuito che la futura capitale del Regno d'Italia si sarebbe sviluppata in quella zona più elevata rispetto alle bassure della città medievale e seicentesca. Mentre il papa, dopo la breccia di Porta Pia, si chiudeva sdegnato nei sacri palazzi, i suoi finanzieri consolidavano sulla «terza Roma» il dominio immobiliare della Santa Sede.

Questi precedenti pongono un problema di enorme complessità, di cui si può trovare una significativa eco nel dialogo fra Ernesto Galli della Loggia e il cardinale Camillo Ruini sul cristianesimo e il mondo contemporaneo raccolto in un volume intitolato *Confini*. A un certo punto l'alto prelato afferma: «Il rapporto ... della testimonianza cristiana ... con le potenze della storia è un tema estremamente difficile ma inevitabile». E più oltre: «Bisogna coniugare l'assolutezza morale con il realismo storico: questa è la sfida di sempre». Infatti, è esattamente questa la sfida, se dobbiamo giudicare dalla storia finanziaria della Santa Sede e dalla notevole elasticità del predetto confine fra «testimonianza cristiana» e «realismo storico».

Sull'argomento esistono, all'interno della stessa Chiesa, opinioni autorevoli, ma molto diverse. Dialogando su temi analoghi con Eugenio Scalfari nel giugno 2009, il cardinale Carlo Maria Martini ha affermato: «Compito della Chiesa è testimoniare la parola di Dio, il Verbo incarnato, il mondo dei giusti che verrà. Tutto il resto è secondario». E più oltre: «È sempre e comunque prevalente la capacità e la vocazione pastorale rispetto a quella diplomatica e teologica».

Sono due punti di vista molto lontani fra loro. Secondo Ruini bisogna «coniugare»; secondo Martini bisogna, invece, prendere partito, indicando quale termine in questa «coniugazione» debba prevalere.

Se c'è un terreno sul quale l'esito di una tale sfida può essere misurato, anzi, più precisamente «contato», è per l'appunto il maneggio del denaro. Nei rapporti con il denaro, cioè con la finanza, e quindi con la provenienza e l'uso di grandi somme, si riesce a vedere nettamente dove circostanze, volontà, occasioni e bisogni collocano il confine fra «testimonianza cristiana» e «potenze della storia», ovvero fra «assolutezza morale» e «realismo storico». Si riesce anche a vedere fino a che punto è ancora valido il pensiero dell'evangelista Matteo quando scrive (6,24): «Non potete servire a Dio e a Mammona», ovvero Dio e il denaro o il profitto.

Le vicende dello Ior sembrano testimoniare proprio la difficoltà di scegliere. Rispetto a ogni altro istituto bancario italiano, lo Ior ha alcune prerogative che lo rendono unico. La prima è che non paga imposte sui dividendi né i suoi correntisti ne pagano sugli interessi percepiti. La seconda, che lo avvicina a una qualsiasi banca di tipo off-shore, è che ogni richiesta di chiarimento proveniente da altri Stati, a cominciare dall'Italia, deve poggiare su un provvedimento motivato della magistratura ed essere inoltrata tramite il ministero degli Esteri («rogatoria»). Fino a oggi, peraltro, la Santa Sede non ha mai risposto affermativamente ad alcuna rogatoria sulla sua banca.

La terza prerogativa va ricordata anche per il peso che ha sulle vicende narrate in questo capitolo. Il Concordato fra la Santa Sede e l'allora Regno d'Italia, siglato nel febbraio 1929, nonché alcune successive sentenze della magistratura italiana stabiliscono che i dirigenti dello Ior, e più in generale tutti coloro che operano in strutture centrali della Santa Sede, godano di una totale immunità, per cui non possono essere chiamati in giudizio né tanto meno essere arrestati. Una copertura che sfida qualsiasi velleità di giudice che pensasse di chiamare un dirigente vaticano a rendere conto di un possibile crimine commesso in Italia.

Alla guida dello Ior per diciannove anni, dal 1971 al 1989, è stato un personaggio degno di entrare (e di fatto già entrato) nella leggenda per le straordinarie capacità di manovra, la forza fisica, l'energia e l'inventiva (secondo alcuni, anche l'ingenuità) di cui ha saputo dar prova, nonché per i numerosi errori commessi: monsignor Paul Marcinkus, il quale, a rigore, era anche sacerdote, cioè pastore di anime, circostanza che nel complesso delle sue attività appare però un dettaglio di secondaria importanza. Marcinkus era nato a Cicero, un sobborgo di Chicago (Illinois) nel 1922, ed è morto a Sun City (Arizona) nel 2006. Le origini familiari sono modeste, ma il ragazzo ha ingegno, studia nelle scuole cattoliche e negli anni Cinquanta si trasferisce a Roma presso la Pontificia università gregoriana. Collabora con il vescovo Giovan Battista Montini, che nel 1963 sarà eletto papa con il nome di Paolo VI.

Secondo «O.P.», la famigerata pubblicazione di Mino Pecorelli (assassinato nel 1979), il nome di Marcinkus compare nella lista di un centinaio di sacerdoti massoni, dove fa compagnia ad altri altissimi responsabili della gerarchia vaticana. La sua ascesa all'interno delle sacre mura è piuttosto rapida, anche perché nel 1970 si rende protagonista di un gesto di particolare ardimento. A Manila, nelle Filippine, riesce a deviare la lama di un esaltato che vuole attentare alla vita di Paolo VI. L'anno seguente diventa presidente dello Ior. Scrivendo e leggendo di questo molti anni dopo i fatti, si vede meglio da quali turbolenze e raggiri, da quali loschi personaggi e gigantesche truffe, da quanto sangue gli ultimi decenni del Novecento siano stati segnati. A quelle truffe, se non a quel sangue, Marcinkus e la banca vaticana sono continuamente mescolati.

Raccontare la storia di questa banca e di monsignor Marcinkus significa, infatti, mettere a nudo, per quanto possibile, i personaggi chiave di quelle vicende: Roberto Calvi, impiccato sotto un ponte londinese nel 1982, Michele Sindona, avvelenato in carcere nel 1986, l'onnipresente Licio Gelli, capo della loggia massonica deviata Propaganda Due (in sigla P2), organizzatore di trame eversive. Ma anche la povera Graziella Corrocher, segretaria di Calvi, volata da una finestra il giorno prima che il suo capo venisse assassinato.

Secondo stime elaborate dal matematico Piergiorgio Odifreddi, la Santa Sede costa alla Repubblica italiana 9 miliardi di euro all'anno in sovvenzioni dirette, cui vanno aggiunti almeno altri 6 miliardi per esenzioni fiscali di varia natura. Calcoli esatti non è possibile fare poiché i bilanci vaticani, lacunosi o reticenti, non permettono analisi molto dettagliate, anche se di recente la situazione è leggermente migliorata. Dal 2008, per volontà di Benedetto XVI viene distribuito a cardinali e vescovi un rendiconto finanziario. Diffonderlo in alcune migliaia di copie significa in pratica renderlo pubblico.

Dal punto di vista finanziario la morte di papa Giovanni XXIII, nel giugno 1963, è stata per la Chiesa una catastrofe. L'immensa popolarità di quel papa aveva fra l'altro fatto lievitare le offerte dei fedeli; dopo la sua scomparsa questa fonte di finanziamento si ridusse bruscamente. Per di più, alla fine degli anni Sessanta il governo italiano stabilì, dopo decenni di esenzione totale, che i dividendi azionari della Santa Sede fossero tassati. Un doppio colpo al quale Giovan Battista Montini, Paolo VI, successore di papa Giovanni, si sentì in dovere di rimediare. Il delicato incarico di trasferire all'estero gli ingenti pacchetti azionari di proprietà vaticana per sfuggire al fisco viene affidato a Marcinkus e a un abile uomo d'affari siciliano che aveva dimostrato di avere conoscenze e competenze giuste: il siciliano di Patti Michele Sindona.

All'interno delle mura leonine venne gravemente sottovalutato il fatto che Sindona, per abile che fosse, trafficava con i soldi della mafia, era legato a importanti «famiglie» italo-americane ed era consulente di alcuni dei più sanguinari boss del crimine organizzato. D'altra parte, il momento era critico e la Chiesa, come ripeteva spesso Marcinkus, «non si dirige con le Avemaria». Ricevuto l'incarico, Michele Sindona lo eseguì da par suo organizzando una delle più colossali esportazioni di capitali nella storia della finanza italiana. Destinazione: la Svizzera. Poiché anche la vita dei partiti politici è molto costosa, nel viaggio alla volta delle banche elvetiche qualche milione di dollari venne deviato verso le casse dei partiti più importanti. In particolare della Democrazia cristiana, tanto più che bisognava finanziare la campagna contro il divorzio, fortemente appoggiata dalla Chiesa.

Il castello di denaro, in parte reale in parte fittizio, costruito da Sindona sulle due sponde dell'Atlantico comincia a crollare verso la fine del 1974, per una complessa serie di ragioni, non ultime le tensioni in Medio Oriente, la difficile situazione internazionale, il prezzo del greggio. Quando la Banca Privata Italiana del finanziere siciliano è messa in liquidazione, l'avvocato Giorgio Ambrosoli, uno dei pochi eroi civili in quell'Italia infetta, viene incaricato dalla Banca d'Italia di dirigere l'operazione. Su di lui vengono esercitate pressioni fortissime perché avalli documenti che dovrebbero dimostrare la buona fede di Sindona. La posta in gioco è enorme; Sindona è protetto dal potente uomo di governo Giulio Andreotti, che lo ha definito «salvatore della lira». Se Ambrosoli avesse ceduto a quelle pressioni, Sindona avrebbe evitato ogni conseguenza penale e sarebbe stata la Banca d'Italia a dover coprire i debiti.

Pur sapendo di rischiare molto, Ambrosoli non cede né alle blandizie né alle minacce. In una lettera alla moglie, suo testamento spirituale, scrive fra l'altro: «È indubbio che, in ogni caso, pagherò a molto caro prezzo l'incarico: lo sapevo prima di accettarlo e quindi non mi lamento perché per me è stata un'occasione unica di far qualcosa per il mio Paese». Le conclusioni del suo rapporto furono che la Banca Privata andava liquidata e che Sindona era responsabile del dissesto. Il finanziere siciliano lo farà assassinare l'11 luglio 1979 da William Aricò, un killer assoldato negli Stati Uniti al prezzo di 115.000 dollari versati su un conto svizzero. Ai suoi funerali parteciparono alti dirigenti della Banca d'Italia, ma nessuna autorità dello Stato.

Nel 1976, mentre le banche di Sindona crollavano, Licio Gelli, capo della P2, propose proprio ad Andreotti, in quel momento ministro della Difesa, un piano per salvare il finanziere siciliano. Il ministro lo adottò e sarebbe molto probabilmente riuscito a renderlo esecutivo se non si fosse frapposta la resistenza di un altro vero servitore dello Stato, l'allora ministro del Tesoro Ugo La Malfa. Le cose presero così un diverso indirizzo. Quanto a Sindona, nel marzo 1986 finirà avvelenato da un caffè al cianuro nel carcere di Voghera.

Questo il drammatico sfondo. Torniamo ora alle vicende dell'arcivescovo Marcinkus, che nel 1971 diventa presidente dello Ior; pochi mesi dopo, Sindona gli presenta Roberto Calvi, anch'egli banchiere. La carriera di Calvi è cominciata presto. A ventisette anni, nel 1947, entra nel Banco Ambrosiano, strettamente legato allo Ior, con la qualifica di impiegato. Nel 1971 ne diventa direttore generale, nel 1975 presidente. Anche le sue ambizioni, come quelle degli altri personaggi della storia, sono vaste: vorrebbe ingrandire la banca, lanciarla nel giro della grande finanza internazionale. Si iscrive alla loggia P2, intreccia rischiosi legami con il mondo della mafia, dà vita insieme allo Ior ad alcune società nei paradisi fiscali. Nel 1977 Sindona, in forti difficoltà, chiede il suo aiuto, ma Calvi deve (o vuole) rifiutare: la sua situazione non è solida; per di più valuta prudente allontanarsi da quel socio, diventato molto pericoloso.

La vendetta di Sindona non tarda: il 13 novembre 1977 compaiono a Milano dei manifesti nei quali si denuncia il Banco Ambrosiano per gravi irregolarità. Un'ispezione della Banca d'Italia, nell'aprile 1978, accerta che, in effetti, le irregolarità sono consistenti e numerose. Il relativo dossier è affidato al giudice Emilio Alessandrini, il quale, però, pochi mesi dopo (gennaio 1979) viene assassinato da terroristi di Prima Linea. L'intera trama della vicenda mostra, in ogni dettaglio, un'Italia inquietante, continuamente segnata dal crimine, mafioso o politico, come nei peggiori momenti della sua storia travagliata. Erano tutte ragioni più che sufficienti perché un istituto votato alle «opere di religione» si allontanasse a gran velocità da certi personaggi. Prevalsero, invece, le esigenze della politica, che sono sempre costose, urgenti e chiedono soprattutto di badare al sodo e di non alzare gli occhi da lì.

Nella combriccola di faccendieri, lestofanti e veri criminali la figura di Roberto Calvi ha una fisionomia particolare, dove si mescolano grande disinvoltura nel maneggio del denaro e clamorosa ingenuità. Nell'ottobre 2005, ventitré anni dopo la sua morte, si è aperto a Roma il processo contro i suoi presunti assassini. La sentenza, emessa nel 2007, è stata di assoluzione per insufficienza di prove, come si sarebbe detto con il vecchio codice. Ciò che più interessa ai fini della nostra storia sono i documenti emersi prima e durante il procedimento. Il 30 maggio 1982, quando gli restavano un paio di settimane di vita, Calvi aveva mandato una lettera al cardinale Palazzini, considerato uomo dell'Opus Dei in Vaticano, nella quale scriveva:

> Eminenza reverendissima ... la credibilità morale ed economica del Vaticano è già gravemente compromessa; come mai nessuno vuole intervenire? ... all'interno del Vaticano esiste un complotto che, in connivenza con le forze laiche e anticlericali nazionali e internazionali, mira a modificare l'attuale assetto del potere all'interno della Chiesa stessa. Che il cardinale Casaroli e monsignor Silvestrini siano complici e soci è provato, tra le altre cose, da una serie di tangenti che si spartivano per operazioni effettuate da Sindona; e io stesso potrò indicare, se Lei lo desidera, le circostanze in cui avvenivano tali spartizioni, entità delle somme e numeri dei conti correnti! Ma a cosa mirano costoro? Del resto, molti finanziamenti e tangenti concessi dal Banco Ambrosiano a partiti e uomini politici hanno origine su loro indicazione. Eppure costoro sanno che io so...

L'intento è ricattatorio, ma il linguaggio rivela uno stato d'animo angosciato e tutti sanno che i veri ricatti richiedono un atteggiamento gelido. Infatti, a quella lettera non ci fu risposta alcuna. Allora il banchiere, ormai veramente disperato, gioca l'ultima carta indirizzandosi addirittura al papa. Copia di questa lettera è stata ritrovata dal figlio nell'archivio personale del padre e consegnata al giornalista investigativo Ferruccio Pinotti. Vi si legge:

> Santità,
> sono stato io ad addossarmi il pesante fardello degli errori nonché delle colpe commesse dagli attuali e precedenti rappresentanti dello Ior, comprese le malefatte di Sindona ... sono stato io che, su preciso incarico dei Suoi autorevoli rappresentanti, ho disposto cospicui finanziamenti in favore di molti Paesi e associazioni politico-religiose dell'Est e dell'Ovest; sono stato io che, di concerto con autorità vaticane, ho coordinato in tutto il Centro-Sudamerica la creazione di numerose entità bancarie, soprattutto allo scopo di contrastare la penetrazione e l'espandersi di ideologie filomarxiste; e sono io infine che oggi vengo tradito e abbandonato proprio da queste stesse autorità...

E poi sull'uomo che considerava suo nemico, il cardinale Casaroli:

> Non m'interessa soffermarmi sulle tante chiacchiere che si fanno su alcuni prelati e in particolare sulla vita privata del segretario di Stato cardinale Casaroli ... ma m'interessa moltissimo segnalarLe il buon rapporto che lega quest'ultimo ad ambienti e personaggi notoriamente anticlericali, comunisti e filocomunisti, come quello del ministro democristiano Nino Andreatta, col quale sembra abbia trovato l'accordo per la distruzione e spartizione del Gruppo Ambrosiano.

Calvi tenta di usare le sole armi di cui dispone: chiede protezione, chiede garanzie, cerca di lavorare sulle divisioni esistenti all'interno della curia, minaccia, in difetto, di raccontare tutto ai magistrati. L'immenso buco delle consociate estere che facevano capo all'Ambrosiano, un miliardo e duecento milioni di dollari di allora, era in realtà della banca del Vaticano e al Vaticano, con molta ingenuità o spinto dalla disperazione, Calvi chiede di essere salvato. Trascura il fatto che esistono metodi spicci per tappare la bocca a chiunque.

La lettera al papa è del 5 giugno 1982, il 18 Calvi sarà trovato impiccato sotto il Blackfriars Bridge a Londra. Durante il processo del 2005, l'accusa sosterrà che

> gli imputati, avvalendosi delle organizzazioni di tipo mafioso denominate Cosa nostra e Camorra, cagionavano la morte di Roberto Calvi al fine di punirlo per essersi impadronito di notevoli quantitativi di denaro appartenenti alle predette organizzazioni; conseguire l'impunità, ottenere e conservare il profitto dei crimini connessi all'impiego e alla sostituzione di denaro di provenienza delittuosa; impedire a Calvi di esercitare il potere ricattatorio nei confronti dei referenti politico-istituzionali della massoneria, della Loggia P2 e dello Ior, con i quali avevano gestito investimenti e finanziamenti di cospicue somme di denaro.

Secondo Ferruccio Pinotti (*Poteri forti*), Calvi era riuscito a dare al Banco Ambrosiano indipendenza finanziaria, però le sue operazioni lo avevano reso ricattabile, per cui si era visto costretto a erogare cospicui finanziamenti a società collegate allo Ior. Quando le difficoltà si acuiscono, egli cerca di recuperare il denaro prestato all'istituto vaticano. Non ci riesce perché quei soldi non ci sono più, sono stati utilizzati per aiutare gruppi religiosi e politici vicini alla Santa Sede, in particolare in Polonia. Calvi, del resto, lo sapeva e si era vantato più volte di avere concretamente aiutato il papa nelle operazioni pro-Solidarność.

Il 6 agosto 1978 papa Montini muore. Ha protetto Marcinkus, Sindona e Calvi che, con la sua scomparsa, si trovano senza un referente certo. Paolo VI ha fatto in tempo ad assistere, straziato, al calvario di Aldo Moro, cercando inutilmente di scongiurarne la fine. Passerà alla storia anche per altri aspetti, per esempio, la controversa enciclica *Humanae vitae* (luglio 1968) con la quale ha ribadito l'illiceità di ogni pratica o strumento anticoncezionale nel rapporto sessuale.

Il suo successore Albino Luciani, diventato papa con il nome di Giovanni Paolo I, avrà uno dei pontificati più brevi nella storia della Chiesa: trentatré giorni (26 agosto - 28 settembre 1978). La sua morte repentina viene ufficialmente attribuita a infarto. Qua e là nel mondo si affacciano però altre e più sinistre ipotesi, come abbiamo visto nel capitolo «La Chiesa senza voce». Lo scrittore inglese John Cornwell, pur dicendosi scettico sulla possibilità di un assassinio, descrive una curia vaticana resa inquieta dai propositi del nuovo papa, considerato un sognatore ingenuo e pericoloso. Luciani voleva ridistribuire i beni ecclesiastici, soprattutto voleva, per ciò che riguarda il nostro tema, cambiare in profondità struttura e funzioni dello Ior. L'autopsia della sua salma, richiesta da più parti, venne prudentemente negata.

Del resto, certo per una straordinaria concatenazione di eventi, molte delle persone coinvolte nella storia dello Ior hanno trovato, come abbiamo visto, una morte violenta o improvvisa. Nella storia di questa banca c'è una specie di continua vocazione al rischio, ai rapporti pericolosi, ai finanziamenti di origine oscura, compresi i capitali legati alla mafia siciliana. Questo, almeno, hanno dichiarato alcuni pentiti, fra i quali Francesco Saverio Mannoia e Vincenzo Calcara. Il primo, in videoconferenza da New York, testimoniò che il feroce gruppo dei corleonesi aveva investito parte del suo denaro nella banca del Vaticano.

L'altro sostenne di aver portato in aereo due valigie piene di soldi da Palermo a Roma, dove c'era un'auto pronta ad attenderlo con a bordo monsignor Marcinkus. Le dichiarazioni dei pentiti vanno sempre prese con cautela, anche perché a queste affermazioni mancano riscontri oggettivi. Il giudice Giovanni Falcone disse, peraltro, di considerare Mannoia un collaboratore di giustizia fra i più attendibili.

Quando il crac delle banche legate allo Ior venne alla luce, Marcinkus si affrettò a dichiarare che da quelle travagliate vicende il Vaticano non aveva sofferto alcun danno. Non era così. Il ministro del Tesoro Beniamino Andreatta (democristiano) quantificò in oltre un miliardo di dollari le perdite della Santa Sede nel crac dell'Ambrosiano e dichiarò: «Il governo si attende che vi sia una chiara assunzione di responsabilità da parte dello Ior, che in alcune operazioni con il Banco Ambrosiano appare assumere la veste di socio di fatto». Molti giornali nel mondo uscirono con titoli vistosi su quelle notizie, mentre il Vaticano, come sempre nei momenti di crisi, si chiuse in un impenetrabile silenzio. Nessuno ammise di aver saputo dei traffici di Sindona con la mafia, delle disavventure congiunte Calvi-Marcinkus, della voragine che si era aperta nei conti, dell'uso improprio del denaro che, a norma di statuto, avrebbe dovuto essere impiegato nelle «opere di religione».

Quando, nel 1978, Giovanni Paolo II sale al soglio ha cinquantotto anni (è nato a Wadowice, nella Polonia meridionale, nel maggio 1920). È un uomo di enorme energia, anche fisica, di cui darà prova nei suoi frequenti, faticosissimi viaggi. È, soprattutto, un uomo che si è dato la missione di liberare la sua terra dal giogo del comunismo sovietico. Impegno enorme, per il quale occorrono determinazione, astuzia politica, buone alleanze. E molto denaro. Anche se monsignor Marcinkus è indebolito dagli scandali, il papa lo ritiene una pedina indispensabile per il suo progetto. Secondo il saggista inglese David Yallop il Vaticano riesce a far avere al sindacato polacco Solidarność, che con i suoi scioperi sta intaccando il potere sovietico non solo in Polonia, fondi per 100 milioni di dollari.

Quando, nel maggio 1982, la Banca d'Italia denuncia rischi

debitori del Banco Ambrosiano per un miliardo di dollari, Calvi fugge a Londra pensando così di mettersi in salvo sottraendosi non solo alle accuse, ma anche alle vendette, sempre possibili quando si maneggiano i fondi avvelenati della mafia. Forse ha avuto qualche rassicurazione, certamente non sospetta la trappola che invece lo attende. Troverà, come abbiamo visto, una morte feroce. Le sue possibilità di avere credito erano rimaste intatte fino a un anno prima del crac. In parte perché possedeva quelle capacità illusionistiche di cui è disseminata la storia della finanza, da John Law che nel XVIII secolo inventa la «moneta fiduciaria» a Bernard Madoff, giocoliere del denaro inesistente; in parte perché era nota a tutti la sua vicinanza alla banca vaticana.

Dopo la sua morte, un centinaio di enti creditori si riuniscono in comitato per dare più efficacia al tentativo di recuperare il denaro. In Vaticano si susseguono riunioni molto agitate. Marcinkus, che ha perduto gran parte del suo potere, dice di non aver mai saputo che Calvi perseguisse i suoi disegni facendosi forte del nome dello Ior. Cerca così di stornare la tempesta che sta per investirlo, ma tutti sanno che non è vero.

Segretario di Stato al tempo è il cardinale Agostino Casaroli, uomo di notevoli capacità tattiche, che, conoscendo a fondo la realtà dei fatti e quindi la vera entità del dissesto, persegue una linea diversa. Durante una riunione suggerisce la soluzione più ragionevole, così riportata da un verbale (il documento appare per intero in *Vaticano S.p.A.* di Gianluigi Nuzzi):

> Sua Eminenza il cardinale segretario di Stato ha osservato che il fondamentale obiettivo è di salvaguardare l'immagine della Santa Sede e ha espresso l'opinione che una composizione amichevole della vertenza appare indispensabile.

Marcinkus è contrario e, nel tentativo di salvare la banca e se stesso, ribatte con forza: «Se non siamo colpevoli non dobbiamo pagare». Secondo il giornalista economico inglese Charles Raw, che ha indagato sul caso (*La grande truffa*), con la sua disinvoltura finanziaria l'energico arcivescovo è costato alla Santa Sede qualcosa come mezzo miliardo di dollari. «Con questo non voglio dire» scrive Raw «che Marcinkus ne abbia guadagnato personalmente. A trarne i maggiori benefici sono stati i capi della Loggia P2, Licio Gelli e Umberto Ortolani.»

La partita debitoria dello Ior viene finalmente chiusa alla fine del maggio 1984. La banca vaticana deve all'Ambrosiano oltre 400 miliardi di lire. Il comitato della banche creditrici preme, lo scandalo è enorme, la partita va liquidata in fretta e alle migliori condizioni possibili. La banca vaticana si proclama ufficialmente estranea al dissesto, dicendosi però disposta a versare un «contributo volontario» di 240 milioni di dollari. Di fatto, è un'implicita ammissione di correità: se davvero fosse stata estranea alle cause del crac, la mossa giusta sarebbe stata di unirsi alle altre banche nel comitato dei creditori. Nel protocollo di accordo si legge che la somma viene sborsata «unicamente in ragione della sua [dello Ior] speciale posizione» nonché «in uno spirito di reciproca conciliazione e collaborazione».

Il successivo 4 giugno il quotidiano della Santa Sede «L'Osservatore Romano» sottolinea che la mossa intende «facilitare una soluzione globale per il consolidamento anche dei rapporti d'ordine internazionale». In termini puramente finanziari 240 milioni di dollari sono un ottimo affare rispetto all'entità reale dell'esposizione. Marcinkus deve rassegnarsi, anche perché tre anni dopo, nel febbraio 1987, lo raggiunge un mandato di cattura dei giudici milanesi. Come abbiamo visto, è un provvedimento inutile dal punto di vista giudiziario, trattandosi di una personalità non perseguibile in Italia. L'iniziativa della magistratura rende però intollerabile ogni sua ulteriore permanenza al vertice dello Ior, anche se, con la tradizionale lentezza e prudenza, il Vaticano aspetta due anni per liquidarlo. Sarà lo stesso Giovanni Paolo II a congedarlo, nel marzo 1989, dalle colonne dell'«Osservatore Romano».

Sobrio e amaro il commento dell'arcivescovo: «Nella vicenda Calvi verrò sempre ricordato come colui che ha recitato nel ruolo del cattivo». Marcinkus è comunque rimasto in Vaticano fino al 1997 quando, compiuti i settantacinque anni, età del pensionamento, si è dimesso da ogni incarico rientrando negli Stati Uniti, dove ha assunto l'umile mansione di viceparroco nella chiesa di San Clemente a Sun City, Arizona.

Cinico? Ingenuo? Confusionario? Giudizi, sospetti e accuse su di lui sono stati innumerevoli, nessuno definitivo. Per tirare un vero bilancio della sua attività bisognerebbe conoscere i molti passaggi rimasti segreti, che vedranno la luce, se la vedranno, solo fra qualche secolo. Nel 1989 cade il muro di Berlino; nel 1991, a Mosca, viene ammainata dalle torri del Cremlino la bandiera dell'Unione Sovietica. Eventi che suggellano la storia terribile del XX secolo, con le sue guerre e le sue atrocità. Non è azzardato dire che su quegli sviluppi ha avuto un peso non secondario anche il denaro, sporco e pulito, che Marcinkus è stato capace di raccogliere e di far arrivare a chi a quel fine stava lavorando.

Partito Marcinkus, resta in Vaticano la persona che lo ha seguito e imitato e che, in definitiva, finirà per superarlo. Si chiama Donato De Bonis, è un sacerdote di origine meridionale, nato nel 1930 in un'umile famiglia a Pietragalla, in Basilicata. Se Marcinkus è davvero stato il suo maestro, De Bonis si rivelerà più cinico e molto più abile di lui. La sua invenzione è una specie di Ior segreto, del quale possiede in esclusiva la chiave d'accesso, un vero sistema off-shore nel cuore di Roma, molti miliardi (di lire) da manovrare a piacimento, sui quali lucrare interessi che nessuna banca europea sarebbe in grado di corrispondere, grazie soprattutto ai privilegi fiscali di cui gode la Santa Sede.

Un conto particolarmente florido è, per esempio, quello intestato al cardinale Francis Spellman (1889-1967), nome molto significativo dal momento che il potente arcivescovo di New York è stato un protagonista del più acceso anticomunismo, nonché strenuo difensore degli interessi finanziari della Chiesa. Il senso di una missione da compiere era così vivo in lui da indurlo a polemizzare con Eleanor Roosevelt o con lo stesso John Kennedy ogni volta che vide messi in discussione i fondi federali per le scuole cattoliche. Una passione spinta al punto da fargli scegliere, nella campagna elettorale del 1960, non il candidato cattolico, che era appunto John Kennedy, ma il suo oppositore Richard Nixon, che sembrava dare maggiori garanzie di concreto favore alla Chiesa. Né il battagliero cardinale ha mai nascosto il suo appoggio alla campagna (chiaramente anticostituzionale) del senatore Joseph McCarthy contro le attività antiamericane o la simpatia per dittatori della peggiore specie come, per esempio, il nicaraguense Anastasio Somoza.

La scelta del suo nome per il conto segreto in Vaticano va dunque inquadrata in uno schema che è psicologico prima ancora che politico, una questione che si potrebbe definire di ideali, se non apparisse più adeguato il termine «affinità». Del resto, era stato proprio Spellman, negli anni dell'immediato dopoguerra, a convogliare i fondi segreti americani per finanziare la Democrazia cristiana.

Secondo la ricostruzione fatta da Nuzzi in *Vaticano S.p.A.*, sul conto denominato «Fondazione cardinale Francis Spellman» in soli cinque anni (1987-92) vengono versati, in denaro e titoli, non meno di 26 miliardi di lire. Una piccola parte di questo tesoro va in elemosine e donazioni a ordini monastici, preti, suore, conventi, città dei ragazzi. La maggior parte ha, invece, destinazioni assai più terrene e quasi sempre ambigue. Si arriva al punto che nell'agosto 1992 il nuovo presidente dello Ior, Angelo Caloia, allarmato dai movimenti di denaro di cui intuisce i torbidi fini, informa papa Giovanni Paolo II sospettando, a ragion veduta, che quelle centinaia di miliardi mascherate da opere di carità nascondano in realtà operazioni illecite. L'aspetto particolarmente cinico è che le denominazioni di copertura dei maneggi per riciclare denaro illecito e destinati unicamente al profitto si richiamano a bimbi poveri, ancelle della divina Provvidenza, sante messe per i defunti, figure di santi.

Questa è comunque solo la premessa di ciò che accadrà di lì a poco, quando attraverso lo Ior passerà gran parte della cosiddetta «maxitangente Enimont», conosciuta anche, con un'espressione che parafrasa quella dell'ex rais Saddam Hussein, come «la madre di tutte le tangenti». Per capire di che cosa si tratti bisogna risalire al maggio 1989 ovvero alla nascita di Enimont, gigante della chimica le cui azioni sono, per l'80 per cento, equamente divise fra Eni, che è una società pubblica, e Montedison, facente capo alla famiglia Ferruzzi di Ravenna.

Scaturisce da questa fusione uno dei maggiori gruppi chimici mondiali. Detentore della quota privata è Raul Gardini detto «il Corsaro», inquietante figura di imprenditore-avventuriero, visionario, divorato da grandi progetti, genero del fondatore Serafino Ferruzzi. Gardini, com'è nel suo temperamento, non si accontenta della metà, vuole l'intera proprietà e comincia a scalare il gruppo dall'interno. Il presidente dell'Eni, Gabriele Cagliari, chiede a quel punto di rompere il sodalizio con il «Corsaro». Ad appena un anno e mezzo dalla nascita, il sogno di un gruppo chimico italiano di rilevanza mondiale è già in pezzi. A Gardini viene offerta la scelta: o compra tutto o esce di scena. Decide per la seconda opzione e rivende a Eni la sua partecipazione per la cifra di 2800 miliardi di lire (oltre 1,5 miliardi di euro).

La storia comincia a diventare molto losca, anche perché la cifra è chiaramente sproporzionata. Diventa ancora più losca quando si viene a sapere che, per ottenere il beneplacito delle varie parti interessate alla transazione (che sono molte), è stato necessario elargire cospicui bonifici sottobanco a una quantità di partiti, prestanome, faccendieri, intermediari, per un totale compreso fra i 130 e i 170 miliardi di lire (la cifra esatta non è mai stata accertata). Ebbene: gran parte di questo denaro, una cifra intorno ai 100 miliardi, transita attraverso lo Ior prima di essere trasferita su vari conti sparsi per il mondo, a cominciare dalla Svizzera. I due protagonisti della vicenda, Raul Gardini e Gabriele Cagliari, finiranno entrambi suicidi, allungando così la catena delle morti violente che sembrano essere la maledizione di chi incrocia in qualche modo il suo destino con quello dello Ior.

Vero protagonista e distributore della maxitangente resta monsignor De Bonis. Nel suo libro *Patria 1978-2008* Enrico Deaglio riporta, alla data del 27 aprile 1993, la seguente scena, che rende bene l'atmosfera da cui è circondato questo disinvolto monsignore. Siamo

> nella chiesa romana di Santa Maria della Fiducia, alla presenza di più di mille persone, quindici cardinali, quaranta vescovi, l'ex ministro Colombo, l'ex presidente Cossiga. Si consacra a vescovo monsignor Donato De Bonis, ex braccio destro dell'arcive-

scovo Paul Marcinkus, ex segretario generale dello Ior, la banca del Vaticano. Il nuovo prelato si reca all'altare e proclama: «Voglio ringraziare il presidente Andreotti per averci salvato, con i suoi consigli. In una notte fonda, nei nostri uffici, con i suoi consigli, ci salvò da gravi rischi». Nella chiesa gremita parte un applauso che dura molti minuti.

Senza un velo di pudore, De Bonis ringrazia Andreotti per l'aiuto ricevuto al tempo dello scandalo Ambrosiano. Utile ricordare che il monsignore, nel caso di sua morte, aveva indicato proprio Andreotti quale beneficiario del conto corrente «Fondazione Spellman».

In questa vicenda ormai diventata degna di un romanzo noir s'inserisce fra gli altri un personaggio minore, ma altrettanto romanzesco: il suo nome è Luigi Bisignani. Dopo un inizio come giornalista in un'agenzia di stampa, Bisignani diventa dirigente di aziende parastatali e impara presto a trafficare con denaro proprio e altrui. Si iscrive alla P2 (tessera n. 1689), come sembra obbligatorio per ogni faccendiere di quegli anni, e trova nella banca vaticana, gestita da De Bonis, un terminale per i propri maneggi. In breve: diventa anch'egli un protagonista di quella che sarà battezzata «Tangentopoli», pagando con tre anni e quattro mesi di condanna gli errori propri ma, come vedremo, non solo quelli.

All'inizio del 1993 le procure della Repubblica di Roma e di Milano aprono indagini serrate sulla maxitangente. Bisogna ricordare che cos'era l'atmosfera creatasi in Italia in quei mesi. L'azione dei magistrati veniva seguita da un favore popolare che non di rado rasentava il fanatismo; i pubblici ministeri della procura di Milano erano considerati i vendicatori di ogni ingiustizia, in strada erano applauditi al passaggio, incitati a proseguire nella loro azione. Alla luce di questa possente, ma anche pericolosa ondata di consenso generale, la posizione di De Bonis diventa così imbarazzante che il Vaticano si vede costretto ad allontanarlo dalla banca, assegnandolo a un ufficio più defilato. Diventa l'assistente spirituale del Sovrano Militare Ordine di Malta, l'antica confraternita cavalleresca nata nell'XI secolo per assistere i pellegrini in Terrasanta, oggi impegnata soprattutto nell'assistenza medico-sociale e in altri interventi umanitari. Anche se il nuovo incarico appare molto meno autorevole del precedente, l'intraprendente monsignore continuerà ugualmente, e a lungo, a manovrare le leve segrete dello Ior.

I magistrati, aiutati anche da alcune eloquenti deposizioni, sono intanto riusciti a ricostruire la pista seguita dal denaro della maxitangente: ormai è chiaro che alla fine di quel sentiero c'è la banca vaticana, la quale, però, di fronte alle richieste di spiegazioni della magistratura, si limita a rispondere che la richiesta dev'essere inoltrata ufficialmente, tramite rogatoria internazionale. Bisignani, annusata l'aria, capisce che è il momento di sparire; chiude precipitosamente i conti, riempie alcune valigie con il contante ricavato, si dà alla latitanza. Intanto il presidente Caloia, turbato dall'enormità dei traffici, accusa apertamente De Bonis di «consapevole attività criminale». In ottobre scrive una drammatica lettera al segretario di Stato vaticano Angelo Sodano. Nel documento, riprodotto nel libro di Gianluigi Nuzzi, si legge fra l'altro che i titoli passati attraverso lo Ior

> sono il risultato di pagamenti di tangenti a uomini politici per importi certamente ingenti e a loro ritornati in forma pulita. È l'esatta replica dei meccanismi del passato ... Si ha la netta sensazione di trovarsi di fronte, tutti, a un potenziale esplosivo inaudito che deve essere doverosamente portato a conoscenza delle più alte Autorità.

Sodano ne informa, infatti, Giovanni Paolo II, con il risultato che, quando in novembre arriva la richiesta per rogatoria, l'atteggiamento vaticano è ancora una volta diviso. C'è chi sostiene che ormai è inevitabile ammettere qualcosa; c'è chi obietta che – anche a voler seguire quella linea – è opportuno svelare il meno possibile limitandosi a riconoscere i traffici di denaro che non possono essere negati, ma tacendo del resto. Soprattutto, si deve continuare a difendere l'immagine di De Bonis il quale, mandato allo sbaraglio, potrebbe trascinare buona parte della gerarchia in uno scandalo senza precedenti.

Il cardinale venezuelano José Rosalio Castillo Lara, ministro del Tesoro nonché presidente della commissione di vigilanza sullo Ior, viene incaricato di difendere la reputazione della Santa Sede. È anche lui molto abile. Più volte intervistato, assicura che il Vaticano sta collaborando in modo totale con le autorità della Repubblica, che lo Ior è vittima di manovre nate altrove: «Il Vaticano è stato usato per un'operazione strumentale, della quale non conosciamo lo scopo».

In particolare, si dice certo che De Bonis ignorava l'uso illecito dei fondi passati per le sue mani. Non manca comunque di ricordare che, a norma di Concordato, De Bonis, dirigente vaticano, non è perseguibile da uno Stato straniero (cioè l'Italia). Capro espiatorio diventa a questo punto Luigi Bisignani, sul quale viene scaricata la maggior parte delle responsabilità. Qualche mese dopo, rientrato dalla latitanza, Bisignani cercherà di scansare il colpo, affermando che anche lui ignorava la natura tangentizia di quel denaro.

Quale fu lo sviluppo della vicenda Enimont? La risposta alla rogatoria dei magistrati, abilmente redatta, partirà per la procura milanese dopo due mesi circa, cioè in dicembre. Si è riusciti a confezionarla in modo da accompagnare un minimo di ammissioni con tali professioni di volontà di collaborare da farla apparire come il massimo che, nelle circostanze, è possibile fare.

Secondo la testimonianza di Carlo Sama, un altro genero del «fondatore» Serafino Ferruzzi, il prezzo pagato allo Ior per «pulire» le tangenti è stato di 9 miliardi di lire. Nel maggio 2009 il giornalista del «Corriere della Sera» Gian Antonio Stella ha intervistato Sama, chiedendogli fra l'altro come mai venivano pagate tutte quelle tangenti ai partiti. Come fosse una cosa ovvia, la risposta di Sama è stata: «Per continuare a camminare per la nostra strada ... Era impossibile sottrarsi alla tangente».

Il processo per la maxitangente Enimont ha avuto inizio nel luglio 1994. Alla sbarra sedevano i maggiori esponenti politici del paese, da Arnaldo Forlani a Bettino Craxi, da Umberto Bossi a Gianni De Michelis, Giorgio La Malfa, Paolo Cirino Pomicino. Nell'ottobre 1995 vennero quasi tutti condannati con pene poi confermate anche nei successivi gradi di giudizio.

Le vicende di Tangentopoli, in particolare quel processo, hanno suggellato la storia della Prima repubblica, che s'è dunque chiusa non nell'aula del parlamento, ma in un'aula di giustizia. Nel 1994 un nuovo partito si è presentato alle elezioni politiche; con una trovata geniale lo hanno chiamato con un grido di incitamento sportivo: «Forza Italia!». Lo guida un imprenditore tanto discusso quanto dinamico, che in quel momento si trova in assai cattive acque: Silvio Berlusconi, iscritto anch'egli alla P2 (tessera n. 1816). In pochi mesi, con un autentico blitz, la struttura di Publitalia, una sua agenzia pubblicitaria, viene trasformata in un partito politico, imponendosi in un paese devastato da una crisi senza precedenti per la credibilità delle istituzioni.

Quanto allo Ior, rinnovato o no che fosse nei metodi e nella gestione, sparì dalle scene di cui era stato protagonista sia con l'affare Ambrosiano sia con l'affare Montedison. Di quella montagna di miliardi si sono per la gran parte perse le tracce. Comunque, la banca vaticana non ha mai restituito nulla.

Alla fine di questo racconto si ripropone il quesito di fondo che il cardinale Camillo Ruini si poneva in quel colloquio citato più sopra: «Bisogna riuscire a coniugare l'assolutezza morale con il realismo storico, questa è la sfida».

Nel nostro caso il realismo storico ha decisamente vinto.

XII

LA DIVINA CAPPELLA

Si entra nella cappella Sistina e si resta abbacinati. Lo dico senza retorica, senza enfasi, come semplice constatazione. Chiunque sappia vedere è sopraffatto dall'affollarsi delle centocinquanta figure, dall'enigmaticità di alcune scene, dall'illusione di rilievi e ornamenti architettonici inesistenti, dalla maestria delle proporzioni su scala gigantesca, dalla scansione dell'enorme spazio, dalla divina maestà sdoppiata e triplicata, offerta e nascosta. Centinaia di volti e di membra, vestite e ignude, distese sulla volta e sulla parete del *Giudizio*: il cielo e la terra davanti agli occhi. Dire che non c'è uguale al mondo è ovvio, ma sapere come quelle figure sono nate, quali ragioni, addirittura malevole, hanno favorito la commissione dell'opera, e il modo in cui Michelangelo concepì il lavoro e lo portò a termine con un'impresa titanica è necessario per capire davvero a quale opera si sia di fronte.

Bisogna cominciare dalle mura perché la cappella venne eretta per volontà di Sisto IV Della Rovere tra il 1475 e il 1481 con dimensioni colossali: 40 metri per 13 la base, quasi 21 l'altezza. Appena completata la struttura, il papa convocò alcuni dei più noti artisti toscani e umbri, vale a dire, all'epoca, i migliori al mondo, perché ne affreschino le pareti. Si misero così al lavoro Botticelli e Ghirlandaio, Perugino e Pinturicchio, Luca Signorelli e Piero Di Cosimo, dando corpo al più esteso ciclo pittorico del tardo Quattrocento. Questi grandi maestri eseguirono, nella zona intermedia delle pareti, due cicli di affreschi. Guardando la parete del *Giudizio*, a sinistra c'è la storia di Mosè, a destra quella di Gesù fino all'ultima Cena.

Quanto alla volta, riproduceva, secondo la voga del tempo, un cielo blu trapunto di stelle dorate.

Proprio alla volta pensò circa vent'anni dopo papa Giulio II, appartenente anch'egli alla famiglia Della Rovere, essendo nipote di Sisto. Giulio voleva che quell'imponente costruzione fosse rinnovata e diventasse unica. Per l'esecuzione di un tale progetto chiamò Michelangelo Buonarroti. I rapporti tra i due, fortissime personalità entrambi, avevano conosciuto alti e bassi, compresi momenti di vera tensione e di alterchi. Da parte dell'artista c'erano stati atteggiamenti che pochi al mondo avrebbero potuto permettersi con il papa, con quel papa in particolare. Ciò che crucciava il maestro era l'incertezza su un'altra commissione che il pontefice gli aveva affidato in precedenza e di cui non riusciva a sapere più nulla. Si trattava di erigere all'interno di San Pietro una tomba monumentale ornata da ben quaranta statue, un progetto grandioso, assolutamente inedito, al quale Michelangelo teneva moltissimo, che univa in modo imponente architettura e scultura.

Nel frattempo, però, papa Giulio aveva cambiato idea. Tutto preso dalla costruzione della nuova San Pietro a opera di Donato Bramante, non pensava più alla tomba; voleva invece che si rinnovasse la cappella di papa Sisto. Da qui il primo bisticcio. Nel 1508 Michelangelo aveva poco più di trent'anni, era celebre, ma assai più per le opere in marmo (la *Pietà*, il *David*) che per i dipinti. A soffiare sul fuoco c'era lo stesso Bramante, architetto e pittore, che spingeva il papa verso Michelangelo per diverse ragioni, compresa la rivalità che sentiva nei suoi confronti. Bramante aveva da proteggere il promettente Raffaello, marchigiano come lui e mezzo parente, giovane nei suoi venticinque anni. Se Michelangelo avesse rifiutato l'incarico della Sistina, avrebbe nuovamente irritato il papa; se lo avesse accettato, era impossibile che riuscisse a dare su quelle dimensioni una prova soddisfacente.

L'idea iniziale per la volta non era, in verità, nemmeno troppo complicata: il maestro avrebbe dovuto dipingere i dodici apostoli nei peducci fra le lunette. Michelangelo accettò l'incarico, ma pose una condizione: avrebbe dipinto solo ciò che riteneva più opportuno, secondo un suo programma. Forse è difficile cogliere oggi il significato di un gesto così ardito. Quel giovane trentenne rifiutava imposizioni e regole, chiedeva a un papa che aveva il doppio dei suoi anni, dotato di ferreo temperamento, di poter dipingere in un luogo sacro con libertà assoluta e a propria discrezione. Non più solo i peducci, ma l'intera volta, le lunette e le vele, una superficie di oltre 500 metri quadrati. Non sono stati molti gli artisti capaci di tanto. Forse il solo Ludwig van Beethoven dimostrò uguale fermezza e fiducia nelle proprie capacità, riuscendo spesso a fare ciò che il suo genio dettava. Ma si era ormai arrivati al XIX secolo e per di più il compositore non aveva a che fare con papa Della Rovere, duro come la quercia che orna lo stemma di famiglia. Fatto sta che all'incredibile richiesta corrispose l'altrettanto incredibile risposta del papa: va bene, accetto.

Si trattava a quel punto di organizzare il lavoro. Il maestro stesso progettò una speciale impalcatura per potersi avvicinare a distanza di braccio alle pareti e alla volta. Il ponteggio venne montato prima dalla parte dell'ingresso e poi spostato gradatamente verso l'altare, sempre in modo che, anche durante il lavoro, potessero svolgersi i riti religiosi. L'artista non aveva alcuna particolare esperienza nell'affresco che, come dice il nome, è una pittura che va eseguita rapidamente sull'intonaco ancora umido, di modo che il colore s'incorpori nell'impasto diventandone parte integrante. Alla mancanza di esperienza si deve aggiungere l'inevitabile confronto che ci sarebbe stato fra la sua opera e quelle sottostanti, eseguite da alcuni dei migliori artisti del secolo precedente. Da principio Michelangelo si rivolse a certi suoi aiuti perché reclutassero a Firenze una piccola squadra di specialisti in grado di affiancarlo nella parte pratica del lavoro. Venne quindi messa insieme una pattuglia di sette volenterosi assistenti, alcuni noti, altri meno o per niente, tutti giovani, valenti e affezionati.

Non andò bene. Per ragioni che possiamo intuire, ma che nella sostanza ignoriamo, gli aiuti, per validi che fossero, vennero rispediti a Firenze. Scrive il Vasari:

> Vedendo le fatiche loro molto lontane dal desiderio suo, e non soddisfacendogli, una mattina si risolse gettare a terra ogni cosa che avevano fatto; e rinchiusosi nella cappella, non volse mai

aprir loro, né manco in casa, dove era, da essi si lasciò vedere. E così dalla beffa, la quale pareva loro che troppo durasse, presero partito e con vergogna se ne tornarono a Firenze.

Qualche aiuto dovette comunque restare, se non altro per sollevarlo dalle mansioni più umili, come la preparazione degli intonaci, la frantumazione dei colori, la loro miscelazione, il trasporto, la pulitura e la manutenzione degli strumenti.

Le condizioni pratiche del lavoro erano disumane. Si trattava di restare per ore con il braccio levato, il naso a pochi centimetri dalla volta, con le inevitabili colature di colore sul viso: poco meno di una tortura. Mentre procedeva con la sua opera, l'artista doveva tenere a bada le critiche, guardarsi dagli avversari, sollecitare al papa il pagamento del dovuto, afflitto anche dalle richieste assillanti dei suoi familiari. Al maggiore dei suoi quattro fratelli, Buonarroto, dopo l'ennesima richiesta di denaro, scrive: «Io v'aviso che io non ò un grosso e sono si può dire scalzo e gnudo e non posso avere el mio resto, se io non ò finita l'opera, e patisco grandissimi disagi e fatiche». E al padre: «Io mi sto qua malcontento e non troppo ben sano e con gran fatica, senza governo e senza denari». Ma è al più scapestrato dei suoi fratelli, Gian Simone, che il maestro indirizza un giorno la più veemente rampogna:

> Io son ito da dodici anni in qua tapinando per tutta Italia; sopportato ogni vergogna; patito ogni stento; lacerato il corpo mio in ogni fatica; messa la vita propria a mille pericoli solo per aiutare la casa mia; e ora che io ò cominciato a rilevarla un poco, tu solo voglia essere quello scompigli e rovini in una ora quel che i' ò fatto in tanti anni e con tante fatiche: al corpo di Cristo che non sarà vero! Che io sono per scompigliare diecimila tua pari, quand'e bisognerà.

Mentre Michelangelo lavorava alla Sistina, il più giovane Raffaello aveva cominciato ad affrescare le quattro «stanze» (che da lui prenderanno il nome) situate al secondo piano del palazzo pontificio, scelte da Giulio II come propria residenza. Il primo aveva cominciato il lavoro ai primi del maggio 1508, l'urbinate seguirà negli ultimi mesi dello stesso anno. Diverso il temperamento dei due artisti, diverso, come tutti sanno, il loro modo di dipingere, difficili quindi i rapporti reciproci.

Due aneddoti fra i tanti illustrano la situazione non facile che si era creata. Secondo una storia a lungo tramandata, Bramante aveva copia delle chiavi della cappella Sistina. Approfittando delle assenze di Michelangelo faceva entrare segretamente il suo protetto Raffaello per mostrargli le figure che il più anziano artista stava creando, in modo che ne traesse ammaestramento. Quando, nel 1511, papa Giulio, divenuto molto impaziente, fece buttar giù le impalcature perché si scoprisse almeno la parte terminata della volta, Raffaello ebbe l'ardire di chiedere al pontefice di far completare a lui ciò che restava. Scrive il fido biografo di Michelangelo, Ascanio Condivi, che il maestro «molto si turbò e venuto innanzi a papa Giulio si lamentò dell'ingiuria che gli faceva Bramante e in sua presenza se ne dolse col papa, scoprendogli tutte le persecuzioni ch'egli aveva ricevuto dal medesimo». Il papa si dimostrò assennato e buon giudice poiché «udite quelle tristizie, volle che Michelagnolo seguitasse, facendogli più favori che mai potesse».

L'uomo Raffaello non era così angelico come farebbe pensare la celestiale armonia delle sue opere. Giovan Paolo Lomazzo, pittore e cronista cinquecentesco, riferisce, per esempio, il seguente episodio: «Essendo un dì Raffaello in compagnia de' suoi discepoli, incontrò Michelangelo che gli disse: "Dove te ne vai così circondato come un proposto?". Ed egli a lui: "E voi, solo come un boia?"». Resta che i due artisti, negli stessi anni e con identico fervore, stavano creando, a pochi metri di distanza, i loro capolavori e uno dei più alti retaggi della cultura occidentale.

Tutto assorto in quell'opera massacrante, solo, senza amici (come scrive in una lettera: «Non ò amici e non ne voglio»), Michelangelo, con il freddo e con il caldo, s'inerpica ogni mattina sull'impalcatura e riprende l'opera sua. Così a lungo durò quel tormento che per molto tempo dopo averlo concluso l'artista rimase come menomato nella vista. Scrive il fido Condivi:

> Michelagnolo, per aver nel dipingere così a lungo tenuti gli occhi alzati verso la volta, guardando poi in giù poco vedeva; sì che s'egli aveva a leggere una lettera o altre cose minute gli era necessario colle braccia tenerle levate sopra il capo.

Una domanda che ci si è spesso posti è se il maestro ricevette aiuto o consiglio nel concepire il racconto – ma potremmo dire la teologia – della volta. Alcuni storici ritengono plausibile che dietro il complesso programma iconografico ci sia stato uno studioso, profondo conoscitore della materia, di cui sarebbe perfino possibile rintracciare il nome. In ogni caso, conosciamo il metodo seguito. I grandi quattrocentisti che avevano affrescato le vite di Mosè e di Gesù avevano scandito la cronologia del racconto partendo dall'altare.

Anche le storie di Michelangelo partono dall'altare, con la creazione del mondo, per arrivare in nove quadri all'enigmatica scena dell'ebbrezza di Noè. Il maestro, però, cominciò a dipingere dall'ingresso, cioè in senso opposto alla cronologia della narrazione. Questo vuol dire che quando iniziò il lavoro, già sapeva che cosa avrebbe dovuto raffigurare quaranta metri più in là. Risulta anche evidente, guardando con attenzione, che le figure aumentano in statura e in forza espressiva a mano a mano che si procede, quasi che l'artefice divenisse via via più sicuro di poter liberare le sue immense energie.

Dalle pareti laterali si erge, con effetto illusionistico, una struttura architettonica che, facendo da cornice, scandisce e separa episodi e figure. Nelle lunette e nelle vele sono raffigurati gli antenati di Cristo, secondo l'elenco che ne fa Matteo all'inizio del suo vangelo, fino a Mattan, padre di Giuseppe, quindi nonno di Gesù. I personaggi di dimensioni maggiori sono contrassegnati da un cartiglio che ne reca il nome. Al posto previsto in origine per i dodici apostoli, ci sono sette profeti e cinque sibille, uomini e donne, ebrei e gentili. Rappresentano i veggenti che, secondo la vulgata cristiana, avevano preannunciato la venuta del messia.

Fra le sibille, la Cumana è la più impressionante: un arcigno volto di vecchia e, in primo piano, il braccio poderoso di un atleta. Una figura contraddittoria, che rimanda alle balenanti oscurità del paganesimo. La più seducente è la sibilla di Delfi («Delphica» nel cartiglio), ritratta come una giovane donna dal volto apollineo illuminato dall'espressività di uno sguardo intenso e smarrito, quasi fanciullesco. A scandire i riquadri della volta l'artista ha posto dieci coppie di giovani atletici in pose varie, che sorreggono serti di foglie di quercia, omaggio al papa Della Rovere: i famosi *Ignudi*. Per le molte altre figure e i numerosi decori inseriti dall'artista nella cappella rimando il lettore alla sterminata bibliografia che esiste su questo capolavoro.

La parte più importante dell'opera è, ovviamente, la volta, con i suoi nove quadri, quattro grandi, cinque più piccoli. Le due scene più drammatiche, diventate anche per questo molto popolari, sono la seconda, *Dio crea il sole, la luna e la terra*, nella quale Dio viene raffigurato due volte: sulla destra si accinge, con atteggiamento maestoso e ammonitore, ad appuntare il sole nel firmamento, mentre sulla sinistra, in una scena che viene considerata successiva, volge le spalle a chi guarda, accingendosi a scomparire nell'insondata profondità dello spazio.

L'altra e ancor più celebre rappresentazione è la *Creazione di Adamo*, dove si vede un giovane dall'aspetto trasognato, sdraiato a mezzo, chiare le membra contro il fianco verde-azzurro di una collina. Verso di lui si dirige Dio, iscritto insieme a un corteo di angeli all'interno di un mantello violaceo gonfiato dal vento; il braccio divino è proteso, l'indice, puntato, sta per toccare il dito di Adamo per insufflare in lui l'anima; le due mani però non si toccano, il gesto è fissato nell'attimo che precede immediatamente il suo compimento. Con un'intuizione geniale l'artista ha lasciato che ognuno lo completi secondo la sua libera scelta. Quelle immagini sarebbero diventate il simbolo stesso dell'arte rinascimentale, sintesi di umano e divino, della Bibbia ebraica e dell'insegnamento neoplatonico.

I due lati corti della volta sono occupati da Zaccaria (sopra l'ingresso) e da Giona (sopra l'altare). Secondo molti critici il confronto fra queste due figure illustra in modo esemplare l'evoluzione dello stile michelangiolesco. Zaccaria siede assorto sfogliando un libro. Le sue proporzioni non sono perfette: nonostante la barba fluente, la testa è troppo piccola rispetto al corpo, che appare dilatato anche per via dell'ampio panneggio. Giona ha dimensioni enormi, è la figura più grande dell'intera opera e deborda perfino dall'architettura che dovrebbe contenerlo: le gambe sono come sospese nel vuoto, mentre con la rotazione ardita del corpo esprime la sua rivolta. Sulla destra del riquadro occhieggia sorniona (e un po' approssimativa dal punto di vista zoologico) la «balena» che l'aveva inghiottito. In un testo del 1926 il critico Adolfo Venturi così descriveva la scena: «Una statua a tutto tondo, sradicata di schianto dalla parete, una prodigiosa scultura dipinta».

Ci si è chiesti molte volte perché Giona abbia quella dimensione e sia stato collocato a picco sopra l'altare, cioè nella collocazione in cui, nel primo progetto, si sarebbe dovuto trovare san Pietro. E perché sia ritratto in quella postura contorta e agitata, la bocca e lo sguardo pieni di ansia.

La risposta si trova nella curiosa storia del personaggio, in cui si mescolano fede e ribellione. Giona, pur compreso tra i profeti minori della Bibbia, è una personalità singolare: mandato da Dio a predicare ai gentili, cioè ai pagani, si ribella perché considera ingrato il compito. S'imbarca addirittura su una nave per sfuggire all'incarico. Ma Dio scatena una tempesta che rischia di far naufragare il vascello. Giona vuole allora liberare i compagni da una punizione che riguarda lui solo e chiede loro di gettarlo in mare, dove però viene subito inghiottito da un grande pesce. Dal ventre del mostro il profeta prega Dio assicurando che eseguirà il compito affidatogli. Il pesce, dopo tre giorni, lo vomita illeso su una spiaggia. Dopo altri avvenimenti la drammatica vicenda si conclude con Giona che riesce a suscitare anche nei pagani la volontà di pentirsi.

Oggi solo gli specialisti si ricordano di lui, ma allora la sua storia veniva spesso citata per due aspetti. Il primo è quella specie di resurrezione, dopo tre giorni, dalla tomba rappresentata dal ventre della balena. Siamo molto vicini alla resurrezione di Gesù, come scrive anche Matteo (12,38-40):

> Allora alcuni scribi e farisei lo interrogarono: «Maestro, vorremmo che tu ci facessi vedere un segno». Ed egli rispose: «Una generazione perversa e adultera pretende un segno! Ma nessun segno le sarà dato, se non il segno di Giona profeta. Come infatti Giona rimase tre giorni e tre notti nel ventre del pesce, così il Figlio dell'uomo resterà tre giorni e tre notti nel cuore della terra».

Il secondo e altrettanto importante significato è l'illuminazione del profeta sulla misericordia divina dopo l'iniziale ribellione. Ci sono, infatti, nella sua leggenda il senso del peccato e del pentimento che si concludono entrambi con la comprensione dell'autorità di un Dio che conosce il cuore degli uomini e sa perdonare. Il messaggio di Giona nella Sistina, è stato detto, si riferisce alla *potestas clavium*, per cui il vescovo di Roma, come Giona, chiama il mondo alla penitenza.

L'osservazione rimanda a un'altra illustrazione della cappella che appartiene non a Michelangelo, ma al precedente ciclo quattrocentesco: la *Consegna delle chiavi* del Perugino. Nella scena, solenne e composta, si vede Cristo che consegna le chiavi dei due regni a Pietro, inginocchiato davanti a lui. È l'attestazione pittorica dell'origine divina del potere, poi passato da Pietro ai pontefici suoi successori. Nell'attuale *Compendio* del catechismo cattolico si legge: «Il deposito della fede è affidato dagli apostoli alla totalità della Chiesa ... l'interpretazione autentica di tale deposito compete al solo magistero vivente della Chiesa cioè al successore di Pietro, il vescovo di Roma e ai vescovi in comunione con lui». La scena rimanda quindi alla funzione che la Sistina ha ormai stabilmente assunto: essere, se così posso esprimermi, il seggio elettorale della massima carica della cattolicità.

In questa sua funzione la cappella, resa divina dalla maestria di tanti artisti, ridiventa umana, anche troppo umana si può dire, poiché un papa, come qualsiasi altro potente della terra, richiede, per essere eletto, le mediazioni e i compromessi di ogni ricerca di consenso. In passato, a questa regola si aggiungeva la ferocia che i tempi consentivano, che l'abisso della corruzione faceva sembrare opportuna, e che la rilevanza della posta in gioco rendeva necessaria.

Esemplare, da questo punto di vista, la vicenda di Marozia, che fu per alcuni decenni, poco prima dell'anno Mille, la vera padrona del papato. La sua storia è piena del fascino più tenebroso e restituisce come poche altre lo «spirito» di quei tempi. Maria, detta Mariozza e poi Marozia, era nata intorno all'890 da Teodora, ex prostituta, e da Teofilatto, senatore romano di origine germanica. Si racconta che fosse molto bella, ma soprattutto che sapesse usare al meglio la sua bellezza.

La madre Teodora, analfabeta ma assai astuta, era stata l'amante di papa Giovanni X. Marozia fece di più e, benché fosse anche lei analfabeta, riuscì a dominare per almeno due decenni la vita romana, brigando per l'elezione di ben tre pontefici: Leone VI, Stefano VII, Giovanni XI. Nella sua *Storia della città di Roma nel Medioevo*, Ferdinand Gregorovius descrive le due donne in questi termini: «Non dobbiamo ravvisare in Teodora e Marozia due novelle Messaline, ma solo due donne ambiziose, di grande accortezza e coraggio, avide di dominio e di piaceri». Avide lo furono certamente, accorte anche. E manovratrici abilissime, la figlia ancora più della madre.

A quindici anni Marozia era già la concubina di papa Sergio III, suo cugino, una relazione vissuta alla luce del sole in una Roma dove la corruzione del papato faceva da specchio a quella di chiunque altro avesse mezzi sufficienti per permettersi tali licenze. Nel 910 dal loro rapporto nacque un figlio, Giovanni, che sarà a sua volta papa con il nome di Giovanni XI. Pare che qualche tempo dopo Marozia, stanca della relazione, facesse uccidere Sergio III, il quale, del resto, si era segnalato solo per l'orribile decadimento nel quale aveva trascinato la Chiesa. Prende avvio con lui quel periodo che lo stesso Liutprando, vescovo di Cremona e storico, chiamerà della «pornocrazia» ovvero del governo delle prostitute.

Marozia si sposa tre volte. La prima con Alberico I duca di Spoleto, dal quale avrà un altro figlio, Alberico II, di cui torneremo a parlare. Morto il marito (forse in battaglia), la donna convola a nuove nozze con Guido, marchese di Toscana, fiero oppositore di papa Giovanni X, che Marozia riesce infatti a far deporre; lo sventurato pontefice morirà strangolato poco tempo dopo. Nel 931 la temibile Marozia fa salire sul trono di Pietro suo figlio Giovanni, che ha solo ventun anni, un temperamento fragile e una patetica inesperienza per la difficile carica. Infatti, sarà la madre a governare per suo conto ed è possibile che questa assillante presenza abbia contribuito a far sorgere la leggenda della cosiddetta «papessa Giovanna», cioè di una donna che, in vesti maschili, governò per un certo periodo la Chiesa romana. Scrive Gregorovius: «Giovanni XI era figlio della famigerata romana che si faceva chiamare *senatrix omnium romanorum* e perfino *patricia*; essa era di fatto signora temporale della città e dava a chi voleva il trono apostolico. Si riteneva che padre del nuovo papa fosse Sergio III, cosa peraltro incerta».

Nel 932 Marozia andò sposa per la terza volta; il prescelto era questa volta Ugo di Provenza, re d'Italia, che Gregorovius descrive così:

> Perfido e maestro d'intrighi, dissoluto e avido, audace e privo di scrupoli, teso soltanto ad ampliare il suo regno italico, anche con i mezzi più sleali, Ugo era il più genuino rappresentante del suo tempo ... se ci fosse concesso d'indugiare a lungo su fatti estranei alla storia di Roma, vedremmo Ugo vendere i vescovati e le abbazie d'Italia o occuparle con sfrontati favoriti, dare libero sfogo a ogni brama, soffocare ogni senso di diritto.

Poiché anche Marozia è senza dubbio una personalità che bene illustra l'epoca, i due formavano sicuramente quella che si può definire una coppia in perfetta sintonia con i tempi.

Il carattere di questo Ugo è ben illustrato da un episodio relativo alle sue nozze. Egli era fratello di Guido, secondo marito di Marozia; dunque non avrebbe potuto sposarla, perché le nozze fra cognati erano considerate incestuose. Per aggirare l'ostacolo, Ugo non esitò a infamare sua madre, giurando di essere figlio adulterino e quindi solo fratellastro di Guido. Soddisfatta per aver raggiunto la tiara regale ma non ancora sazia, Marozia chiese al papa suo figlio di proclamare Ugo imperatore: «Già si vedeva risplendere nella porpora di imperatrice, perché suo figlio, Giovanni XI, non poteva rifiutarsi di porre la corona sul capo del futuro patrigno, già re d'Italia». Sarebbe senza dubbio riuscita anche questa volta – poiché Giovanni era come creta nelle sue mani – se al progetto non si fosse opposto l'altro figlio, Alberico II, il quale scacciò Ugo, fece arrestare la madre e confinò Giovanni XI nel palazzo pontificio.

La storia pubblica di Marozia finisce praticamente qui, ma per dare un ulteriore tocco di colore alla fosca atmosfera dell'epoca cito un altro episodio significativo di questa autentica «pornocrazia». Marozia, ormai quasi sessantenne, dopo una vita tutta spesa a rincorrere le sue ambizioni stava chiudendo i suoi giorni prigioniera nelle fortezza di Castel Sant'Angelo. Lì apprese che il diciottenne Ottaviano dei conti di Tuscolo, figlio di

Alberico II, quindi suo nipote, era stato fatto papa con il nome di Giovanni XII. Ottaviano era solo un ragazzo, totalmente inadatto alla carica, e darà infatti pessima prova di sé. La pensava così perfino il cardinale Bellarmino, che di lui disse: «*Fuerit fieri omnium deterrimus*», fu di tutti i papi il peggiore.

L'elenco dei suoi crimini è sterminato: si diceva che avesse perfino inventato peccati fino a quel momento sconosciuti, esempio sommo di quella *Roma deplorabilis* contro cui si scaglierà qualche secolo dopo Lutero. Nel Palazzo del Laterano manteneva un harem di giovani donne e di ragazzi pronti alle sue voglie, depredava le offerte dei pellegrini sperperandole al gioco, nutriva i suoi duemila cavalli (probabile esagerazione) con mandorle e fichi macerati nel vino.

L'imperatore Ottone di Sassonia gli indirizzò un'aspra lettera di rampogna: «Tutti quanti, religiosi e laici, accusano Voi, Santità, di omicidio, spergiuro, sacrilegio, incesto con le vostre parenti, comprese due vostre sorelle, e di aver invocato, come un pagano, Giove, Venere e altri demoni». Come un imperatore romano della decadenza, Giovanni XII morì giovanissimo, ad appena ventiquattro anni, gettato dalla finestra da un marito geloso che lo aveva sorpreso *in flagrante delicto*, vale a dire a letto con sua moglie, una tal Stefanetta di cui altro non si sa. Venne sepolto in San Giovanni in Laterano.

Negli anni immediatamente precedenti c'era stato un episodio poco noto e molto significativo. Papa Formoso (891-896), che aveva cercato di barcamenarsi fra due potentati, fu addirittura esumato dalla tomba per volontà del suo successore, Stefano VI. La salma, rivestita dei panni pontificali e assisa in trono, venne processata in una delle più orride farse giudiziarie mai inscenate. Dichiarato colpevole con un cavillo, Formoso fu condannato in eterno, gli furono quindi mozzate le dita con le quali aveva impartito la benedizione, poi il suo cadavere venne gettato nel Tevere. Soprattutto, e questo era lo scopo principale del macabro rito, tutti i suoi atti (comprese dunque nomine e ordinazioni) vennero dichiarati nulli. Stefano VI non fece una fine migliore. Pochi mesi dopo, a seguito di una sommossa popolare, fu gettato in un carcere e lì subito strangolato (897).

Anche se lentamente, la Chiesa di Roma è tuttavia riuscita a darsi una procedura certa per l'elezione del suo capo. Una serie di regole sono state studiate e collaudate per evitare almeno gli arbitrii più evidenti.

C'è da considerare che la cattedra di Pietro è stata a lungo sottoposta ai calcoli di potere, e talvolta ai capricci, dell'imperatore mentre il «popolo», che inizialmente aveva un peso nelle scelte, non foss'altro che per la pressione del numero, veniva progressivamente messo da parte. Una delle riforme fondamentali fu quella attuata da papa Niccolò II, che nel suo brevissimo pontificato (1059-1061) restrinse il diritto di voto ai soli cardinali-vescovi romani. Soltanto in un secondo tempo, a giochi ormai fatti, avrebbero potuto esprimersi (senza più essere determinanti) gli altri cardinali, il clero, il popolo. Oggi una tale riforma sarebbe giudicata molto negativamente. Allora, si rese necessaria proprio per assicurare alla Chiesa una maggiore libertà dalle ingerenze laiche, essendo questo uno dei principali nodi da sciogliere: liberarsi non tanto del popolo, allora come oggi facilmente manovrabile, ma dei veri detentori del potere, primo tra tutti, ovviamente, l'imperatore.

Le lotte fra papato e impero hanno a lungo occupato gli storici, oltre che le cronache del loro tempo. Le contese divenivano particolarmente accanite quando a scontrarsi erano due grandi personalità, come nel caso di Enrico IV, imperatore tedesco, e di Gregorio VII, il famoso Ildebrando di Soana, salito repentinamente dallo stato di arcidiacono a quello di papa. Siamo nel 1073 quando Gregorio viene eletto in maniera molto irregolare, imposto da una parte della gerarchia e acclamato dal popolo radunato davanti alla basilica di San Pietro in Vincoli.

Ildebrando aveva un'altissima considerazione della carica e di se stesso: sosteneva che ogni papa, una volta investito dei suoi poteri, è personalmente santo, mentre la carica imperiale rende di per sé malvagi anche uomini potenzialmente buoni. Affermava altresì che il papa ha la facoltà di giudicare chiunque senza poter essere giudicato da nessuno: suo dunque, in esclusiva, il potere di nominare i vescovi, ma anche quello di deporre lo stesso imperatore. Non erano novità assolute. Nuova era, però, la determinazione con la quale tali enormi poteri venivano reclamati. Era come se Gregorio considerasse l'intera Europa un insieme di feudi al suo servizio.

Nello stesso tempo egli lavorava a riordinare la Chiesa dall'interno, scagliandosi contro la vendita dei benefici ecclesiastici, male diffusissimo, e contro il matrimonio dei preti. Per esempio, vennero sospesi tutti i vescovi che, in cambio di denaro, avevano concesso il concubinato al clero. Autentici fulmini furono scagliati contro Enrico IV, che aveva osato nominare alcuni vescovi e abati. Era un atto coerente con le precedenti dichiarazioni, ma era anche l'atto iniziale di quella lotta per le investiture che avrebbe coinvolto i due protagonisti in un duello senza tregua durato anni e caratterizzato da una serie di drammatiche mosse e contromosse.

Il papa scomunicò Enrico ed Enrico dichiarò decaduto il pontefice, salvo poi, vista la reazione negativa di alcuni suoi feudatari, andarlo a cercare, nel gennaio 1077 (come abbiamo già ricordato), a Canossa dalla contessa Matilde. Gregorio lo fece aspettare tre giorni, penitente, nel gelido inverno dell'Appennino reggiano, prima di decidersi a farlo entrare per riammetterlo nella comunità dei fedeli. L'imperatore era in ginocchio, il papa gli aveva fatto assaporare l'acredine della sconfitta abbastanza a lungo perché s'imprimesse bene nella sua memoria. Ma le cose non andarono esattamente così.

Enrico non perdonò mai l'umiliazione subita; tornato in Germania riconfermato nella sua autorità, piega i feudatari ribelli e pretende che il papa deponga un suo rivale. Gregorio rifiuta, anzi, lo scomunica una seconda volta. Enrico gli nega obbedienza e designa un suo candidato al soglio di Pietro, Viberto (o Guiberto) di Ravenna che, una volta consacrato papa (o antipapa), prenderà il nome di Clemente III. Gregorio cerca di reagire, ma l'imperatore sembra godere nuovamente di un tale favore che il papa è costretto a ritirarsi a Castel Sant'Angelo.

Nel 1084 Enrico riesce finalmente a entrare a Roma e il giorno di Pasqua il «suo» papa lo consacra imperatore. La situazione sembra ormai compromessa, ma Gregorio tenta un gesto disperato: chiama in soccorso un esercito di normanni che, capeggiato da Roberto il Guiscardo, si trovava nel Mezzogiorno d'Italia. I normanni entrano in Roma, Enrico fugge, il papa viene liberato. I romani conoscono uno dei più crudeli saccheggi e la più rovinosa devastazione della storia cittadina. Quando la riforma luterana comincerà a diffondersi e da quei drammatici eventi saranno passati ben cinque secoli, i protestanti ancora ricorderanno quelle giornate così riassumendole: «Gregorio I salvò Roma dai longobardi, Gregorio VII la lasciò distruggere dai normanni». Ildebrando, papa politico per eccellenza, anzi, gigante della politica, antepose la salvezza propria e della sua sede a quella della città. I suoi concittadini non lo perdonarono sicché, finito il saccheggio, egli fu costretto a lasciare Roma insieme al Guiscardo. Un anno dopo, moriva sessantenne a Salerno, pronunciando a sua discolpa i versetti del Salmo: «*Dilexi justitiam, odivi iniquitatem, propterea morior in exilio*». Gli sopravvisse, quasi fino ai nostri giorni, la riforma della Chiesa da lui voluta. Un breve passo dalla *Storia* di Gregorovius restituisce con notevole forza il senso di quel pontificato e quello complessivo della tragedia:

> La devastazione di Roma è una macchia più scura nella storia di Gregorio che in quella del Guiscardo: la nemesi aveva costretto il papa, che se ne traeva inorridito, a fissare Roma in fiamme. Non è forse, Gregorio in Roma che arde (e ardeva per colpa sua), un terribile uomo del Fato, come Napoleone che cavalca sereno su campi di battaglia intrisi di sangue? La sua bella antitesi è Leone Magno che salva la città santa da Attila e ne addolcisce il destino davanti al torvo Genserico. Nemmeno uno dei contemporanei testimonia che Gregorio abbia se non altro tentato di salvare Roma dal sacco o versato sulla sua caduta una lacrima di pietà. Che cos'era, per quell'uomo del destino, l'Urbe quasi distrutta, di fronte all'idea cui sacrificava la pace del mondo?

Dopo la bolla di Niccolò II, la successiva riforma delle regole fu quella di papa Alessandro III al termine di uno scisma durato quasi vent'anni. Scopo principale del provvedimento era costringere la votazione dentro una procedura rigida, in modo da stemperare gli interessi individuali o di «corrente». Lo stesso titolo dato alla costituzione (*Licet de vitanda discordia*, 1179) rendeva esplicito il suo intento. In pratica, si trattava di dare a tutti i cardinali, e solo a loro, il diritto di sedere in conclave. Per di più, si prescriveva che per essere eletti fossero necessari almeno i due terzi dei voti:

> Stabiliamo che, poiché il nemico non cessa di seminare zizzania, se non vi è l'unanimità tra i cardinali per la scelta del pontefice e, pur concordando i due terzi, l'altro terzo non intende accordarsi o presume di eleggere un altro, sia considerato Romano Pontefice quello che è stato eletto e riconosciuto dai due terzi. Se qualcuno, basandosi sulla nomina del restante terzo, si arrogasse il titolo di papa, sia lui che coloro che lo riconoscessero siano scomunicati.

La norma, di particolare autorità in quanto approvata da un concilio ecumenico, escludeva ogni possibile influenza dei vescovi nella lotta per la successione al trono. Il collegio dei cardinali e il papa alla loro testa diventavano i soli autorizzati a fissare e a far applicare le linee della Chiesa nelle faccende dello spirito come in quelle propriamente politiche, una riforma che sarebbe durata otto secoli, fino a Giovanni Paolo II. Con Alessandro III l'organizzazione «monarchica» della Chiesa subisce una forte accelerazione. Come annota giustamente il vaticanista Giancarlo Zizola nella sua storia dei conclavi (*Il conclave: l'elezione papale da san Pietro a Giovanni Paolo II*), «il richiamo alle legittimazioni apostoliche e comunitarie dell'autorità nella Chiesa diventa sempre più frammentario e per lo più retorico».

Con il tempo si verrà poi affermando la dottrina secondo la quale se il papa (re) deve essere considerato il successore di Pietro, i cardinali (principi della Chiesa) sono gli eredi degli apostoli, rappresentano cioè il gruppo di uomini che alle origini del cristianesimo si era formato attorno a Gesù.

Peraltro, nemmeno la regola della maggioranza dei due terzi evitò che per qualche decennio si continuassero a eleggere papi e antipapi in perenne, violento contrasto fra di loro e che il popolo romano, anche se ormai privo di legittimazione, continuasse a tumultuare appoggiando ora un candidato ora l'altro, spinto a volte dalla simpatia, altre dalle influenze che le famiglie più potenti erano in grado di esercitare.

Intorno alla metà del XIII secolo, con Innocenzo IV (Sinibaldo Fieschi), le norme elettorali precisano ulteriormente i vari ruoli, ponendo il papa al centro della giurisdizione, fonte di ogni legittimità spirituale e mondana, circondato da una corte di cardinali muniti di privilegi e poteri anch'essi molto estesi. Il quadro rende ogni altro regnante subalterno alla potestà pontificia. Con papa Fieschi, la cristianità diventa un vero regime, dotato di idonei strumenti pratici e di convincimento che vanno dalla scomunica alla tortura, opportunamente dosati a seconda degli «avversari»: eretici, ebrei, sovrani riluttanti alla richiesta obbedienza. Infatti, proprio Innocenzo IV, con la bolla *Ad extirpanda*, concesse all'Inquisizione l'uso della tortura «quando necessario».

Tuttavia, ancora molto tempo e molte laboriose mediazioni furono necessarie per arrivare a una procedura elettiva sufficientemente stabile. È nei secoli dell'alto Medioevo che nasce il «conclave» nel senso etimologico della parola, *cum clave*, sotto chiave. Come fa notare Zizola, la temporanea reclusione dei principi della Chiesa si configura inizialmente «come rivendicazione violenta, leggermente ricattatoria, del diritto popolare manomesso. Il popolo è stato escluso dall'elezione, e il popolo mette sotto chiave i cardinali che gliel'hanno rubata».

Ma, a dispetto di ogni cautela e garanzia, l'elezione del pontefice, data la quantità di interessi che mette in gioco, non è mai stata semplice né interamente pacifica. Un esempio clamoroso di tali difficoltà, dalle quali derivarono importanti conseguenze, lo si ebbe alla morte di Clemente IV (Guy Foulques) nel 1268: ci vollero ben tre anni per trovare un successore. Riuniti nel palazzo pontificio di Viterbo, i diciotto cardinali, divisi in fazioni appoggiate da questo o quel sovrano europeo, non riuscivano ad accordarsi su un candidato.

Di fronte a tali lungaggini i viterbesi cominciarono dapprima a rumoreggiare, poi murarono i cardinali dentro il palazzo, infine scalarono il tetto dell'edificio scoperchiandolo. Attraverso la rovinosa apertura, che esponeva i votanti alle intemperie, veniva calato il nutrimento costituito solo di pane e acqua. La dieta severa portò finalmente a un accordo. Nel settembre 1271 venne fatto papa un oscuro arcidiacono di Piacenza, Tedaldo

Visconti, che prese il nome di Gregorio X. I tre lunghi anni non erano stati solo il portato delle trame tessute dai principi della Chiesa né dei contrapposti interessi; la lunghissima attesa era dovuta anche ai vantaggi che i cardinali riuscivano a lucrare nei periodi di sede vacante.

Gregorio X era un semplice arcidiacono e per poterlo fare papa lo si era dovuto consacrare in fretta e furia prima prete, poi cardinale. Eppure, dimostrò di avere così a cuore la legittimità dell'alta carica da varare prontamente una nuova costituzione, *Ubi periculum* (1274), con la quale stabiliva norme ancora più rigide per il conclave includendovi perfino la dieta alimentare. A Viterbo il menu a base di pane e acqua aveva funzionato. Gregorio lo fece suo, stabilendo che passati inutilmente i primi tre giorni «nei cinque giorni seguenti, sia a pranzo che a cena, i cardinali si contentino ogni giorno di un solo piatto. Passati questi senza che si sia provvisto, sia dato loro solo pane, vino e acqua, fino a che non avvenga l'elezione».

Anche i privilegi connessi alla sede vacante furono, per dir così, «messi a dieta»: per l'intera durata del conclave veniva sospesa ogni prebenda. Gli effetti furono positivi, ma non duraturi. Ben presto gli interessi contrapposti e la smania di potere, a dispetto di ogni regola, si riaffacciarono. Alla morte di Niccolò IV (Girolamo Masci) nel 1292, la sede vacante si prolungò per più di due anni, cioè fino a quando non venne eletto il pio eremita Pietro da Morrone, un sant'uomo che viveva pregando in una grotta sui monti della Maiella e che arrivò ottantenne al soglio. Prese il nome di Celestino V e il suo sarà uno dei pontificati più brevi della storia insieme a quello di Albino Luciani nel XX secolo.

Anche Celestino V, come Giovanni Paolo I, era un uomo semplice, più incline alla pietà che agli intrighi, quindi inadatto al governo di quella complessa macchina di potere che la Chiesa era diventata. Se Giovanni Paolo I è rimasto papa per soli trentatré giorni, Celestino V lo fu per cinque mesi; poi, davanti a un concistoro appositamente convocato, abdicò. Petrarca, nel *De vita solitaria*, ne esaltò l'umiltà; Dante, al contrario, nel III canto dell'*Inferno* lo collocò tra gli ignavi bollandolo con un duro giudizio, racchiuso nel verso famoso: «vidi e conobbi l'ombra di colui che fece per viltade il gran rifiuto».

In realtà chi aveva manovrato perché il «gran rifiuto» ci fosse era stato il cardinale Benedetto Caetani, uomo di smisurate ambizioni, che con quella mossa assicurò a se stesso la successione. Diventerà il famigerato Bonifacio VIII il quale, come primo atto, fece rinchiudere il povero Pietro da Morrone in un castello. Il pio eremita avrebbe voluto tornare alla sua grotta e alle sue preghiere, ma Bonifacio temeva che un uomo tanto ingenuo diventasse uno strumento nelle mani degli oppositori, provocando magari uno scisma. Preferì tenerlo sotto chiave per gli anni che ancora gli restavano da vivere. Forse lo fece uccidere.

Il metodo per l'elezione si è venuto, dunque, delineando nel tempo tra molte contraddizioni e sospetti e con grande fatica; infatti, quasi ogni papa lo ha modificato dopo la sua ascesa al trono, anche in anni recentissimi, come fra poco vedremo. Il fatto è che quanto più la Chiesa accentuava le sue pretese temporali facendosi regno tra i regni dell'Europa, si allontanava dallo spirito evangelico del primo cristianesimo e accresceva le sue necessità finanziarie, tanto più si appesantiva il fardello del suo esteso potere.

Bonifacio VIII è l'«inventore», se così si può dire, dell'Anno Santo. Il primo di questi eventi si celebrò infatti nel 1300 sotto il suo pontificato. Ai pellegrini che fossero venuti a Roma si prometteva il perdono pieno dei peccati, una specie di amnistia applicata alle pene non del corpo, ma dell'anima. La risposta fu enorme.

Papa Bonifacio colse in quell'afflusso il segno del suo personale successo, ricavandone entrate sufficienti a rinsanguare le casse vaticane e, soprattutto, uno smisurato sentimento di potere. Due anni dopo, emanò una bolla destinata a grande fama, la celebre *Unam sanctam*, con la quale fondava il regime teocratico del papato: esiste una sola Chiesa, affermava il documento, al di fuori della quale non c'è salvezza. Il suo capo è Cristo, che opera attraverso il papa, suo rappresentante in terra; la Chiesa usa direttamente il potere spirituale e delega quello civile al principe, che è tenuto a usarne secondo le direttive impartite dalla Chiesa stessa. Il potere ecclesiastico può giudicare quello politico, mentre nessuno, salvo Dio, può ergersi a giudice del primo. Ogni uomo che intenda preservare la sua eterna salvezza deve obbedienza al vescovo di Roma.

Con questo atto, mai osato da nessun altro sovrano, giustificato in nome della potenza divina, papa Bonifacio poneva le premesse per numerose, future contese e tragedie. Anche allora, infatti, molti giudicarono eccessive delle pretese così mondane, dimentiche di ogni vera spiritualità. Fra costoro Dante che, mentre Bonifacio era ancora in vita, lo cacciò fra i simoniaci (*Inferno*, XIX), ossia coloro che, abusando della carica religiosa, vendono o comprano oggetti o benefici sacri.

Papa Caetani non servì né la sua religione né la sua Chiesa; dopo di lui le lotte per il potere non cessarono; papi e antipapi continuarono a farsi guerra, poi per settant'anni, a partire dal 1309, il papato fu in esilio ad Avignone, né le cose migliorarono dopo il ritorno a Roma. Anzi, gli anni di Urbano VI, eletto nel 1378, furono segnati dal «grande scisma», il momento più buio della Chiesa medievale, con ben tre papi e antipapi che si scomunicavano a vicenda. A giudizio di Gregorovius, una qualunque altra monarchia che avesse affrontato simili prove ne sarebbe stata schiantata. In un certo senso accadde anche alla Chiesa di Roma, che a partire dal 1517 perse, con la Riforma, intere province e una parte rilevante dei suoi fedeli.

Il primo papa a venire eletto nella cappella Sistina fu, il 9 marzo 1513, Giovanni de' Medici, secondogenito di Lorenzo il Magnifico, che prese il nome di Leone X. Scrive Gregorovius: «Arrivò da Firenze, in lettiga, Giovanni de' Medici. Era malato; una fistola in suppurazione lo rendeva quasi inavvicinabile; anche durante il conclave il suo chirurgo dovette operarlo». Il fatto di essere figlio di Lorenzo aveva dato a Giovanni notevoli privilegi. A sette anni Innocenzo VIII lo aveva nominato protonotaro apostolico, a otto era abate di Montecassino, a diciotto cardinale. Arrivò al soglio che aveva trentotto anni. Fu un papa mediocre, tanto più al confronto del predecessore, Giulio II; autore e vittima di fatti deplorevoli, ben ritratto psicologicamente da Raffaello nel volto molle, nello sguardo lontano e velato.

Nel 1517, anno fatale nella storia della Chiesa, Leone fu vittima di una congiura ordita dal cardinale Alfonso Petrucci, che aveva corrotto il chirurgo pontificio affinché gli infettasse la fistola durante una medicazione. Il complotto venne scoperto, i congiurati uccisi: «Il chirurgo e il segretario del Petrucci furono giustiziati con orribili torture. Il cardinale stesso accolse la sua condanna a morte imprecando fieramente contro il papa, e respinse il confessore; il moro Rolando lo strangolò a Castel Sant'Angelo». La paura del papa fu tale che si affrettò a nominare in un sol colpo trentuno nuovi cardinali per riempire il Sacro Collegio di uomini a lui fedeli. Solo Pio XII, nel Novecento, farà di più, nominando ben trentadue cardinali.

Nepotista e amante del lusso, Leone fu anche sodomita se dobbiamo credere a Francesco Guicciardini che nel 1525 scrisse di lui: «Credettesi per molti, nel primo tempo del pontificato, che e' fusse castissimo; ma si scoperse poi dedito eccessivamente, e ogni di' più senza vergogna, in quegli piaceri che con onestà non si possono nominare». Gregorovius descrive in questi termini il fasto principesco della sua corte:

> Roma era tutta un teatro di feste e di sfarzosi spettacoli. Nel suo Vaticano brulicante di suonatori, di mimi, di ciarlatani, di poeti e artisti, di striscianti cortigiani e di parassiti, dove faceva recitare commedie antiche e moderne, e anche le oscenità più spudorate, il pontefice sembrava il *tribunus voluptatum* degli antichi romani. Avremmo davanti agli occhi un quadro variopinto, se potessimo abbracciare con lo sguardo un anno di Roma al tempo di Leone X, e vedere quella catena di feste e di spettacoli in cui paganesimo e cristianesimo si mescolavano con stridenti contrasti: mascherate del carnevale, miti di divinità antiche, storie romane in splendide mess'in scena, processioni, fastose solennità ecclesiastiche, rappresentazioni della Passione di Cristo al Colosseo, declamazioni classiche in Campidoglio, feste e discorsi per il natale di Roma, le quotidiane cavalcate dei cardinali, i cerimoniosi cortei degli ambasciatori e dei principi, con seguiti che parevano eserciti.

Mentre tutto ciò accadeva, un monaco agostiniano tedesco di origine contadina, Martin Lutero, professore a Wittenberg, inviava ai vescovi novantacinque tesi in latino, sollecitando una disputa teologica. Era l'inizio della Riforma, che avrebbe spaccato, per la prima volta in quella misura, la cristianità. A Roma

Lutero aveva visto e ascoltato molte cose che l'avevano riempito di disgusto. Dirà in seguito: «Che gente orribile era quella! Mai avrei creduto che il papato fosse un simile orrore, se non avessi visto coi miei occhi la corte romana! Se esiste l'inferno, Roma è costruita sovra di esso». Papa Leone non seppe valutare quell'ira, pensò di cavarsela con una scomunica, che Lutero bruciò pubblicamente sulla piazza di Wittenberg in mezzo a una folla esultante.

Quale triste paradosso che la cappella alla quale tanti geni avevano lavorato, rendendola veramente divina, fosse inaugurata con un papa così inadeguato al compito, così lontano dai suoi doveri e dal vangelo.

Le ultime due riforme sulle norme elettorali sono state fatte da Giovanni Paolo II e da Benedetto XVI. Nel 1996 papa Wojtyła promulgò la costituzione apostolica *Universi dominici gregis*, con la quale si abbandonava la regola della maggioranza dei due terzi stabilita nel 1179. Il pontefice temeva il rischio che una minoranza di blocco (pari al 34 per cento dei voti, o più) potesse inchiodare il conclave per un tempo indefinito, con tutte le immaginabili conseguenze negative anche in termini di immagine.

La sua riforma stabiliva che, trascorsi inutilmente tredici giorni di votazione, la maggioranza assoluta dei cardinali (il 51 per cento) decidesse come proseguire, cioè se continuare con la maggioranza dei due terzi, passare alla maggioranza assoluta oppure al ballottaggio fra i due candidati più votati. Anche questa regola, come ogni legge elettorale, aveva un suo punto debole nella possibilità che una parte dei cardinali aspettasse pazientemente il trascorrere delle prime votazioni tenendo in caldo il suo candidato, per tirarlo fuori non appena si fosse passati alla maggioranza semplice.

Nell'aprile 2005 il cardinale Ratzinger ha beneficiato di questa legge. Difficilmente, infatti, avrebbe potuto raggiungere la maggioranza dei due terzi in vigore prima della riforma di Giovanni Paolo II. I votanti a lui favorevoli dissero però chiaramente che, pur di far diventare papa il loro candidato, erano disposti ad aspettare il passaggio alla maggioranza semplice. Bastò questa minaccia a scompaginare l'opposizione, spianando la strada a Joseph Ratzinger.

Diventato papa, Benedetto XVI si è affrettato a cambiare la regola di Wojtyła ripristinando la maggioranza dei due terzi e stabilendo che, trascorsi inutilmente tredici giorni, si passi al ballottaggio dei due nomi più forti, sempre però mantenendo il quorum dei due terzi. Le difficoltà, come si vede, continuano. Nemmeno l'invocata assistenza dello Spirito Santo mette al riparo da una umana, molto umana fragilità.

XIII
16 OTTOBRE 1943

I luoghi conservano un'eco degli avvenimenti capitali di cui sono stati teatro. Bisogna saper aggiustare lo sguardo, cogliere i segni, attivare la memoria, leggere parole appropriate. Per esempio, queste che aprono il racconto, bellissimo e tragico, di Giacomo Debenedetti su una data fatale per Roma, per i suoi ebrei, per il Vaticano: 16 ottobre 1943, la stessa alla quale ho intitolato il capitolo. *In memoriam*.

> Giungeva nell'ex ghetto di Roma, la sera di quel venerdì 15, una donna vestita di nero, scarmigliata, sciatta, fradicia di pioggia. Non può esprimersi, l'agitazione le ingorga le parole, le fa una bava sulla bocca. È venuta da Trastevere di corsa. Poco fa, da una signora presso la quale va a mezzo servizio, ha veduto la moglie di un carabiniere, e questa le ha detto che il marito, il carabiniere, ha veduto un tedesco, e questo tedesco aveva in mano una lista di 200 capifamiglia ebrei, da portar via con tutte le famiglie... La donna scarmigliata non ebbe difficoltà a radunare un gran numero di ebrei per avvertirli del pericolo. Ma nessuno volle crederci, tutti ne risero...

La donna, che si chiamava Celeste, non venne dunque creduta. Era povera, vestiva di stracci; in quella famiglia, si diceva in giro, erano tutti un po' tocchi. E poi era troppo agitata, gridava, con le lacrime agli occhi, le mani sulla testa dei bambini in un gesto pateticamente protettivo. Invece, di lì a poche ore, in quello stesso luogo, quella strampalata profezia si sarebbe avverata nel modo più terribile.

Il luogo è uno slargo un po' informe, rimasto immutato da

secoli, che si trova dove la via di Sant'Angelo in Pescheria incontra via Catalana. Alle spalle ci sono le arcate poderose del teatro di Marcello, di fronte il Tempio maggiore, la grande sinagoga degli ebrei romani. Sul fianco, un arco a tutto sesto, uno dei pochi rimasti del portico di Ottavia, grandiosa costruzione fatta erigere da Augusto in memoria di sua sorella, di cui ora restano solo pochi altri frammenti sparsi e qualche colonna smozzicata delle oltre trecento che lo ornavano.

Lì, in quello slargo, la mattina di sabato 16 ottobre 1943 vennero concentrati i camion sui quali sarebbero stati caricati, a spintoni, fra le urla, gli abitanti del ghetto di Roma. C'è una targa di marmo che lo ricorda ma la targa da sola, pur rievocando l'enormità dell'evento, non basta. I muri di Roma sono pieni di targhe, bisogna sapere qualcosa di più per decifrarla, per comprenderla davvero.

Il precedente di quegli avvenimenti risale a una ventina di giorni dopo l'armistizio firmato dall'Italia con gli Alleati e proclamato l'8 settembre di quell'anno. Alla fine del mese il maggiore delle SS Herbert Kappler convocò i capi della comunità ebraica cui ordinò di consegnare, entro trentasei ore, mezzo quintale di oro, pena la deportazione di molti di loro. La raccolta cominciò il mattino del 27 settembre. Un contabile verbalizzava le consegne, tre orefici ebrei saggiavano la qualità del metallo.

Nelle prime ore la raccolta andò in modo così stento che si pensò di chiedere aiuto al Vaticano. Alle 16.00 giunse la risposta: il Vaticano si disse disposto a un prestito a lungo termine e senza interessi. Non ce ne fu bisogno perché alla fine, ed entro la scadenza fissata, i cinquanta chili vennero messi insieme, anche con una piccola eccedenza. Con la consegna dell'oro qualche ebreo avrebbe potuto pensare di essersi pagato una specie di assicurazione sulla vita. Ma che il mezzo quintale fosse solo un pretesto, o meglio, una tragica beffa lo si capì alla fine della guerra, quando l'oro degli ebrei romani venne ritrovato a Berlino dentro le cassette originali che non erano neppure state aperte.

Sabato 16 ottobre, alle 5.30 del mattino e sotto una pioggia scrosciante, 370 uomini delle SS, coadiuvati per compiti marginali da militi fascisti, circondarono il ghetto e cominciarono i rastrellamenti casa per casa. Chi dormiva, chi era malato, chi allattava un bambino, chi si stava preparando a celebrare lo *shabbat*: con violenza, i soldati radunarono tutti in strada, colpendo con il calcio dei mitra chi si attardava, urlando quelle parole tedesche che tutti, anche i bambini, avevano ormai imparato: «*Schnell*», «*Raus*», «*Jude*», «*Achtung*», «*Kaputt*». I camion erano stati allineati nello slargo, con il muso già in direzione del Tevere per agevolare la partenza. Scaricati dai mezzi, i prigionieri vennero concentrati nel collegio militare di Palazzo Salviati, in via della Lungara. I camion fecero più volte il percorso fino a quando nel ghetto non rimase altro che il silenzio di una triste giornata d'autunno, il rumore della pioggia, una porta sbattuta dal vento, qualche straccio zuppo d'acqua abbandonato in mezzo alla strada.

Per l'occasione era stato inviato a Roma un altro reparto di SS. Con sinistra ingenuità i nuovi arrivati chiesero ai colleghi di passare per piazza San Pietro e poiché il percorso, con una minima deviazione, lo consentiva, furono accontentati. I camion, con il loro tragico carico di esseri umani che gridavano, piangevano, pregavano, rasentarono dunque il confine fra Italia e Stato Vaticano (segnato a terra da una serie di lastre di pietra). Una circostanza che permise poi all'ambasciatore del Reich presso la Santa Sede, Ernst von Weizsäcker, di scrivere a Berlino che l'azione si era svolta «quasi sotto le finestre del papa». Ci fu, per la verità, qualche tentativo di contatto: Pio XII fece convocare l'ambasciatore tedesco dal segretario di Stato Luigi Maglione, che chiese al diplomatico di intervenire per far cessare le deportazioni. In difetto, aggiunse, il Vaticano avrebbe protestato. L'episodio è riportato nei documenti vaticani, ma non in quelli tedeschi.

Alcune decine di non ebrei riuscirono a farsi rilasciare. Una donna incinta, colta dalle doglie, venne trascinata in cortile a partorire. Subito, anche il neonato fu dichiarato in arresto. Nella notte fra domenica 17 e lunedì 18 i prigionieri vennero incolonnati e portati alla stazione Tiburtina per essere caricati su carri bestiame che, una volta pieni, venivano piombati. Ci volle una settimana di viaggio in condizioni di disumano degrado e patimento per raggiungere la destinazione finale, il campo di sterminio di Auschwitz.

Il 25 ottobre 1943 il quotidiano «L'Osservatore Romano» pubblicava un articolo fortemente elogiativo nei confronti del papa: «Con l'accrescersi di tanti mali» vi si leggeva «è divenuta quasi più operosa la carità universalmente paterna del Sommo Pontefice, la quale non si arresta davanti ad alcun conflitto né di nazionalità né di religione né di stirpe». Gli esperti di formule diplomatiche potevano cogliere nel termine «stirpe» un riferimento alla tragica questione ebraica. Se ne rese infatti conto l'ambasciatore tedesco von Weizsäcker, che inviò una traduzione dell'articolo a Berlino, accompagnata da una lettera dove scriveva: «Il papa, benché fatto oggetto di pressioni da ogni parte, non ha permesso che lo si spingesse a una censura dimostrativa della deportazione degli ebrei di Roma ... solo assai pochi intenderanno il testo come un'allusione, sia pur indefinita, alla questione degli ebrei». E più avanti: «Si può dire che questa faccenda, tanto spiacevole per quanto riguarda le relazioni tedesco-vaticane, è stata liquidata».

Anche gli ebrei romani furono rapidamente liquidati. Non a caso monsignor Montini annotò nel suo diario: «Questi ebrei non torneranno più nelle loro case». Nel giro di pochi giorni dall'arrivo ad Auschwitz morirono quasi tutti. Alcuni erano già morti durante il viaggio.

Nel 1963 fu rappresentato a Berlino un testo teatrale scritto da Rolf Hochhuth dal titolo *Der Stellvertreter*, in italiano *Il Vicario*. Messo in scena a Londra e a New York, il testo venne invece proibito a Roma con l'accusa di essere offensivo verso un capo di Stato estero. Gli attori Gian Maria Volonté e Carlo Cecchi riuscirono a organizzarne una rappresentazione clandestina. L'autore imputava al pontefice di essere rimasto indifferente di fronte alle denunce di quanto stava accadendo nei campi di sterminio. Papa Pacelli veniva anche accusato di aver fatto dipendere il suo atteggiamento da calcoli di convenienza finanziaria. Una delle scene più crude è quella in cui, proprio mentre Kurt Gerstein, personaggio storico e testimone dell'eliminazione nelle camere a gas, sta presentando una supplica, ha luogo il rastrellamento degli ebrei romani.

Il dramma, modesto in sé e in qualche punto storicamente infondato, ebbe però il merito di far esplodere una questione fino a quel momento sottaciuta: l'atteggiamento tenuto da Pio XII nei confronti dell'Olocausto. Questione complessa, su cui esiste una copiosa bibliografia e a proposito della quale la Santa Sede si è dimostrata restia ad aprire i suoi archivi agli studiosi.

Il racconto di quanto accadde allora, se non descrivesse la tragedia di un popolo e dell'umanità, potrebbe sembrare la sceneggiatura di un film di spionaggio.

Nel luglio 1942 giunsero in Svizzera le prime, vere notizie sul piano di sterminio nazista, che Hitler aveva del resto anticipato nel suo libro *Mein Kampf*, pubblicato nel 1925. Durante una visita a Zurigo un industriale tedesco, Eduard Schulte, amministratore delegato di un'importante società mineraria che aveva buoni contatti con dirigenti del Terzo Reich, riferì al suo amico Isidor Koppelmann che il quartier generale del Führer progettava di deportare gli ebrei d'Europa nei territori dell'Est, dove sarebbero stati sterminati in massa mediante acido prussico. Koppelmann ne mise subito al corrente Benjamin Sagalowitz, che lavorava presso l'Unione delle comunità ebraiche svizzere. Sagalowitz giudicò la voce terribilmente seria e avvisò Gerhart Riegner, che all'epoca dirigeva l'ufficio di Ginevra del Congresso mondiale ebraico (WJC).

I due s'incontrarono e cercarono d'incrociare quanto avevano saputo con altri brandelli di notizie ottenuti da vari testimoni più o meno diretti dei fatti. Arrivarono a scartare l'ipotesi di una provocazione e a ritenere sostanzialmente vera l'informazione, tanto più che questa volta la fonte era un tedesco, convinto antinazista, e non un ebreo. Uno dei riscontri fu proprio quello sull'opera letteraria di Hitler, passata per lo più inosservata, dove il futuro dittatore accennava esplicitamente al suo programma di sterminio. Ancora più convincente fu l'ondata di arresti e di retate attuata in quel terribile luglio 1942 in tutte le principali città occupate dai nazisti.

Dopo essersi consultato con la direzione del Congresso a New York, l'8 agosto Riegner si recò dal viceconsole americano a Ginevra per informarlo di quanto aveva saputo. Il colloquio fu lungo, dettagliato; le notizie vennero soppesate con attenzione e ciò che scaturì dall'incontro fu un dispaccio telegrafico per il dipartimento di Stato a Washington. Analoga visita, con uguale esito, Riegner fece al consolato britannico. La conclusione fu tragica: nessuno, né a Washington né a Londra, prese in seria considerazione la faccenda. A Londra, uno dei funzionari che lesse il rapporto annotò a margine: «Voci pazzesche generate dalle paure degli ebrei».

Soltanto il 28 agosto il rapporto Riegner raggiunse il rabbino Stephen S. Wise, presidente del Congresso mondiale ebraico a New York, che ne informò il giudice della Corte suprema Felix Frankfurter, membro influente della comunità ebraica americana. Questi, a sua volta, trasmise l'informazione alla Casa Bianca a Washington.

Nel frattempo le allarmanti notizie erano state fatte pervenire sia al Vaticano sia alla Croce Rossa. Entrambi gli enti risposero in modo evasivo, affermando che non era stato possibile verificarne l'attendibilità. Bisognò arrivare al 17 dicembre perché, emersi nel frattempo altri dettagli, numerosi governi alleati pubblicassero a Washington, Londra e Mosca una dichiarazione sulla cosiddetta «soluzione finale»: «I rapporti non lasciano dubbi sul fatto che le autorità tedesche stiano traducendo in atto l'intento più volte ribadito da Hitler di sterminare il popolo ebraico in Europa».

Seguivano raccapriccianti particolari: «Da tutti i territori occupati gli ebrei sono deportati in condizioni di abietto orrore e brutalità verso l'Europa dell'Est ... coloro che sono abili al lavoro vengono fatti morire lentamente nei campi di lavoro. Gli infermi sono lasciati a morire di freddo e di fame o sono massacrati in esecuzioni di massa. Le vittime di queste sanguinose crudeltà si calcolano in molte centinaia di migliaia di esseri umani».

In realtà, a quell'epoca le vittime avevano già superato i due milioni. Il documento ha un valore storico rilevante poiché, a partire dal dicembre 1942, nessuno, fra chi si trovava in posizione di responsabilità, poteva più dire di ignorare lo sterminio di massa degli ebrei.

Come reagì il Vaticano? La Santa Sede non sottoscrisse la dichiarazione, che recava le firme di ben undici governi più il Comitato di liberazione nazionale francese. Una settimana dopo, cioè alla vigilia di Natale, papa Pacelli diffuse un radiomessaggio nel quale riprendeva alcuni temi politici. Condannava, per esempio, il comunismo (ma non il nazismo), ricordava le vittime della guerra, i soldati caduti sui vari fronti, gli esuli, le vittime dei bombardamenti; esprimeva voti per una maggiore comunanza degli uomini con Dio e concludeva: «Questo voto l'umanità lo deve alle centinaia di migliaia di persone le quali, senza colpa propria, talora solo per ragioni di nazionalità o di stirpe, sono destinate alla morte o a un progressivo deperimento».

Il «voto» fu la sua risposta alla dichiarazione dei governi alleati nella quale si citava il genocidio, si usavano termini forti come «ebreo», «orrore», «eccidio», «barbarie». Le parole di Pio XII, nel freddo linguaggio della diplomazia, suonavano chiare per gli addetti ai lavori, ma enigmatiche per i comuni fedeli. Papa Pacelli ormai sapeva tutto. Nel suo libro *Pio XII, un uomo sul trono di Pietro*, Andrea Tornielli riporta la testimonianza di chi lo vide «piangere come un fanciullo», sconvolto dalle notizie. Però non reagì ed è sui motivi di questa inerzia che vertono da anni le indagini degli specialisti e le polemiche.

Pesavano sicuramente sul suo comportamento secoli di tradizione antigiudaica, i «perfidi ebrei» citati nella liturgia come popolo deicida, uccisori di Cristo. Le parole di Matteo (considerate spurie da molti esegeti), «E tutto il popolo rispose: "Il suo sangue ricada su di noi e sui nostri figli"», erano viste come lo stigma di un intero popolo per i secoli dei secoli. Anche a prescindere da eventi di particolare crudeltà, gli ebrei erano guardati nella società cristiana come esseri inferiori o infidi, meritevoli quanto meno di essere emarginati. Era stato papa Paolo IV, nel 1555, a rinchiuderli in un ghetto nei suoi Stati, obbligandoli a portare come segno di riconoscimento un copricapo giallo. Il teologo cattolico (dissidente) Hans Küng ha scritto: «L'antisemitismo razzista, che con l'Olocausto raggiunse il suo vertice terroristico, non sarebbe stato possibile senza la quasi bimillenaria preistoria dell'antigiudaismo della Chiesa cristiana».

Esistono numerosi documenti indicativi di questa mentalità.

Una lettera rivelatrice è quella che il delegato apostolico Angelo Giuseppe Roncalli, il futuro papa Giovanni XXIII, spedì da Istanbul al cardinale Luigi Maglione, segretario di Stato vaticano:

> Faccio seguito al mio devoto rapporto n. 4332 in data 20 agosto u.s. trasmettendo altre domande che mi vengono sottoposte a favore di israeliti. La seconda di queste intende a ottenere l'intervento della Santa Sede perché sia facilitata l'uscita di numerosi ebrei dal territorio italiano ... Confesso che questo convogliare, proprio la Santa Sede, gli ebrei verso la Palestina, quasi alla ricostruzione del regno ebraico, incominciando a farli uscire dall'Italia, mi suscita qualche incertezza nello spirito. Che ciò facciano i loro connazionali o amici politici lo si comprende. Ma non mi pare di buon gusto che proprio l'esercizio semplice ed elevato della carità della Santa Sede possa offrire l'occasione o la parvenza che si riconosca in esso una tal quale cooperazione almeno iniziale e indiretta, alla realizzazione del sogno messianico ... Tanto è ben certo che la ricostruzione del Regno di Giuda e di Israele non è che un'utopia.

Monsignor Roncalli scrisse la lettera il 4 settembre 1943. Quattro giorni più tardi sarebbe «scoppiato» l'armistizio, i tedeschi avrebbero occupato l'Italia aprendo pure qui, come nel resto dell'Europa occupata, la caccia all'ebreo. Anche Roncalli, nonostante le grandi qualità umane e religiose di cui in seguito avrebbe dato prova, risentiva dell'atmosfera nella quale era stato educato. Un episodio molto eloquente di quella temperie fu l'udienza concessa da Pio X a Theodor Herzl, fondatore del sionismo. Prima dell'elezione papa Sarto era stato, come lo sarà Roncalli, patriarca di Venezia. Era uomo buono e mite, ma tanto intransigente in politica da definire i cattolici liberali «lupi travestiti da agnelli».

Il 26 gennaio 1904 ricevette appunto Herzl e già il fatto che il papa avesse accettato d'incontrare l'uomo che si stava battendo per dare agli ebrei una patria in Palestina parve un segno di incoraggiante benevolenza. Quando, però, Herzl chiese l'appoggio pontificio alla sua causa, Pio X oppose un netto rifiuto, come lo stesso Herzl avrebbe scritto nei suoi diari: «Non riusciremo a impedire agli ebrei di andare a Gerusalemme, ma non potremo mai favorirlo ... Gli ebrei non hanno riconosciuto il Signore nostro, quindi non possiamo riconoscere il popolo ebraico». E ancora, con una più incisiva motivazione teologica: «Certo che preghiamo per loro, perché il loro spirito veda la luce. Proprio oggi la Chiesa celebra la festa dei non credenti che si sono convertiti in qualche modo miracoloso, come sulla strada di Damasco. Quindi, se lei intende andare in Palestina a stabilirvi il suo popolo, saremo pronti con chiese e sacerdoti a battezzarvi tutti».

Papa Sarto tocca qui il delicatissimo punto del battesimo, rito iniziatico, fondamento di tutta l'esistenza cristiana, vestibolo alla vita nello Spirito. Nella Casa dei catecumeni, fondata da Paolo III nel 1543, si celebravano le conversioni degli ebrei consacrate dal battesimo. Avveniva non di rado che bambini ebrei fossero battezzati con l'inganno e senza l'autorizzazione dei genitori. La Chiesa, però, considerava il sacramento, anche se dato con l'inganno o da un laico, ugualmente valido purché amministrato con acqua e pronunciando la formula rituale. Da quel momento il bambino battezzato non poteva restare con i genitori, se questi a loro volta non si convertivano.

L'irreversibilità della consacrazione suscitò drammatiche problematiche negli anni dell'ultimo dopoguerra, quando si scoprì che bambini ebrei sottratti allo sterminio grazie al ricovero in qualche convento erano stati lì battezzati: si poneva infatti il delicato problema di quale fosse ora la loro religione. Il 20 ottobre 1946 il Sant'Uffizio trasmetteva al nunzio apostolico Angelo Roncalli questo documento:

> A proposito dei bambini giudei che, durante l'occupazione tedesca, sono stati affidati alle istituzioni e alle famiglie cattoliche e che ora sono reclamati dalle istituzioni giudaiche perché siano restituiti, la Congregazione del Sant'Uffizio ha preso una decisione che si può riassumere così: 1) evitare, nella misura del possibile, di rispondere per iscritto alle autorità giudaiche, ma farlo oralmente; 2) ogni volta che sarà necessario rispondere, bisognerà dire che la Chiesa deve fare le sue indagini per studiare ogni caso particolare; 3) i bambini che sono stati battezzati non potranno essere affidati a istituzioni che non ne sappiano assicurare l'educazione cristiana; 4) i bambini che non

hanno più i genitori e dei quali la Chiesa s'è fatta carico non è conveniente che siano abbandonati dalla Chiesa stessa o affidati a persone che non hanno alcun diritto su di loro, a meno che non siano in grado di disporre di sé. Ciò evidentemente per bambini che non fossero stati battezzati; 5) se i bambini sono stati affidati [alla Chiesa] dai loro genitori e se i genitori ora li reclamano, potranno essere restituiti, ammesso che i bambini stessi non abbiano ricevuto il battesimo. Si noti che questa decisione della Congregazione del Sant'Uffizio è stata approvata dal Santo Padre.

La direttiva del Sant'Uffizio, con le consuete contorsioni burocratiche, disponeva nella sostanza che i bambini ebrei che fossero stati battezzati non dovevano essere restituiti ai genitori. Ammesso che questi fossero ancora vivi. Il documento, che suscitò un acceso dibattito, venne alla luce solo nel 2004, scovato negli archivi della Chiesa di Francia. Uno dei suoi aspetti notevoli era il destinatario, cioè quello stesso Angelo Roncalli che, da diplomatico di medio rango a Istanbul, era nel frattempo divenuto nunzio (cioè ambasciatore) a Parigi su designazione di Pio XII.

Roncalli, però, era mutato non solo di rango, ma anche di mentalità. Presa coscienza della Shoah, sembrava aver assunto su di sé il peso di quell'orrore. A Parigi, nel 1946 il futuro papa incontra il gran rabbino di Palestina Herzog in un colloquio molto amichevole, che ha come argomento centrale proprio la restituzione dei bambini ebrei sottratti alla morte in rifugi o conventi cattolici. Con una lettera del 19 luglio Roncalli lo autorizza «a utilizzare della sua autorità presso le istituzioni interessate, di modo che, ogni volta che gli fosse stato segnalato, questi bambini possano tornare nel loro ambiente di origine». Il suo è, insomma, un atteggiamento opposto a quello che nello stesso anno detta la disposizione del Sant'Uffizio.

Dovrà passare ancora parecchio tempo prima che la vicenda abbia un seguito all'altezza della sua rilevanza storica. Ancora nel 1953, come ha raccontato lo storico della Chiesa Giovanni Miccoli, il dramma si ripropone in Francia per due bambini ebrei accolti in un asilo di Grenoble durante l'occupazione nazista, il famoso caso Finaly.

La direttrice dell'istituto, che di sua iniziativa li aveva battezzati, rifiutava di consegnarli a una loro zia residente in Israele. Mentre la vicenda si trascinava (per ben sette anni) davanti a varie corti di giustizia, un cardinale, interessato al caso, pensò di contattare il Sant'Uffizio. Il 23 gennaio 1953 ricevette da Roma una risposta nella quale si ribadiva «il dovere imprescrittibile della Chiesa di difendere la libera scelta di questi bambini che per il battesimo le appartengono». Nella lettera si invitava anche «a resistere nella misura del possibile all'ordine di consegnare i bambini adottando, per *modum facti*, tutti i mezzi che possono ritardare l'esecuzione di una sentenza che viola i diritti sopra richiamati».

La penosa controversia, ricorda Miccoli, si concluse comunque con la riconsegna dei bambini, anche grazie all'intervento di alcune figure di spicco del cattolicesimo francese. Del resto, di una vicenda analoga era stato protagonista lo storico franco-israeliano Saul Friedländer, anch'egli rifugiato in un'istituzione cattolica durante l'occupazione nazista. In quel caso fu addirittura un gesuita a persuaderlo, di fronte ai suoi dubbi, a ritornare alla religione dei padri. In circostanze come queste si scontrano due diritti: quello naturale e quello sopravvenuto per forza di un sacramento. Il sacramento, però, ha potere vincolante solo per chi lo ritiene tale, mentre il diritto naturale ha una innegabile forza oggettiva. Sorprende, quindi, che, anche dopo gli sviluppi ai quali ora accennerò, ci siano scrittori cattolici che continuano a sostenere che la Chiesa è «prigioniera» poiché, afferma per esempio lo scrittore cattolico Vittorio Messori, «il battesimo, validamente amministrato, rende cristiani *ex potere operato*, dando cioè il carattere indelebile di figli della Chiesa, la quale, sentendosi madre, mai consentirà ad abbandonare chi con il sacramento è entrato per l'eternità nella sua famiglia».

In questi conflitti, che furono numerosi, si scontrano peraltro non solo due diritti, ma anche due concezioni, per così dire, funzionali. Le stesse che vari episodi di questo libro cercano di illustrare. Da una parte la Chiesa, cioè religiosi o uomini di fede aperti alla comprensione, alla misericordia, allo spirito del vangelo. Dall'altra la Santa Sede, il Vaticano, legato a esigenze politiche e diplomatiche. Qui si nasconde il nocciolo del dissidio di cui, a più di mezzo secolo, si continua a discutere. Qui la frattura e qui (per tornare al tema di questo capitolo) la contraddizione, all'apparenza inesplicabile, fra il soccorso ai fuggiaschi prestato da conventi e altri istituti cattolici e il gelido silenzio o, quanto meno, l'ostinata cautela del Vaticano.

Il 13 giugno 1960 Roncalli, nel frattempo divenuto papa con il nome di Giovanni XXIII, ricevette in udienza lo storico Jules Isaac, estensore, insieme ad altri intellettuali, dei famosi «10 punti di Seelisberg» con i quali, dopo la tragedia della Shoah, si cercava di riannodare il dialogo fra cristiani ed ebrei. I precedenti erano decisamente scoraggianti. Un incontro fra Isaac e Pio XII avvenuto il 16 ottobre 1949 era andato molto male nonostante, per una curiosa coincidenza, si fosse svolto a sei anni esatti di distanza dalla deportazione degli ebrei di Roma. Quando lo storico aveva porto al pontefice il fascicolo contenente il documento, Pio XII aveva detto gelidamente: «Lo appoggi pure su quel tavolo».

Con Giovanni XXIII le cose andarono in modo assai diverso. Il papa non solo accolse cordialmente il documento, ma quando Isaac, la cui famiglia era stata sterminata ad Auschwitz, gli chiese se poteva nutrire qualche speranza, rispose: «*Vous avez droit à plus que de l'espoir*», lei ha diritto (Roncalli usò proprio la parola «diritto») a più di una speranza. Eppure è scarna la traccia che papa Roncalli lasciò della visita nel suo diario, limitandosi a cinque parole: «Interessante l'ebreo prof. Jules Isaac».

Papa Roncalli morì il 3 giugno 1963, Jules Isaac tre mesi dopo. Né l'uno né l'altro poterono dunque assistere alla pubblicazione dell'enciclica *Nostra aetate*, fra le cui numerose premesse si deve sicuramente includere anche quell'incontro. La Dichiarazione conciliare promulgata nel 1965 al punto 4 diceva:

> Scrutando il mistero della Chiesa, il sacro Concilio ricorda il vincolo con cui il popolo del Nuovo Testamento è spiritualmente legato con la stirpe di Abramo ... Per questo non può dimenticare che ha ricevuto la rivelazione dell'Antico Testamento per mezzo

di quel popolo con cui Dio, nella sua ineffabile misericordia, si è degnato di stringere l'Antica Alleanza ... La Chiesa crede, infatti, che Cristo, nostra pace, ha riconciliato gli ebrei e i gentili per mezzo della sua croce e dei due ha fatto una sola cosa in se stesso ... Essa ricorda anche che dal popolo ebraico sono nati gli apostoli, fondamenta e colonne della Chiesa, e così quei moltissimi primi discepoli che hanno annunciato al mondo il Vangelo di Cristo ... E se autorità ebraiche con i propri seguaci si sono adoperate per la morte di Cristo, tuttavia quanto è stato commesso durante la sua passione non può essere imputato né indistintamente a tutti gli ebrei allora viventi, né agli ebrei del nostro tempo ... La Chiesa inoltre, che esecra tutte le persecuzioni contro qualsiasi uomo, memore del patrimonio che essa ha in comune con gli ebrei, e spinta non da motivi politici, ma da religiosa carità evangelica, deplora gli odi, le persecuzioni e tutte le manifestazioni dell'antisemitismo dirette contro gli ebrei in ogni tempo e da chiunque.

Quelle parole suscitarono un'inaudita, commossa speranza e comunque cambiarono l'atteggiamento della Chiesa o, quanto meno, di una sua parte. Sparivano l'odio antico verso gli ebrei, il concetto di «popolo deicida», i riferimenti ai «perfidi giudei» nei riti pasquali. Solennemente e per la prima volta si riconosceva che il cristianesimo era nato dal grembo del giudaismo e che lo stesso Gesù era ebreo e tale era rimasto fino alla morte. La *Nostra aetate* parve davvero aprire una nuova era nei tormentati rapporti fra cattolici ed ebrei, i «fratelli maggiori» come li chiamerà Giovanni Paolo II visitando la sinagoga di Roma nell'aprile 1986.

Nessun dubbio è possibile sul fatto che papa Pacelli abbia impiegato parole troppo caute, troppo deboli rispetto alla ferrea volontà dei nazisti di sterminare un popolo. Fu lui stesso consapevole di questa sua possibile inadeguatezza rispetto alla mostruosità degli eventi. Al nunzio Roncalli, nell'ottobre 1941, in piena guerra, chiese «se il suo silenzio circa il contegno dei nazisti non avrebbe potuto essere mal giudicato».

Del resto, tutti vedono con quanta determinazione e insistenza la Chiesa è capace di parlare (anche oggi) quando ritiene un tema davvero importante per la sua missione spirituale o per le sue prerogative mondane. Perché Pio XII ebbe un atteggiamento di tale, diciamo, «prudenza»? Un primo punto, come abbiamo visto, sono i secolari pregiudizi ostili agli ebrei, che facevano parte dell'indottrinamento di ogni seminario.

Il papa e gran parte della curia erano imbevuti di quella cultura, avevano una visione molto negativa dell'ebraismo, che era sì la matrice dalla quale aveva preso vita il cristianesimo, ma una matrice che aveva crudelmente tralignato. La vecchia religione rifiutava di considerare la superiore e unica verità della nuova; l'ebraismo relegava Gesù detto il Cristo, che nella visione cattolica è il Redentore dell'umanità, al rango di un qualunque altro profeta. L'antisemitismo nazista, in una primissima fase, parve avere qualche punto di contatto con l'ortodossia cattolica. Non sui campi di sterminio, ovviamente, ma sull'ostilità nei confronti del popolo ebraico.

Un altro elemento fu, per lunghi mesi, la sottovalutazione dello sterminio, dovuta alla scarsità delle notizie e all'assoluta novità del progetto criminale nazista, che faceva sembrare incredibili o esagerate le voci che a poco a poco giungevano anche in Vaticano. Per di più, lo ha fatto notare Renato Moro nel suo *La Chiesa e lo sterminio degli ebrei*, le ideologie totalitarie di destra in Italia, in Spagna, in Germania, in Croazia (dove gli «ustascia» del cattolico Ante Pavelić si macchiarono di delitti atroci) erano guardate con benevolenza dal Vaticano, che credeva (o sperava) di vedere in un certo loro misticismo, nel richiamo a una sacralità parareligiosa, un possibile veicolo che prima o poi le avrebbe condotte alla vera fede.

C'era poi il perenne conflitto con la modernità, apertosi clamorosamente con papa Gregorio XVI, che nel 1830 aveva ribadito l'origine divina del pontificato, condannando la democrazia, la libertà di parola e di stampa, la parità dei diritti. Tutti frutti avvelenati dell'Illuminismo che avevano distolto i fedeli dalla loro paziente obbedienza ai dettami delle gerarchie. In questa guerra contro la «marcia dei tempi», che vedrà poi drammaticamente impegnato anche Pio IX, la Chiesa era molto più preoccupata per la libertà dei costumi, il disinvolto «modernismo» degli anglo-americani, l'Illuminismo dell'Europa laica, che non per la tenebrosa mistica del Terzo Reich.

In seguito si vide che in Germania anche i cattolici cominciavano a soffrire la durezza del regime, che i fedeli e gli stessi preti venivano perseguitati, trascinati nei campi, uccisi. Almeno diecimila sacerdoti vennero «interrogati» dalla Gestapo, decine di loro furono assassinati. Numerose voci si levarono perché il papa facesse sentire la sua protesta, non trattandosi più solo di ebrei, ma anche di confratelli nella fede. Nemmeno in questo caso, però, Pio XII ritenne di dover intervenire con la necessaria energia. Su parere conforme della stessa curia, egli temette che una vera presa di posizione, anziché giovare, avrebbe complicato le cose e accresciuto i rischi, fra i quali bisognava considerare un possibile scisma del cattolicesimo tedesco, fortemente imbevuto di spirito patriottico e antisemita. Per di più, la Germania nazista si stava battendo con indiscutibile tenacia contro l'Unione Sovietica, persecutrice della Chiesa e portatrice del materialismo ateo. Fra i due mali, anche ammesso che a Roma li ritenessero entrambi mali, la Germania rappresentava sicuramente il male minore.

Un ulteriore elemento da prendere in considerazione è l'enorme quantità di richieste di aiuto che giungevano ogni giorno in Vaticano da molte parti del mondo. Quelle grida quasi sempre disperate portavano l'eco di violenze, torture, stupri, miseria e distruzioni inflitti dalla guerra. Ognuna di quelle voci chiedeva attenzione, anzi reclamava priorità di ascolto; in quell'assordante cacofonia era difficile stabilire una gerarchia di esigenze e la Shoah, di cui si ignorava ancora l'esatta portata, finiva per mescolarsi alle cento tragedie provocate da un conflitto che stava lacerando il mondo.

L'atteggiamento di Pio XII non cambiò nemmeno quando, nell'autunno del 1942, si capì che le sorti della guerra volgevano decisamente a favore degli Alleati; non cambiò dopo l'ingresso degli americani a Roma, il 4 giugno 1944, né quando, con il governo Badoglio, si trattò di riconsiderare le leggi razziali emanate dal fascismo nel 1938. Dopo l'arrivo degli Alleati, infatti, le leggi razziali erano state progressivamente abrogate. L'influente padre gesuita Pietro Tacchi Venturi, che si era adoperato a suo tempo per la «conciliazione» fra papato e regime fascista, scrisse al segretario di Stato cardinale Maglione proponendo che fossero eliminate solo le norme che discriminavano gli ebrei convertiti al cattolicesimo, tralasciando il resto. I nati ebrei, ma poi convertiti, potevano insomma essere considerati «ariani».

L'inerzia di Pio XII di fronte allo sterminio nazista pone però la domanda parallela di che cosa fecero gli altri, cioè le potenze che stavano combattendo contro la Germania di Hitler e, fra queste, in primo luogo gli Stati Uniti. La risposta è nota: fecero poco o nulla, almeno fino al gennaio 1944. Una disposizione del dipartimento di Stato aveva imposto ai consoli americani di non concedere il visto d'ingresso a chiunque potesse diventare un peso per l'assistenza pubblica nazionale: gli Stati Uniti erano impegnati in un immane sforzo bellico, ma nemmeno l'industria di guerra era riuscita ad assorbire interamente la forte disoccupazione.

A mano a mano che le notizie sullo sterminio si fecero più certe, queste disposizioni vennero alquanto alleggerite. Per esempio, si dette la possibilità ai consoli di valutare non solo le capacità professionali degli aspiranti, ma anche gli *affidavit* di parenti americani che garantissero per il loro mantenimento. Provvedimenti inadeguati rispetto all'enormità della tragedia, sui quali verosimilmente pesò un certo sentimento antisemita avvertibile anche negli Stati Uniti. Il presidente Franklin Delano Roosevelt (in carica dal 1933 al 1945) ne era talmente consapevole che, quando dette vita a un comitato per coordinare gli sforzi del governo, lo fece chiamare «per i rifugiati politici» o «di guerra» (War Refugee Board), preferendo evitare la denominazione «per i rifugiati ebrei».

Con lo scoppio della guerra, nel settembre 1939, le cose, se possibile, peggiorarono. Le maglie per la concessione dei visti, che erano state a poco a poco allargate, tornarono immediatamente a stringersi sia per le difficoltà oggettive create dal conflitto sia nel timore di possibili infiltrazioni spionistiche. Per quanto ebrei, si trattava di accogliere cittadini di un paese nemico. Fra i vari pericoli c'era anche quello che un eventuale immigrato con familiari rimasti in Germania potesse essere esposto al ricatto nazista. È il caso adombrato nell'eccezionale racconto intitolato *Destinatario sconosciuto* di Kathrine Kressmann Taylor.

C'è poi la domanda, tante volte posta, del perché gli anglo-americani, consapevoli ormai dell'esistenza dei campi di sterminio, non abbiano bombardato le linee ferroviarie utilizzate per il trasferimento dei deportati. In quei mesi ci furono molte e reiterate richieste per azioni del genere, ma la risposta fu sempre negativa per altrettanto numerosi motivi. Si addussero, per cominciare, le difficoltà balistiche: i sistemi di puntamento di un aereo negli anni Quaranta erano piuttosto approssimativi. Per la stessa ragione, bombardare un campo avrebbe comportato una strage indifferenziata, prigionieri inclusi. In secondo luogo, si disse che le forze aeree necessarie all'azione, ossia bombardieri accompagnati da un'adeguata scorta di caccia, avrebbero dovuto essere distolte dai teatri di guerra in un momento in cui gli Alleati stavano producendo il massimo sforzo per porre fine al conflitto e vincerlo. Corollario di questa motivazione era che accelerare la fine della guerra significava comunque salvare molte vite umane sottraendole agli aguzzini nazisti.

Un'ultima considerazione, mai apertamente dichiarata, eppure presente, pesò sulla decisione: i politici americani erano riluttanti a mettere a repentaglio la vita dei loro militari per soccorrere dei cittadini stranieri. Prevalse insomma, anche in quel caso, la vecchia regola che gli interessi elettorali vengono, sempre e dovunque, prima degli ideali umanitari.

Nel 2008 queste domande sono state poste a Elie Wiesel, sopravvissuto alla Shoah e premio Nobel, che ha risposto:

> Ho chiesto tante volte a vari presidenti americani di spiegarmi perché gli Stati Uniti, pur sapendo quanto avveniva nei lager, non fecero nulla per fermare lo sterminio. Il timore di uccidere anche i prigionieri è una vecchia scusa. Ogni volta che i miei amici e io sentivamo gli aerei alleati sopra le nostre teste ci auguravamo che le bombe cadessero. Sarebbe stata una morte preferibile alle camere a gas. E comunque gli Alleati avevano l'alternativa di bombardare i binari della ferrovia diretta ad Auschwitz. Ciò avrebbe salvato la vita di migliaia e migliaia di ebrei ungheresi, gli ultimi spediti nel lager, quando tutto il mondo ne conosce-

va gli orrori. Non dimenticherò mai l'incontro con l'allora presidente del World Jewish Congress, Nahum Goldman, che dopo la guerra mi disse: «Sapevamo ma abbiamo taciuto». Il rimorso l'ha perseguitato per tutta la vita.

Dire che Pacelli fu filonazista o definirlo «il papa di Hitler», come s'intitola provocatoriamente un libro su di lui, è storicamente sbagliato e volutamente polemico. La verità è che Pio XII capì molto presto la natura addirittura «diabolica» del nazismo e soffrì fino alle lacrime per la tragedia del popolo ebraico. A parte le circostanze, l'educazione ricevuta e il forte anticomunismo, la sua passività fu un portato del temperamento. Vide con chiarezza, ma non riuscì a saltare al di là della propria ombra, come dice un proverbio tedesco. Preferì tenere la sua Chiesa al di sopra delle parti, non schierarsi, considerandosi «il padre di tutti».

Era un uomo timido sotto l'austerità ieratica dell'aspetto, educato alla diplomazia, incline a adempiere i suoi doveri con burocratica, meticolosa prudenza. Aveva di fronte delle belve feroci, cercò di placarle attraverso la mediazione e la cautela, anche perché vedeva nella Germania hitleriana il baluardo contro il bolscevismo. L'ambasciatore Ernst von Weizsäcker lo descrive in questi termini: «Troppo fine, troppo saggio, troppo prudente, troppo diplomatico, un generale di stato maggiore della miglior specie, che però non è mai stato al fronte». Vari episodi, emersi anche di recente, confermano l'illuminata valutazione del diplomatico.

La storica Emma Fattorini ha scoperto un documento molto eloquente, riportato nel suo libro *Pio XI, Hitler, Mussolini. La solitudine di un papa*, dal quale si evince che, pochi giorni prima di morire, il predecessore Pio XI aveva preparato un discorso nel quale bollava il clima di ipocrisia e di controllo spionistico che il regime fascista aveva instaurato nel paese e nei confronti della Chiesa e si scagliava con forza profetica contro la «follia omicida e suicida di armamenti». Papa Ratti intendeva pronunciarlo il 19 febbraio 1939, nel decimo anniversario della Conciliazione, molto preoccupando i fascisti e Mussolini in persona, che avevano avuto sentore della cosa. La gravità del male di cui soffriva il pontefice lo portò alla morte il 10 febbraio, nove giorni prima che potesse parlare.

Appena scomparso il papa, Pacelli, nella sua qualità di segretario di Stato, ordinò l'immediata distruzione del discorso, che però è stato conservato, in bozza, negli archivi. Fu un gesto tutt'altro che timido. Fu, anzi, un atto d'imperio dettato dalla certezza di essere nel giusto, di operare cioè per il bene della Chiesa in un momento di accesi contrasti, con una guerra che si sapeva imminente e che, infatti, sarebbe scoppiata in settembre. Pacelli non si limitò a questo. Ordinò che non venisse divulgata l'enciclica *Humani generis unitas*, in cui lo stesso Pio XI condannava i totalitarismi basati sulla divinizzazione dello Stato, della razza, della classe sociale (dunque il bolscevismo, ma anche il nazismo). Quell'enciclica, che non vide mai la luce, era stata commissionata da papa Ratti al gesuita americano John LaFarge e doveva suonare come la critica definitiva della Chiesa nei confronti dell'antisemitismo e del razzismo. Unità del genere umano, appunto. Anche in questo caso, Pacelli ordinò che il testo venisse archiviato.

Un episodio poco noto, risalente al 1938, illustra bene, e conferma, le diversità di temperamento esistenti tra Pio XI e il suo successore Eugenio Pacelli. Il 15 novembre di quell'anno, due giorni prima che Mussolini facesse emanare le leggi sulla difesa della razza, papa Ratti manda al quotidiano «L'Osservatore Romano» una nota di condanna di quelle leggi, in particolare per quanto riguarda i matrimoni misti fra ebrei e cristiani. La nota venne però pubblicata dal giornale in una versione molto più morbida rispetto a quella preparata dal papa. Dopo qualche giorno, passata la crisi del male che lo avrebbe di lì a poco portato alla tomba, il papa chiese chi fosse stato ad attenuare così il suo scritto. Pacelli prontamente rispose: «Sono stato io». Lo storico cattolico Giovanni Sale, che ha scovato negli archivi vaticani i documenti relativi a questo fatto, ha commentato che papa Ratti, di temperamento più energico, «fu rattristato dai provvedimenti razziali e rimase in penosa tensione fino alla fine dei suoi giorni». Non altrettanto il più «diplomatico» e meno energico Eugenio Pacelli.

Le differenze tra i due pontefici vennero del resto immediatamente colte dai servizi segreti nazisti. Pacelli fu eletto papa il 2 marzo 1939. Il giorno successivo, l'ambasciata nazista a Roma inviò un promemoria a Berlino, dove si legge: «Pacelli non è coinvolto nella politica di violenza di Pio XI ... al contrario si è sforzato più volte di cercare compromessi e ha espresso a questa ambasciata il desiderio di rapporti amichevoli». Così, dunque, era stata vista dai nazisti l'enciclica *Humani generis unitas* che Pio XI avrebbe voluto diffondere: una politica di violenza.

Quali ne siano state le motivazioni, il «silenzio» di Pio XII resta innegabile. Una caratteristica che pesa sulla sua figura storica forse al di là dei suoi stessi demeriti: la cautela, la prudenza, le indecisioni. In una monarchia assoluta come la Chiesa cattolica, nella quale la figura del sovrano viene considerata «infallibile», meriti e colpe tendono anch'essi, quasi per spinta inerziale, a concentrarsi su chi ufficialmente la rappresenta. Se si esaminano i fatti, si vede che, nella realtà, l'atteggiamento delle varie strutture ecclesiastiche fu piuttosto aperto. Numerosi antifascisti ed ebrei vennero ospitati in conventi e chiese, i più fortunati (in genere cattolici di rilievo come, per esempio, Alcide De Gasperi) addirittura all'interno del Vaticano. Analoghi appoggi riceveranno del resto, a guerra finita, numerosi caporioni e criminali nazisti, ai quali saranno garantiti passaporti nuovi e passaggi navali verso il Sudamerica attraverso quella che sarà definita *the rat line* (la linea dei topi).

La vicenda di Pio XII è sicuramente tragica sia per ciò che rappresentò in quel momento, sia per gli effetti che un atteggiamento più risoluto avrebbe (forse) potuto avere. Furono anni in cui la Chiesa avrebbe avuto bisogno di un papa profeta, capace di mostrare al mondo più i valori del vangelo che non le cautele della diplomazia. Non fu così. Al terzo scrutinio il conclave elesse Pacelli, che era lontanissimo dal temperamento di un profeta. Fu un'elezione veloce, ma non unanime. Monsignor Tardini, grande collaboratore di Pio XII, spiegò così i contrasti registrati nel conclave: «Il cardinale Pacelli è un uomo di pace e il mondo ora ha bisogno di un papa di guerra». Forse nemmeno lui poteva immaginare in quel momento quanto giusta fosse questa valutazione.

Nel corso degli anni da quando il problema si è posto, la figura di Pio XII è stata valutata in modo molto vario. Alla posizione del drammaturgo tedesco Hochhuth, sicuramente estrema, ha corrisposto una difesa altrettanto estrema delle gerarchie che, sottovalutando o nascondendo oggettivi elementi di giudizio, non hanno certo contribuito al dialogo.

Il 12 marzo 2000 papa Giovanni Paolo II ha chiesto solenne perdono, nella gloria della basilica di San Pietro, per gli errori e le colpe dei figli della Chiesa nei confronti degli ebrei fin dalla nascita di Gesù. Non poteva evidentemente dire se includeva anche le colpe, se non altro omissive, del suo predecessore Eugenio Pacelli. Sembrò in ogni caso un atteggiamento positivo, purtroppo contraddetto dal suo successore, Benedetto XVI, che nel dicembre 2009 ha proclamato le «virtù eroiche» di Pio XII. Amos Luzzatto, presidente emerito degli ebrei italiani, ha commentato: «Non so cosa si intenda con "virtù eroiche" in teologia. Per il senso comune "eroe" è chi rischia la propria vita per salvarne altre». Non fu il caso di papa Pacelli. Le sue doti furono altre: di abile diplomatico, di prudente pastore, di accorto mediatore. Ma di eroe decisamente no.

XIV
LA RAGAZZA SVANITA NEL NULLA

Alla fine di corso Rinascimento un disordinato, affascinante complesso di slarghi e piazze testimonia travagliati trascorsi urbanistici: piazza delle Cinque Lune, piazza Sant'Apollinare, piazza Sant'Agostino, piazza di Tor Sanguigna. Luoghi tutti notevoli, dove il meno risolto, come topografia, è proprio quello con il nome più bello: piazza delle Cinque Lune. Pare derivi dall'insegna di una trattoria che rappresentava cinque crescenti lunari.

Piazza di Tor Sanguigna si chiama così perché lì era la torre dei Sanguigni, ora un'abitazione, risalente al XIII secolo. La piccola piazza Sant'Agostino prende il nome dalla chiesa i cui si conserva la famosa *Madonna dei pellegrini* del Caravaggio; sulla sua destra c'è la porta d'accesso alla Biblioteca Angelica, risalente al XVII secolo, uno degli strabilianti luoghi segreti di Roma.

Anche piazza Sant'Apollinare è intitolata a una chiesa; antichissima quest'ultima, detta *in archipresbyteratu* perché retta da un arciprete. Il suo fondatore fu papa Adriano I, che nel 780 la dedicò al santo patrono di Ravenna. La basilica venne riedificata dalle fondamenta su impulso di Benedetto XIV (1740-58), al secolo Prospero Lambertini, bolognese di nascita, protagonista della commedia di Alfredo Testoni *Il cardinale Lambertini* (1905). Famoso per la sua liberalità, questo papa dette anche numerose prove di uno spirito bizzarro; per esempio, soleva intercalare le sue frasi con un asseverativo «Cazzo!». Lo faceva da cardinale, continuò a farlo anche da papa. Giunse a dire: «La voglio santificare questa parola, accordando l'indulgenza plenaria dei peccati a chi la pronuncerà dieci volte al giorno».

Papa Lambertini era, insomma, un pontefice alla mano, se ne andava in giro come un prete qualunque, intrattenendosi con i popolani, facendosi popolano egli stesso. Più di uno storico lo ha infatti paragonato a papa Roncalli. Fu lui, comunque, ad affidare al geniale architetto Ferdinando Fuga (1699-1781) la riedificazione dell'edificio. Nella chiesa è sepolto il musicista barocco Giacomo Carissimi che qui fu maestro di cappella. Ma in una cripta, come si è accennato nel capitolo VIII, è tumulato anche Enrico De Pedis, detto «Renatino», uno dei boss della famigerata banda della Magliana. Strana collocazione per un uomo che ha dedicato la sua vita al crimine: omicidi, rapine, traffico di stupefacenti, per finire a sua volta assassinato da sicari di una fazione rivale: era il 2 febbraio 1990, si trovava in via del Pellegrino, aveva intenzione di cambiare vita; non ne ebbe il tempo.

Che un bandito professionista sia riuscito a ottenere una sepoltura degna di un pontefice non deve stupire più di tanto. Il cardinale Ugo Poletti, vicario di Roma, l'autorizzò dopo una lettera di don Vergari, ex cappellano nel carcere romano di Regina Coeli, nella quale si attestava fra l'altro che «il signor Enrico De Pedis è stato un grande benefattore dei poveri che frequentano la basilica e ha aiutato concretamente tante iniziative di bene sia di carattere religioso che sociale ... in suo suffragio la famiglia continuerà a esercitare opere di bene». Perorazione, e promessa, che devono essere parse convincenti o, quanto meno, sufficienti.

Del resto, se guardiamo la storia, qualche eccezione analoga c'era stata anche in passato e sempre in virtù di generose offerte. La celebre Fiammetta, prostituta d'alto bordo che secondo le regole era destinata a una fossa «in terra sconsacrata», era riuscita a farsi seppellire nella chiesa di Sant'Agostino e ad avere una piazza con il suo nome (piazza Fiammetta, per l'appunto), che si trova ancora oggi nei pressi. Eravamo all'inizio del Cinquecento, Fiammetta Michaelis, fiorentina di nascita, era stata l'amante di Cesare Borgia, ancora cardinale; sembra che in età avanzata avesse cambiato vita, generosamente donando alla Chiesa. Nel *Dialogo dello Zoppino*, attribuito all'Aretino, si legge: «La Fiammetta fece bella fine e ho visto in Sant'Agostino la sua cappella». Pare, insomma, che quando morì, nel febbraio 1512, si fosse redenta.

Nessuna redenzione, invece, nella banda della Magliana che, a cavallo degli anni Ottanta, si trovò mescolata ai casi più sanguinosi della cronaca, nera e politica. Dagli omicidi alle rapine eseguite con feroce violenza, fino al caso del banchiere Roberto Calvi, al tragico rapimento di Aldo Moro, alla corruzione su larga scala di funzionari. Ma Renatino e altri suoi complici potrebbero aver avuto una parte anche nella scomparsa della quindicenne Emanuela Orlandi, protagonista di questo capitolo. Una tragedia che cominciò in un luminoso pomeriggio di giugno in quella piazza delle Cinque Lune dal nome così affascinante. Nei pressi sorge la scuola di musica frequentata da Emanuela; ancora nei pressi ci sono un'università pontificia e vari collegi. Tutti luoghi extraterritoriali, cioè fuori della giurisdizione italiana. Lì Emanuela Orlandi venne vista per l'ultima volta, prima di scomparire per sempre in uno dei più misteriosi fatti di cronaca mai avvenuti a Roma per le implicazioni internazionali che ebbe, per l'indecifrabile successione di eventi attraverso i quali la tragedia si consumò, per le molte incertezze sulle sue reali motivazioni.

Emanuela viene vista per l'ultima volta nel pomeriggio di mercoledì 22 giugno 1983, giornata iniziata come tante e di cui nessuno poteva prevedere la drammatica conclusione. Aveva all'epoca quindici anni e qualche mese; era attraente come lo sono quasi sempre le ragazze appena diventate donne. Aveva frequentato la seconda liceo scientifico con risultati mediocri, compreso un otto in condotta che fa pensare a una certa irrequietezza nel comportamento, risultati che contrastano, fra l'altro, con quelli migliori dell'anno precedente. Accade che i ragazzi in età difficile abbiano motivi di turbamento; ne sono gelosi e difficilmente li confidano. Quali potevano essere le ragioni di Emanuela?

Comunque, la vera particolarità della ragazza, che potrebbe essere stata un elemento decisivo, è la sua cittadinanza vaticana. La famiglia Orlandi è stata al servizio dei papi per quasi un secolo. Il nonno, Pietro, faceva lo stalliere di Pio XI prima di diventare, nel 1932, commesso e postino del papa. Il padre, Ercole, aveva in un certo senso ereditato la funzione, essendo incaricato di distribuire la posta vaticana, compresi inviti, plichi, corriere diplomatico. In virtù di ciò, la famiglia Orlandi (cinque figli: quattro femmine e un maschio) risiedeva all'interno della Santa Sede, in una palazzina di quattro piani che si affaccia su piazzetta Sant'Egidio; vi hanno alloggio alcune altre famiglie nonché l'Elemosineria.

Quel mercoledì i genitori di Emanuela, Ercole e Maria, erano andati a Fiumicino a trovare certi parenti con i quali avrebbero mangiato, per poi rientrare verso sera. Da buona madre, la signora Maria aveva comunque lasciato il pranzo pronto per i figli, rimasti tutti a casa.

Poco dopo le 16, Emanuela varcò Porta Sant'Anna e uscì dal Vaticano per andare a scuola di musica. Qui tornano i luoghi cui ho accennato in apertura. La scuola, intitolata a Tommaso Ludovico da Victoria, è un'emanazione del Pontificio Istituto di Musica sacra (dove, se posso inserire un cenno autobiografico, io stesso studiai armonia e contrappunto all'inizio degli anni Settanta). La scuola, diretta allora da una certa suor Dolores, si trova sul retro del gigantesco Palazzo di Sant'Apollinare. Emanuela studiava flauto traverso e cantava in un coro della città vaticana; dimostrava, insomma, un buon interesse musicale. Non sappiamo se, varcato il portone sorvegliato dagli svizzeri, si sia avviata a scuola a piedi o in autobus. Avrebbe potuto fare l'una o l'altra cosa dato che, conoscendo bene l'itinerario, la distanza da coprire non supera i due chilometri. Sappiamo invece che in corso Rinascimento fu notata dal vigile urbano Alfredo Sambuco e dall'agente di polizia Bruno Bosco, in servizio davanti a Palazzo Madama, sede del Senato della Repubblica.

Già le prime testimonianze, come spesso accade, sono contraddittorie. Sambuco disse che vide la ragazza arrivare da piazza delle Cinque Lune, lasciando presumere, se il ricordo è esatto, che Emanuela fosse arrivata a piedi e che, superata la scuola, avesse proseguito per corso Rinascimento. Non solo. Il vigile la osservò fermarsi a parlare con un trentenne elegante, snello, sceso da una Bmw verde. Aggiunse che l'episodio avvenne intorno alle 17. In una puntata del programma televisivo «Telefono giallo» al quale qualche anno dopo lo invitai, parlò invece delle 19. In una successiva intervista ammise di essersi sbagliato, confermando le 17. La testimonianza era indebolita anche da altre contraddizioni. Del resto, tutto in questa storia è fin dall'inizio confuso, e tale rimarrà: già dalle prime battute, per una serie fortuita o (almeno in parte) voluta di circostanze, si creano infatti le premesse che allontaneranno una vera soluzione.

L'agente Bosco aggiunse un dettaglio alla descrizione dell'elegante trentenne citato dal vigile: dichiarò testualmente che lo sconosciuto della Bmw «parlava con una ragazza alla quale, nel contempo, mostrava un tascapane di un colore di tipo militare e la scritta "Avon", contenente probabilmente prodotti cosmetici». Come ha fatto notare Pino Nicotri nel suo *Emanuela Orlandi, la verità*, un campionario di prodotti di bellezza e un tascapane di un colore di tipo militare non vanno molto d'accordo.

Sappiamo per certo che intorno alle 19 Emanuela, uscita in anticipo dalla lezione di musica, telefonò a casa. In assenza della madre, non ancora rientrata, parlò con la sorella Federica dicendole di aver ricevuto da uno sconosciuto un'offerta di lavoro. Si trattava di «distribuire prodotti di bellezza durante una sfilata delle sorelle Fontana [nota sartoria d'alta classe] al salone Borromini in corso Vittorio Emanuele». Compenso proposto: 375.000 lire. Nemmeno questo frammento della storia sta in piedi. Una tale somma per un impegno di due o tre ore appare inverosimile, a meno che, sotto la cifra, non si nascondesse un tranello. La faccenda, infatti, insospettì Federica, che consigliò la sorella di lasciar perdere e di tornare a casa.

Sempre intorno alle 19 un'altra studentessa, Raffaella Monzi, si unì a Emanuela e le fece compagnia in attesa che il misterioso trentenne della Bmw si facesse vivo. Passata mezz'ora, Raffaella disse di dover rincasare e salì su un autobus. Dal finestrino fece in tempo a vedere che una donna s'intratteneva con Emanuela. Quest'ultima possibile protagonista non è mai stata identificata.

La mattina di giovedì 23 giugno Natalina, sorella maggiore, denuncia la scomparsa di Emanuela all'ispettorato di pubblica sicurezza presso il Vaticano. Nel documento precisa movimenti e orari secondo lo schema qui sommariamente esposto. La sera di quello stesso giorno, Giovanni Paolo II rientrava a Roma dopo la sua seconda visita in Polonia. Alcuni membri del seguito parlarono di un certo nervosismo diffusosi tra le persone che lo accompagnavano. Si parlò di timori per un nuovo attentato, ma è verosimile pensare che dipendesse dalla notizia della scomparsa della giovane cittadina vaticana.

Per capire l'entità della storia, al di là della tragedia di una giovane vita e del dolore dei suoi familiari, bisogna ricordare in quale movimentata atmosfera politica si venne a trovare il «rapimento» di Emanuela.

Un primo aspetto riguarda il fatto che il papa polacco proprio in quei giorni aveva compiuto una seconda visita in patria dopo quella del 1979, che aveva suscitato a Mosca allarme e collera per il suo aperto carattere di sfida. In Polonia, i vertici del sindacato cattolico Solidarność erano stati temporaneamente imprigionati per ordine del generale Jaruzelski. Era tutto ciò che il presidente polacco si era sentito di fare dopo le forti pressioni sovietiche; gli era stato addirittura chiesto di impedire la visita papale. Mosca temeva proprio ciò che poi sarebbe avvenuto: imponenti manifestazioni popolari nelle quali il connotato politico anticomunista e antisovietico sarebbe stato di gran lunga prevalente sull'aspetto religioso.

La curia era divisa sull'atteggiamento da tenere nei confronti dell'Urss e del blocco sovietico. Il segretario di Stato Agostino Casaroli e Achille Silvestrini, «ministro degli Esteri», memori dell'insegnamento del precedente papa Paolo VI, avrebbero preferito una dialettica morbida con l'Est comunista, una sorta di *Ostpolitik* del tipo a suo tempo inaugurato nella Repubblica federale tedesca dal cancelliere Willy Brandt. Papa Giovanni Paolo II, al contrario, era convinto di poter dare la spallata finale ai regimi appoggiati da Mosca, a cominciare da quello della sua Polonia. Era consapevole di avere sufficienti energia, carisma, lucidità di visione e mezzi finanziari, e, inoltre, di andare incontro a uno spirito dei tempi ormai maturo per quella svolta. Una partita lunga, durata almeno dieci anni, il cui esito sarà sotto gli occhi del mondo, prima con il crollo del Muro a Berlino, nell'autunno del 1989; poi, nel 1992, con lo sgretolamento dell'Unione Sovietica. Questi grandiosi avvenimenti avevano davvero a che fare con la scomparsa, a Roma, di una ragazzina di quindici anni?

Un secondo aspetto è legato all'attentato subito da Giovanni Paolo II in piazza San Pietro il 13 maggio 1981, quando il turco Mehmet Alì Ağca gli esplose contro due colpi di rivoltella ferendolo gravemente. Pochi millimetri di scarto e uno dei due colpi sarebbe risultato mortale. Alcuni fedeli parlarono di miracolo. Il fotografo del quotidiano vaticano «L'Osservatore Romano», Arturo Mari, tre giorni prima aveva scattato alcune foto durante una visita del papa a una parrocchia romana. Si vide poi, esaminando con attenzione le immagini, che mescolato alla folla c'era l'assassino turco o, se non lui, il suo sosia.

Un terzo aspetto riguarda un'altra giovane ragazza romana, Mirella Gregori, coetanea di Emanuela, figlia dei proprietari di un bar in via Volturno, scomparsa anche lei di casa poche settimane prima, il 7 maggio 1983. I due casi vennero appaiati nelle cronache e si parlò di un doppio sequestro avente come scopo la liberazione del killer turco, di tratta delle bianche, di prostituzione, di harem orientali. Il destino di Emanuela è comunque diverso da quello di Mirella, altrettanto drammatico, ma per differenti ragioni. Di questo si disse convinta anche il giudice Adele Rando, che ha lungamente indagato sulla vicenda. Nella sua sentenza istruttoria (1997) dichiara di credere all'ipotesi «di una strumentale connessione della scomparsa di Mirella con il caso di Emanuela, probabilmente allo scopo di accrescere la complessità del quadro investigativo di quest'ultima vicenda, rendendolo, se possibile, ancora più inestricabile».

Non sappiamo se le vicende delle due ragazze abbiano o no sostanziali punti di contatto. Sicuramente, la storia di Emanuela è rimasta più a lungo al centro dell'attenzione anche per i recenti sviluppi. Su di lei, quindi, il nostro racconto si concentrerà. Con un'ipotesi fondata sulla logica, anche se priva di riscontri oggettivi, si può dire che la ridda di indizi e di dicerie sulla sua scomparsa, verosimilmente seguita dalla morte, è stato un gioco complesso nel quale sono entrati vari personaggi allo scopo di allontanare la soluzione o trarre un qualche utile. Esistono sull'argomento ottimi libri che suggeriscono vari, plausibili moventi. Più che addentrarci in questo ginepraio, tento qui di isolare alcuni momenti e personaggi in una tela che appare tessuta da intelligenze sottili, esperti di comunicazione e di controinformazione (talvolta aiutati dal caso), oltre che da criminali professionisti.

Uno dei protagonisti, anche se fittizio, è stato a lungo il turco Mehmet Alì Ağca, condannato all'ergastolo per l'attentato al papa e uscito per «fine pena» il 18 gennaio 2010 da un carcere di Ankara. Le varie versioni da lui fornite sulle motivazioni del suo gesto e sulla sorte di Emanuela sono da sole la prova di un'ambiguità motivata da oscure ragioni o da irragionevoli calcoli.

Al giudice Martella, Ağca dice di avere, in caso di arresto, stabilito con certi suoi complici un accordo preventivo per depistare le indagini, mescolando ad alcune verità numerose bugie. Nel corso di un'udienza in tribunale dichiara che Emanuela è stata rapita dalla loggia massonica deviata P2 di Licio Gelli: «Quella gente sapeva che io sono Gesù Cristo. Volevano inserirmi nel Vaticano e usarmi come uno strumento...». Pochi giorni dopo ritratta: «Ho tirato in ballo la P2 perché i Lupi Grigi e i bulgari hanno sequestrato Emanuela. Volevano che io confondessi il processo gettando discredito sulla stampa occidentale che accusa l'Urss e la Bulgaria di favorire il terrorismo internazionale».

Sette anni dopo la scomparsa di Emanuela, Ağca afferma di aver riconosciuto in un certo Ates Bedri, un turco detenuto nel carcere francese di Poissy, il suo amico Oral Çelik che, a suo dire, avrebbe organizzato il rapimento della ragazza. Nel 1993, intervistato da Antonio Fortichiari del settimanale «Gente», asserisce che il rapimento fa parte di un complotto internazionale contro il Vaticano di cui la ragazza era l'esca, vale a dire la contropartita per un ricatto dalle ragioni inconfessabili nei confronti della Chiesa. Questa possibilità, mescolata com'è ad altre assurde bugie, al momento passa quasi inosservata. Gli ultimi sviluppi della vicenda le daranno invece un'interessante plausibilità, anche se motivata da differenti ragioni.

Nel 1997, in una lettera ai giudici Imposimato e Martella, Ağca riprende una versione precedente. Scrive che i suoi mandanti sono stati in realtà i servizi segreti sovietici (Kgb) e bulgari, e che il sequestro serviva a premere per la sua liberazione dopo l'arresto. In quello stesso periodo scrive a Ercole Orlandi assicurandogli che sua figlia «sta bene, la sua integrità fisica e morale viene garantita assolutamente». In una precedente occasione aveva invece detto che la ragazza era morta; un'altra volta che tutte e due le ragazze, Mirella ed Emanuela, erano vive in Liechtenstein: «Le due giovani non sono mai state rapite, si trovano nel Liechtenstein. C'è soltanto un intrigo internazionale».

Il giudice istruttore Rosario Priore stabilirà la totale inaffidabilità dell'uomo, aggiungendo che «su un personaggio del genere non si può costruire alcun processo». L'unica certezza in questa miscela di fandonie e di fantasie in parte calcolate, in parte frutto di disordine mentale, è che il killer turco tende a tenere gli inquirenti sulla corda cucendo insieme brandelli di verità, mezze frasi orecchiate o sbirciate sui giornali, vaghe promesse che lo tengano il più a lungo possibile al centro dell'attenzione. Forse teme che, una volta caduto nel dimenticatoio, gli possa succedere qualche spiacevole incidente. Non sappiamo se la verità l'abbia detta al papa il 27 dicembre 1983, nel corso del colloquio confidenziale avvenuto nel carcere di Rebibbia. Ammesso che lui stesso la conoscesse, la verità.

Un altro protagonista del caso è proprio papa Giovanni Paolo II, che abbiamo visto rientrare dalla Polonia il giorno stesso della denuncia della scomparsa di Emanuela. Pochi giorni dopo, domenica 3 luglio, affacciandosi su piazza San Pietro per la preghiera dell'Angelus, il pontefice pronuncia queste parole: «Desidero esprimere la viva partecipazione con cui sono vicino alla famiglia Orlandi, la quale è nell'afflizione per la figlia Emanuela che da mercoledì 22 giugno non ha fatto ritorno a casa, non perdendo la speranza nel senso di umanità di chi abbia responsabilità in questo caso». Parole improvvide, dalle quali si evince che Emanuela non s'è allontanata volontariamente da casa, ma è stata rapita. Una possibilità cui nessuno, fino a quel momento, aveva accennato. Parole non ben calcolate, che non sfuggiranno alle orecchie attente di vari servizi segreti, in particolare a quelli della DDR, guidati dal celebre Markus Wolf, detto «Misha», finito persino nei romanzi di John Le Carré con il nome di «Carla».

Perché il papa e la cautissima diplomazia vaticana, sempre così reticente, commisero quell'errore? E se non si fosse trattato di un errore, ma di una mossa voluta? È stata affacciata l'ipotesi che con quelle parole – ne fosse o no il papa consapevole – si volesse nascondere la vera causa della scomparsa di Emanuela: allontanare l'attenzione da un possibile delitto o da un incidente inconfessabile avvenuto in qualche appartamento vaticano.

La famiglia Orlandi (così come la famiglia Gregori) venne tempestata per mesi di telefonate anonime. Voci sconosciute dicevano di parlare a nome proprio o di qualche organizzazione e proponevano scambi, inizi di trattativa, condizioni per la liberazione della ragazza. Gli anonimi interlocutori si esprimevano a volte con una buona pronuncia italiana, altre volte con accenti stranieri che, a detta degli investigatori, erano palesemente contraffatti. Mai nessuno ha fornito una prova certa di essere davvero in grado di disporre della liberazione di Emanuela e nemmeno del fatto che fosse ancora viva. Il massimo che si riuscì a ottenere furono una fotocopia della tessera per la scuola di musica, una ricevuta di pagamento per una tassa d'esame e la frase manoscritta «Con tanto affetto, la vostra Emanuela». Documenti che potevano però esserle stati rubati, da viva o da morta, oppure sottratti alla segreteria della scuola. In una di tali occasioni la voce anonima, con un accento americano così smaccato da suonare quasi ridicolo, ebbe questo scambio di battute con un familiare della ragazza:

Interlocutore: Allora, lei ascolta bene questa registrazione.
Familiare: Sì, ma me la faccia sentire bene, però.
Interlocutore: Ascolti bene, abbiamo pochi momenti... Questa essere della sua figlia.
Familiare: Sì, ma me la faccia sentire bene.
Interlocutore: Okay, *one moment... All right, okay, let's go, let's go.*
Voce di ragazza: Scuola convitto nazionale Vittorio Emanuele secondo. Dovrei fare il terzo liceo quest'altr'anno; Scuola convitto nazionale Vittorio Emanuele secondo. Dovrei fare il terzo liceo quest'altr'anno; Scuola convitto nazionale Vittorio Emanuele secondo. Dovrei fare il terzo liceo quest'altr'anno [e così di seguito per sette volte].

Un'analisi approfondita venne invece fatta su alcuni comunicati diffusi in quei giorni. In un rapporto dei servizi segreti italiani del novembre 1983 furono delineate alcune possibili caratteristiche del loro autore, descritto come uno «straniero, verosimilmente di cultura anglosassone», con un «livello intellettuale e culturale elevatissimo», che aveva imparato l'italiano solo dopo aver frequentato il latino; buon conoscitore di Roma, informato sulle regole giuridiche italiane e sulla struttura logistica del Vaticano, «appartenente (o inserito) nel mondo ecclesiale». In pratica, un identikit.

Un giorno, all'agenzia di notizie Ansa di Milano viene recapitato un messaggio firmato «Dragan», scritto anche questo in un italiano approssimativo. Vi si dice fra l'altro: «Emanuela era brava ragazza, noi la volevamo salvare, ma voi siete stati cattivi, lei non meritava. Suo corpo forse non trovate più, ma è Aliz che è stato orrendo, lui non può essere un Turkesh, noi Turkesh non uccidiamo, noi buoni. Emanuela piangeva sempre, voleva tornare a vita, la sua era tristezza, quante volte ha tentato di fuggire e Aliz l'ha picchiata, non si picchiano anime così gentili. Io mi chiamo Dragan e sono di Slavia, forse così è che non comprendo bastardaggine di Aliz, perché ammazzato Emanuela, ora io fuggo con Mirella...» eccetera.

Siamo di fronte a un italiano distorto in modo così goffo da sembrare voluto. Chi si esprime in un italiano così rudimentale non può scrivere «comprendo» invece del più comune «capisco», o «bastardaggine», che è un termine poco usato e difficile.

Un gruppo di millantatori, dunque, gente che pesca nel torbido. Scriverà nella sua requisitoria il sostituto procuratore Giovanni Malerba: «Nel quadro si inserivano mitomani, visionari, radioestesisti, sensitivi, medium, veggenti, truffatori, sciacalli, detenuti e latitanti in cerca di vantaggi processuali». Le cose in realtà furono ancora più complicate. Nel tenebroso intrigo vennero coinvolti anche due giornalisti stranieri. Il primo, Richard Roth, corrispondente da Roma della rete americana CBS, ricevette una busta proveniente da Boston. Nel messaggio si chiedeva di nuovo il rilascio di alcuni turchi, fra i quali Ağca, in cambio della liberazione di Emanuela. Una perizia disposta da un altro giudice, Domenico Sica (numerosi magistrati si sono occupati del caso nel corso degli anni), accerta che il messaggio è autentico e, soprattutto, che il suo autore dimostra di conoscere il contenuto di una lettera inviata dai familiari di Mirella al presidente della Repubblica Sandro Pertini. Dunque, non si tratta di squallidi mitomani, ma di gente del mestiere, capace di venire in possesso di informazioni riservate.

Il secondo straniero è l'americana Claire Sterling, giornalista e scrittrice, esperta di cose italiane. Un suo articolo, pubblicato dal «New York Times», mette l'accento su un'ipotesi che circolava solo a mezza voce: l'intera faccenda è stata organizzata dai servizi segreti bulgari per conto dell'Unione Sovietica. La base logica dell'ipotesi è l'interesse di Mosca e del blocco orientale a destabilizzare il potere di Giovanni Paolo II prima che sia questi a destabilizzare il sistema comunista in Europa. Claire Sterling, ottima professionista, manifestava un così acceso anticomunismo da aver suscitato il sospetto che lavorasse in realtà anche per la Cia, circostanza mai provata.

Provato è, invece, che a un certo punto entrano nel gioco i servizi segreti della Germania dell'Est, più precisamente il X dipartimento della Stasi, addetto alla disinformazione. Il 4 agosto all'Ansa di Milano viene recapitata una raccomandata con ricevuta di ritorno (sic!) a firma di un sedicente «Fronte liberazione turco anticristiano Turkesh». Vi si legge: «Emanuela Orlandi nostra prigioniera passerà all'esecuzione immediata il giorno cristiano 30 ottobre voi sapete che questa data è la resa del nostro paese sacrosanto e invincibile nell'anno di vostra grazia 1918...» eccetera. Ancora una volta un italiano volutamente sgrammaticato e il richiamo, niente meno, che alla fine della Prima guerra mondiale.

Dall'ambasciata turca in Italia si affrettano a precisare che il Fronte Turkesh non esiste. Ciononostante, ci sono personaggi, compresi alcuni familiari di Emanuela e un ambiguo avvocato della famiglia Orlandi (scelto e pagato dai servizi segreti italiani), che danno credito alla «lettera raccomandata». Infatti, arriveranno altri comunicati del misterioso fronte anticristiano. Quando la DDR scomparirà, con il resto del mondo comunista, il colonnello Bohnsack, aiutante di Markus Wolf, rivelerà a un giornalista della «Repubblica» che quel dipartimento della Stasi era impegnato nella «Operation Papst»: si trattava cioè di creare una falsa pista turca per distogliere l'attenzione dalla Bulgaria, paese amico e alleato.

Un altro misterioso interlocutore che si insinua nel sempre più complicato affare è il cosiddetto «Gruppo Phoenix». Costoro, chiunque fossero, fanno trovare un messaggio nel quale si sostiene che Emanuela è stata uccisa; seguono alcune considerazioni ipocritamente moralistiche, come per esempio: «Grave colpa è avere compiuto un grave torto a una giovane vita». Qualche mese dopo, ricompare invece il Fronte Turkesh per dettare le condizioni alle quali la ragazza potrà essere rilasciata, facendo dunque intendere che è ancora viva. Dopo poche settimane compare una terza organizzazione denominata NOMLAC, acronimo di Nuova Organizzazione Musulmana per la Lotta Anticristiana, che scrive: «La ragazza non è prigioniera del Fronte di liberazione turca anticristiano Turkesh, si trova in Europa...» eccetera. Se non fosse una tragedia, giacché Emanuela è davvero sparita, sarebbe una farsa. Ma una farsa organizzata ad arte per rendere le cose incomprensibili.

Nessuna di queste fantomatiche organizzazioni darà mai una sola vera prova che Emanuela sia viva e nelle sue mani come sarebbe stato naturale aspettarsi se davvero si fosse trattato di rapimento, tanto più di un rapimento a sfondo politico. Il giudice Adele Rando scriverà con «fondato convincimento» nella sua sentenza che il movente politico o terroristico fu solo «un'abile opera di dissimulazione dell'effettivo movente del rapimento di Emanuela Orlandi ... Dopo sette anni di indagini è risultato privo di fondamento il movente politico-terroristico». Un altro magistrato, Severino Santiapichi, esperto presidente di tribunale, dichiarerà: «La scomparsa di Emanuela Orlandi non c'entra nulla con il caso successivamente montato».

Altre fondamentali protagoniste del caso sono, collettivamente parlando, le gerarchie vaticane. Molti magistrati hanno messo in rilievo che dalla Santa Sede non sono venuti aiuti alle indagini ma, al contrario, reticenze e azioni di disturbo. Nel febbraio 1994 il giudice Adele Rando ascolta come testimone il prefetto Vincenzo Parisi, vicedirettore dei servizi segreti italiani, il quale riferisce di aver incontrato monsignor Dino Monduzzi, reggente della Casa pontificia presso la quale lavorava Ercole Orlandi. L'incontro era avvenuto nel luglio 1983 (quindi pochi giorni dopo la scomparsa di Emanuela) ed era rimasto segreto per oltre dieci anni.

Che cosa disse Parisi? Disse «che era percepibile un costante riserbo della Santa Sede che aveva di fatto precluso qualsiasi attività conoscitiva ... escludeva quindi nella Santa Sede qualsiasi volontà di collaborare al progresso delle indagini» scrive il giudice. E aggiunge testualmente: «Ritengo che le ricerche conoscitive sulla vicenda siano state viziate proprio per il diaframma frapposto tra lo Stato italiano e la Santa Sede; l'intero svolgimento della vicenda fu caratterizzato da numerose iniziative disinformative con fini di palese depistaggio, lasciando nel dubbio gli operatori». Il giudice faceva sua questa analisi, annotando in sentenza che tali dichiarazioni coincidevano «con il convincimento progressivamente maturato» dal suo ufficio.

La magistratura italiana ha anche inoltrato alcune rogatorie «alla competente autorità giudiziaria» della Città del Vaticano, rimaste tutte, con diverse motivazioni, senza una vera risposta. Quanto a monsignor Monduzzi, interrogato anch'egli per rogatoria, si limiterà a dire che l'incontro con Parisi non era mai avvenuto. Il prefetto non poté controbattere, perché nel frattempo era morto. Anche il sostituto procuratore Giovanni Malerba nella sua requisitoria si sofferma sulla testimonianza di Parisi riferendo ancora una volta le sue parole: «Ritengo che le ricerche sulla vicenda siano state viziate proprio per il diaframma frapposto tra lo Stato italiano e la Santa Sede. L'intero svolgimento della vicenda fu caratterizzato da numerose iniziative disinformative con fini di palese depistaggio...».

In pratica, tutti i funzionari della Repubblica che si sono occupati del caso, pubblici ministeri, giudici istruttori, dirigenti dei servizi segreti, si sono scontrati con la mancata collaborazione delle autorità vaticane. Per giustificare la risposta negativa a una delle rogatorie venne data, per esempio, la seguente motivazione: «Nessuna inchiesta giudiziaria è stata esperita dalla magistratura vaticana trattandosi di fatti avvenuti al di fuori del territorio dello Stato», avvenuti cioè in Italia. Le autorità vaticane non allestirono neppure una linea telefonica diretta per consentire ai «rapitori» di mettersi velocemente in contatto con chi avrebbe potuto dare eventuale seguito alle loro richieste.

Esiste agli atti anche una testimonianza che rende esplicita la volontà di non collaborare. È la registrazione di una telefonata avvenuta il 12 ottobre 1983, alle 19.53, fra un personaggio, definito «Capo», e Raoul Bonarelli, numero due della polizia vaticana, che il giorno successivo doveva essere interrogato dai magistrati italiani. Eccone uno stralcio:

Capo: Pronto!
Bonarelli: Sì, dica...
Capo: Che sai di Orlandi? Niente!... Noi non sappiamo niente!... Sappiamo dai giornali, dalle notizie che sono state portate da fuori!... Del fatto che è venuto fuori di competenza... dell'ordine italiano.
Bonarelli: Ah, così devo dire?
Capo: Ebbe', eh... Che ne sappiamo noi? Se tu dici: «Io non ho mai indagato»... L'Ufficio ha indagato all'interno... Non dirlo che è andato alla segreteria di Stato.
Bonarelli: No, no... Noi, io all'interno non devo dire niente. Niente.
Capo: All'esterno però... che è stata la magistratura vaticana... se ne interessa la magistratura vaticana... tra di loro questo qua... Niente dici, quello che sai te, niente!
Bonarelli: Ciò che mi dicono però, se sono dipendente vaticano, che mansioni svolgo, non lo so, mi dovranno identificare, lo sapranno chi sono...
Capo: Eh, sapranno perché fai, fai servizio e turni e sicurezza della Città del Vaticano, tutto qua.
Bonarelli: Eh, va bene, allora domani mattina vado a fare questa testimonianza, poi vengo, vero?
Capo: Poi vieni, sì, sì.

In uno dei suoi interventi pubblici Giovanni Paolo II aveva detto fra l'altro: «Ai genitori di Emanuela rinnovo l'espressione della mia partecipazione al loro dramma. Per parte mia posso assicurare che si sta cercando di fare quanto è umanamente possibile per contribuire alla felice soluzione della dolorosa vicenda. Voglia Iddio concedere che alla trepidazione di questi giorni faccia finalmente seguito la gioia dell'abbraccio fra la ragazza e i suoi familiari». Non sappiamo fino a che punto il papa fosse davvero al corrente delle mosse dei suoi collaboratori. È comunque certo che le parole «si sta facendo quanto è umanamente possibile» non corrispondono alla realtà dei fatti.

Del resto, lo stesso atteggiamento negativo e fuorviante i magistrati italiani lo avevano potuto constatare proprio nell'inchiesta sull'attentato contro di lui. Concludendo la sua laboriosa inchiesta il giudice istruttore Rosario Priore lamentava che «le rogatorie [all'autorità giudiziaria vaticana] non hanno dato i risultati voluti ... atti non di rado conclusi in una breve serie di risposte negative ... si sono perciò spesso rivelati puramente formali, mentre potevano e dovevano essere di natura sostanziale».

Una curiosa testimonianza la fornirà invece il cardinale Silvio Oddi. Intervistato nel luglio 1993 dal quotidiano di Roma «Il Tempo», il porporato riferì questo episodio: «Emanuela quel pomeriggio [il giorno della scomparsa], finita la lezione di musica, tornò a casa all'interno della Città del Vaticano. Fu vista arrivare a bordo di un'auto di lusso ... penso che il guidatore non sia entrato [in Vaticano] per non essere riconosciuto dalle guardie svizzere. La ragazza passò invece davanti agli svizzeri e si diresse verso la propria abitazione. Vi si trattenne qualche tempo. Quindi ridiscese, salì a bordo dell'auto e se ne andò via».

Dunque, l'uomo alla guida dell'auto era noto in Vaticano, se temeva di poter essere riconosciuto dalle guardie svizzere. Intervistato poche settimane dopo nel programma televisivo «Mixer», il cardinale aggiunse: «Secondo me ... Emanuela entra in quei furti di signorine, di ragazze, o di aiuto a ragazze che vogliono andare in un ambiente dove stanno meglio, sono ricche, e dove sposano una persona facoltosa, dove avranno molti soldi ... secondo me la base è quella». Il cardinale fu ancora più esplicito in una successiva dichiarazione, di nuovo al quotidiano «Il Tempo»: «Emanuela Orlandi, stando a certe testimonianze che ho raccolto per caso, potrebbe essere finita in qualche sceiccato, se è vero che questi musulmani ricchi sfondati commissionano rapimenti di belle ragazze europee per rinsanguare i loro harem».

Confidenze e considerazioni analoghe il cardinale le aveva fatte anche in privato, con i toni di chi riferisce un episodio realmente accaduto e non una fantasia. Purtroppo, si era deciso a parlare solo dopo dieci anni. Se l'avesse fatto subito, le sue allusioni avrebbero potuto diventare un utile suggerimento. Tanto più che negli atti dell'inchiesta sul caso Orlandi c'è, fra gli altri documenti, una lettera anonima indirizzata alla «Dottoressa Adele Rando, Procura della Repubblica, Roma» che riferisce un episodio o un sospetto analoghi. Spedita dalla Città del Vaticano nell'ottobre 1993, la lettera reca un titolo che dice: «Testimonianza raccolta in confessione». Ecco il testo:

> L'auto che la notte del 22 giugno 1983 caricò Emanuela Orlandi era guidata da [nome e cognome di un noto prelato] attualmente in servizio [carica del prelato]. La portò a Civitavecchia e passarono la notte insieme, la mattina la riportò a Roma, nei pressi della Piramide [Cestia], ma lei non tornò a casa per paura dei genitori. Qui termina la confessione. Conosco [nome del monsignore] è un uomo forse troppo attirato dalla carne per fare il prete e ha sempre fatto affari con gente non proprio pulita ... per ovvie ragioni non posso mettere il mio nome di religioso.

Le lettere anonime acquistano credibilità solo quando ci sono riscontri oggettivi, che in questo caso mancano. Il documento va dunque citato solo perché figura agli atti dell'inchiesta e coincide nella sostanza con i ricordi del cardinale Oddi, nonché con la voce popolare sulle ragioni della scomparsa.

Quali fossero queste voci si può dedurre anche dalle allusioni più o meno dirette contenute nei brandelli di documenti e di testimonianze citate. La povera Emanuela, ripetevano insistenti dicerie, era morta all'improvviso, mentre aveva un incontro con un alto prelato. Da quel momento il problema era diventato quello di liberarsi del cadavere senza suscitare scandalo. Da qui l'intervento di alcuni gangster professionisti, abituati a risolvere situazioni del genere.

Tutto il resto, i complotti internazionali, le richieste di riscatto, i servizi segreti erano solo una copertura per confondere le acque e allontanare la possibilità di una ricostruzione dei fatti. Un'eventualità ricalcata sul luogo comune che vuole le alte gerarchie inclini ai piaceri della carne non meno che agli intrighi politici e di corte. A partire da un certo giorno, però, tale ipotesi è stata sopravanzata da un'altra, rimasta per molto tempo in secondo piano. È una ricostruzione del tutto diversa dei fatti. Si tratta di un'ipotesi, anche in questo caso; però arricchita da non pochi, interessanti riscontri.

Nel giugno 2008 Sabrina Minardi, una donna vicina ai sessanta, divenuta negli anni Ottanta amante del gangster Renatino De Pedis, ha raccontato ai magistrati la sua verità, dando corpo a uno scenario sul rapimento di Emanuela giudicato fino a quel momento di scarso rilievo. La Minardi, nata in una famiglia modestissima, ha avuto una vita avventurosa. In prime nozze, poco più che ventenne, sposa Bruno Giordano, un calciatore dalla Lazio, a suo tempo famoso goleador. Un amore nato nei vicoli di Trastevere, allietato, come si usa dire, dalla nascita, nel 1981, di una figlia, Valentina.

Sabrina non è solo molto bella, ha quel tipo di bellezza che piace agli uomini e ne accende il desiderio. È però gelosa del marito. Anche Bruno è bello e per di più compare spesso sulle copertine dei settimanali accanto ad attrici famose. Si creano tensioni, il matrimonio non regge. Sabrina tuttavia, figlia di una verduraia, ha assaporato una vita che pensava esistesse solo al cinema: begli alberghi, ristoranti e auto di lusso, gioielli, lo champagne nel secchiello del ghiaccio... Lasciato il marito, tenta di conservare quel tenore di vita con la droga e la prostituzione. Confiderà alla polizia: «Sapevo di piacere agli uomini, ho lavorato con il mio corpo, ho guadagnato molti soldi».

Poi, nella primavera del 1982 la svolta; mentre sta seduta con alcune amiche al pianobar La Cabala, vicino a piazza Navona, si vede arrivare sul tavolo un mazzo di rose rosse e una bottiglia di champagne. Gesto da vecchio gentiluomo o da gangster. Nel suo caso si tratta della seconda possibilità. Enrico De Pedis, detto Renatino, l'ha notata e ora le sorride, firmando così il suo omaggio. Lui sta diventando il nuovo capo della banda della Magliana, anche se a lei si presenta, prudente, come il dirigente di una catena di supermercati. Dirà Sabrina al programma televisivo «Chi l'ha visto?»: «Mi trattava come una bambina, mi portava alla sauna del Grand Hotel, vivevamo come nel film *Il Padrino*. Mi faceva mille regali, valigie Louis Vuitton piene di banconote da 100.000 lire; mi diceva: "Spendili tutti, se ritorni a casa senza averli spesi non ti apro la porta". Andavo da Bulgari, da Cartier, pagavo in contanti per due orologi d'oro, i commessi pensavano che fossero il bottino di una rapina. Ma io li tranquillizzavo, dicevo: "Me li dà mio marito; sapete, è un tipo stravagante..."».

Molta passione, molta cocaina, molti rapporti pericolosi, in qualche caso torbidi. Il film continua fino al novembre 1984, quando Renatino viene arrestato. Fine dell'avventura; il declino di Sabrina comincia in quel momento perché, quando lui torna in libertà, l'inebriante miscela di passione, droga, complicità nel rischio non funziona più, anche se la storia in apparenza continua. Nel 1989, dopo sette anni di *amour-passion*, Sabrina scopre che il suo Renatino si è sposato con una donna fuori del giro, senza nemmeno dirglielo. Fugge in Brasile, poi torna in Italia. Lui la chiama, il suo matrimonio sta già per finire; propone a Sabrina di ricominciare, di cambiare aria; per esempio, di andare in Polinesia. Lei è contenta, ma non ci sarà tempo per attuare il progetto. La mattina del 2 febbraio 1990, mentre parla con un antiquario in via del Pellegrino, Enrico De Pedis viene fulminato da due assassini giunti a bordo di una grossa moto.

Sabrina troverà, con il tempo, la forza di disintossicarsi in un centro di recupero, anche se l'abuso di alcol e di droghe le ha alterato i lineamenti e la memoria. Per ciò che riguarda la nostra storia, la domanda che si pone è che peso si possa dare alla testimonianza di una donna così maltrattata dalla vita e che ha deciso di parlare a più di vent'anni di distanza dai fatti. La giornalista Rita Di Giovacchino, nel suo libro *Storie di alti prelati e gangster romani*, avanza l'ipotesi che, proprio perché in parte confermata e in parte no, la versione data dalla donna sia attendibile. Anche perché Sabrina non ha niente da chiedere, non ha conti da regolare né vantaggi da ricavare dal racconto.

In estrema sintesi, la sua versione è questa: qualche giorno dopo la scomparsa di Emanuela, Sabrina ha ospitato la giovane nella sua auto. De Pedis e un tale Sergio l'hanno caricata a bordo («Renato e Sergio me la misero in macchina»). Dopo un certo percorso, giunti nei pressi di un benzinaio e dell'imbocco del tunnel alle pendici del Gianicolo, la povera ragazza viene trasferita a bordo di una Mercedes con targa vaticana dov'è accolta da un uomo vestito da prete. Emanuela, continua la Minardi, appariva cosciente, ma non lucida: «Parlava male, strascicava le parole».

La donna ha anche detto di sapere che la giovane era stata tenuta prigioniera in una casa di Monteverde dalla quale si poteva accedere a un ampio sotterraneo. Qualche mese più tardi il suo amante la porta nei pressi di un cantiere edile a Torvaianica. Poco dopo sopraggiunge il tale chiamato Sergio, che tira fuori dalla sua auto dei sacchi, li trascina fino a una betoniera già in moto e ve li getta. La Minardi afferma di non aver visto che cosa ci fosse nei sacchi, ma di averlo intuito e di averne poi avuto indiretta conferma da De Pedis: il corpo di Emanuela.

La ragione del rapimento e dell'omicidio sarebbe stato, secondo Sabrina, un ricatto o, meglio, un avvertimento in stile mafioso nei confronti del Vaticano. Si sarebbe rapita una giovane e incolpevole cittadina di quello Stato per far capire che i patti si rispettano e i soldi si restituiscono, specie quando si tratta di montagne di soldi.

Qui il discorso si allarga. I proventi di questa vera idra criminale chiamata «banda della Magliana» erano diventati ingentissimi. I gangster non si erano negati a nessuna possibile attività illecita, dalle rapine fino alle estorsioni, ai sequestri di persona, al commercio della droga su scala internazionale in combutta con cosche mafiose siciliane. L'immensa disponibilità di denaro non poteva più esaurirsi nell'acquisto di appartamenti, negozi, gioielli per le amanti. La dimensione dei profitti richiedeva investimenti su larga scala. Buona parte di quei soldi finirono nel circuito estero del Banco Ambrosiano di Calvi, che, come si è detto nel capitolo «I banchieri di Dio», era in stretti rapporti con lo Ior. Allorché l'Ambrosiano fallì, trascinò nel gorgo delle insolvenze anche i denari della mafia e della banda della Magliana. Secondo gli inquirenti che hanno indagato sulla morte di Calvi, la cifra complessiva si aggirava sui trecento miliardi di dollari.

Quando il banchiere capì di essersi cacciato in un vicolo cieco, tentò di uscirne minacciando di ricattare il Vaticano: fece capire che avrebbe potuto rivelare chi erano i veri clienti dello Ior e che fine avevano fatto i miliardi spariti. Come già raccontato, il povero Calvi finì impiccato sotto un ponte di Londra.

La polizia non ha faticato molto a scovare l'appartamento segreto menzionato dalla Minardi. Si trova nel quartiere gianicolense e tutto, all'interno, corrisponde alla descrizione fatta dalla donna, compreso il sotterraneo, con un piccolo vano contenente una brandina arrugginita e pochi, rudimentali oggetti d'arredo. Un anonimo ex collaboratore di De Pedis, in una telefonata mandata in onda dal programma «Chi l'ha visto?», ha detto di conoscere bene l'esistenza di quel sotterraneo: «La casa di Monteverde era usata come nascondiglio dai latitanti, anche Renatino c'è stato per un periodo, dopo aver avuto un incidente con la moto». Nello stesso tempo, però, l'uomo ha escluso che De Pedis possa essere stato coinvolto nel sequestro di Emanuela.

Altri indizi, tuttavia, indicano il contrario. Alcune foto di Renatino, compresa quella che figura sulla sua sontuosa sepoltura in Sant'Apollinare, sono molto rassomiglianti all'identikit schizzato, subito dopo il rapimento, su indicazione dei due testimoni diretti. Anche un colonnello dei carabinieri che vide allora quell'identikit fece d'istinto la stessa osservazione: «Ma questo è De Pedis».

Nicola Cavaliere, oggi con un incarico nei servizi d'intelligence ma che all'epoca indagò sul sequestro, si dice anch'egli convinto che si sia trattato di un ricatto nei confronti del Vaticano. L'ipotesi è che, dopo la morte di Calvi, i creditori «illegali» dell'Ambrosiano, vale a dire quelli che non potevano tentare di rivalersi in giudizio, cominciarono a chiedersi se e come avrebbero potuto riavere i loro soldi. Li avevano dati, certi di fare un ottimo investimento; ora scoprivano di aver perduto perfino il capitale. Ulteriore piccolo tassello: nell'aprile 1998, cioè un mese prima che venisse ucciso, dalla cassaforte del colonnello delle guardie svizzere Alois Estermann vennero trafugati alcuni dossier, compreso quello sulla scomparsa di Emanuela Orlandi.

Basta questo a dare solide basi alla versione di Sabrina Minardi? Ovviamente non basta, anche perché l'idea che si possano ricattare entità o istituti di quella mole rapendo una ragazzina appare piuttosto debole. Questa ricostruzione serve però a conferire una certa coerenza logica a una serie di azioni e reazioni altrimenti inspiegabili o incoerenti.

L'atteggiamento reticente (quando non negativo) delle gerarchie vaticane conferma ancora una volta la separazione esistente fra Chiesa e Santa Sede; quest'ultima obbedisce, deve obbedire, alla «ragione di Stato» anche quando questa nettamente contrasti con la carità. Ma una così ostinata reticenza potrebbe dipendere anche dal cosiddetto «segreto pontificio». Nel 2001 papa Wojtyła ordinò di aggiornare una disposizione esistente da tempo, con la quale si davano istruzioni al personale religioso circa il silenzio da tenersi di fronte a «estranei». La circolare venne emanata il 18 maggio 2001 a firma di Joseph Ratzinger e Tarcisio Bertone, al tempo rispettivamente presidente e segretario della Congregazione per la dottrina della fede.

A causa di quell'ordine, fra l'altro, Ratzinger è stato incriminato nel 2005 da un tribunale di Houston, Texas, per cospirazione ai danni della giustizia in un procedimento contro preti pedofili. Nel settembre dello stesso anno il segretario di Stato vaticano Angelo Sodano chiese alla presidenza degli Stati Uniti di bloccare il procedimento estendendo al sommo pontefice il diritto all'immunità riconosciuto a tutti i capi di Stato esteri. Il presidente George W. Bush concesse l'immunità. Fra i casi soggetti al segreto pontificio rientrano anche gli atti sessuali commessi da religiosi nei confronti di minorenni adescati o abusati; nella nozione di «estranei» rientra chiunque non faccia parte delle gerarchie ecclesiastiche, compresi i magistrati che indagano su una ragazza di quindici anni svanita nel nulla.

Qui però comincia un'altra storia, di cui si farà cenno nell'Appendice.

XV
IL TRIBUNALE DELLA FEDE

C'è un monumento che simboleggia la maestà di Roma imperiale non meno del Colosseo e del Pantheon. È il mausoleo di Adriano – più conosciuto come Castel Sant'Angelo – insieme al ponte che lo fronteggia, il pons Aelius, dedicato anch'esso all'Angelo: castello e ponte, l'uno legato all'altro in una storia spesso comune.

Dagli inizi del II secolo, quando venne costruito, il castello o Hadrianeum ha cambiato più volte aspetto e funzione, però sempre accompagnando le drammatiche vicende della città. Pochi ormai ricordano che quell'imponente costruzione nacque per essere una tomba destinata a diventare, come in effetti è stato per oltre un secolo, il sepolcreto degli Antonini; al suo interno, oltre a quelle di Adriano e di sua moglie, vi sono le sepolture di Antonino Pio e di Faustina, forse quella di Marco Aurelio e certamente quella di Caracalla, assassinato nel 217 dal capo delle guardie. La presenza più importante resta, ovviamente, quella di Adriano, il grande imperatore che nel proprio nome aveva il predicato di *Aelius*, richiamo apollineo e solare; che alla guerra preferì la pace, riuscendo spesso a conservarla; che volle conoscere le meraviglie delle terre su cui regnava, comprese le più lontane; che impazzì d'amore per il bellissimo Antinoo, alla cui morte, avvenuta durante un'amorosa navigazione sul Nilo, pianse «alla maniera di una donna».

Quanto alla denominazione di Castel Sant'Angelo, la si deve a una leggenda: nel 590 un angelo sarebbe apparso sulla sommità del castello, mentre una processione, guidata da papa Gregorio Magno, sfilava per le vie cittadine invocando la cessazione di una terribile pestilenza. La creatura celeste parve un segno che le preghiere erano state accolte.

In memoria di quel prodigio sorse prima una cappella votiva, poi la statua di un angelo, più volte sostituita. Quella innalzata nel 1544 è oggi esposta in uno dei cortili. È alta più di tre metri e venne ricavata (secondo Raffaello da Montelupo) da un rocchio di colonna romana; le ali sono di rame opportunamente traforate per non opporre troppa resistenza al vento. Per due secoli quell'angelo è rimasto a guardare dall'alto la città, poi nel 1752 venne fuso il gigantesco angelo bronzeo del fiammingo Pieter Antoon van Verschaffelt nel ben noto atteggiamento di rinfoderare la spada della pestilenza, opera notevole che ha resistito a cataclismi di varia natura. Vale la pena di salire fino in cima al castello per ammirarla da vicino.

Non conosciamo con precisione l'aspetto del mausoleo appena edificato. Certo rivaleggiava con quello di Augusto, costruito più di un secolo prima e poco distante in linea d'aria, ma collocato sulla sponda opposta del Tevere. Sappiamo comunque, perché la struttura è rimasta, che la costruzione si basava su figure geometriche semplici: un basamento quadrato sul quale si ergeva un grande cilindro, forse ricoperto al sommo da un cumulo di terra alla maniera degli etruschi. Sul cilindro sorgeva una torre, probabilmente coronata da una quadriga. Il tondo e il quadro, gli dei e il mondo, l'anima e il corpo, l'uno e il molteplice: Adriano era un intellettuale, voleva che l'edificio, oltre a custodire le ceneri sue e dei suoi famigliari, tramandasse i suoi ideali, la sua visione della vita e del mondo.

Per la sua collocazione aveva scelto i terreni dell'*ager vaticanus*, all'estrema periferia cittadina, lande che il popolo considerava remote e selvagge. La stessa zona dove sorgerà, con Costantino, la chiesa dedicata a san Pietro, una vicinanza che legherà per sempre il destino dei due edifici, il castello e la basilica. Quando, nel 404, l'imperatore Onorio venne a Roma, Agostino di Ippona scrisse che l'imperatore, dovendo scegliere se genuflettersi nel tempio dell'imperatore Adriano o sulla memoria del pescatore, si batté il petto nel luogo in cui si trova il corpo di Pietro, il pescatore... Poco prima di morire Adriano, che amava lettere e arti, scrisse versi di congedo rimasti famosi, esempio commovente di quel latino della decadenza così tenero, vibrante, intriso di malinconia, così lontano dalla prosa epica, dal marmo e dal ferro, dal fuoco di implacabili passioni:

> *Animula vagula, blandula,*
> *Hospes comesque corporis,*
> *Quae nunc abibis in loca*
> *Pallidula, rigida, nudula,*
> *Nec, ut soles, dabis iocos...*

Ossia, in una traduzione libera, ma credo non infedele: «Piccola anima mia, smarrita e soave, compagna e ospite del corpo, ora te ne andrai nei morti luoghi, aspri e nudi, senza più i consueti trastulli...». E poi ancora: «Per un attimo ancora guardiamo le rive familiari, le cose che certamente non vedremo mai più...».

Tomba, fortezza, carcere? Il castello è stato tutte queste cose nei suoi duemila anni di vita, una dopo l'altra, spesso una insieme all'altra. Nel 403, ai tempi di Onorio, venne incluso nella cerchia delle mura come baluardo avanzato al di là del fiume; ben presto divenne una vera fortezza, dotato di una cinta merlata, di camminamenti e segrete. Le famiglie romane più potenti se lo contesero, al pari dell'altra tomba cilindrica, quella di Cecilia Metella al capo opposto della città, sulla via Appia. In tempi divenuti così sanguinosi e incerti quelle tombe grandiose parevano fatte apposta per dare riparo ai vivi più che ai morti. Infatti, quando nel 1367 ebbe termine la cattività avignonese, una delle condizioni che papa Urbano V pose per il ritorno a Roma fu la consegna delle chiavi del castello, garanzia indispensabile per il controllo della città.

Passarono gli anni e quella smozzicata rovina, largamente depredata dei suoi ornamenti, dei marmi, delle statue, divenne la dimora d'emergenza dei pontefici romani. Chi visita oggi il castello individua chiaramente nel corpo della costruzione il punto, segnato anche da una cornice di travertino, dove alla parte romana si salda quella più recente: al di sotto una base di grossi massi tufacei, nella parte superiore un'ordinata struttura in mattoni. Su quel più alto livello sorsero con il tempo i magnifici appartamenti ai quali vari papi posero mano. Questo libro non è, però una guida nel senso tradizionale del termine, per cui accennerò solo a due protagonisti di queste movimentate vicende: papa Alessandro VI Borgia e papa Paolo III Farnese.

Il visitatore non distratto coglie la presenza di papa Borgia fin dall'ingresso al castello, dove una targa che sormonta la porta dice: ALEXANDER VI PONT MAX INSTAURAVIT AN. SAL. MCCCCLXXXXV. Il 1495 è la data in cui vennero completati i lavori di restauro voluti appunto da papa Alessandro. Subito sopra la targa c'è il suo stemma, ma mutilato: i soldati francesi, nel 1798, ne scalpellarono gli ornamenti. Molto probabilmente si trattava del triregno con le chiavi e l'eloquente emblema araldico del casato: un toro. Uno solo di questi scudi si è salvato dalla demolizione e lo si può vedere nel cortile soprastante, sul fianco della vera del pozzo.

Papa Borgia si concentrò soprattutto sulle opere di difesa: i bastioni, la fortificazione esterna (compreso un torrione che sbarrava il ponte sulla riva vaticana), il restauro del Passetto di Borgo, vale a dire il camminamento sopraelevato che metteva in comunicazione i palazzi apostolici con il castello. Di quel passaggio si servì Clemente VII quando gli imperiali di Carlo V misero a ferro e fuoco la città nel 1527. Anche in quelle giornate di guerra e di sangue il castello si dimostrò una fortezza inespugnabile.

Ancora più significativa l'impronta lasciata da Paolo III Farnese, papa notevolissimo, grande umanista, vero erede della classicità anche se arrivato alla porpora in modo discutibile. Papa Borgia lo aveva creato cardinale a soli venticinque anni, su intercessione della sorella, Giulia Farnese, diventata a quindici anni l'amante del pontefice. La plebe romana, nella sua lubrica irriverenza, lo aveva sconciamente soprannominato «cardinal Fregnese».

Paolo III sale al trono nel 1534, pochi anni dopo la rottura di Lutero e il drammatico «sacco» della città, a cavallo di un altro gravissimo scisma, quello della Chiesa anglicana decretato da

Enrico VIII. Il nuovo pontefice intende ristabilire l'autorità religiosa e imperiale della Chiesa. Approva la nascita dei gesuiti, ristabilisce l'Inquisizione romana, soprattutto promuove il concilio di Trento con cui la Chiesa vorrebbe stimolare una rigenerazione morale contro il dilagare della Riforma, così rinsaldando la legittimità di un ordine universale cattolico.

Per quel che riguarda il castello, papa Farnese ordina i sontuosi affreschi attraverso i quali intende presentarsi come un nuovo imperatore, incarnazione dello stesso Adriano, erede di una civiltà che aveva saputo dominare il mondo con la forza delle armi, ma anche con la saggezza delle leggi. Paolo fa in un certo modo suoi i commoventi versi dell'*Eneide* (VI, 852-53) nei quali Anchise prefigura la futura funzione di Roma: «*Tu regere imperio populos, Romane, memento / (haec tibi erunt artes), pacique imponere morem / parcere subiectis et debellare superbos*» (Tu ricorda, o romano, di governare le genti: questa sarà l'arte tua, e dar costumanze di pace, usar clemenza a chi cede, ma sgominare i superbi).

Gli affreschi che ornano la sala della Biblioteca, dove sono raffigurati momenti della fondazione di Roma, rappresentano dunque un programma culturale e politico che trova la sua espressione massima nella sala Paolina: nella gloria degli stucchi, dei marmi, delle illusioni prospettiche, il papa diventa elemento di congiunzione fra classicità pagana e modernità cattolica, impero romano e ammaestramento della Chiesa. Una didascalia che corre al sommo delle pareti rende esplicita la sua intenzione: «Paolo III pontefice massimo ha trasformato la tomba del divo Adriano in alta e sacra dimora».

Le antiche mura della fortezza ospitano molte altre cose notevoli: la deliziosa stufetta di Clemente VII, la misteriosa sala del Tesoro con il suo enorme scrigno, la sala mortuaria dove vennero collocate le ceneri di Adriano, la raffinata loggetta di Giulio II che affaccia sul ponte, la geniale rampa elicoidale che consentiva il passo agevole delle cavalcature fin quasi alla sommità, e molte altre ancora. Ma di una caratteristica non si può tacere, perché nemmeno lo sfarzo delle sale può far dimenticare che questo è stato anche un luogo di feroce reclusione e di pena, una delle carceri del tribunale della Santa Inquisizione.

Nella sala della Giustizia venne pronunciata la sentenza di morte con cui la giovanissima Beatrice Cenci fu mandata al patibolo. Nel cortile delle fucilazioni ancora durante l'Ottocento vennero giustiziati giovani patrioti che sognavano un'Italia unita e la fine del dominio temporale dei papi. Giacomo Puccini vi ha ambientato, non a caso, il finale della sua *Tosca*. La campana che si vede sulla torre più alta, alla sinistra dell'angelo, era detta «dei condannati» perché con i suoi rintocchi annunciava l'imminenza di un'esecuzione. In certi periodi Castel Sant'Angelo è stato solo questo: un lugubre carcere alle cui volte, enormi e sinistre, s'ispirò il Piranesi per le «carceri d'invenzione».

Una visita alle segrete dice in quali spaventose condizioni i prigionieri attendessero il loro destino: celle nude, un misero giaciglio gettato a terra, nemmeno una latrina. In uno spazio esiguo, privo d'aria, nel puzzo degli escrementi, nel dolore delle torture subite, nell'eterna penombra delle bocche di lupo poste in alto, irraggiungibili, gli sventurati languivano in attesa di un'imprecisata sentenza, mentre nel cortile che sovrasta l'orrore delle celle s'intrecciavano a volte le danze, squillava il riso argentino di qualche bella dama, amabilmente si conversava.

Fra le centinaia d'infelici che qui sono stati rinchiusi ce ne furono d'illustri, come Benvenuto Cellini, protagonista di una fuga rocambolesca e mal riuscita. Nelle sue colorite memorie così narra l'artista:

> Infelicemente mi vivevo in su quel materasso tutto fradicio ché in tre giorni era acqua ogni cosa: onde io stavo continuamente senza potermi muovere perché io avevo la gamba rotta; e volendo andare pur fuor del letto per le necessità de' miei escrementi, andavo carpone con grandissimo affanno per non fare lordure in quel luogo dove io dormiva.

Cellini, recluso di riguardo, aveva la fortuna di poter disporre di un rudimentale cesso (lo si può ancora vedere), comodità negata ai prigionieri comuni.

L'ultima famosa vittima dell'Inquisizione fu Giuseppe Balsamo, conte di Cagliostro. Geniale truffatore e avventuriero palermitano, Cagliostro riuscì a raggirare le corti di mezza Europa con le sue doti di medium, alchimista e negromante. In realtà, era un esaltato capace di straordinarie invenzioni, menzogne, trucchi strabilianti. Nel 1789, logorato dalla sifilide, si stabilì a Roma dove fondò una loggia massonica di rito egizio. Ebbe solo due adepti, un marchese e un frate cappuccino che divenne l'amante di sua moglie Lorenza.

Nel 1791, denunciato dalla sua stessa consorte, affrontò un processo nel quale fu condannato a morte per bestemmie e proposizioni ereticali contro Dio, Gesù Cristo, la Vergine, i santi, i sacramenti, il purgatorio, i precetti ecclesiastici, oltre che per false dottrine in campo sessuale e atti turpi. Nella motivazione, di sapore tragicomico, lo si definiva «uomo che nulla crede, senza religione, insomma una bestia, vituperoso e assai cattivo, tenuto in concetto di birbo, di ciarlatano furioso e bestiale, briccone entusiasta, deista, diffamatissimo».

Il frate cappuccino ebbe dieci anni di prigione, la moglie Lorenza se la cavò con la reclusione in un convento. Cagliostro riuscì a sfuggire al patibolo grazie al papa, che commutò la pena in ergastolo. Venne quindi rinchiuso nella fortezza di San Leo, dove lentamente impazzì a causa del suo male e anche per le frequenti bastonature cui era sottoposto.

L'Inquisizione romana disponeva di altri luoghi di reclusione: il carcere di Tor di Nona (dove venne rinchiuso, fra gli altri, Giordano Bruno), in seguito demolito per la costruzione dei muraglioni di contenimento del Tevere, e il vero e proprio carcere del Sant'Uffizio, solennemente inaugurato nell'autunno del 1566 con grandi festeggiamenti e salve d'artiglieria, oggi destinato ad altra e meno crudele funzione. Il Palazzo del Sant'Uffizio sorge nella piazza omonima, a due passi da piazza San Pietro, e ora ospita la Congregazione per la dottrina della fede. Per ventiquattro anni il cardinale Joseph Ratzinger ha varcato quel massiccio portone, è salito al primo piano e ha preso posto nel suo ufficio. Scarno l'arredo: una scrivania in noce nero, un quadro d'epoca della Maddalena alla parete, un crocifisso. Il nome del palazzo evoca supplizi ma esso è l'unica traccia residua dell'antico complesso giudiziario voluto da papa Paolo III nel 1542. La Santa romana e universale Inquisizione nacque come un baluardo a difesa della fede e contro le eresie.

I terrificanti interrogatori dell'Inquisizione si tenevano nelle Carceri Nuove, in via Giulia. Costruite per volontà di papa Innocenzo X Pamphili nel 1647, su progetto di Antonio Del Grande, furono terminate sotto il pontificato di Alessandro VII Chigi. Oggi, curioso destino, il palazzo ospita la Direzione nazionale antimafia. Al secondo piano, non lontano dall'ufficio del procuratore, una stanza porta ancora i segni dell'antica funzione: un gancio, ancorato al muro, serviva ad assicurare gli imputati durante la tortura. Fino al 1968 le Carceri Nuove sono state sede del Museo criminale italiano, poi trasferito altrove. Quelle celle erano un passaggio obbligato e diventavano spesso anticamera del patibolo per chiunque fosse giudicato colpevole di professare opinioni difformi da quelle ufficiali della Chiesa.

Sui tribunali dell'Inquisizione, in Italia e altrove, si è scritto con tale abbondanza che a volte la mitologia, una sinistra mitologia, ha superato la storica verità dei fatti. A parte ogni esagerazione, non c'è dubbio che quel fenomeno ebbe una notevole importanza per la storia della Chiesa, in particolare per quella italiana.

Sin dalle origini, mentre si venivano lentamente formando un canone e un'ortodossia, la Chiesa (come qualunque altro organismo fondato su un'ideologia) sentì il bisogno di contrastare le deviazioni dottrinali (eresie) punendo chi si fosse macchiato di tali colpe, inclusa la lettura o la detenzione di opere considerate eretiche. Il concilio di Tolosa del 1229 arrivò a proibire ai laici il possesso della Bibbia e nel 1234 quello di Tarragona ordinò che le traduzioni della Bibbia in volgare fossero addirittura bruciate. Tipico dei procedimenti era il principio – sconosciuto al diritto romano – che si potesse formulare l'accusa di eresia con procedura d'ufficio, ovvero anche in mancanza di testimoni attendibili. Non solo: chiunque fosse venuto a conoscenza di una possibile eresia doveva immediatamente denunciare il fatto al più vicino tribunale dell'Inquisizione, pena, in difetto, l'essere considerato corresponsabile. Si trova traccia di questo nella formula d'abiura di Galileo, là dove il grande scienziato dovette promettere fra l'altro: «Se conoscerò alcun eretico o che sia sospetto d'eresia, lo denonziarò a questo Santo Offizio, o vero all'Inquisitore o Ordinario del luogo, dove mi trovarò».

In un primo tempo le sentenze di condanna furono soprattutto l'interdetto e la scomunica. In seguito divennero più pesanti, anche se studi recenti hanno dimostrato che la loro severità variò a seconda dei paesi e dei periodi. Si finiva davanti all'Inquisizione dopo un'accusa di magia, stregoneria diabolica, possessione, simulata santità, sodomia; più in generale, per colpe che, risultando difformi dalla dottrina, facessero intravedere una possibile deviazione dal canone ufficiale.

Per lunghi periodi l'Inquisizione ha avuto grande rilievo all'interno della Chiesa. Fra i sette papi del secondo Seicento, per esempio, solo due non avevano ricoperto in precedenza cariche inquisitoriali. Papa Ratzinger, Benedetto XVI, ha rinverdito quella tradizione.

Che cosa fu dunque l'Inquisizione e che cosa rappresentò nella strategia della Santa Sede? Anche la Congregazione della sacra romana e universale Inquisizione – un collegio di cardinali e altri prelati direttamente dipendenti dal papa stesso – fu una creazione di papa Paolo III Farnese. Le dette vita la bolla *Licet ab initio* (1542). Compito dell'organismo era mantenere e difendere l'integrità della fede, esaminare e proscrivere gli errori e le false dottrine. Indispensabile appendice fu, a partire dal 1571, l'*Index librorum prohibitorum*, con i compiti che fra poco vedremo. Gli inquisitori romani avevano competenza giurisdizionale sull'intero universo cattolico anche se, in pratica, la loro attività si limitò quasi sempre all'Italia. Tra i processi più famosi vi sono quelli a carico di Giordano Bruno e di Galileo Galilei.

Gli inquisitori domenicani Jakob Sprenger e Henrich Kraemer, inviati da papa Innocenzo VIII in Germania, condensarono in un manuale ogni utile informazione per riconoscere, interrogare e punire streghe ed eretici. L'opera fu pubblicata a Speyer (Spira) nel 1486 con un titolo destinato a grande celebrità, *Malleus maleficarum* (*Il martello delle streghe*); ristampato numerose volte fino a tutto il XVII secolo, raggiunse l'incredibile tiratura di trentacinquemila copie.

Le alterazioni nel comportamento che le «streghe» manifestavano venivano attribuite dai confessori (che denunciavano i casi sospetti al tribunale) alla presenza del demonio, annidato quasi sempre nei genitali; la maggior parte delle accuse riguardava infatti rapporti sessuali immondi, tortuosi accoppiamenti, baci osceni e segnatamente *l'osculum infame*, ovvero il bacio dell'ano di Satana. Si riaffaccia in molti procedimenti l'idea ossessiva dell'insaziabile lascivia femminile, per cui alle imputate venivano spesso rasati i peli del pube onde togliere al demonio uno dei suoi nascondigli preferiti. Il rimedio consisteva in alcuni particolari esorcismi, integrati da «soffiature» e varie manipolazioni «in loco».

La procedura prevista era simile a quella di un qualunque processo penale: capo d'imputazione, testimonianze verbali o scritte, altre prove eventuali, contrapposizione di accusa e difesa, sentenza. Questo in teoria; nella pratica, invece, le prove giudiziali si riducevano a pochi confusi pettegolezzi, e comunque la procedura partiva dal presupposto che negare l'esistenza del demonio fosse già eresia, dunque un'ammissione di colpa. Se durante un primo interrogatorio l'imputato non abiurava i propri errori, l'inquisitore minacciava di adottare l'interrogatorio definito *stricte*, vale a dire con uso di tortura, eufemisticamente chiamato «rigoroso esame»; in caso di ulteriore diniego, entravano in funzione gli aguzzini.

Nel caso l'imputato non cedesse nemmeno di fronte ai tormenti, il tribunale dichiarava la propria incapacità a ricondurre l'eretico all'ortodossia e lo consegnava al cosiddetto «braccio secolare», ovvero al competente tribunale civile per l'applicazione della pena. La duplicità di competenze favorì più volte una situazione di ambiguo compromesso, per cui la Chiesa si appoggiava al potere civile per far eseguire le sentenze, mentre il potere politico utilizzava la copertura della dottrina per legittimare le sue campagne di repressione. La carcerazione era in genere comminata sulla base di una formula rituale come, per esempio: «Ti condanniamo al carcere formale in perpetuo in questo Santo Officio senza speranza di gratia, acciocché in esso debbi continuamente piangere et fare penitenza per impetrare da Dio la misericordia et il perdono dei tuoi peccati et errori passati».

In questi processi non esisteva distinzione fra peccato e reato: il vero imputato era l'anima ed era lei che doveva essere giudicata, ovvero le idee, la dottrina, i principi in base ai quali l'imputato agiva, scriveva, pensava. Anche per questo i frati domenicani, colti, preparati, rigorosi, erano spesso gli inquisitori più efficaci. L'eco delle loro implacabili sentenze è sconfinato nella letteratura. Fra i numerosi esempi si possono citare *Ivanhoe* di Walter Scott, *Il nome della rosa* di Umberto Eco e, soprattutto, *I fratelli Karamazov* di Fëdor Dostoevskij, che include il poderoso castone rappresentato dalla «Leggenda del Grande Inquisitore» narrata da Ivan, il fratello ateo, assetato di fede e negatore di Dio.

Se papa Paolo III dette inizio a queste procedure, fu uno dei suoi successori, Paolo IV Carafa, a escogitare un uso sapientemente politico del tribunale. Ho chiesto sull'argomento l'opinione del professor Massimo Firpo, accademico dei Lincei, che ricopre la cattedra di Storia all'università di Torino e ha lungamente studiato la storia culturale e religiosa del Cinquecento dedicandole numerose opere. Questa la sua risposta:

> Il cardinale Carafa, che sarà papa con il nome di Paolo IV, aveva indirizzato a Clemente VII, nel 1532, uno straordinario memoriale, denunciando con parole di fuoco il dilagare delle eresie e i pessimi costumi, la corruzione e l'ignoranza del clero, nonché la passività dei vescovi e della stessa Santa Sede, tutti problemi che vedeva strettamente connessi. Era un chiaro ed energico programma di azione, che mirava a una riforma della Chiesa volta soprattutto a una più efficace lotta contro la Riforma protestante. In pochi anni la sua iniziativa tenace e intransigente, fondata sul principio che «li heretici se voleno trattare da heretici», riuscì ad affermarsi fino a diventare, nella seconda metà del XVI secolo, la politica della Chiesa, cioè quella che chiamiamo «Controriforma». L'istituzione del Sant'Uffizio offrì un'arma formidabile per combattere i gruppi ereticali diffusi in Italia, compresi quelli presenti all'interno della Chiesa, inclini a un accordo con i protestanti spinto fino all'accettazione di alcuni principi teologici. Ne offre una conferma l'uso spregiudicato che il Carafa fece dell'Inquisizione: egli raccoglieva prove (oggi diremmo «dossier») da utilizzare nel corso dei conclavi per impedire l'elezione dei suoi avversari. Un informatore romano, per esempio, ci fa sapere che nel conclave del 1555 il Carafa portò con sé «li processi fatti contra tutti li suggetti papabili». Non stupisce che ne uscisse papa egli stesso, dedicandosi subito a «empiere le prigioni di cardinali e vescovi per conto dell'Inquisitione» come scriverà una del-

le sue vittime. E non stupisce che, una volta impadronitasi dei meccanismi dell'elezione papale, fosse l'Inquisizione a scegliere i pontefici, riuscendo così a orientare la Chiesa secondo i propri indirizzi religiosi e politici. Solo in un secondo tempo, ormai stabilmente insediatosi ai vertici della curia, il Sant'Uffizio svilupperà la sua azione anche in periferia, contro i gruppi ereticali presenti in quasi tutte le città italiane. Mi pare che questa possa definirsi un'azione non solo religiosa, ma anche politica, vale a dire fondata su un progetto consapevole, capace di dotarsi degli strumenti necessari alla sua realizzazione, in competizione con altre e contrastanti visioni della linea teologica e pastorale della Chiesa. Si comprende dunque come la Congregazione del Sant'Uffizio, la più alta congregazione romana, l'unica presieduta personalmente dal papa, sia infine diventata quella che attualmente si chiama Congregazione per la dottrina della fede, guidata fino a ieri dal cardinale Joseph Ratzinger, oggi papa Benedetto XVI. Già nel Cinquecento, la struttura inquisitoriale aveva offerto alla Chiesa un canale privilegiato per il reclutamento delle sue gerarchie e per carriere ecclesiastiche di successo.

È possibile che questa poderosa struttura abbia influito sulla nascita nella penisola di uno Stato nazionale? E che ne abbia poi determinato in qualche misura le qualità? Il professor Firpo risponde positivamente:

> Il fatto che Roma o l'Italia coincidessero con il centro della cristianità ha avuto numerose conseguenze. Si comprende meglio la questione, però, se non ci si limita a osservare che in Italia c'è sempre stata la Chiesa, erede anche del potere civile dopo la dissoluzione dell'impero romano, ma si aggiunge che qui è mancato lo Stato. L'Italia è sempre stata quella delle sue antiche città, diventate poi Comuni, governate dalle loro oligarchie famigliari e dai loro intramontabili patriziati, spesso lacerati da lotte di fazioni, ininterrottamente dominati da logiche corporative, tutti accomunati da una pericolosa confusione fra pubblico e privato. Il difficile processo di costruzione dello Stato moderno, che in Inghilterra, Francia e Spagna si sviluppa dal XV secolo in poi, in Italia arriva tardi e male. Quanto alla monarchia papale, il suo carattere elettivo, il nepotismo, la confusione tra fiscalità statale e fiscalità spirituale ne hanno fatto un modello esemplare di malgoverno. Già nel Cinquecento, per esempio, Francesco Guic-

ciardini scriveva nei *Ricordi*: «Io non so a chi dispiaccia più che a me la ambizione, la avarizia e la mollizie de' preti: sì, perché ognuno di questi vizi in sé è odioso, sì, perché ciascuno e tutti insieme si convengono poco a chi fa professione di vita dependente da Dio, e ancora perché sono vizi sì contrari che non possono stare insieme se in uno subietto molto strano». E tuttavia, proseguiva, il suo lavoro al servizio dei papi medicei lo aveva costretto ad «amare per el particulare mio la grandezza loro; e se non fussi questo rispetto, arei amato Martin Luther quanto me medesimo: non per liberarmi dalle legge introdotte dalla religione cristiana nel modo che è interpretata e intesa communemente, ma per vedere ridurre questa caterva di scelerati a termini debiti, cioè a restare o sanza vizi o sanza autorità». La Chiesa della Controriforma ha continuato ad avere i suoi vizi, ma ha saputo nasconderli nella prassi gesuitica del *si non caste tamen caute*, nel paternalismo pastorale, nelle formalità di una religione sottratta alle coscienze, spesso ridotta a pura prassi devota, nella repressione di ogni voce di dissenso.

Parlando di dissenso, un cenno particolare meritano le vessazioni riservate agli ebrei. Innumerevoli le ordinanze pontificie che nel corso dei secoli ne limitarono la libertà di movimento e di commercio, imponendo questo o quel segno distintivo per renderli a prima vista riconoscibili. Per esempio, la berretta gialla degli ebrei romani, alla quale si ispireranno negli anni Trenta del Novecento i nazisti per imporre ai figli di Israele la stella di David, anch'essa gialla, da cucire sugli abiti. Tutto sommato, però, bisogna dire che l'Inquisizione romana trattò gli ebrei in modo relativamente «morbido», preferendo alle condanne fisiche esose pene pecuniarie e sequestro di beni. Durissimi e ripetuti furono, invece, i tentativi di favorire conversioni alla «vera fede», anche attraverso autentici sequestri di persona. Un esempio di rilievo viene riferito da Andrea Del Col nel suo *L'Inquisizione in Italia dal XII al XXI secolo*:

> Chiara, moglie di Angelo del Borgo, venne denunciata falsamente di voler diventare cristiana da un neofita nel 1712. La donna venne trattenuta oltre ogni termine e il marito protestò presso il Sant'Uffizio, anzi intentò una causa vera e propria con l'assistenza di un abile e preparato avvocato cattolico ... Sebbe-

ne Chiara fosse incinta e decisamente contraria alla conversione, la Congregazione diede ragione per ben due volte al rettore, che la trattenne fino al parto. La bambina venne subito battezzata e Angelo pregò il Sant'Uffizio che gli venisse restituita almeno la moglie. All'improvviso tuttavia questa cedette alle pressioni e il 17 marzo 1713 decise di convertirsi, come comunicò trionfante il rettore della Casa all'assessore del Sant'Uffizio: «Coll'influenza dello Spirito Santo si è dichiarata christiana, quale convinta con la soavità del santo evangelio, da tigre ostinata è divenuta una mansuetissima agnella, dal che ben si conosce che *Spiritus quando vult, spirat* e queste povere anime devono aiutarsi in maniera che si rendano capaci della reprobatione del popolo ebreo e della santificatione resa a' fedeli dal nostro caro Redentore».

L'esito finale, commenta lo studioso, dimostrò l'efficacia del metodo illegale di prolungare la detenzione nella Casa e l'inutilità di un ricorso all'Inquisizione.

Il diffondersi degli ideali libertari dopo la Rivoluzione francese non bastò ad alleviare le condizioni degli ebrei nei domini pontifici. Ancora all'inizio del XIX secolo, alcuni libelli antigiudaici continuavano ad alimentare i più accesi pregiudizi. Per esempio, nel 1825 il domenicano francese Ferdinand Jabalot descriveva in questi termini le caratteristiche degli ebrei:

> Deicidio, avidità di arricchimento smodata e indirizzata a rovinare i cristiani, ambizioni di potere per giungere al dominio del mondo, danno arrecato alla morale e ai costumi, odio per la religione cristiana spinto fino alla peggiore barbarie («lavarsi le mani nel sangue dei cristiani, mettere a fuoco le chiese, calpestare le ostie consacrate, crocifiggere in odio a Gesù Cristo i fedeli, rapire bambini e scannarli, violare le vergini a Dio sacre e abusare delle battezzate»).

Il rifiuto dei princìpi illuministici aveva l'evidente scopo di contrastare le forti spinte verso il cambiamento che la modernità imponeva e di cui faceva parte la libertà concessa agli ebrei in vari Stati europei. La storica Marina Caffiero, nel suo saggio *Battesimi forzati. Storie di ebrei, cristiani e convertiti nella Roma dei papi*, spiega che le conversioni forzate di mogli, figli e nipoti degli ebrei convertiti alla fede cattolica, nonché i battesimi clandestini di infanti, aumentarono molto durante l'Ottocento. Se insorgevano contestazioni sulla patria potestà o sul diniego dell'interessato alla conversione, la «pratica» veniva passata alla Congregazione del Sant'Uffizio.

Fra i casi più clamorosi (e penosi) ci fu quello del battesimo impartito di nascosto da una serva cattolica a Edgardo Mortara, quando il piccolo israelita aveva quattro anni e, gravemente ammalato, pareva in pericolo di vita. L'episodio avvenne a Bologna. Due anni dopo, nel 1858, la serva, forse per vendetta verso i suoi datori di lavoro, denunciò il fatto alle autorità ecclesiastiche. Edgardo fu quindi strappato alla famiglia e, poiché era stato battezzato, l'inquisitore ordinò che venisse educato cristianamente a Roma, nella Casa dei catecumeni. Nonostante le disperate richieste dei genitori e le pressioni internazionali, comprese quelle di Napoleone III e di Cavour, il ragazzo non venne mai restituito. Protetto dal papa, che ne fece quasi un figlioccio, entrò nella Congregazione dei canonici lateranensi con il nome di padre Pio; riparato in Austria dopo la caduta dello Stato pontificio, nel 1873 si fece sacerdote.

La cultura dell'Illuminismo e, più in generale, l'estendersi di comportamenti ispirati dalla «ragione» allarmarono grandemente la Chiesa di Roma. Il contrasto divenne acceso, tanto più che molte confessioni protestanti si mostravano invece favorevoli alle necessarie riforme. Esempio eloquente di questo estremo atteggiamento difensivo della Chiesa fu il lunghissimo pontificato di Pio IX (1846-78).

Il suo manifesto ideologico è racchiuso nell'enciclica *Quanta cura*, emanata l'8 dicembre 1864, che reca in allegato il famigerato *Sillabo*, qui sommariamente descritto nel capitolo «Storia avventurosa di un palazzo». Nel complesso il documento si fa specchio di un pontefice quasi ossessionato dai pericoli delle società liberali, consapevole che la modernità può accrescere fortemente l'indifferenza religiosa.

Uno dei suoi successori, Pio X (1903-14), proseguì su questa linea intransigente sentendo però la necessità, per quanto riguarda il tribunale dell'Inquisizione, di cancellare la parola «inquisizione», che aveva ormai assunto un connotato sinistro.

Riorganizzando la curia, stabilì che l'ufficio incaricato di mantenere la purezza della fede si chiamasse «Sacra Congregazione del Sant'Uffizio» cui, nel 1917, vennero trasferite anche le competenze della congregazione preposta all'elaborazione e all'aggiornamento del libri proibiti.

Nel 1965 Paolo VI cambiò nuovamente nome all'organismo denominandolo «Sacra Congregazione per la dottrina della fede», conservandogli sempre la primaria funzione di promuovere e difendere l'ortodossia. Nel 1988, Giovanni Paolo II ha tolto anche l'impegnativo «sacra», chiamandola semplicemente «Congregazione per la dottrina della fede». In un discorso pronunciato nel marzo 2000 ha poi chiesto perdono al mondo per i molti peccati commessi dalla Chiesa, compreso l'operato dell'Inquisizione.

Anche l'*Indice dei libri proibiti* ha una storia curiosa. Con l'invenzione dei caratteri mobili di Gutenberg, alla metà del XV secolo, i libri erano diventati il principale veicolo di possibili trasgressioni; strumenti capaci di diffondere rapidamente e su una scala senza precedenti il contagio di opinioni pericolose. Agli inquisitori generali venne quindi attribuito, fin dalla fondazione, il potere di ordinare la soppressione dei libri eretici. Fu la parigina facoltà di Teologia della Sorbona, cui spettava un primario compito di magistero, a pubblicare nel 1544 un elenco comprendente i titoli di 230 libri (in latino e in francese) da considerarsi proibiti.

La prima stesura ufficiale dell'*Index librorum prohibitorum*, cioè l'elenco dei libri considerati pericolosi per la fede e la morale dei cattolici, venne preparata dalla Congregazione della sacra romana e universale Inquisizione nel 1557. Era papa all'epoca il rigorosissimo Gian Pietro Carafa, salito al trono con il nome di Paolo IV. L'ambasciatore di Venezia così lo descrisse al suo governo in un dispaccio: «Ha un temperamento violento e focoso ... è impetuoso nel disbrigo degli affari e non vuole che qualcuno lo contraddica». Il primo *Indice*, assai restrittivo, arrivava a censurare perfino parte della Bibbia e alcuni scritti dei Padri della Chiesa. Vi figuravano il *Decameron* di Boccaccio e *Il Principe* di Machiavelli, ma anche *Il Novellino* di Masuccio

Salernitano e le opere di Erasmo da Rotterdam, massimo umanista dell'epoca, colpevole di reclamare una riforma che riportasse la Chiesa alla purità delle origini.

La pubblicazione effettiva dell'*Indice* avvenne all'inizio del 1559, preceduta da un decreto dell'Inquisizione che così ordinava: «Nessuno osi ancora scrivere, pubblicare, stampare o far stampare, vendere, comprare, dare in prestito, in dono, o con qualsiasi altro pretesto, ricevere, tenere con sé, conservare o far conservare qualsiasi dei libri o scritti elencati in questo *Indice* del Santo Uffizio». Seguivano i nomi degli autori divisi in tre categorie; la prima comprendeva chi aveva sbagliato *ex professo* (di proposito) e di cui andava quindi rifiutata l'opera nella sua totalità; nella seconda figuravano gli autori condannati solo per parte delle loro opere; nella terza infine le opere di contenuto ereticale, ma pubblicate anonime.

Una nuova edizione dell'*Indice*, di particolare importanza, sarà quella promossa da papa Pio IV dopo la conclusione del concilio di Trento. La accompagnavano dieci regole o norme, rimaste in vigore fino al 1896. Fra queste, per esempio, il divieto per i laici di leggere la Bibbia tradotta nelle rispettive lingue volgari. Infatti, a Trento si era stabilito che la sola versione autorizzata delle Sacre Scritture era la Vulgata latina, con esclusione di ogni altra, dagli «originali» in greco o in ebraico alle traduzioni moderne.

L'*Indice* redatto al concilio di Trento apparve nella primavera del 1564 con questo chilometrico titolo: *Index librorum prohibitorum cum regulis confectis per Patres a Tridentina Synodo delectos, auctoritate Sanctiss. D.N. Pii IV, Pont. Max. comprobatus*, vale a dire: Indice dei libri proibiti con le regole raccolte dai padri designati al concilio di Trento convalidato dall'autorità del nostro santissimo Padre Pio IV. La Congregazione si era proposta un gigantesco programma censorio su autori e opere che per un qualunque aspetto non fossero in sintonia con l'insegnamento ufficiale. Caddero sotto la mannaia i Padri della Chiesa (da Ambrogio e Tertulliano fino a Tommaso d'Aquino); le opere mediche che mettevano a nudo la «macchina» umana: Ippocrate, Galeno, Paracelso; filosofi come Platone e Aristotele; storici come Erodoto, Tacito, Tucidide; i classici praticamente al completo: Ovidio, Virgilio, Orazio, Sallustio, Livio, Plutarco, Omero, Catone, Plauto, Esopo.

Un'attenzione particolare venne riservata al *Talmud* ebraico composto dalla *Mishnah*, cioè il codice della Legge, e dalla *Gemarâ*, cioè il commento rabbinico. Questi libri fondamentali della pietà e della sapienza ebraiche erano stati bruciati a Roma sotto papa Giulio III nel 1553. A Trento si stabilì che gli ebrei avrebbero potuto leggerli di nuovo, però in forma depurata, togliendo cioè le parti in contrasto con il Nuovo Testamento, «gli oltraggi e le blasfemie contro la Chiesa cattolica», le oscenità. Non è certo, occorre precisare, che simili prescrizioni siano mai state effettivamente applicate.

La Congregazione dell'Indice rimase sempre un po' in sottordine rispetto alla temuta *Suprema Congregatio* dell'Inquisizione che, dotata di fondi abbondanti, si riuniva regolarmente due volte a settimana, una delle quali addirittura alla presenza del papa. La commissione dell'Indice disponeva invece di fondi più esigui e di personale più ridotto; le date stesse delle sue riunioni erano meno certe. Anche se ufficialmente era presieduta da un cardinale, in pratica il funzionario di riferimento era il segretario, che veniva scelto nell'Ordine dei domenicani. C'era poi il Maestro del Sacro Palazzo, teologo del papa, che faceva parte sia dell'Inquisizione sia dell'Indice e aveva il diritto di proibire i libri per la città di Roma. Molto più remunerativa era la carriera del segretario dell'Inquisizione, che al termine del suo periodo di servizio (da uno a nove anni) veniva elevato al rango di cardinale.

La «filosofia» che giustificava l'opera di censura e di proibizione era evidente fin dalla copertina dell'*Indice*, dove figurava una vivace vignetta: in alto due angeli nell'atto di sorreggere un cartiglio con il titolo *Index librorum prohibitorum* completato dall'emblema del papa regnante; nella parte mediana i santi Pietro e Paolo, uno munito di chiavi l'altro di spada, intenti a fissare un rogo sul quale bruciavano dei libri, mentre gli addetti continuavano a gettarne altri tra le fiamme; in basso due versetti attribuiti a Paolo (Atti 19,19) fungevano da didascalia e da giustificazione a quel divampare di pagine: *Multi eorum qui fuerant curiosa sectati, contulerunt libros et combusserunt coram omnibus* (ossia, un numero considerevole di persone che avevano esercitato le arti magiche portavano i propri libri e li bruciavano davanti a tutti).

Fra alti e bassi, periodi pieni di fervore e altri – è il caso di dire – meno accesi, la Congregazione dell'Indice è andata avanti fino al XX secolo, quando ha conosciuto una rinvigorita attività a causa del conflitto apertosi, già ai tempi di Pio IX, fra Chiesa di Roma e mondo moderno. Un argomento di vivace contrasto era, per esempio, la tendenza delle confessioni protestanti a esaminare i testi sacri in una prospettiva storico-critica. La modernità nell'esegesi delle Scritture comincia in epoca illuminista, quando Lessing pubblica (1776) il frammento di un'opera anonima, anche se tutti ne conoscevano l'autore: Samuel Reimarus, professore di lingue orientali in un liceo di Amburgo.

Nel frammento, intitolato *Sullo scopo di Gesù e dei suoi discepoli*, Reimarus avanza per la prima volta l'ipotesi che fra le intenzioni del profeta Gesù e quelle dei suoi discepoli non ci sia coincidenza. Gesù affronta e patisce un fallimento storico, superato grazie all'iniziativa apostolica che, «inventando» la resurrezione, fa di lui un personaggio mitico. Si crea allora la prima frattura fra il Gesù della storia – visto come uno dei tanti profeti di Israele – e il Cristo della fede.

Un altro conflitto è quello relativo all'atteggiamento della Chiesa circa le ideologie totalizzanti del Novecento: comunismo, fascismo, nazismo. L'Inquisizione romana fu piuttosto severa con le opere in cui le dottrine politiche sembravano volersi presentare come una religione laica. Vennero condannati anche alcuni testi sul razzismo, non però il più pericoloso, vale a dire il famigerato *Mein Kampf*, contenente un programma che il suo autore, Adolf Hitler, avrebbe in gran parte attuato. Fra le varie ragioni che possono aver causato questa grave «dimenticanza», lo studioso Hubert Wolf (nel libro *Storia dell'Indice: il Vaticano e i libri proibiti*), cita il fatto che Eugenio Pacelli, prima come segretario di Stato poi come pontefice, possa aver ritenuto inopportuno aprire un conflitto con la potente Germania del Terzo Reich. Del resto, conclude Wolf, «il *Mein Kampf* non finì nell'*Indice dei libri proibiti*; ma non vi si trovavano neppure Mussolini, Lenin o Stalin».

Lentamente, comunque, l'*Indice* andò perdendo d'importanza per il veloce mutare della società, per l'avvento di nuovi mezzi di diffusione delle idee, perché molti lettori, compresi i cattolici, lo consideravano uno strumento ormai sorpassato. L'ultima sua edizione vide la luce nel 1948; nel 1954 Pio XII ordinò la stampa di un foglio supplementare che recava le ultime quindici condanne. Poi cominciarono a maturare tempi che avrebbero portato al concilio Vaticano II, nel corso del quale il cardinale di Colonia, Josef Frings, pronunciò esplicite parole di condanna dell'*Indice*: «Mi sembra opportuno esigere che nessuno venga accusato, giudicato e condannato per la sua fede, retta o meno, senza conoscere prima gli argomenti dibattuti contro di lui o contro il libro che ha scritto». Interessante notare (lo sottolinea Hubert Wolf nel suo volume) che queste frasi furono aggiunte a braccio dal porporato alla bozza di discorso che il suo consulente aveva preparato. Quel consulente era Joseph Ratzinger.

La fine dell'*Indice* venne decretata da papa Paolo VI. Nella sua riforma della curia del 1965 il Sant'Uffizio veniva abbassato di livello gerarchico e posto alle dipendenze di un cardinale. La Congregazione avrebbe continuato a ricevere denunce contro libri pericolosi. Il suo compito, però, non era più di condannarli, ma solo di «riprovarli». Ma se la Congregazione non poteva più proibire, di fatto veniva a cadere anche l'elenco dei libri proibiti. In modo silenzioso, degno della più felpata diplomazia, papa Montini mise quietamente l'*Indice* a riposo. Nell'operato di questo papa, destinato a un pontificato drammatico, c'era anche la consapevolezza che i libri ormai coprivano solo una parte, e nemmeno la più vasta, della circolazione delle idee. Importante ai tempi della Controriforma, il libro era diventato uno dei media in una vasta costellazione che comprendeva radio, cinema, televisione e si apprestava ad accogliere la rivoluzione di Internet.

Dal 1998 gli archivi dell'*Indice* e dell'ex Inquisizione sono accessibili agli studiosi. L'elenco degli autori e delle opere via via bandite racchiude l'intero pensiero moderno: Balzac, Berkeley, Cartesio, D'Alembert, Darwin, Defoe, Diderot, Dumas (padre e figlio), Flaubert, Heine, Hobbes, Hugo, Hume, Kant, Lessing, Locke, Malebranche, Stuart Mill, Montaigne, Montesquieu,

Pascal, Proudhon, Rousseau, Sand, Spinoza, Stendhal, Sterne, Voltaire, Zola. Fra gli italiani: Aretino, Beccaria, Bruno, Croce, d'Annunzio, Fogazzaro, Foscolo, Galileo, Gentile, Giannone, Gioberti, Guicciardini, Leopardi, Machiavelli, Minghetti, Monti, Negri, Rosmini, Sacchetti, Sarpi, Savonarola, Settembrini, Tommaseo, Verri. E fra gli ultimi in ordine di tempo: de Beauvoir, Gide, Moravia, Sartre.

Di fronte al trauma della Riforma, insomma, la Santa Sede reagì non riformando se stessa nella profondità del pensiero o in un rinnovato anelito alla carità, ma organizzando gli strumenti di un dominio che schiacciasse il dissenso, bandisse o sopprimesse, anche fisicamente, le voci critiche. Il rifiuto di una più feconda spiritualità derivò non da una generica cattiva volontà, ma dal fatto che accettare una riforma avrebbe significato rinunciare all'esercizio del potere politico, con conseguenze non facilmente valutabili nella complessa situazione europea.

La strada fu allora quella, più semplice, della repressione, che non significò solo i roghi sui quali bruciare eretici e streghe ma la cancellazione, l'isolamento del libero pensiero, della ricerca filosofica, delle scoperte scientifiche, dell'esegesi storico-critica sulle Scritture. In altre parole la Chiesa dell'Inquisizione si comportò come ogni altro regime assolutistico dalla più remota antichità fino alle dittature del XX secolo. Se i processi dell'epoca staliniana, con le testimonianze forzate e le sentenze stabilite in partenza, hanno un modello, non è sbagliato scorgerlo proprio in queste spietate procedure.

Le scelte fatte allora hanno, ovviamente, avuto grande peso sulla storia della Chiesa, ma ne hanno avuto anche sulla storia italiana, sulla ritardata formazione di uno Stato nazionale e sulla stessa storia del costume nella penisola. Si può, insomma, giudicare lungimirante Machiavelli quando scrive che la presenza della Chiesa ha impedito l'unificazione del paese e fatto gli italiani «sanza religione e cattivi».

XVI
LA SANTA SETTA DI DIO

In una città come Roma, disseminata di segreti, addirittura di scenografie del segreto, la sede di una congregazione come l'Opus Dei, segreta per eccellenza, la si potrebbe immaginare in uno di quei reconditi passaggi della città seicentesca perennemente umidi, dove il sole arriva a stento anche in estate, intrisi di forti odori e di un tenebroso passato.

Non è così. La sede di questa associazione, misteriosa e potente, si trova invece al numero 73 di viale Bruno Buozzi, strada elegante e sinuosa che taglia a metà i Parioli, quartiere dell'alta borghesia capitolina fin dai tempi del fascismo. È una bianca palazzina anni Cinquanta, simile a tante altre. Cinque piani, nessuna targa sul portone né nomi sui citofoni. Unico indizio: tre telecamere a circuito chiuso a controllo dell'ingresso. Sul vicino angolo, una Madonna con bambino, a mosaico, volge uno sguardo benevolo sui passanti. Il centro nevralgico di questa ricca e discussa organizzazione religiosa si presenta dunque con i caratteri dell'anonimato.

Qui a Roma è la sede, si potrebbe dire, «politica»; quella «economica» è invece sull'altra sponda dell'Atlantico e occupa ben diciassette piani di un lussuoso grattacielo di New York, il Murray Hill Place, al numero 243 di Lexington Avenue, fra la 34ª e la 35ª strada: sale di conferenza e di lettura, biblioteca, palestra, una cappella, alloggi per studenti e ospiti, tranquillità, agio, tutto molto americano, nessuna tenebra.

A Roma le cose non sono, in realtà, così semplici. Alle spalle dell'anonima facciata su viale Buozzi si nasconde un più ampio complesso: un'austera villa color rosso mattone, arricchita da torri e lucernai. È la residenza femminile dell'Opera, un intricato susseguirsi di stanze, corridoi, porte. Ma nemmeno questo piccolo labirinto definisce del tutto lo spirito che caratterizza la prelatura. Per avere un'idea più precisa bisogna scendere sotto il livello stradale. Una scala di marmo conduce infatti a una stretta cappella sotterranea. Al suo interno, tre file di panche e una grande teca in metallo dorato. In questa nicchia sotterranea, al riparo dallo sguardo di curiosi ed estranei, giace il corpo del fondatore dell'Opera: Josemaría Escrivá de Balaguer (1902-1975), beatificato da Giovanni Paolo II nel maggio del 1992, fatto santo dieci anni più tardi.

Su quella lastra tombale, del resto, Karol Wojtyła era venuto a prostrarsi lungamente alla vigilia del conclave che lo avrebbe eletto papa. A pochi passi di distanza, una lapide di marmo nero indica un'altra sepoltura: è quella di don Álvaro del Portillo (1914-1994), successore di Escrivá. Sotterranei silenziosi, solenni, tirati a lucido, luogo di pellegrinaggio e preghiera per i numerosi fedeli di questa ricca e potente organizzazione.

Se si percorre viale Buozzi in direzione del Tevere fino alle pendici dei Parioli, si incontra la basilica di Sant'Eugenio, che domina con la mole della sua facciata in travertino viale delle Belle Arti. È un edificio costruito negli anni Quaranta per volontà di Pio XII, su un terreno donato dai Cavalieri di Colombo. I lavori vennero finanziati con le offerte inviate dai cattolici di mezzo mondo che intendevano commemorare il venticinquennale dell'ordinazione episcopale del pontefice. Fu eretta, su progetto di Enrico Galeazzi e Mario Redini, fra l'estate del 1943 e il marzo 1951. Il 2 giugno di quell'anno, papa Pacelli ne consacrò l'altare maggiore, in onore del suo omonimo, sant'Eugenio.

Nel settembre 1980 la parrocchia è stata affidata ai sacerdoti dell'Opus Dei, che si sono impegnati «a tirare il carro nella direzione voluta dal vescovo del luogo», consapevoli che «è gioia grande poter dire: amo mia Madre, la Santa Chiesa» (Escrivá de Balaguer, *Cammino*, n. 518). Annessi alla basilica un campanile di trentatré metri, il chiostro e un grande campo sportivo. La chiesa ha una pianta a croce latina, tre navate, sei cappelle laterali, undici altari; i mosaici dell'abside sono di Ferruccio Ferrazzi, alcune stazioni bronzee della via Crucis di Giacomo Manzù. Domina il presbiterio l'imponente statua di sant'Eugenio. Alla sua sinistra, una piccola cappella, con due inginocchiatoi. Su un altare, il ritratto del fondatore dell'Opera.

«Il 2 ottobre 1928, durante la festa dei santi Angeli Custodi, il Signore volle che nascesse l'Opus Dei, una mobilitazione di cristiani disposti a sacrificarsi con gioia per gli altri, per rendere divine tutte le vie dell'uomo in terra, santificando ogni lavoro retto, ogni onesta fatica, ogni occupazione terrena.» Così, quarant'anni più tardi, Josemaría descriverà la visione giovanile che gli aveva rivelato il desiderio «completo e totale» di Dio per l'Opera. Un'istituzione nata, dunque, su diretta indicazione divina, con l'idea di redimere il mondo ma senza ritirarsi da esso, «cristianizzandolo», per dir così, dal di dentro. Secondo la formula del suo stesso fondatore: «Santifica il tuo lavoro. Santifica te stesso nel tuo lavoro. Santifica gli altri per mezzo del tuo lavoro».

I membri dell'Opera sono, infatti, medici, giornalisti, banchieri, avvocati, manager, infermieri, autisti, commessi. Lavoratori in genere di livello medio-alto, inseriti in tutti i gangli della vita associata urbana. L'articolo 116 dello statuto del 1982 dice espressamente che i nuovi adepti vanno reclutati in primo luogo nella classe «intellettuale», in particolare fra le persone che «per la cultura di cui brillano, per le cariche che ricoprono, per l'autorevolezza di cui godono» possono avere un peso relativamente agli scopi perseguiti dall'organizzazione.

Secondo Escrivá l'Opus doveva essere «un'iniezione endovenosa nel flusso sanguigno della società». Il suo simbolo, una croce inserita in un cerchio, sta appunto a indicare la missione di santificare il mondo dall'interno. Un aneddoto emblematico illustra bene questo spirito totalizzante dell'istituzione. Josemaría Escrivá, ordinando i suoi primi tre sacerdoti – Álvaro del Portillo, José María Hernández de Garnica e José Luis Múzquiz – si accorse, con disappunto, che nessuno dei tre fumava. Nella Spagna degli anni Quaranta era un'anomalia e nessuno doveva pensare che i membri dell'Opera fossero uomini fuori dal mondo, diversi dagli altri. Il fondatore impose dunque a uno di loro di cominciare a fumare. Il caso volle che fosse del Portillo il primo a prendere una sigaretta in mano: sarebbe diventato il suo più fedele discepolo nonché suo successore.

Da principio Escrivá non aveva pensato a un nome preciso per la sua «creatura». Cominciò a chiamarla «Opus Dei» solo a seguito di una casuale domanda del suo fidato confessore: «Come va quest'opera di Dio?». Opera di Dio, proprio così.

Sicuramente, questa «Opera di Dio» non è un ordine religioso, come, per esempio, i domenicani o i francescani; né è un movimento laico. Raccoglie uomini e donne, laici e sacerdoti e nel corso degli anni è stata via via classificata dal Vaticano come pia unione, comunità ecclesiastica, istituto secolare.

Nelle sue regole, nel modus operandi, nell'ossessione dell'obbedienza l'Opera ricorda il potente Ordine dei gesuiti, di cui abbiamo parlato, nato anch'esso in Spagna (ma nel XVI secolo) su iniziativa di Ignazio di Loyola. La tenebrosa religiosità spagnolesca affiora infatti anche nell'Opus Dei. Il dominio dell'organizzazione sui propri seguaci è in effetti assoluto e un'obbedienza definita, se non cadaverica come per i gesuiti, «cieca» veniva indicata dal fondatore come premessa per il «cammino di santità».

Tutti i membri, anche quelli detti «soprannumerari», che sono per lo più sposati e vivono in famiglia, devono giurare di consultare sempre i superiori per ogni questione professionale o sociale e di confidare anche le più delicate questioni intime. I «numerari» poi, cioè i membri interni all'organizzazione, al momento del loro ingresso devono fare testamento dei loro beni presenti e degli eventuali beni futuri a favore dell'Opera. Fino a pochi anni fa, ma è probabile che la norma sia ancora in vigore, gli «iscritti» dovevano rilasciare un attestato, firmato in bianco, che consentiva all'organizzazione di «alienare quelle proprietà che, pur non essendo intestate all'Istituto, sono però sottomesse alla sua potestà e direzione» (art. 372). Prevale su tutti il principio e l'obbligo del segreto. Il membro non deve parlare mai della sua appartenenza all'Opera né deve rivelare i nomi degli altri iscritti, una discrezione imposta perfino nell'ambito della propria famiglia. Poche le eccezioni: i vertici della gerarchia stabiliscono chi sono quelli che possono rivelare la propria appartenenza.

Per le donne vigono norme particolari che si fondano, com'è plausibile aspettarsi in un'organizzazione rigidamente maschilista, sulla discriminazione sessuale. Tra quelle che vivono nelle residenze dell'Opus Dei, numerose sono le «ausiliarie», che svolgono mansioni logistiche: cucinano, lavano, puliscono, riordinano. In compenso sono esentate dall'obbligo penitenziale, cui sono sottoposte le consorelle di grado più elevato, di dormire su un tavolaccio.

Fu Sandro Magister, nella primavera del 1986, ad aprire, con una serie di articoli sul settimanale «L'Espresso», i primi spiragli su un'organizzazione che, fino a quel momento, era praticamente sconosciuta. Da allora è stato possibile raccogliere molte altre notizie, anche se il segreto resta un tratto così forte da aver fatto parlare, a proposito dell'Opera, di massoneria bianca o cattolica. O anche, in termini spregiativi, di «O(cto)pus Dei», la piovra di Dio.

Josemaría Escrivá nasce in una famiglia della media borghesia il 9 gennaio 1902 a Barbastro, cittadina agricola della comunità aragonese, nel nord della Spagna. Colpito da una violenta meningite quand'era ancora molto piccolo, viene dato praticamente per morto. Disperata, la madre Dolores lo porta all'antico santuario di Nostra Signora di Torreciudad. Il bimbo, inspiegabilmente, sopravvive. Nel 1915, il padre, commerciante di tessuti, fallisce e si trasferisce con la famiglia a Logroño. Qui, secondo la biografia ufficiale, Josemaría sente per la prima volta la sua vocazione, che si manifesta dopo aver visto sulla neve le orme dei piedi nudi di un religioso.

Fra i quindici e i sedici anni decide di farsi sacerdote e comincia gli studi nel locale seminario. Nel 1923 si iscrive alla facoltà di Legge nell'università di Saragozza, nel 1925 viene ordinato sacerdote. Il 2 ottobre 1928, ad appena ventisei anni, fonda l'Opus Dei. Tutto si svolge molto velocemente, il che basta da solo a dire quale febbrile dinamismo animasse il giovane. Appena finita la guerra, nel 1946, Josemaría si trasferisce a Roma, dove resterà fino alla morte, nel 1975.

Alla sua canonizzazione, nel 2002, Giovanni Paolo II ha detto fra l'altro: «San Josemaría fu scelto dal Signore per annunciare la chiamata universale alla santità e per indicare che la vita di tutti i giorni, le attività comuni, sono cammino di santificazione. Si potrebbe dire che egli fu il santo dell'ordinario». In realtà «il santo dell'ordinario» è stato anche una figura molto controversa, molto criticata. In primo luogo per il suo presunto appoggio al regime franchista. Lo sviluppo e l'espansione dell'Opus Dei coincidono, infatti, con gli anni della dittatura di Francisco Franco in Spagna. Allo stesso Franco, il 23 maggio 1958, il sacerdote indirizzò da Roma una lettera molto significativa, dove fra l'altro si legge:

> Anche se estraneo a ogni attività politica, non posso fare a meno di rallegrarmi, come sacerdote e come spagnolo, del fatto che la voce autorevole del capo dello Stato proclami che «la nazione spagnola considera un segno d'onore l'osservanza della legge di Dio secondo la sola e vera dottrina della Santa Chiesa cattolica apostolica e romana, inseparabile dalla coscienza nazionale, alla quale si ispirerà la legislazione».

Lettera impegnativa, nella quale professione di fede, appartenenza politica, ruolo civile della religione strettamente s'intrecciano.

Ha scritto il «Chicago Tribune» nel 2003: «Quando il generale Franco vinse la guerra, Escrivá allineò il suo movimento con il regime autoritario e numerosi membri dell'Opus Dei occuparono posizioni strategiche nel governo». Nel 1975, per esempio, tre membri dell'Opera divennero ministri: l'economista Alberto Ullastres Calvo, al Commercio; il banchiere Mariano Navarro Rubio, al Tesoro; lo scienziato Laureano López Rodó, segretario del ministero degli Esteri, poi ministro senza portafoglio. Nel complesso, otto uomini dell'Opera sono stati ministri nei governi del dittatore spagnolo fra il 1939 e il 1975.

Va pure detto che durante gli anni della guerra civile la Chiesa spagnola era schierata quasi per intero su posizioni filofranchiste, dato anche che le forze repubblicane si erano macchiate del sangue di molti sacerdoti e suore. Né sono mancati, durante il governo del Caudillo, membri dell'Opus Dei perseguitati e incarcerati perché critici nei confronti del regime. Si tratta, per lo più, di figure minori e marginali nell'organizzazione, ma vanno ugualmente ricordate.

Ancora più gravi le simpatie filohitleriane che ugualmente si imputano a Escrivá, un'accusa pesante, mossa, fra gli altri, da un sacerdote cecoslovacco, naturalizzato inglese: Vladimir Feltzmann, entrato nell'Opus Dei nel 1959, uscitone nel 1982. Due anni dopo le dimissioni – precisamente l'11 maggio 1984 – Feltzmann ha rilasciato a Londra, al teologo cattolico tedesco Peter Hertel, una lunga intervista in cui critica duramente il fondatore dell'Opera: «Se nella sua vita ha odiato qualcosa, era il comunismo. Esso rappresentava per lui il male, perché aveva sofferto a causa di questo. Vedeva la Germania nazista come una crociata contro il comunismo. Vedeva Hitler come la guida per una crociata contro il marxismo». E ancora: «Ogni singolo membro dell'Opus Dei scelse spontaneamente di arruolarsi nella Divisione Blu [i volontari spagnoli schierati con i tedeschi contro l'Unione Sovietica]. Non furono accettati, ma spontaneamente si presentarono».

Feltzmann racconta anche di come una volta Escrivá gli abbia confidato: «Io credo che, se la gente pensa che Hitler abbia ucciso sei milioni di ebrei, certamente esagera. Hitler non era così malvagio. Potrebbe aver ucciso al massimo tre o quattro milioni di ebrei». Parole atroci, riprese dal settimanale «Newsweek» il 13 gennaio 1992 e smentite, poche settimane dopo, dal prelato Álvaro del Portillo.

Contro ogni accusa di antisemitismo al suo fondatore, l'Opera risponde con un documento filmato del 14 febbraio 1975. Durante un incontro in Venezuela, un uomo, prendendo la parola, esordì: «Padre, io sono ebreo...». Ed Escrivá, interrompendolo: «Amo molto gli ebrei, perché amo Gesù Cristo alla follia e lui è ebreo. Non dico era, ma è. *Iesu Christus eri et hodie ipse et in saecula*. Gesù Cristo continua a vivere ed è ebreo come te. E il secondo amore della mia vita è pure ebreo: la beata Vergine Maria, madre di Gesù Cristo. Perciò ti guardo con affetto...». E l'uomo: «Penso che abbia risposto alla mia domanda, padre».

Contro l'Opus Dei non sono mancate critiche neppure all'interno dello stesso mondo cattolico, soprattutto da parte dei gesuiti, la cui rivalità non si è mai sopita. Il superiore generale dei gesuiti, Włodzimierz Ledóchowski (1866-1942), in un rapporto stilato per la curia vaticana scrisse che l'Opus Dei «è molto nociva per la Chiesa in Spagna», descrivendone le caratteristiche di segretezza e vedendo in esse «i segni di una inclinazione mascherata a dominare il mondo, con una forma particolare di massoneria cristiana».

Ha detto una volta don Giussani (fondatore del movimento Comunione e Liberazione) a Vittorio Messori, che ne riferisce nel suo *Opus Dei. Un'indagine*: «Vede, noi di Cl siamo i balilla, gli irregolari che tirano pietre. Ma loro, quelli dell'Opera, hanno i panzer: vanno avanti ben corazzati, con i cingoli, anche se li hanno rivestiti di gomma. Il rumore non si sente, ma ci sono, eccome. E ce ne renderemo conto sempre di più». In un'intervista pubblicata dal «Mulino» nel 1984, Giuseppe Dossetti, cattolico molto attento ai valori del vangelo, che nel 1959 fu ordinato sacerdote, si esprimeva a proposito dell'Opus in questi termini: «Mi propongo di ricercare sul *Commentarium pro religiosis* ... l'estratto di un documento della Congregazione dei religiosi che autorizzava l'Opus Dei ad agire nelle diocesi presentando ai vescovi solo un estratto dei propri statuti. Siamo nell'ambito della mancanza totale di democrazia ... È chiaro che i vescovi hanno reagito molto. E poi ci sono dei procedimenti nel segreto. Dove si distingue questa cosa dalla massoneria?».

Difficile giudicare l'attendibilità delle singole valutazioni, talvolta contrastanti fra loro. Una linea politica di fondo resta però distinguibile e non è difficile scorgerla, anche perché, in sostanza, coincide con quella che buona parte della Chiesa, certamer.te la sua maggioranza, ha tenuto negli anni di ferro del XX secolo, quando due grandi dittature, il nazifascismo e il comunismo, si contendevano sanguinosamente l'Europa. La stessa linea si può scorgere, del resto, in papa Pio XII, causa non secondaria degli ambigui atteggiamenti cui si è accennato e delle tante accuse che essi gli hanno guadagnato. Sacerdoti come questi vedevano un pericolo sovrastare tutti gli altri: il comunismo ateo. Anche il nazismo era ateo, tuttavia con il regime hitleriano pareva possibile venire a un accomodamento, quanto meno a una convivenza non cruenta; cosa invece impossibile con il comunismo, che pretendeva di cancellare fin dall'insegnamento elementare la stessa idea di Dio.

Il 28 novembre 1982, dopo un iter durato mezzo secolo, Giovanni Paolo II ha eretto l'Opus in prelatura personale, prima (e fino al 2009 unica) della Chiesa cattolica, nominando prelato Álvaro del Portillo. Quell'atto solenne segnava la conclusione di una lunga battaglia all'interno stesso della curia. Negli anni di Paolo VI l'Opus era guardata con sospetto dalle alte gerarchie. Se si scorrono gli atti del processo di beatificazione di Escrivá si vede, per esempio, che per sei anni, dal 1967 al 1973, Paolo VI rifiutò di ricevere il fondatore dell'Opus Dei.

Fu il suo successore del Portillo a trovare la strada per arrivare fino al papa, premessa di ogni atto successivo. Poi, con l'avvento al soglio di Karol Wojtyła e il suo palese favore verso l'organizzazione, le cose si sono molto semplificate, fino all'erezione dell'Opus in prelatura. Il papa polacco voleva manifestare fra l'altro il suo apprezzamento per l'aiuto dato dall'organizzazione in due difficilissime crisi: quella dello Ior-Ambrosiano (si veda il capitolo «I banchieri di Dio») e quella della natia Polonia, dove gli scioperi organizzati dal sindacato Solidarność, di ispirazione cattolica, cominciavano a destabilizzare il partito unico di governo di obbedienza sovietica.

Il termine «prelatura» indica una specie di diocesi non territoriale, guidata appunto da un prelato direttamente dipendente dal pontefice, autonoma dal punto di vista organizzativo e finanziario, con facoltà di ordinare propri sacerdoti. Secondo l'*Annuario pontificio* del 2004, l'Opus conta nel mondo 1850 sacerdoti e 83.641 laici (per il 55 per cento donne). Il primo italiano a farne parte è stato, nel 1947, un giovane avvocato romano. Oggi, in Italia, i fedeli della prelatura sono circa quattromila: per lo più lavoratori e professionisti affermati, anche se non mancano i politici. Al Senato, nell'aprile 2006, è stata eletta Paola Binetti, soprannumeraria dell'Opus Dei. Prima di lei, Alberto Michelini, anch'egli soprannumerario, era stato deputato di Forza Italia. Centri e opere apostoliche della prelatura sono presenti in oltre ventisette città italiane.

L'iter per essere ammessi è lungo, cadenzato da una serie di rigide tappe che hanno numerosi tratti comuni con quelli delle società segrete. Il primo passo è, in genere, una lettera con la quale si chiede di entrare nell'Opera. La si può scrivere a partire dai sedici anni e mezzo, ma si può essere considerati «aspiranti» già a quattordici e mezzo. Passati sei mesi arriva l'«ammissione», una breve cerimonia alla presenza di due membri interni, in cui il novizio accetta di «vivere nello spirito dell'Opus Dei». Un anno e mezzo dopo avviene l'«oblazione», un formale contratto che sancisce l'incorporazione giuridica del nuovo membro: «Io, nel pieno uso della mia libertà, dichiaro di voler fermamente dedicare me stesso al perseguimento della santità e praticare l'apostolato con tutta la mia energia, secondo lo spirito e la prassi dell'Opus Dei ... Mi assumo l'impegno di restare sotto la giurisdizione del prelato e delle autorità competenti della prelatura» eccetera.

Il contratto dev'essere confermato e rinnovato il 19 marzo di ogni anno (festa di san Giuseppe, patrono dei lavoratori e protettore dell'Opera). Dopo cinque anni, arriva la «fedeltà», si diventa, cioè, membri permanenti, senza più rinnovo annuale.

Esistono diverse categorie di affiliati. La maggior parte (circa il 70 per cento) sono membri soprannumerari: per lo più persone sposate, che vivono a casa propria, lavorano, hanno un numerario come guida spirituale, si confessano con i sacerdoti dell'Opera.

I numerari (circa il 20 per cento del totale) abitano invece nei centri dell'Opus Dei, si impegnano a mantenere il celibato, sono disponibili per le iniziative di apostolato e la formazione degli altri fedeli della prelatura. Tutto il loro denaro, escluso quanto è necessario alle piccole spese personali, va al finanziamento dell'organizzazione. Per almeno due ore al giorno, tranne le domeniche e i festivi, indossano il cilicio, una cinghia munita di punte, stretta attorno alla coscia. Una volta alla settimana, durante la recita del Padre Nostro, usano anche la «disciplina», una frusta con la quale ci si sferza la schiena. Per l'Opus, infatti, i bassi istinti del corpo sono un nemico da sconfiggere e il dolore un veicolo benedetto di redenzione. È il fondatore a dirlo con chiarezza: «Benedetto sia il dolore. Amato sia il dolore. Santificato sia il dolore. Glorificato sia il dolore». E ancora: «Se sai che il tuo corpo è tuo nemico, e nemico della gloria di Dio, poiché lo è della tua santificazione, per quale motivo lo tratti con tante blandizie?» (*Cammino*, nn. 208 e 227). Fortemente consigliata la castità. In un altro passo del suo *Cammino* il fondatore ha scritto: «Per difendere la propria purezza san Francesco d'Assisi si rotolò nella neve, san Benedetto si gettò in un roveto, san Bernardo si tuffò in uno stagno ghiacciato... Tu, che hai fatto?».

L'Opus prevede nei suoi ranghi le «ausiliarie»: oltre quattromila donne impegnate a tempo pieno nei lavori domestici all'interno dei vari centri dell'organizzazione. Devono indossare un'uniforme svolgendo le loro mansioni e sono soggette a una stretta sorveglianza, estesa perfino alla corrispondenza privata.

Alcuni critici hanno visto in questa rigida suddivisione di «classe» tra uomini e donne non tanto la consueta latente misoginia della Chiesa, quanto il sintomo di un vero e proprio sfruttamento sessista, anche perché in un passo del *Cammino*, rivolgendosi alle donne, il fondatore afferma: «Se volete darvi a Dio nel mondo, prima ancora che sapienti – le donne non è necessario che siano sapienti, basta che siano discrete – dovete essere spirituali, molto unite al Signore per mezzo dell'orazione. Dovete portare un manto invisibile che copra ciascuno dei vostri sensi e delle vostre facoltà: pregare, pregare, pregare; espiare, espiare, espiare».

È una visione oggi inaccettabile, che va probabilmente fatta risalire all'atmosfera culturale della Spagna nei primi decenni del Novecento, quelli della formazione di Escrivá. È sicuramente forte la componente sessuofobica nei comportamenti prescritti. Elena Longo, una ex numeraria, ha scritto un saggio dal titolo *Vita quotidiana di una numeraria nell'Opus Dei*, pubblicato nel 2006 sulla rivista «Clarettianum». Vi si legge:

> L'ascetica propria dell'istituzione richiede quella che all'interno viene chiamata «severa custodia del cuore». Essa dev'essere osservata anche nelle altre circostanze della vita quotidiana, fra colleghi e conoscenze di ogni tipo. Alle numerarie, come ai numerari della sezione maschile, è richiesto di evitare con tutti i

mezzi di lavorare abitualmente o anche solo eccezionalmente da soli nella stanza con colleghi di sesso opposto e di fare in modo di lasciare sempre aperta la porta della stanza nella quale occasionalmente ci si trova. Si evita anche di dare o accettare passaggi in automobile con persone di sesso opposto. Se le circostanze professionali in cui si trova a operare una numeraria arrivassero a rendere seriamente difficoltosa l'osservanza di tali norme di prudenza, si preferisce rinunciare all'esercizio della professione, piuttosto che mettere in pericolo la propria scelta di vivere il celibato apostolico.

Infine, i sacerdoti. La prelatura ha 1850 sacerdoti sotto la diretta autorità del prelato di Roma. Altri 2000 preti fanno parte della Società sacerdotale della Santa Croce, strettamente legata all'Opus. Infatti, sono anche numerose le «opere apostoliche» che l'organizzazione dirige e controlla. Fra queste, 15 università con oltre 80.000 studenti (la più grande è l'università di Navarra a Pamplona, la più recente è il Campus Biomedico di Roma); 7 ospedali, con 1000 medici e 1500 infermieri; 11 scuole d'amministrazione aziendale; 36 scuole elementari e secondarie, 96 istituti di formazione professionale; 166 residenze universitarie; un'agenzia stampa televisiva (Rome Reports). Un'organizzazione imponente, il cui patrimonio è stato stimato dal settimanale «Time» (24 aprile 2006) intorno ai tre miliardi di dollari.

Ciò che più colpisce l'immaginario collettivo è senza dubbio l'alone di misteriosa segretezza che circonda l'Opera. L'organizzazione mantiene riservati non solo i bilanci, ma anche i nomi di chi è o cessa di essere suo membro. L'articolo 191 della costituzione del 1950 recitava: «I membri sappiano bene che dovranno osservare sempre un prudente silenzio a proposito dei nomi degli altri associati e non dovranno mai rivelare a nessuno che essi stessi appartengono all'Opus». L'articolo è stato poi modificato dagli statuti del 1982 e oggi ogni membro è in teoria libero di rivelare la propria appartenenza. Tuttavia, nella pratica la riservatezza è rimasta, con l'eccezione di coloro che sono ufficialmente autorizzati a dichiararsi. È un fatto che ancora oggi il nome e il numero dei membri dell'Opus Dei rimane un segreto.

Non tutti sono in grado di resistere alla pressione psicologica che l'ingresso nell'Opus, la disciplina del cilicio, il costante controllo comportano. Ma, una volta entrati, nemmeno uscirne è semplice. Negli anni sono stati pubblicati una serie di libri in cui si raccontano le peripezie e non di rado le vessazioni che hanno accompagnato tali esperienze, soprattutto nel caso di donne. Molto impressionanti, per esempio, le memorie di Maria del Carmen Tapia contenute nel libro *Oltre la soglia. Una vita nell'Opus Dei*. Vi si descrivono in termini crudi la vita, gli orari, i rapporti spesso aspri con le sorveglianti, le umiliazioni. Quando la ragazza comincia a manifestare il proposito di lasciare l'organizzazione per tornare alla famiglia e al mondo, la consueta durezza dei rapporti diventa vera persecuzione.

Scrive l'autrice:

> Quando tornavo in camera dagli interrogatori mi accorgevo che l'avevano perquisita. Il telefono era sorvegliato in permanenza da un membro del consiglio locale. Non mi fecero fare le pulizie né scendere in sala da pranzo. Mi portavano i pasti in camera... Ero talmente terrorizzata che mi venne un tremito continuo. Avevo paura che mi chiudessero in manicomio, come avevano fatto con altre persone.

Un giorno, approfittando di un attimo di distrazione dei suoi superiori, riesce a chiamare il marito di una sua amica. Un messaggio brevissimo, nel terrore di essere scoperta. L'uomo ne afferra comunque il senso e ottiene finalmente di farla uscire. Le umiliazioni della donna però non sono finite:

> mi dissero di recarmi nella sala delle riunioni... Monsignor Escrivá cominciò a camminare su e giù agitato, rosso, furioso, dicendomi: «Non parlare con nessuno né dell'Opus Dei né di Roma... perché se vengo a sapere che parli male dell'Opus, io, Josemaría Escrivá de Balaguer, che ho in mano la stampa mondiale, ti disonoro pubblicamente». E guardandomi negli occhi con una furia spaventosa, agitando le braccia, come se volesse picchiarmi, urlò: «Puttana porca!».

Un libro più recente ha raccolto altre esperienze umane. Si tratta di *Opus Dei segreta* di Ferruccio Pinotti. Fra le testimonianze spicca, per esempio, quella di Amina Mazzali, trentaseienne di Firenze: «Hanno cominciato a propormi di entrare nell'Opus Dei quando avevo quindici anni, era il 1985. E non ero nemmeno la più giovane». Amina diventa numeraria, all'insaputa dei genitori:

> È stato terrificante: all'Opus Dei mi hanno sconsigliato di parlarne con i miei genitori ... Mi dicevano: «Loro sono fuori dal nostro mondo, non hanno il nostro spirito e probabilmente non capiranno ... loro non possono avere lo stato di grazia necessaria per darti un buon consiglio. È meglio che chiedi consiglio a uno di noi o a un sacerdote dell'Opera».

Con la vita da numeraria, Amina comincia a praticare i riti tipici dell'organizzazione:

> A diciassette anni ho iniziato la mortificazione corporale: dovevo portare il cilicio alla coscia e frustarmi con la disciplina, ovvero la frusta. Non è una scelta o una cosa facoltativa: te la chiedono espressamente, la mortificazione corporale ... Da quel momento in poi, il mio rapporto con l'Opus Dei era basato tutto sul senso di colpa.

Amina scende nei dettagli: il cilicio è «una cintura di metallo composta da vari anelli, ognuno dei quali ha delle punte e va posizionato sulla parte superiore della coscia. Si può regolare e stringere come si vuole, dipende ovviamente dalla generosità della persona se si mette stretto o largo. A me sono rimaste le cicatrici, le ho ancora. Adesso si vedono un po' di meno, ma quando le hai fresche sono orrende da vedere». Amina lo indossa tutti i giorni: «Lo portavo due ore al giorno. Finché lo metti mentre studi, pian piano la gamba perde sensibilità. Mentre stai seduta è ancora sopportabile, ma quando ti alzi o cammini fa veramente male». Alla mortificazione corporale si accompagna la dipendenza psicologica. Racconta ancora Amina:

> La chiave della sottomissione della volontà delle persone nell'Opera è questa: ti insegnano a dubitare di te stessa e della tua capacità di giudizio e a fidarti solo di quello che ti viene dai direttori e dall'Opera. Passo dopo passo ti dimostrano che non

puoi essere una buona guida di te stesso. Devi seguire le indicazione dei superiori, che sanno meglio di te qual è il tuo bene ... Il motto è: «Chi obbedisce non può mai sbagliare».

Amina parla anche di un proselitismo esasperato: «Il proselitismo era effettuato in maniera molto aziendale. Ti davano dei numeri da raggiungere, dei veri e propri target e c'erano delle attività ad hoc per reclutare nuove numerarie: corsi di giornalismo, lezioni di latino, conferenze, convegni. Dovevi tirare dentro nuove aspiranti numerarie». Quando la giovane donna comincia a soffrire di depressione, le prescrivono degli psicofarmaci. Finalmente, a fine anni Novanta, Amina decide di abbandonare l'Opera.

L'Opus Dei è tornata al centro dell'attenzione dopo il successo su scala mondiale del romanzo *Il codice da Vinci* di Dan Brown. Molto modesto sul piano letterario, il libro è però abbastanza ben congegnato dal punto di vista narrativo; soprattutto, coglie un sentimento di diffidenza nei confronti dell'Opera così diffuso da far trascurare le numerose imprecisioni di cui la vicenda è costellata. Per esempio, Silas, l'assassino, è un monaco albino dell'Opera, nella quale, tuttavia, non esistono ordini monastici. Dan Brown ha evidentemente saputo sfruttare abilmente l'aura di cupa leggenda che circonda l'organizzazione. L'Opera ha risposto con un comunicato della prelatura, emesso a New York nel 2003. Vi si dice che il libro «descrive membri dell'Opus Dei che praticano macabre mortificazioni corporali, uccidono persone; afferma che la prelatura usa mezzi di coercizione e il lavaggio del cervello; insinua che abbia prestato garanzie alla banca vaticana in cambio del proprio costituirsi in prelatura personale. Tutte queste affermazioni sono assurde e senza fondamento».

Un aspetto molto importante nell'organizzazione è il denaro. John Roche (numerario dal 1959 al 1973; insegna storia della scienza a Oxford, si professa cattolico) ha rilasciato una testimonianza contenuta nel citato libro di Pinotti. Dice:

> L'Opus Dei era un'organizzazione di stampo fascista, ai tempi in cui entrai, ed era molto segreta. Era anche profondamente ostile ai gesuiti. I suoi membri veneravano e contemporaneamente avevano terrore del fondatore. Egli aveva degli scatti d'ira degni di Hitler.

E a proposito del denaro:

Rimasi sorpreso dal fatto che giovani numerari, che avevano fatto propri i voti evangelici di povertà, castità e obbedienza, fossero così desiderosi di lavorare nelle banche, nei mercati di borsa, negli affari, nelle società di import-export, per costruire risorse finanziarie destinate all'Opus Dei. Coltivavano con orgoglio l'idea della ricchezza.

E ancora: l'Opera

controlla una vasta serie di proprietà a carattere multinazionale e un'enorme organizzazione affaristica. È divenuta enormemente ricca attraverso le proprie società ausiliarie: imprese economiche controllate dall'Opus Dei e amministrate dai suoi membri laici ... L'Opus Dei controlla giornali, periodici, case editrici, facoltà di giornalismo, agenzie stampa, è coinvolta nel settore del cinema e della televisione.

Accuse di tenore analogo si possono leggere nella lettera aperta che un gruppo di ex numerari ha indirizzato a papa Ratzinger nell'ottobre 2005: «Risulta inquietante» scrivono «osservare come i dirigenti dell'Opus Dei stiano incorrendo in violazioni del diritto ecclesiastico e civile». A essere violate, aggiungono, sarebbero anche «le norme morali e civili relative all'uso del denaro, delle clausole contrattuali e degli obblighi fiscali ... I dirigenti non evitano di concludere affari chiaramente immorali o illegali e contribuiscono a manipolare l'informazione al riguardo». Infine, l'Opera sarebbe segnata da «un sistema di sfruttamento individuale, mediante l'uso aberrante degli impegni di povertà, castità e obbedienza, che la converte in una vera e propria setta, a causa dell'alienazione della libertà individuale, in nome dell'obbedienza cieca ... Si costringono i più giovani a un allontanamento dalle proprie famiglie, si proibisce loro di tenere la foto dei propri genitori nelle stanze».

La coerenza di queste accuse, nate in momenti e luoghi diversi e rivolte da soggetti diversi, pone interrogativi inquietanti. Lo stesso Dan Brown, pur nell'ingenuità dell'intreccio, non avrebbe dato nel *Codice da Vinci* una rappresentazione così sinistra da diventare quasi parodistica, se non fosse stato certo di poter contare su un luogo comune molto diffuso. L'Opus, d'altronde, sembra essere diventata consapevole, negli ultimi tempi, della necessità di una maggiore apertura. Dopo l'uscita del libro di Pinotti ha risposto pubblicando sul suo sito internet (www.opusdei.it) numerose testimonianze positive. Per esempio, quella di Marta Risari, numeraria milanese, per più di dieci anni direttrice del centro dell'Opus Dei di Verona:

> Sono state tante le attività formative che ho organizzato, sempre aiutata dalla mia famiglia e da tante famiglie che vedevano con gioia le loro figlie impegnate in imprese appassionanti ... Ricordo i corsi di materie economiche o i seminari sull'identità femminile nel lavoro, i microprogetti di volontariato con disabili, anziani o bambini a Verona o nell'Ungheria appena uscita dal comunismo. Entusiasmante è stata la partecipazione con tante ragazze alle Giornate della Gioventù a Loreto, Parigi e Roma. O le avventure dei giorni di Natale e Capodanno in Croazia con gruppi di coraggiose studentesse veronesi, pronte a portare assistenza ai profughi della guerra ... Gli insegnamenti e l'esempio di san Josemaría mi incoraggiano a darmi da fare con chi incontro sul mio cammino: con le più giovani per aiutarle a scoprire le proprie capacità, ad avere fiducia in Dio, ma anche in se stesse e negli altri, a imparare a parlare con Dio con semplicità e naturalezza.

Da una parte accuse molto dure, dall'altra un durevole entusiasmo. «Benedetta sia questa tua sottomissione» aveva raccomandato il fondatore. È possibile che le stesse privazioni, interferenze, chiusure possano sembrare intollerabili violazioni ad alcuni, prove di amore e di «benedetta sottomissione» ad altri. Ma al di là delle diverse testimonianze, alcuni aspetti della vita interna all'Opera continuano a suscitare perplessità e critiche.

Per esempio, la *Guida bibliografica* redatta a uso dei membri non è molto diversa da quell'*Index librorum prohibitorum* che per 407 anni, dal 1559 al 1966, ha scandito le letture che i fedeli non potevano fare. I 60.541 volumi recensiti sono classificati con un voto da 1 a 6: dai libri per tutti (1), a quelli che è vietato leggere senza il permesso del prelato (5 e 6). Si sconsigliano: Isabel Allende, Norberto Bobbio, Benedetto Croce, Oriana Fallaci, Antonio Gramsci, Karl Marx, John Stuart Mill, Baruch Spinoza. Ma anche *Il nome della rosa* di Umberto Eco, i romanzi di

Moravia, della Morante, di Mario Soldati, le opere di Pasolini, i romanzi di Philip Roth (uno dei massimi scrittori viventi), Jean-Paul Sartre, Max Weber, Gore Vidal, Voltaire ed Émile Zola. Al contrario, viene raccomandato, per esempio, *Il signore degli anelli* di Tolkien.

Alle critiche l'Opera risponde in questi termini:

> Nell'Opus Dei si raccomanda di informarsi sulle letture che si vogliono fare, salva restando la libertà di decisione, che spetta al singolo. Si tratta, quindi, di una pratica a livello spirituale: capire che cosa merita di essere letto e farsi muovere dal desiderio di scegliere libri consoni alla propria fede e alle proprie libere scelte di vita. Niente di più lontano da un «indice di libri proibiti».

Semplici consigli, dunque, che suscitano comunque molte perplessità, dal momento che i titoli *vitandi* contengono parti non trascurabili della cultura, della letteratura, del pensiero contemporanei.

C'è una visione politica nel modo di vivere, di reagire al mondo, si potrebbe dire di «pensare», che l'Opera raccomanda? Se si interpreta la parola «politica» nel suo significato più vasto, certamente sì. Afferma il professor Roche: «L'Opus Dei è accusata dalla stampa di tutto il mondo di essere un'organizzazione politica. In realtà, essa è interessata principalmente alle classi dominanti e a chi è al potere. Tramite queste, cerca di acquisire influenza politica. Ma tale influenza non implica una particolare ideologia ... L'Opera è comunque estremamente autocratica e imbevuta di idee derivate dal fascismo spagnolo e finalizzate a scopi religiosi».

A unire le diverse esperienze (salvo minime eccezioni) c'è la scelta dei sostenitori dell'Opus di appoggiare le forze politiche più conservatrici anche in assenza di una linea politica ufficialmente definita. Infatti, secondo la prescrizione di Escrivá, «l'Opus non agisce, i suoi membri agiscono». Indiscutibile, comunque, la forte tendenza a schierarsi con i più conservatori, soprattutto quando sono in ballo questioni etiche come il riconoscimento delle coppie di fatto, l'eutanasia, l'aborto, la contraccezione, la procreazione assistita, l'omosessualità.

Come ogni organismo fortemente consapevole della propria importanza, anche l'Opus Dei ha come primo obiettivo la conservazione e l'ampliamento del suo ruolo. Questa è la direzione di fondo della sua «politica». Ai tempi di Paolo VI, che contrastava l'organizzazione, negandole fra l'altro il riconoscimento dell'ambita prelatura personale, Escrivá ipotizzò addirittura uno scisma se il rifiuto fosse continuato. Sulla rivista «Cronica» (II, 1972) arrivava a scrivere parole di esplicita minaccia: «Il male viene dall'interno della Chiesa e dai suoi vertici. Nella Chiesa c'è una autentica putredine e a volte sembra che il corpo mistico di Cristo sia un cadavere in maleodorante decomposizione». Poi, con il papato di Wojtyła, l'atteggiamento cambiò: rapidamente arrivarono la prelatura personale (1983) e poi la santificazione del fondatore (2002).

Le fortune dell'Opera sembrano poter continuare con papa Ratzinger. All'indomani della sua elezione al soglio pontificio, il prelato vescovo Javier Echevarría ha ricordato: «Il nuovo pontefice conosce bene la missione della prelatura e sa di poter contare sui volenterosi sforzi dei sacerdoti e dei laici che ne fanno parte, allo scopo di servire la Chiesa, unica ambizione di san Josemaría Escrivá».

Nel marzo 2002 l'allora cardinale Joseph Ratzinger, partecipando alla presentazione del libro di Giuseppe Romano *Opus Dei. Il messaggio, le opere, le persone*, aveva detto:

> Il teocentrismo di Escrivá de Balaguer, coerente con le parole di Gesù, vale a dire questa fiducia nel fatto che Dio non si è ritirato dal mondo, che Dio opera adesso e noi dobbiamo soltanto metterci a sua disposizione, essere disponibili, capaci di reagire alla sua chiamata, è per me un messaggio di grandissima importanza. È un messaggio che conduce al superamento di quella che si può considerare la grande tentazione dei nostri tempi: la pretesa, cioè, che dopo il big bang Dio si sia ritirato dalla storia.

Il futuro papa aveva centrato l'obiettivo dell'Opera: andare a scovare Dio nella storia, dovunque si trovi e con ogni mezzo.

Appendice

QUANDO UNA CHIESA SI FA STATO

Il termine «Vaticano» è antico. All'inizio indicava una località, un'area. *Ager vaticanus* era il luogo malfamato e sinistro di cui parla Aulo Gellio nelle *Notti attiche*, che fa derivare il toponimo da *vaticinium*: «Tanto il campo vaticano quanto il dio che vi presiede prendono il nome dai "vaticinii" che sogliono verificarsi per la potenza e l'ispirazione del dio in quel territorio». Era una zona soggetta alle inondazioni del fiume, dunque a lungo acquitrinosa, infestata da animali ostili e dalla malaria. I terreni terminavano a ridosso di un'altura (*Mons vaticanus*) che faceva parte della dorsale di modesta elevazione che corre, a occidente di Roma, da Monte Mario fino al Gianicolo. All'altezza di San Pietro il rilievo collinare è da tempo praticamente scomparso a causa degli imponenti lavori di sbancamento necessari per erigere la basilica.

Tacito parla della zona vaticana come di «un luogo infame», forse anche perché in quei terreni desolati sorgeva una necropoli che ne accresceva l'aura sinistra e i cui resti sono riemersi nelle numerose campagne di scavo necessarie per le fondazioni della basilica o per il suo consolidamento. Più tardi, a partire dal I secolo, la zona venne gradatamente bonificata e l'area dove oggi sorgono San Pietro, parte dei Borghi e l'ospedale di Santo Spirito cominciò a diventare più «residenziale».

Agrippina maggiore, moglie di Germanico e futura nonna, se così posso banalizzare, di Nerone, vi fece costruire una villa con giardini, al cui interno l'imperatore Caligola, succeduto sul trono a Tiberio, farà edificare il suo circo, poi completato da Nerone. Nel circo dell'imperatore si tenevano corse di cavalli, bighe e quadrighe, molto popolari a Roma; qui ebbero luogo, forse per la vicinanza all'adiacente necropoli, alcune esecuzioni dei cristiani giudicati colpevoli di aver causato il grande incendio del 64. L'area venne insomma progressivamente urbanizzata, anche se rimaneva sempre periferica rispetto al centro dell'Urbe.

Lo Stato della Città del Vaticano (sigla automobilistica SCV) è, in termini di diritto, un'entità sovrana titolare di «soggettività internazionale». Il piccolo Stato indipendente si estende su 44 ettari, ha poco più di 900 residenti, dei quali circa 500 cittadini, con un reddito medio procapite piuttosto elevato. I servizi per i cittadini sono per lo più gratuiti.

L'economia del Vaticano si basa sugli investimenti del patrimonio, sulle rendite, sulle rimesse degli organi periferici sparsi in tutto il mondo, oltre che sulle elargizioni a vario titolo (e ai connessi benefici indiretti) da parte dello Stato italiano. Calcolare le cifre è molto difficile, data l'oscurità dei bilanci e la riluttanza a renderne note le singole voci. Il giornalista Curzio Maltese, in una sua inchiesta, ha stimato il costo dello Stato della Città del Vaticano per la Repubblica italiana in un totale di circa 4 miliardi di euro. Il matematico Piergiorgio Odifreddi in più del doppio, 9 miliardi di euro. Il bilancio vaticano è redatto dall'APSA (Amministrazione patrimonio Sede apostolica) e controllato dalla prefettura per gli Affari economici.

Come ogni Stato, anche quello vaticano è caratterizzato da alcuni elementi costitutivi: un territorio, il potere di battere moneta e di emanare leggi, un esercito, una «nazionalità», concetto astratto simboleggiato da una bandiera, un inno, una lingua e altre componenti di questo tipo. Del territorio s'è detto; una forza armata c'è, anche se di dimensioni ormai simboliche; decisamente efficienti, invece, le forze di polizia. C'è una bandiera, divisa in due campi uguali, giallo (vicino all'asta) e bianco, sul quale campeggiano il triregno e le chiavi incrociate. C'è un inno, la *Marche pontificale* composta da Charles Gounod. Ci sono organismi giudiziari e investigativi che, per la verità, non hanno dato grandi prove; a loro scusante il fatto che in uno Stato assoluto istituti come questi devono rispondere più alle esigenze politiche che alla realtà dei fatti.

Ci sono organismi con funzione giurisdizionale; famoso tra questi il tribunale della Sacra Rota che giudica sulla nullità dei matrimoni ed è stato in pratica il surrogato del divorzio, in Italia, fino all'introduzione della legge in materia. C'è poi il Sant'Uffizio che dirime questioni dottrinali e ha comminato, fin quando è stato possibile, pene severe, compresa quella capitale. Proprio queste crudeli memorie hanno consigliato di cambiarne la denominazione, oggi diventata Congregazione per la dottrina della fede.

Lo Stato vaticano dispone di una banca, denominata Istituto per le opere di religione (Ior), di cui s'è parlato in uno dei capitoli; di un'annona, una specie di supermercato dove si trovano anche prodotti non in vendita in Italia, a prezzi molto convenienti, dato che, come nei *duty free shops* degli aeroporti, sono tutti esenti da imposte, compresi i vini, i liquori e la benzina. L'accesso sarebbe riservato ai residenti, ma in realtà il controllo dei tesserini è blando, forse volutamente, sicché basta una qualche conoscenza per accedervi. Esisteva anche una zecca vaticana per il conio delle monete, compito passato poi alla zecca della Repubblica italiana. Monete e francobolli hanno quasi unicamente valore numismatico; piuttosto ricercati quelli emessi in occasione di un nuovo pontificato.

Ci sono poi numerosi media. Se molte delle funzioni e potestà finora elencate sono di dimensioni embrionali rispetto a quelle di un «vero» Stato, la radio vaticana è, al contrario, una realtà forte, che trasmette in molte lingue per paesi anche lontani, quindi con adeguata potenza di emissione. Il primo a parlare ai suoi microfoni fu Pio XI nel 1931 quando la stazione, progettata da Guglielmo Marconi, venne inaugurata. Ben presto, però, gli impianti collocati all'interno del Vaticano si rivelarono insufficienti.

Nel 1955 la Santa Sede ha fatto costruire una grande stazione radio a Santa Maria di Galeria, a circa venti chilometri da Roma. La sua gigantesca antenna a forma di croce è visibile da molto lontano. Apparati ultrapotenti assicurano una diffusione a largo raggio dei programmi, ma provocano anche notevoli fastidi e rischi agli abitanti dei dintorni: c'è chi può ascoltare la radio aprendo il frigorifero. Per tradizione, sono i gesuiti a occupare i posti di maggiore responsabilità in una programmazione che trasmette complessivamente in trentatré lingue.

L'organo di stampa ufficiale è l'ultracentenario quotidiano «L'Osservatore Romano». Il primo numero recava, sotto la testata, la dicitura «Giornale politico-morale». Oggi compare invece un doppio motto: «*Unicuique suum*», A ciascuno il suo, e «*Non prevalebunt*», Non prevarranno (si parla, ovviamente, delle forze del Male). Anche se reso più gradevole da alcune rubriche, «L'Osservatore» è in pratica il portavoce del papa, quindi è tenuto a non discostarsi dalla linea della Santa Sede. Nei tragici mesi dell'occupazione nazista era molto ricercato perché forniva notizie che la stampa italiana, sottoposta a stretta censura, non riferiva. Anche se con molta prudenza, com'è nel costume della Chiesa, l'organo vaticano dava un'idea abbastanza precisa della temperatura politica nel mondo e dell'andamento delle operazioni militari sui vari fronti. Ma, a parte questi momenti eccezionali, la linea del quotidiano è, in genere, di fiancheggiamento alle posizioni più conservatrici della Chiesa.

Entità diversa è la Santa Sede, persona morale di diritto pubblico che esercita la sovranità sul Vaticano attraverso la figura del pontefice e che può infatti essere definita come la giurisdizione del papa. La Santa Sede scambia ambasciatori accreditati con tutto il mondo, è ammessa come osservatore permanente all'Onu, mantiene sue proprie rappresentanze presso vari organismi internazionali.

In termini istituzionali la si può definire una monarchia elettiva non ereditaria. Al vertice si trova un sovrano eletto a vita da un'assemblea di maggiorenti (i cardinali – principi della Chiesa – riuniti in conclave). Il pontefice esercita il potere coadiuvato da un «governo» (curia) da lui scelto, cui sono affidati compiti e funzioni sia politico-amministrativi sia dottrinali. Il capo di questo governo e coordinatore della curia assume il nome di segretario di Stato.

Come si legge nel sito ufficiale del Vaticano, «nell'esercizio della sua suprema, piena e immediata potestà sopra tutta la Chiesa, il romano Pontefice si avvale dei dicasteri della curia romana, che perciò compiono il loro lavoro nel suo nome e nella sua autorità, a vantaggio delle chiese e al servizio dei sacri pastori». Nel nuovo Codice di diritto canonico (1984) papa Wojtyła stabilì appunto (canone 331) che il sommo pontefice ha, «in virtù della sua funzione, potere ordinario, che è supremo, pieno, immediato e universale nella Chiesa e che può sempre esercitare liberamente». La novità è rappresentata dal termine «immediato», che significa «senza altre mediazioni», in pratica «assoluto», attribuzione rafforzata dal successivo canone 333, nel quale si stabilisce che «non c'è possibilità di appello né di ricorso contro una sentenza o decreto del romano Pontefice».

Nemmeno l'articolo 1 della Costituzione della Città del Vaticano, entrata in vigore il 22 febbraio 2001, lascia dubbi sul ruolo papale: «Il sommo Pontefice, sovrano dello Stato della Città del Vaticano, ha la pienezza dei poteri legislativo, esecutivo e giudiziario». Lo Stato vaticano ignora infatti non solo la cosiddetta «volontà popolare» prevista dalle democrazie rappresentative (parlamentari), ma anche la divisione dei poteri introdotta dalle riforme liberali del XVIII secolo, nonché le limitazioni nei poteri, ossia gli statuti, accolti, a partire dalla metà dell'Ottocento, dalla quasi totalità delle monarchie europee.

I termini «Vaticano», «Santa Sede», «Chiesa cattolica» vengono spesso confusi. Si tratta di un errore che è facilitato da una certa ambiguità che la Chiesa stessa crea, mescolando dottrina e affari terreni, spiritualità e politica.

Parlando del sommo pontefice può incuriosire l'origine della parola. In latino, *pontifex* indicava etimologicamente «colui che fa la via», che apre, che aiuta a percorrere la via verso la divinità, che guida sul retto cammino. Nella radice del vocabolo c'è infatti l'idea di «ponte» (*pons*) e i *pontifices* erano coloro che istituivano le vie corrette vero le cose sacre. Il *pontifex maximus* era il capo del collegio dei sacerdoti, dotato di vari poteri tra cui quello di nominare le vergini vestali. La carica, insieme a molte altre, fu attribuita a Giulio Cesare e, dopo di lui, a tutti gli imperatori fino al IV secolo d.C., quando la funzione passò gradatamente ai papi. Non stupisce che la Chiesa abbia adottato per la sua somma carica un titolo così denso di tradizioni e di senso.

Quando la sede papale è vacante, la Santa Sede è retta dal collegio dei cardinali e dal cardinale camerlengo. La Santa Sede è quindi distinta dalla Città del Vaticano, che è il territorio sul quale si esercita la sua sovranità. Gli ambasciatori esteri, per esempio, sono accreditati presso la Santa Sede e non presso lo Stato Città del Vaticano poiché è la Santa Sede che gode di sovranità nelle relazioni internazionali. Una sentenza della Corte di Cassazione italiana del dicembre 1979 riassume la situazione in questi termini: «Alla Santa Sede, nella quale si concentra la rappresentanza della Chiesa cattolica e dello Stato della Città del Vaticano, è stata riconosciuta la soggettività internazionale a entrambi i titoli e quest'ultima non è venuta meno neppure nel periodo in cui era cessata la titolarità di qualsiasi potere statuale».

Le proprietà della Santa Sede non sono limitate ai 44 ettari della Città del Vaticano, ma comprendono numerosi beni immobili anche di grande pregio storico e artistico, non solo a Roma. Come stabilito nei Patti lateranensi del 1929, godono tutti del privilegio di extraterritorialità. Qualche esempio: basilica di San Giovanni in Laterano; Palazzo del Laterano; basilica di Santa Maria Maggiore; basilica di San Paolo fuori le Mura, incluso il monastero; immobili sul colle del Gianicolo e a piazza di Spagna appartenenti al Collegio di Propaganda Fide; Palazzo dei Santi Apostoli affiancato alla basilica omonima; Palazzo della Cancelleria tra corso Vittorio Emanuele e Campo de' Fiori; Palazzo del Sant'Uffizio adiacente a Porta Cavalleggeri; Palazzo di Propaganda Fide in piazza di Spagna; varie sedi, a Roma, della Pontificia Università Gregoriana in via del Seminario e in piazza della Pilotta. Anche fuori Roma la Santa Sede possiede estese proprietà: dal palazzo pontificio di Castel Gandolfo, alle basiliche di Loreto, Assisi, Padova. In estrema sintesi si può dire che «Santa Sede» identifica l'ente al quale spetta la piena sovranità e proprietà sullo Stato della Città del Vaticano.

Per Chiesa cattolica, infine, s'intende la confessione cristiana che si riconosce nell'autorità del papa di Roma e nel suo insegnamento, considerato infallibile *ex cathedra* in quanto ispirato direttamente dallo Spirito Santo, cioè da Dio. Tale prerogativa venne stabilita nel luglio 1870 con la costituzione *Pastor Aeternus*, voluta da papa Pio IX che sentiva imminente la fine del potere temporale. Il documento stabilisce quanto segue:

> Richiamandoci dunque fedelmente alla tradizione, come l'abbiamo assunta dalle prime epoche del cristianesimo, noi insegniamo, a onore di Dio, nostro Salvatore, per gloria della religione cattolica e per la salvezza dei popoli cristiani, con l'approvazione del sacro concilio, e dichiariamo quale dogma rivelato da Dio: ogni qualvolta il romano Pontefice parla *ex cathedra*, vale a dire quando nell'esercizio del suo ufficio di pastore e maestro di tutti i cristiani, con la sua somma apostolica autorità dichiara che una dottrina concernente la fede o la vita morale dev'essere considerata vincolante da tutta la Chiesa, allora egli, in forza dell'assistenza divina conferitagli dal beato Pietro, possiede appunto quella infallibilità, della quale il divino Redentore volle munire la sua Chiesa nelle decisioni riguardanti la dottrina della fede e dei costumi.

Della Chiesa cattolica, che proclama la sua fondazione a opera di Gesù definito il Cristo (il Messia, l'Unto), fanno parte tutti i cristiani battezzati che in lei si riconoscono. «Cattolico» deriva dall'aggettivo greco καθολικός (*katholikòs*) che significa «universale, totalizzante».

Il fatto che la Santa Sede costituisca una enclave nel territorio della Repubblica italiana carica quest'ultima di particolari gravami, oltre a farle godere di alcuni benefici, per esempio in fatto di turismo diretto verso i luoghi sacri. La coesistenza sullo stesso territorio di due distinte sovranità, italiana e vaticana, ha creato in passato e continua a creare contrasti ed equivoci, dato anche che i confini si giocano su spazi di pochi metri.

In una materia che ha una sterminata bibliografia e pubblicistica, mi limito a un esempio visivo molto eloquente e che non ha perso con il tempo la sua forza di suggestione. Si tratta della celebre foto scattata nel 1944 durante l'occupazione nazista di Roma. Mostra due soldati tedeschi, mitragliatore in spalla, che pattugliano piazza San Pietro rasentando il confine della Santa Sede, segnato sul terreno da lastre di granito che completano virtualmente il perimetro del colonnato. Di qua è Italia, di là Vaticano. Pochi lo sanno, nessuno vi presta molta attenzione ma, attraversando quelle lastre, si passa, in linea di principio, da un paese a un altro.

Nel periodo della loro massima espansione, i possedimenti della Santa Sede (Stato della Chiesa o pontificio) si estendevano su buona parte dell'Italia centrale (escluso il Granducato di Toscana) da Terracina, dove cominciava il Regno di Napoli, fino alle foci del Po al confine con i territori della Serenissima Repubblica di Venezia. Questo territorio venne gradatamente ridotto e infine fissato nelle dimensioni attuali dopo il 20 settembre 1870, quando i bersaglieri di Lamarmora entrarono in Roma attraverso una modesta breccia aperta a cannonate a pochi metri da Porta Pia, unendo la «Città Eterna» al Regno d'Italia proclamato nove anni prima (1861).

Il pontefice regnante all'epoca era Pio IX, Giovanni Mastai Ferretti, ostinato, come si è visto, nel voler mantenere il suo dominio temporale nonostante la gestione economica dello Stato fosse diventata insostenibile. Invano il conte di Cavour, massima mente politica del Risorgimento, gli aveva fatto presente i vantaggi spirituali che sarebbero venuti alla Chiesa dall'abbandono di un potere che ormai i tempi non tolleravano più.

Nel 1871 il parlamento del Regno offriva al papa la legge detta «delle Guarentigie» (garanzie), con la quale si stabiliva che il sommo pontefice aveva prerogative sovrane e la sua persona diventava per conseguenza «sacra e inviolabile»; inoltre, gli veniva assicurata una rendita annua pari a 750.000 lire, nonché l'extraterritorialità del Vaticano, del Laterano e di Castel Gandolfo.

Pio IX rispose che preferiva vivere dell'obolo di San Pietro e si dichiarò «prigioniero» dell'Italia, rinchiudendosi all'interno delle mura vaticane. Ai capi di Stato cattolici si proibì di farsi ricevere al Quirinale, diventato residenza del re d'Italia. A tutti i fedeli italiani, del resto, era già stato vietato (una prima volta nel 1868) di partecipare alle elezioni politiche con la celebre formula più volte ribadita del «*Non expedit*», poi progressivamente attenuata e ufficialmente abolita solo nel 1919.

La «guerra fredda» tra Regno d'Italia e Santa Sede si è chiusa solo nel febbraio 1929, quando Pio XI, assistito dal suo abile segretario di Stato cardinale Pietro Gasparri, firmò il Concordato con il capo del governo Benito Mussolini. Alla città-stato del Vaticano venne riconosciuta una consistente indennità per gli espropri a suo tempo operati; altri vantaggi di tipo economico vennero stabiliti nella convenzione finanziaria, che prendeva in considerazione anche i benefici che la presenza del Vaticano avrebbe apportato all'Italia con l'afflusso dei pellegrini; si riconosceva inoltre la religione cattolica come sola religione dello Stato. La ragione politica e la ricerca del consenso popolare avevano trasformato Benito Mussolini, in gioventù ateo e acceso anticlericale, in un docile strumento nelle mani dell'abile diplomazia di curia.

Quel primo Concordato è stato poi in parte superato dal nuovo accordo fra la Santa Sede e la Repubblica italiana firmato nel 1984 da Agostino Casaroli, cardinale segretario di Stato, e dal capo del governo italiano, Bettino Craxi. Fra i principali accordi raggiunti grazie a un delicato lavoro di compromesso c'è la cancellazione della definizione di «religione di Stato» attribuita al cattolicesimo. Recita il testo: «Si considera non più in vigore il principio, originariamente richiamato dai Patti lateranensi, della religione cattolica come sola religione dello Stato italiano».

Importante è anche il diverso sistema di mantenimento del clero, avendo la Chiesa acquisito il beneficio dell'8 per mille da prelevarsi direttamente sulle dichiarazioni fiscali di tutti i contribuenti con la sola esclusione di chi affermi esplicitamente di voler destinare quella cifra a scopi diversi. Altre intese riguardano la riforma degli enti e dei beni ecclesiastici, la nomina dei titolari di uffici ecclesiastici, le festività religiose riconosciute agli effetti civili, l'insegnamento facoltativo della religione cattolica nelle scuole, la parificazione dei titoli accademici delle facoltà approvate dalla Santa Sede, la tutela dei beni culturali di interesse religioso e degli archivi e biblioteche ecclesiastiche.

Le relazioni fra Santa Sede e Stato italiano non sono mai state semplici, anche perché si tratta di un rapporto dichiaratamente asimmetrico. L'arcivescovo Rino Fisichella, rettore della Pontificia Università Lateranense, lo ha così riassunto nel suo libro *Identità dissolta*:

> In virtù del suo essere democratico, lo Stato non solo deve accettare di confrontarsi con la Chiesa, ma deve anche saperne accogliere – solo in un secondo momento temperandole – le eventuali ingerenze ... La Chiesa invece, richiamandosi a principi che hanno un'origine superiore a quella umana, non potrebbe mai accettare una qualsiasi ingerenza dello Stato riguardo ai propri contenuti.

Se a tale assunto si aggiunge il dogma dell'infallibilità pontificia, si vede come in queste parole si riaffacci, appena velata dal tempo, l'antica e mai risolta idea di supremazia politica che affonda le sue radici nelle remote lotte fra il papato e l'impero.

Dalla sua doppia natura, terrena e per così dire «celeste», deriva anche l'atteggiamento che la Chiesa, o meglio la Santa Sede, ha tenuto nelle occasioni in cui i suoi comportamenti hanno suscitato sospetti, critiche o bisogno di chiarimenti. Alcune delle storie raccontate in questo libro lo dimostrano: nessuna collaborazione con le indagini, nessuna risposta o solo reticenze di fronte alle richieste della magistratura.

Uguale atteggiamento è stato tenuto, per molto tempo, in occasione dello scandalo dei sacerdoti pedofili, che ha assunto, a cominciare dalla fine del 2009, una dimensione planetaria. Da «Time» a «Der Spiegel», dal «New York Times» al «Washington Post», a «Le Monde», a «El Pais», alla «Frankfurter Allgemeine», a «la Repubblica», tutte le maggiori testate mondiali si sono occupate di questa vicenda; tutte hanno criticato, per esempio, che papa Ratzinger abbia omesso una qualsiasi allusione alla crisi in occasione del messaggio pasquale del 2010. Qualcuno ha chiesto le sue «dimissioni», altri («Der Spiegel») hanno parlato esplicitamente di «missione fallita».

Nonostante questo (o forse a causa di questo), la reazione delle gerarchie è risultata in un primo momento incerta, quasi che l'imbarazzo per una vicenda ignobile avesse superato l'abituale sagacia della diplomazia vaticana. Del resto, la cosiddetta *sollici-*

tatio ad turpia (molestie sessuali durante la confessione) è stata, fin dal Cinquecento, un incubo per la Chiesa, tale era il numero di sacerdoti che si macchiavano di questo delitto (e peccato). Nelle prime reazioni le autorità vaticane hanno parlato di attacco al pontefice, addirittura di «complotto», mentre veniva sfumato l'aspetto più grave, e cioè che le accuse riguardavano sì le migliaia di casi di abusi su minori (alcuni dei quali handicappati), ma anche la copertura e il silenzio che le gerarchie e la stessa Congregazione per la dottrina della fede (ex Sant'Uffizio), presieduta per un quarto di secolo dall'allora cardinale Joseph Ratzinger, hanno opposto a ogni serio tentativo di indagine.

La difesa a oltranza di Benedetto XVI da parte della gerarchia ha subito una notevole scossa quando l'Associated Press ha reso pubblica, il 9 aprile 2010, una lettera autografa dell'allora cardinale Joseph Ratzinger su carta intestata «Sacra Congregatio pro Doctrina Fidei», risalente al novembre 1985. Il cardinale rispondeva a un caso sollevato tre anni prima dalla diocesi di Oakland (California), che aveva chiesto di spretare un certo padre Stephen Kiesle, molestatore di bambini. Nell'elegante latino curiale, il cardinale rispondeva:

> Questo dicastero, sebbene ritenga di grande importanza gli argomenti addotti a favore della dispensa ... ritiene tuttavia necessario prendere in considerazione, insieme con il bene del richiedente, anche quello della Chiesa universale, e perciò non può dare poco peso ai danni che la concessione della dispensa può provocare nella comunità dei fedeli.

Nel tentativo di difenderne la figura, il papa – e la Chiesa – sono stati indicati come vittime di un «attacco violento». Il predicatore pontificio, padre Raniero Cantalamessa, ha paragonato le denunce contro la Chiesa agli attacchi contro gli ebrei durante il nazismo. Nel corso dei riti pasquali il cardinale Sodano ha detto che «il popolo di Dio non si lascia certo impressionare dal chiacchiericcio del momento». Così degradando a «chiacchiericcio» la quasi totalità dei media mondiali. Qualche settimana più tardi, l'arcivescovo di Vienna, cardinale Christoph Schönborn, accuserà Sodano di leggerezza per quella infelice definizione e, soprattutto, per aver coperto il caso gravissimo di Hans Hermann Groer, suo predecessore all'arcivescovado viennese, accusato di abusi sessuali.

Sodano aveva anche detto che gli attacchi a papa Ratzinger ricordavano quelli rivolti a Pio XII, papa Pacelli, per i silenzi sulla Shoah. Il presidente delle comunità ebraiche italiane, Renzo Gattegna, aveva replicato definendo il parallelo «inappropriato, inopportuno, pericoloso». Il vescovo emerito di Grosseto, monsignor Giacomo Babini, in un'intervista pubblicata l'11 aprile 2010 dal sito «Pontifex» («Blog di libera informazione cattolica»), ha definito lo scandalo pedofilia «un attacco sionista: loro non vogliono la Chiesa, ne sono nemici naturali. In fondo, storicamente parlando, i giudei sono deicidi». Parole gravi, smentite poche ore dopo. In ogni caso, una serie di dichiarazioni avventate e di passi falsi che si sono trasformati in altrettanti sintomi di imbarazzo per una situazione che troppo a lungo non si è avuto il coraggio di affrontare. In Germania, invece, il vescovo di Treviri, Stephan Ackermann, incaricato dalla Conferenza episcopale di occuparsi degli abusi, ha trovato la forza di parlare esplicitamente di «occultamento» e «insabbiamento», come riferito dalla «Rhein Zeitung» il 16 marzo 2010.

Osservazioni analoghe ha fatto Clark Hoyt, garante dei lettori del «New York Times». Di fronte alle accuse di antipapismo rivolte al suo giornale, il 25 aprile 2010 ha scritto:

> Che piaccia o no, esistono circostanze che hanno legittimato questo andazzo per anni, incluso un sistema ben documentato di negazione e insabbiamento in un'istituzione con miliardi di seguaci. Per quanto doloroso sia, il giornale ha l'obbligo di seguire la vicenda fin dove conduce, foss'anche alla porta del papa.

Il 15 aprile 2010 il quotidiano francese online «Golias.fr» ha reso pubblica una lettera scritta nel 2001 dall'allora prefetto della Congregazione del clero, il porporato colombiano Dario Castrillón Hoyos, indirizzata a Pierre Pican, vescovo di Bayeux, condannato a tre mesi di prigione con la condizionale per non aver denunciato un prete pedofilo: «Mi congratulo con lei» scriveva Castrillón «per non aver denunciato un prete all'amministrazione civile». «Lei ha agito bene» proseguiva «e mi felicito di avere un confratello che, agli occhi della storia e di tutti gli altri vescovi del mondo, avrà preferito la prigione piuttosto che denunciare il suo figlio-prete.» La missiva di Castrillón, ha subito precisato il portavoce vaticano Federico Lombardi, «non rappresenta la linea della Santa Sede». Il cardinale Castrillón Hoyos ha però insistito, ribadendo, in un'intervista al sito spagnolo «La Verdad», che «papa Wojtyła nel 2001 mi autorizzò a scrivere una lettera di congratulazioni a un vescovo francese per non aver denunciato alle autorità civili un prete pedofilo».

Sbandamenti, segnali di confusione, talvolta di rivalità interne, anche se si tratta, comunque, di posizioni di minoranza. Scosso dall'enorme scandalo, il 19 marzo 2010 Benedetto XVI aveva già inviato una lettera pastorale ai cattolici d'Irlanda dove, con linguaggio piuttosto coraggioso rispetto alla consueta blandizie ecclesiastica, aveva scritto fra l'altro:

> il compito che ora vi sta dinanzi è quello di affrontare il problema degli abusi verificatisi all'interno della comunità cattolica irlandese e di farlo con coraggio e determinazione. Nessuno si immagini che questa penosa situazione si risolverà in breve tempo. Positivi passi in avanti sono stati fatti, ma molto di più resta da fare.

Con ancora maggiore energia, Benedetto XVI ha ordinato di commissariare i Legionari di Cristo, organizzazione fondata da Marcial Maciel Degollado (1920-2008), prete di origini messicane protetto da Giovanni Paolo II e che papa Ratzinger aveva invece rimosso dal servizio attivo nel 2006, ordinandogli «preghiera e penitenza». In una nota ufficiale del 1° maggio 2010, il pontefice lo ha giudicato colpevole di «veri delitti» e di aver condotto «una vita priva di scrupoli».

Infine, il 30 aprile 2010 il segretario generale della Conferenza episcopale italiana, Mariano Crociata, ha riconosciuto la legittimità dello scandalo suscitato dalle rivelazioni di abusi sui minori da parte di religiosi. Ha anche ammesso che era sbagliato averlo definito una campagna diffamatoria: «Nessun complotto dei media; un tale comportamento è doppiamente condannabile quando a metterlo in atto è un uomo di Chiesa, un prete, una persona consacrata». Il segretario della Cei è poi stato molto duro anche sulle protezioni che la gerarchia ecclesiastica ha offerto agli autori delle violenze: «Chi ha favorito atteggiamenti di indulgenza o pratiche di rimozione non ha mai applicato direttive della Chiesa, semmai le ha tradite, stravolgendo la doverosa riservatezza in complice copertura».

Parole che non rispecchiano la piena verità dei fatti e che tuttavia vanno apprezzate per l'intenzione che rivelano, prova che l'atteggiamento delle gerarchie cattoliche sembra essere cambiato dopo tanti anni di silenzio, in qualche caso di complicità. Del resto, alcuni successivi interventi di Benedetto XVI sono sembrati confermare questa nuova linea anche in occasione di altri scandali, penosamente legati a torbide operazioni immobiliari a Roma.

Il racconto dei fatti finisce qui. Una galleria di episodi dipanatisi nel corso dei secoli, diversi per l'ambientazione e le conseguenze provocate, però con un tratto comune: essere tutti derivati da quella ragion di Stato che rende in effetti la Santa Sede un'entità non dissimile da uno qualunque degli altri 192 Stati che compongono l'assemblea generale delle Nazioni Unite. A dispetto della circostanza, questa sì unica, che l'osservatore vaticano presso quell'organismo è il solo che rappresenti uno Stato autoproclamatosi diretta emanazione divina.

È l'eterno dilemma, la sfida perenne tra finalità inconciliabili: il potere politico e l'impegno spirituale. Tornano alla mente le parole del cardinale Carlo Maria Martini, il gesuita che avrebbe potuto essere papa se la lotta fra le correnti lo avesse consentito. Le abbiamo già lette nell'esergo del volume, ma mi sembra opportuno citarle qui una seconda volta come congedo di alto significato morale. Si trovano nel libro del cardinale intitolato *Conversazioni notturne a Gerusalemme* e dicono:

> Un tempo avevo sogni sulla Chiesa. Una Chiesa che procede per la sua strada in povertà e umiltà, una Chiesa che non dipende dai poteri di questo mondo. ... Una Chiesa che dà spazio alle persone capaci di pensare in modo più aperto. Una Chiesa che infonde coraggio, soprattutto a coloro che si sentono piccoli o peccatori. Sognavo una Chiesa giovane. Oggi non ho più di questi sogni. Dopo i settantacinque anni ho deciso di pregare per la Chiesa.

BIBLIOGRAFIA SCELTA

Augias, Corrado, *I segreti di Roma*, Milano, Mondadori, 2007.
Azzara, Claudio, *Il papato nel Medioevo*, Bologna, il Mulino, 2006.
Baigent, Michael, Leigh, Richard, Lincoln, Henry, *Il Santo Graal. Una catena di misteri lunga duemila anni*, trad. it. di Roberta Rambelli, Milano, Mondadori, 2006.
Brown, Dan, *Il codice da Vinci*, trad. it. di Riccardo Valla, Milano, Mondadori, 2009.
Buckley, Veronica, *Cristina regina di Svezia. La vita tempestosa di un'europea eccentrica*, trad. it. di Joan Peregalli e Claudia Perrottet, Milano, Mondadori, 2006.
Caffiero, Marina, *Battesimi forzati. Storie di ebrei, cristiani e convertiti nella Roma dei papi*, Roma, Viella, 2004.
Cardini, Franco, *La nascita dei Templari. San Bernardo di Chiaravalle e la cavalleria mistica*, Rimini, Il Cerchio, 1999.
Deaglio, Enrico, *Patria 1978-2008*, Milano, il Saggiatore, 2009.
Del Col, Andrea, *L'Inquisizione in Italia dal XII al XXI secolo*, Milano, Mondadori, 2006.
Demurger, Alain, *Vita e morte dell'Ordine dei Templari*, trad. it. di Marina Sozzi, Milano, Garzanti, 1987.
–, *I Cavalieri di Cristo. Gli ordini religioso-militari nel Medioevo: XI-XVI secolo*, trad. it. di Emanuele Lana, Milano, Garzanti, 2007.
–, *I Templari. Un ordine cavalleresco cristiano nel Medioevo*, trad. it. di Emanuele Lana, Milano, Garzanti, 2009.
Di Giovacchino, Rita, *Storie di alti prelati e gangster romani. I misteri della chiesa di Sant'Apollinare e il caso Orlandi*, Roma, Fazi, 2008.
Discepoli di verità, *Bugie di sangue in Vaticano*, Milano, Kaos, 1999.
Ebert, Theodor, *Der rätselhafte Tod des René Descartes*, Aschaffenburg, Alibri Verlag, 2009.

Fattorini, Emma, *Pio XI, Hitler e Mussolini. La solitudine di un papa*, Torino, Einaudi, 2007.
Firpo, Massimo, *Vittore Soranzo, vescovo ed eretico. Riforma della Chiesa e Inquisizione nell'Italia del Cinquecento*, Roma-Bari, Laterza, 2006.
Fisichella, Rino, *Identità dissolta*, Milano, Mondadori, 2009.
Fontana, Carlo, *Il tempio vaticano (1694)*, a cura di Giovanna Curcio, Milano, Electa, 2003.
Frale, Barbara, *I Templari e la Sindone di Cristo*, Bologna, il Mulino, 2009.
Galli della Loggia, Ernesto, Ruini, Camillo, *Confini. Dialoghi sul cristianesimo e il mondo contemporaneo*, Milano, Mondadori, 2009.
Gibbon, Edward, *Storia della decadenza e caduta dell'Impero Romano*, trad. it. di Giuseppe Frizzi, Torino, Einaudi, 1987.
Gramsci, Antonio, *Quaderni del carcere*, Torino, Einaudi, 2008.
Gregorovius, Ferdinand, *Storia della città di Roma nel Medioevo*, trad. it di Andrea Casalegno, Torino, Einaudi, 1973.
Kertzer, David I., *I papi contro gli ebrei. Il ruolo del Vaticano nell'ascesa dell'antisemitismo moderno*, trad. it. di Maria Barbara Piccioli e Sergio Mancini, Milano, Rizzoli, 2004.
–, *Prigioniero del Vaticano. Pio IX e lo scontro tra la Chiesa e lo Stato italiano*, trad. it. di Giovanni Giri, Milano, Rizzoli, 2005.
Kressmann Taylor, Kathrine, *Destinatario sconosciuto*, trad. it. di Ada Arduini, Milano, Rizzoli, 2009.
Lacchei, Massimo, *Verbum dei et verbum gay*, Roma, Edizioni Libreria Croce, 1999.
Lizerand, Georges, *Le dossier de l'affaire des Templiers*, Paris, Honoré Champion, 1923.
Longo, Elena, *Vita quotidiana di una numeraria nell'Opus Dei*, «Clarettianum», XLVI, 2006.
Martini, Carlo Maria, *Conversazioni notturne a Gerusalemme. Sul rischio della fede*, Milano, Mondadori, 2008.
Messori, Vittorio, *Opus Dei. Un'indagine*, Milano, Mondadori, 2002.
Miccoli, Giovanni, *I dilemmi e i silenzi di Pio XII. Vaticano, Seconda guerra mondiale e Shoah*, Milano, Rizzoli, 2007.
Moro, Renato, *La Chiesa e lo sterminio degli ebrei*, Bologna, il Mulino, 2002.
Natali, Marina, *Il Palazzo del Quirinale*, Roma, Libreria dello Stato, 1989.
Nicotri, Pino, *Emanuela Orlandi, la verità*, Milano, Baldini Castoldi Dalai, 2008.
Nuzzi Gianluigi, *Vaticano S.p.A.*, Milano, Chiarelettere, 2009.
Pinotti, Ferruccio, *Poteri forti*, Milano, Rizzoli, 2005.
–, *Opus Dei segreta*, Milano, Rizzoli, 2007.
Pinotti, Ferruccio, Gümpel, Udo, *L'unto del signore*, Milano, Rizzoli, 2009.

Politi, Marco, *Il ritorno di Dio. Viaggio tra i cattolici d'Italia*, Milano, Mondadori, 2005.
Raw, Charles, *La grande truffa. Il caso Calvi e il crack del Banco Ambrosiano*, trad. it. di Luciano Luffarelli, Milano, Mondadori, 1993.
Romano, Giuseppe, *Opus Dei. Il messaggio, le opere, le persone*, Cinisello Balsamo, San Paolo, 2002.
Seneca, *La vita felice*, trad. it. di Donatella Agonigi e Giuseppe Monti, Milano, Rizzoli, 2006.
Svetonio, *Vita di Nerone*, in *Vite dei Cesari*, trad. it. di Felice Dessì, Milano, Rizzoli, 1982.
Tacito, *Annali*, trad. it. di Luigi Annibaletto, Milano, Garzanti, 1974.
Tapia, Maria del Carmen, *Oltre la soglia. Una vita nell'Opus Dei*, trad. it. di Gianni Guadalupi, Milano, Baldini Castoldi, 1998.
Tornielli, Andrea, *Pio XII. Un uomo sul trono di Pietro*, Milano, Mondadori, 2007.
Ugolini, Romano, *Perugia 1859: l'ordine di saccheggio*, «Rassegna storica del Risorgimento», LIX, III, luglio-settembre 1972.
Verdon, Timothy, *La basilica di San Pietro. I papi e gli artisti*, Milano, Mondadori, 2005.
Vian, Giovanni Maria, *La donazione di Costantino*, Bologna, il Mulino, 2004.
Virgilio, *Eneide*, trad. it. di Rosa Calzecchi Onesti, Torino, Einaudi, 1997.
Wolf, Hubert, *Storia dell'Indice. Il Vaticano e i libri proibiti*, trad. it. di Stefano Bacin, Roma, Donzelli, 2006.
–, *Il papa e il diavolo. Il Vaticano e il Terzo Reich*, trad. it di Paolo Scotini, Roma, Donzelli, 2008.
Yallop, David, *In nome di Dio. La morte di Papa Luciani*, trad. it. di Carmen Micillo ed Enzo Micillo, Napoli, Pironti, 1985.
Zeri, Federico, *L'arco di Costantino: divagazioni sull'antico*, a cura di Nino Criscenti, Milano, Skira, 2004.
Zizola, Giancarlo, *Il conclave, storia e segreti: l'elezione papale da san Pietro a Giovanni Paolo II*, Roma, Newton Compton, 2005.

RINGRAZIAMENTI

Devo molta riconoscenza a molte persone per la compilazione di un libro che ha richiesto parecchi anni di lavoro. Vladimiro Polchi, abilmente veloce, mi ha aiutato con solerzia e acume in alcune ricerche. A Claudio Rendina devo amichevole aiuto nonché informazioni preziose. I pregevoli interventi di Laura Baini e Nunzio Giustozzi mi hanno fatto capire meglio le vicende di Castel Sant'Angelo.

Andrea Cane e Nicoletta Lazzari della Mondadori hanno rivisto il testo e avanzato preziose osservazioni critiche. Colgo anzi l'occasione per rispondere a una domanda che mi viene rivolta: come mai continui a pubblicare presso questo editore nonostante le sue discusse vicende proprietarie. La risposta è solo questa: il legame professionale e di amicizia, costruito nel tempo, con alcuni suoi dirigenti e redattori.

Pier Angela Mazzarino ha rivisto ed emendato il testo con straordinaria acribia e competenza. Sabine Heymann, nel preparare la traduzione tedesca di prossima uscita, mi ha fatto notare alcune incongruenze. Antonella Colombo e Mara Samaritani, della sede romana di Mondadori, mi hanno facilitato generosamente il lavoro.

Questo libro racchiude migliaia di nomi, date, eventi. Nonostante ogni più diligente revisione è possibile che nel racconto sia rimasta qualche imprecisione; ne sarei, ovviamente, unico responsabile.

FONTI ICONOGRAFICHE

Achim Bednorz / Bildarchiv Monheim / Archivi Alinari, Firenze: Sant'Ivo alla Sapienza

© Alain Keler / Sygma / Corbis: Giovanni Paolo I

© Ali Meyer / Corbis: Alessandro Magnasco, *Corte dell'Inquisizione*, Budapest, Museo delle Belle Arti

© Andrea D'Errico / LaPresse: don Luigi Ciotti

Archivi Alinari - Archivio Anderson, Firenze: Arnolfo di Cambio, *Bonifacio VIII*, Vaticano, Basilica di San Pietro; tomba degli Stuart

Archivi Alinari, Firenze: colonna Aureliana; *Salāh-ad-Dīn*, Firenze, Galleria degli Uffizi; chiesa del Gesù; veduta di Castel Sant'Angelo

Archivi Alinari, Firenze, per concessione del ministero per i Beni e le Attività culturali: Tiziano, *Paolo III con i nipoti Ottavio e Alessandro Farnese*, Napoli, Museo Nazionale di Capodimonte; Raffaello, *Ritratto del papa Giulio II*, Firenze, Galleria degli Uffizi; mosaico Cristo con gli apostoli tra santa Prudenziana e santa Prassede; Gian Lorenzo Bernini, *Autoritratto*, Roma, Galleria Borghese; busto dell'imperatore Adriano, Firenze, Galleria degli Uffizi

Archivio Ansa - su licenza Archivi Fratelli Alinari, Firenze: Michele Sindona; Roberto Calvi

Bridgeman Art Library / Archivi Alinari, Firenze: Antonio Zanchi, *Nerone con il corpo della madre Agrippina*, Kassel, Museumslandschaft Hessen Ute Brunzel; baldacchino realizzato da Bernini; Sebastien Bourdon, *Cristina di Svezia*, Béziers, Musée des Beaux-Arts; Maestro Boucicaut, *I templari davanti a Filippo IV e papa Clemente V*, Londra, The British Library; Michelangelo, *Creazione di Adamo*, cappella Sistina, Città del Vaticano, Musei Vaticani

Corbis / Sygma: Cédric Tornay; Alois Estermann e Gladys Meza Romero con Giovanni Paolo II
DeA Picture Library, concesso in licenza ad Archivi Alinari, Firenze: Don Lorenzo Milani
Farabolafoto: Emanuela Orlandi
Foto Scala, Firenze: Mura leonine; Francesco Borromini, *Autoritratto*, Roma; Obelisco di piazza San Giovanni
Foto Scala, Firenze, per concessione del ministero per i Beni e le Attività culturali: sala della biblioteca di Castel Sant'Angelo; rampa elicoidale a Castel Sant'Angelo
Foto Scala, Firenze / Luciano Romano: portone del Priorato
Foto Werner Forman Archive / Foto Scala, Firenze: Domus aurea
Getty Images: Josemaría Escrivá de Balaguer
Interfoto / Archivi Alinari, Firenze: Greta Garbo
Jochen Hellen / Bildarchiv Monheim / Archivi Alinari: arco di Costantino
Massimo Percossi / Ansa - su licenza Archivi Fratelli Alinari, Firenze: Palazzina-prigione di Emanuela Orlandi
© Massimo Siragusa / Contrasto: sede dell'Opus Dei a Roma
NY Daily News via Getty Images: sede dell'Opus Dei a New York
Olycom: Mehmet Alì Ağca
Photoservice Electa / AKG Images: Litografia del Sacco di Roma, Agios Nikolaos, Museo archeologico; Eduard Schwoiser, *Enrico IV a Canossa*, Monaco, Stiftung Maximilianeum; Santa Costanza; Sant'Andrea al Quirinale, facciata; monumento funebre di Cristina di Svezia; casa dei Cavalieri di Rodi; tomba di Gregorio XV
Photoservice Electa / Anelli: Donazione di Costantino;
Photoservice Electa / Jemolo: chiesa del Gesù, interno
Photoservice Electa / Mozzati: San Carlo alle Quattro Fontane, facciata
Photoservice Electa / Vescovo: Sant'Andrea al Quirinale, interno; San Carlo alle Quattro Fontane, interno; fontana dei Dioscuri; chiostro di Sant'Onofrio
Raccolte Museali Fratelli Alinari (RMFA), Firenze: Pio IX
© Riccardo Venturi / Contrasto: Passetto
RMN - René Gabriel Ojéda-Réunion des Musées Nationaux / distr. Archivi Alinari, Firenze: Juan Leal de Valdés, *Sant'Ignazio di Loyola riceve il nome di Gesù*, Siviglia, Museo de Bellas Artes
© Roberto Caccuri / Contrasto: atrio della Pontificia Università Gregoriana
Roma's / Giacominofoto / Fotogramma: Enrico De Pedis
Simephoto: Castel Gandolfo

© Tania A3 / Contrasto: piazza del Quirinale
Team / Archivi Alinari, Firenze: Dom Giovanni Franzoni
© Vittoriano Rastelli / Corbis: colonna Traiana, particolare; Paul Marcinkus
White Images / Foto Scala, Firenze: Scuola francese, *Ritratto di sant'Ignazio di Loyola*, Versailles, Musée du Chateau

INDICE DEI NOMI E DEI LUOGHI

Acerronia, 14
Ackermann, Stephan, 360
Acquacotta, Placido, 33
Adriano I, papa, 286
Adriano, Publio Elio, 10, 46, 71, 104-105, 308-310, 312
Aelius Spartianus, 105
Agostino Aurelio, santo, 182, 309
Agrippina maggiore, 11, 349
Agrippina minore (Giulia Agrippina), 11, 13-16
Alberico I di Spoleto, 251
Alberico II di Roma, 251-253
Alberti, Leon Battista, 73
Alembert, Jean-Baptiste Le Rond d', 327
Alessandro III (Rolando Bandinelli), papa, 256-257
Alessandro VI (Rodrigo Borgia), papa, 29, 58, 311
Alessandro VII (Fabio Chigi), papa, 59, 126, 129, 152, 157-158, 315
Alì Ağca, Mehmet, 292-293, 297
Allende, Isabel, 345
Ambrogio, santo, 324
Ambrosoli, Giorgio, 227
Ammiano Marcellino, 72
Anacleto II (Pietro Pierleoni), papa, 185
Anagni, 54, 189
Andreatta, Beniamino, 232
Andreotti, Giulio, 227, 238
Aniceto, 14-15
Anna d'Austria, regina di Francia, 155
Anna Stuart, regina di Gran Bretagna e Irlanda, 167
Antinori, Giovanni, 131

Antonelli, Giacomo, 141
Antonino Pio, 308
Antonio, Marco, 20
Apollodoro di Damasco, 10
Arco
  delle Campane, 37
  di Costantino, 46-48
Aretino, Pietro, 287, 328
Aricò, William, 227
Ariosto, Ludovico, 51, 178
Aristotele, 324
Arrupe, Pedro, 216-218
Assisi
  Cittadella, 101
Atte, 13
Attila, re degli unni, 256
Augusto, Gaio Giulio Cesare Ottaviano, 18, 75, 266
Auschwitz, 276
Avignone, 189, 261
Azzolino, Decio, 159, 162, 164

Babini, Giacomo, 360
Baciccia (Giovanni Battista Gaulli), 201, 212
Baigent, Michael, 199
Baldinucci, Filippo, 113, 116-117, 122, 127-128
Baldovino II, re di Gerusalemme, 180
Balzac, Honoré de, 327
Barbero, Franco, 100
Baronio, Cesare, 61
Basilica
  dei Santi Quattro Coronati, 50
  del Gesù, 201
  di Massenzio, 49

di San Giovanni in Laterano, 122, 253, 354
di San Lorenzo al Verano, 151
di San Paolo fuori le Mura, 89-90, 354
di San Pietro, 26, 31, 52, 58, 66-70, 73, 76-83, 112, 118, 121, 123, 144, 152-153, 158, 164-165, 172, 174, 176, 243, 285, 309, 349
di San Pietro in Vincoli, 254
di Sant'Agnese, 118
di Santa Maria Maggiore, 78, 10, 115, 129, 354
di Sant'Apollinare, 174
di Sant'Eugenio, 330
Baudat, Muguette, 25-26, 41-44
Beauvoir, Simone de, 328
Beccaria, Cesare, 328
Bedri, Ates, 293
Beethoven, Ludwig van, 111, 244
Bellarmino, Roberto, santo, 61, 201, 214-215, 253
Belli, Gioacchino, 27, 78
Benedetto XI (Niccolò di Boccassio), papa, 189
Benedetto XIII (Pierfrancesco Orsini), papa, 214
Benedetto XIV (Prospero Lambertini), papa, 172-173, 286-287
Benedetto XV (Giacomo Della Chiesa), papa, 148
Benedetto XVI (Joseph Ratzinger), papa, 38, 100, 215, 218-220, 226, 263-264, 285, 307, 314, 316, 319, 327, 344, 347, 358-362
Benelli, Giovanni, 84
Berkeley, George, 327
Berlusconi, Silvio, 241
Bernardo di Chiaravalle, 181-183, 185
Bernardo di Tremelay, 186
Bernini, Domenico, 115-116, 129
Bernini, Gian Lorenzo, 59, 66, 81, 105-108, 110-112, 114-117, 119, 121-127, 129, 132, 162, 172, 210
Bernini, Pietro, 114-115, 201
Bertone, Tarcisio, 307
Bertorello, Jean-Yves, 43
Bianconi, Piero, 125
Biblioteca Angelica, 286
Bilinski, Jan, 213
Binetti, Paola, 337
Bisignani, Luigi, 238-240
Bobbio, Norberto, 345

Boccaccio, Giovanni, 323
Bodabilla, Nicola, 207
Boezio, Severino, 21
Bonaparte, Luciano, 133
Bonarelli, Raoul, 300
Bonifacio VIII (Benedetto Caetani), papa, 54-56, 85, 96, 188-190, 193, 260-261
Boninsegna, Margherita, 96
Borghese, Scipione, 110, 115
Borghi, 28, 349
Borgia, Cesare, 287
Borgo Santo Spirito, 31
Borromeo, Carlo, santo, 112
Borromini, Bernardo, 106, 128
Borromini, Francesco (Francesco Castelli), 105-114, 116-129
Bosco, Bruno, 289-290
Bossi, Umberto, 240
Botticelli, Sandro Filipepi detto, 242
Bracci, Pietro, 172
Bragaglia, Carlo Ludovico, 178
Bramante, Donato, 75-78, 243, 246
Brandt, Willy, 291
Briganti, Giuliano, 134
Britannico, Tiberio Claudio Cesare, 12-13, 16
Brossollet, Luc, 42
Brown, Dan, 27, 199, 343-344
Browne, Edward, 156
Bruno, Francesco, 43
Bruno, Giordano, 201, 214-216, 314, 316, 328
Bruxelles
  Palazzo d'Egmont, 157
Buckley, Veronica, 152
Buonarroti, Buonarroto, 245
Buonarroti, Gian Simone, 245
Burchard, Giovanni, 29
Burro, Sesto Afranio, 15
Bush, George W., 307
Bussoni, Giuseppe, 122-123
Bussoni, Marco Antonio, 122

Cadière, Marie-Catherine, 205
Caffiero, Marina, 321
Cagliari, Gabriele, 237
Cagliostro, Alessandro conte di (Giuseppe Balsamo), 313-314
Calcara, Vincenzo, 231

Caligola, Gaio Giulio Cesare Germanico, 11, 18, 67, 79, 349
Caloia, Angelo, 236, 239
Calvi, Roberto, 225, 228-231, 233, 288, 305-306
Calvino, Giovanni, 127
Campanella, Tommaso, 60
Campo de' Fiori, 29, 216, 354
Campo Marzio, 13
Camuccini, Vincenzo, 132
Cancellieri, Francesco, 104
Cancello Petriano, 37
Canori Mora, Elisabetta, 107
Canova, Antonio, 132, 165, 174
Cantalamessa, Raniero, 359
Cappella
  Paolina, 131
  Sistina, 30-31, 74-75, 131, 242-243, 245-246, 250
Caracalla, Marco Aurelio Antonino, 308
Caravaggio, Michelangelo Merisi detto il, 115, 286
Carcere
  di Rebibbia, 294
  di Regina Coeli, 287
  di Tor di Nona, 163, 314
Carceri Nuove, 315
Carducci, Giosue, 34
Carissimi, Giacomo, 114, 287
Carlo II, il Calvo, imperatore del Sacro Romano Impero, 82
Carlo V, imperatore del Sacro Romano Impero, 28, 31, 311
Carlo VI, imperatore del Sacro Romano Impero, 171
Carlo X Gustavo, re di Svezia, 154
Carlo I Stuart, re di Gran Bretagna e Irlanda, 165-167
Carlo II Stuart, re di Gran Bretagna e Irlanda, 166-167
Carlo Magno, imperatore del Sacro Romano Impero, 52, 135, 178
Carlo Martello, 56
Carracci, Agostino, 115
Carracci, Annibale, 115, 159
Carracci, Ludovico, 115
Cartesio (René Descartes), 115, 154, 327
Casa dei catecumeni, 322
Casa dei Cavalieri di Rodi, 175

Casaroli, Agostino, 87, 229-230, 233, 291, 357
Castel Gandolfo, 35, 354, 356
Castello di Canossa, 52
Castel Sant'Angelo, 27-28, 31-32, 71, 74, 77, 185, 212, 252, 255, 262, 308, 310, 313
Castillo Lara, José Rosalio, 240
Castrillón Hoyos, Dario, 360-361
Caterina di Braganza, regina di Gran Bretagna e Irlanda, 167
Catone, Marco Porcio, 325
Cavaliere, Nicola, 306
Cavour, Camillo Benso, conte di, 51, 62-63, 135, 137, 148-150, 322
Cecchi, Carlo, 268
Cecilia Metella, 310
Celestino V (Pietro da Morrone), papa, 54-55, 85, 188, 259-260
Çelik, Oral, 293
Cellini, Benvenuto, 313
Cenci, Beatrice, 313
Cervantes Saavedra, Miguel de, 178
Cesare, Gaio Giulio, 20, 353
Cesarini, Angelo, 173
Charney, Geoffroy de, 194, 197
Chateaubriand, François-René, visconte di, 177-178
Châtel, Jean, 203
Cherubini, Francesco, 202
Chiesa
  del Gesù, 202
  di San Carlino (San Carlo alle Quattro Fontane), 105-109, 120
  di San Francesco a Ripa, 127
  di San Giovanni dei Fiorentini, 112, 127, 129
  di San Martino e San Sebastiano, 37
  di Sant'Agnese, 124, 126
  di Sant'Agostino, 287
  di Santa Maria della Vittoria, 127
  di Santa Maria del Priorato, 176
  di Santa Maria in Portico in Campitelli, 173
  di Sant'Andrea al Quirinale, 106-108, 126, 136, 212, 214
  di Sant'Apollinare, 286-287, 306
  di Sant'Ignazio di Loyola, 201-202, 214
  di Sant'Ivo, 120
  di Sant'Onofrio, 176-177
  Nuova di Santa Maria in Vallicella, 111

Chrétien de Troyes, 198
Cimitero del Verano, 133
Ciotti Luigi, 101-102
Circo Massimo, 68
Cirino Pomicino, Paolo, 240
Civitavecchia, 32
Claudio, Tiberio Druso Nerone Germanico, 7, 11-13, 16, 18
Clemente III (Guiberto di Ravenna), antipapa, 255
Clemente IV (Guy Foulques), papa, 258
Clemente V (Bertrand de Got), papa, 189-190, 192, 194-195, 199
Clemente VII (Giulio de' Medici), papa, 31-32, 60, 76, 311-312, 318
Clemente VIII (Ippolito Aldobrandini), papa, 134
Clemente IX (Giulio Rospigliosi), papa, 129
Clemente X (Emilio Bonaventura Altieri), papa, 129, 163
Clemente XI (Giovan Francesco Albani), papa, 171-172
Clemente XIII (Carlo Rezzonico), papa, 173, 212
Clemente XIV (Gian Vincenzo Antonio Ganganelli), papa, 212
Colle
  Aventino, 176
  Campidoglio, 48
  Esquilino, 131
  Gianicolo, 27, 177, 305, 349
  Oppio, 10
  Palatino, 10, 46
  Quirinale, 78
  Vaticano, 26, 29, 68
Collegio romano, 211
Colombo, Emilio, 237
Colombo, Renaldo, 208
Colonna
  Antonina, 46, 78
  Traiana, 46, 78
Colonna, famiglia, 189
Colosseo, 9-10, 46
Condivi, Ascanio, 246
Consalvi, Ercole, 136
Corelli, Arcangelo, 162
Coresi, Antonia, 163
Cornwell, John, 231
Corrocher, Graziella, 225

Corso
  Rinascimento, 119, 286, 289
  Vittorio Emanuele II, 111, 290, 354
Cortile
  del Belvedere, 37
  di San Damaso, 32-33, 37
Cossiga, Francesco, 237
Costantino I il Grande, imperatore romano e d'Oriente, 20, 46-51, 53, 61, 66, 68-71, 73, 130, 309
Craxi, Bettino, 240, 357
Cristina, regina di Svezia, 152-165, 174
Croce, Benedetto, 108, 328, 345
Crociata, Mariano, 361

Damaso I, papa, 72
D'Annunzio, Gabriele, 328
Dante Alighieri, 51, 53-56, 188-189, 259, 261
Daru, Martial, 133
Darwin, Charles, 327
David, Jacques-Louis, 135
Davide I, re di Scozia, 165
Deaglio, Enrico, 237
Debenedetti, Giacomo, 265
De Bonis, Donato, 235, 237-240
Defoe, Daniel, 327
De Gasperi, Alcide, 284
Degollado, Marcial Maciel, 361
Del Borgo, Angelo, 320-321
Del Col, Andrea, 320
Del Grande, Antonio, 315
Della Porta, Giacomo, 78, 119
Del Portillo, Álvaro, 330-332, 335, 337
De Merode, Francesco Saverio, 223
De Michelis, Gianni, 240
De Moura Ribeiro Zeron, Carlos Alberto, 211
Demurger, Alain, 196
De Pedis, Enrico, detto «Renatino», 174, 287-288, 303-306
De Sanctis, Francesco, 206
Dezza, Paolo, 216
Di Cosimo, Piero, 242
Diderot, Denis, 327
Di Giovacchino, Rita, 304
Diocleziano, Gaio Aurelio Valerio, 7
Dione Cassio, 21-22
Dionigi, santo, 52
Dolcino, fra, 96
Domiziano, Tito Flavio, 10

Indice dei nomi e dei luoghi 377

Domizio Enobarbo, Gneo, 11
Domus aurea, 9-10
Dossetti, Giuseppe, 336
Dostoevskij, Fëdor, 318
Dumas, Alexandre, figlio, 327
Dumas, Alexandre, padre, 166, 206, 327

Ebert, Theodor, 154
Echevarría, Javier, 347
Eco, Umberto, 318, 345
Enrichetta Maria di Borbone, 165
Enrico IV, imperatore del Sacro Romano Impero, 52-54, 254-256
Enrico VIII, re d'Inghilterra, 76, 83, 157, 165, 179, 205, 207, 312
Enrico IV di Borbone, re di Francia, 165, 203-204
Epafrodito, 23
Erasmo da Rotterdam, 324
Erodoto, 324
Eschenbach, Wolfram von, 197-198
Escrivá de Balaguer, Josemaría, 44, 330-335, 339, 341, 345-347
Esopo, 325
Estermann, Alois, 24-25, 38-41, 44-45, 306
Estrées, Gabrielle d', 203
Eugenio III (Bernardo Paganelli), papa, 207

Fagiolo, Maurizio, 120-121
Falcone, Giovanni, 232
Fallaci, Oriana, 345
Faonte, 22
Farnese, Giulia, 311
Fattorini, Emma, 282
Faustina maggiore, Annia Galeria, 308
Favre, Pierre (Pietro Fabro), 207
Federico II, imperatore del Sacro Romano Impero, 51, 187
Feltzmann, Vladimir, 335
Ferdinando Carlo, arciduca d'Austria, 157
Ferrazzi, Ferrucio, 330-331
Ferruzzi, famiglia, 236
Ferruzzi, Serafino, 237, 240
Fidia, 131
Filippo IV il Bello, re di Francia, 54, 188-191, 193, 195, 198-199
Firenze
   Santa Maria del Fiore, 74
   Tomba dei Medici, 119

Firpo, Massimo, 318-319
Fisichella, Rino, 358
Fiumicino, 289
Flaubert, Gustave, 327
Floryan, Esquieu de, 190
Fogazzaro, Antonio, 328
Fons Camenorum, 46
Fontainebleau, 136, 160-162
Fontana
   dei Quattro Fiumi, 125-126, 210
   di Trevi, 172, 202
Fontana, Carlo, 152
Fontana, Domenico, 78-79, 112
Forlani, Arnaldo, 240
Formoso, papa, 253
Foro
   di Augusto, 175
   di Traiano, 49, 175
Fortezza di San Leo, 314
Fortichiari, Antonio, 293
Foscolo, Ugo, 328
Foucher de Chartres, 179
Frale, Barbara, 197
Francesco I, re di Francia, 207
Francesco d'Assisi, santo, 95-96, 174
Francesco Saverio, santo, 207, 209
Franco Bahamonde, Francisco, 334
Frankfurter, Felix, 270
Franzoni, Giovanni Battista, 95, 97-98
Friedländer, Saul, 275
Frings, Josef, 327
Frundsberg, Georg von, 30
Fuga, Ferdinando, 287
Funes, José Gabriel, 215

Gaeta, 138, 140, 142
Galba, Servio Sulpicio, 22
Galeazzi, Enrico, 331
Galeno, Claudio, 324
Galilei, Galileo, 115, 201, 315-316, 328
Galli della Loggia, Ernesto, 223
Gamaliele, 91
Garbo, Greta (Greta Lovisa Gustafsson), 158
Gardini, Raul, 237
Garibaldi, Giuseppe, 63, 150, 177
Garnica, José María Hernández de, 331
Gasparri, Pietro, 26, 357
Gattegna, Renzo, 360

Gelli, Licio, 87, 225, 227, 234, 293
Gellio, Aulo, 11, 349
Gentile, Giovanni, 328
Germanico, Giulio Cesare, 11, 15, 349
Gerstein, Kurt, 268
Gerusalemme, 179-181, 187
　Cupola della Roccia, 180
　Moschea Al-Aqsa, 180
　Santo Sepolcro, 180
Ghirlandaio (Domenico Bigordi), 242
Giacomo II Stuart, re di Gran Bretagna e Irlanda, 166-171
Giannone, Pietro, 328
Gide, André, 328
Gioberti, Vincenzo, 138, 328
Giordano, Bruno, 303
Giordano, Valentina, 303
Giorgio I, re di Gran Bretagna e Irlanda, 171
Giorgio IV, re di Gran Bretagna e Irlanda, 83
Giorgio VI, re di Gran Bretagna e Irlanda, 174
Giovanni X, papa, 250-251
Giovanni XI, papa, 251-252
Giovanni XII (Ottaviano dei conti di Tuscolo), papa, 252-253
Giovanni XXIII (Angelo Giuseppe Roncalli), papa, 148, 226, 272-274, 276-277, 287
Giovanni III Sobieski, re di Polonia, 171
Giovanni Paolo I (Albino Luciani), papa, 84-88, 95, 102, 231, 259
Giovanni Paolo II (Karol Wojtyła), papa, 39, 42, 85, 150-151, 152, 216, 220, 232, 234, 236, 239, 257, 263-264, 277, 285, 290-292, 294, 297, 300, 307, 323, 330, 333, 337, 347, 353, 361
Giovanni Senza Terra, 169
Giovenale, Decimo Giunio, 19
Girard, Jean-Baptiste, 205
Giulio II (Giuliano Della Rovere), papa, 29, 31, 38, 75-76, 78, 82-83, 243-246, 248, 261, 312
Giulio III (Giovanni Maria de' Ciocchi del Monte), papa, 325
Giuseppe Flavio, 19
Giussani, Luigi, 336
Goethe, Johann Wolfgang, 177
Goffredo di Buglione, 178, 180
Gonzaga, Luigi, santo, 202, 214

Gorani, Giuseppe, 173
Got, Seigneur de, 199
Gounod, Charles, 350
Gramsci, Antonio, 63-64, 345
Gregori, famiglia, 295
Gregori, Mirella, 292, 294, 297
Gregorio I Magno, papa, 308-309
Gregorio VII (Ildebrando di Soana), papa, 52-54, 56, 176, 179, 254-256
Gregorio X (Tedaldo Visconti), papa, 258-259
Gregorio XIII (Ugo Boncompagni), papa, 78
Gregorio XV (Alessandro Ludovisi), papa, 201
Gregorio XVI (Bartolomeo Cappellari), papa, 278
Gregorovius, Ferdinand, 54-56, 74, 251-252, 256, 261-262
Groer, Hans Hermann, 360
Guazzoni, Enrico, 178
Gugelmann, Claude, 42
Guglielmo I, re di Prussia e imperatore di Germania, 148
Guglielmo III d'Orange, re di Gran Bretagna e Irlanda, 167-171
Guicciardini, Francesco, 51, 60, 63, 262, 319-320, 328
Guido, marchese di Toscana, 251-252
Gustavo II Adolfo, re di Svezia, 152, 156

Haight, Roger, 219
Hammett, Dashiell, 199
Hasler, August Bernhard, 147
Heine, Heinrich, 327
Hertel, Peter, 335
Hertenstein, Peter von, 29
Herzl, Theodor, 272
Herzog, Isaac, 274
Hitler, Adolf, 134, 269-270, 280, 335
Hobbes, Thomas, 327
Hochhuth, Rolf, 268, 285
Hoyt, Clark, 360
Hugo, Victor, 327
Hume, David, 327
Hussein, Saddam, 236
Hyde, Anna, 167

Iacopone da Todi, 54, 96, 188
Ignazio di Loyola, santo, 207-208, 210-211, 332

Imbert, Guillaume, 191
Imposimato, Ferdinando, 293
Innocenzo II (Gregorio Papareschi), papa, 184-185
Innocenzo III (Lotario dei conti di Segni), papa, 56
Innocenzo IV (Sinibaldo Fieschi), papa, 51, 53, 258
Innocenzo VIII (Giovanni Battista Cybo), papa, 29, 316
Innocenzo X (Giambattista Pamphili), 117-118, 123-124, 159, 315
Innocenzo XI (Benedetto Odescalchi), papa, 129, 163, 168
Ippocrate di Cos, 324
Isaac, Jules, 276

Jabalot, Ferdinand, 321
Jaruzelski, Wojciech, 291
Jingle, Jeremy, 205
Johnson, Samuel, 173
Juan de San Bonaventura, 109

Kant, Immanuel, 327
Kappler, Herbert, 266
Kennedy, John, 235
Kertzer, David, 217
Kiesle, Stephen, 359
Kircher, Athanasius, 210
Koppelmann, Isidor, 269
Kostka, Jan, 213
Kostka, Stanislao, 213-214
Kraemer, Henrich, 316
Kressmann Taylor, Kathrine, 281
Küng, Hans, 102, 147, 271

Lacchei, Massimo, 44
LaFarge, John, 283
La Malfa, Giorgio, 240
La Malfa, Ugo, 227
Lambruschini, Raffaello, 138
Landini, Maria, 163
Law, John, 233
Laynez, Giacomo, 207
Le Carré, John, 295
Ledóchowski, Włodzimierz, 336
Legros, Pierre, 214
Leigh, Richard, 199
Lenclos, Ninon de, 164

Lenin, Nikolai (Vladimir Il'ič Ul'janov), 326
Leone I Magno, papa, 256
Leone III, papa, 26, 52
Leone IV, papa, 26-27
Leone VI, papa, 251
Leone X (Giovanni de' Medici), papa, 78, 261-263
Leone XIII (Vincenzo Gioacchino dei conti Pecci), papa, 34, 151, 216
Leopardi, Giacomo, 328
Le Sarmage, Mathieu, 196
Lessing, Gotthold Ephraim, 326-327
Levi, Virgilio, 87
Lincoln, Henry, 199
Liutprando, re dei longobardi, 26, 251
Livio, Tito, 325
Locke, John, 168, 327
Lomazzo, Giovan Paolo, 246
Lombardi, Federico, 361
Longo, Elena, 339
López Rodó, Laureano, 334
Lotario I, imperatore del Sacro Romano Impero, 26
Lotario II, imperatore del Sacro Romano Impero, 185
Lucio Domizio, 11-12
Ludovisi, Ludovico, 201-202
Luigi VI, re di Francia, 185
Luigi IX, re di Francia, 191
Luigi XIII, re di Francia, 165
Luigi XIV, re di Francia, 152, 156, 160, 163
Luigi XVI, re di Francia, 166, 170, 190
Lutero, Martin, 31, 58, 82-83, 115, 127, 153, 174, 200, 207, 215, 220, 262-263, 311
Luzzatto, Amos, 285

McCarthy, Joseph, 236
Machiavelli, Niccolò, 51, 60, 323, 328
Maderno, Carlo, 79-81, 112-113, 121-122, 129
Madoff, Bernard, 233
Magee, John, 87
Magister, Sandro, 219, 333
Maglione, Luigi, 218, 267, 272, 279
Maidalchini, Olimpia, 158-159
Malebranche, Nicolas, 327
Malerba, Giovanni, 296, 299
Malik Al-Kamil, sultano d'Egitto, 187
Maltese, Curzio, 350

Mamoulian, Rouben, 158
Mancini, Giulio, 124
Manet, Edouard, 118
Mannoia, Francesco Saverio, 231-232
Manzoni, Alessandro, 51, 63, 114, 139
Manzù, Giacomo, 331
Marcinkus, Paul, 87-88, 225-227, 231-232, 234-235, 238
Marco Aurelio, 48, 308
Marco Salvio Otone, 18
Marconi, Guglielmo, 351
Mari, Arturo, 292
Maria II Stuart, regina di Gran Bretagna e Irlanda, 167, 169, 171
Maria Beatrice d'Este, regina di Gran Bretagna e Irlanda, 167-168, 171
Maria Clementina Sobieska, regina di Gran Bretagna e Irlanda, 171-172
Maria Eleonora di Brandeburgo, regina di Svezia, 153
Marozia dei Teofilatti, 250-252
Marrone, Gianluigi, 25, 39-41
Marsilio da Padova, 57
Martella, Ilario, 293
Martini, Carlo Maria, 1, 102, 219-220, 223, 362
Marx, Karl, 345
Massari, Francesco, 128
Massaro, monte, 97
Massenzio, Marco Aurelio Valerio, 46, 49
Masuccio Salernitano (Tommaso Guardati), 323-324
Matilde di Canossa, 255
Mattei, Alessandro, 134
Mausoleo di Augusto, 131, 309
Mazio, Luigi, 35
Mazzali, Amina, 342-343
Mazzarino, Giulio, 152, 160, 162
Mazzì, Enzo, 100
Medici, Cosimo de', 74
Medici, Lorenzo de', 261
Melantone, Filippo (Philipp Schwarzerd Melanchthon), 220
Messalina, Valeria, 12
Messori, Vittorio, 275, 336
Miccoli, Giovanni, 274-275
Michaelis, Fiammetta, 287
Michelangelo Buonarroti, 25, 29-30, 76-77, 80, 242-247, 250

Michelini, Alberto, 337
Milani, Lorenzo, 97
Milano, 29, 173
  Duomo, 111-112
Mill, John Stuart, 327, 345
Minardi, Sabrina, 303-306
Miollis, Sextius Alexandre François de, 134, 136
Molay, Jacques de, 191, 193-195, 197
Monaldeschi, Gian Rinaldo, 161-162
Monduzzi, Dino, 299
Montanelli, Giuseppe, 139
Montaigne, Michel Eyquem de, 327
Montanelli, Indro, 139
Monte Mario, 349
Montesquieu, Charles de Secondat, barone di, 327-328
Monti, Vincenzo, 328
Monzi, Raffaella, 290
Morante, Elsa, 346
Moravia, Alberto, 328, 346
Moro, Aldo, 231, 288
Moroni, Gaetano, 173
Mortara, Edgardo, 322
Mozart, Wolfgang Amadeus, 115
Murillo, Bartolomé Esteban, 208
Mussolini, Benito, 26, 63, 216-217, 282-283, 326, 357
Múzquiz, José Luis, 331

Napoleone I, imperatore dei francesi, 59, 62, 83, 132, 134-136, 201
Napoleone III, imperatore dei francesi, 148, 322
Napoli
  Certosa di San Martino, 114
Natoli, Marina, 133-134
Navarro Rubio, Mariano, 334
Navarro-Valls, Joaquín, 25, 40
Negri, Ada, 328
Neri, Filippo, 120
Nerone, Lucio Domizio, 7-15, 17-23, 47, 67-68, 349-350
Newton, Isaac, 115
Niccolò II (Gérard de Bourgogne), papa, 254, 256
Niccolò III (Giovanni Gaetano Orsini), papa, 27
Niccolò IV (Girolamo Masci), 259

Niccolò V (Tommaso Parentucelli), papa, 73-75
Nicola I Romanov, zar, 90
Nicolás, Adolfo, 218
Nicotri, Pino, 290
Nixon, Richard, 235
Nogara, Bernardino, 222-223
Nogaret, Guillaume de, 189, 191-192
Nuzzi, Gianluigi, 233, 236, 239

Oates, Titus, 167
O'Collins, Gerald, 219
Oddi, Silvio, 301-302
Odifreddi, Piergiorgio, 225, 350
O'Keefe, Vincent, 216
Omero, 325
Onorio, Flavio, imperatore romano d'Occidente, 309
Oratorio di San Filippo Neri, 111
Orazio Flacco, Quinto, 325
Orlandi, famiglia, 288, 295, 297
Orlandi, Emanuela, 288-306
Orlandi, Ercole, 288-289, 294, 299
Orlandi, Federica, 290
Orlandi, Maria, 289
Orlandi, Natalina, 290
Orlandi, Pietro, 288
Ortolani, Umberto, 234
Ospedale Santo Spirito, 349
Ottavia, 12-13, 18
Ottone di Saint-Amand, 187
Ottone I di Sassonia, imperatore del Sacro Romano Impero, 253
Ovidio Nasone, Publio, 325

Pacca, Bartolomeo, 134
Palazzini, Pietro, 229
Palazzo
　Apostolico, 39, 132
　Barberini, 117
　Corsini, 152-153, 160
　dei Conservatori, 48
　dei Santi Apostoli, 354
　della Cancelleria apostolica, 137, 354
　della Consulta, 132
　del Laterano, 28, 78, 253, 354, 356
　del Quirinale, 104, 132-134, 137-138, 147, 356
　del Sant'Uffizio, 314, 354
　di Propaganda Fide, 354
　di Sant'Apollinare, 289
　Farnese, 159
　Madama, 289
　Muti Papazzurri, 171
　Nuñez, 133
　Salviati, 267
　Spada, 126
Palestrina, Giovanni Pierluigi da, 114
Paludi Pontine, 133
Pamphili, Camillo, 118, 125
Pamphili, Olimpia (nata Maidalchini), 118
Paolina (moglie di Seneca), 18
Paolo III (Alessandro Farnese), papa, 27, 32, 76-78, 207, 273, 311-312, 314, 316, 318
Paolo IV (Gian Pietro Carafa), papa, 318, 323
Paolo V (Camillo Borghese), papa, 80, 110, 115-116
Paolo VI (Giovanni Battista Montini), papa, 84-85, 88, 220, 225-226, 231, 268, 291, 323, 327, 337, 347
Paolo di Tarso, santo, 7, 71, 73, 89, 91-95, 97, 325
Paracelso (Philipp Theophrast Bombast von Hohenheim), 324
Parigi, 132-135, 206
　abbazia di Saint-Denis, 52
　castello di Versailles, 148
　cattedrale di Notre-Dame, 135, 193
　chiesa di St-Pierre, 207
　Île-de-la-Cité, 194
　Montmartre, 206
　Palazzo reale, 193
　Place de l'Hôtel de Ville, 204
　Università della Sorbona, 206
Parisi, Vincenzo, 299
Pascal, Blaise, 206, 328
Pascoli, Leone, 116
Pasolini, Pier Paolo, 95, 98, 101, 346
Pasquini, Bernardo, 162
Passeri, Bernardino, 32, 113
Passetto di Borgo (o Corridoio), 27-28, 31, 311
Pavelić, Ante, 278
Payns, Hugues de, 180
Pecorelli, Mino, 86-87, 225
Pellegrino, Michele, 101
Pellico, Silvio, 139
Perkins, famiglia, 34

Pertini, Sandro, 297
Perugia, 33
Perugino (Pietro Vannucci), 242, 250
Petrarca, Francesco, 259
Petrucci, Alfonso, 261-262
Piazza
  Capo di Ferro, 126
  del Grillo, 175
  della Pilotta, 171, 354
  delle Cinque Lune, 286, 288-289
  del Quirinale, 107, 131
  di Porta Capena, 46
  di Spagna, 354
  di Tor Sanguigna, 286
  Fiammetta, 287
  Navona, 118, 124-125, 210, 303
  San Pietro, 28, 36, 59, 126, 151, 267, 292, 294, 314, 355
  Sant'Agostino, 286
  Sant'Apollinare, 286
Piazzetta Sant'Egidio, 289
Pican, Pierre, 360
Picardi, Nicola, 40
Picasso, Pablo, 115
Pietro, santo, 21, 53, 61, 68-69, 73, 92-94, 310
Pilato, Ponzio, 21
Pinotti, Ferruccio, 229-230, 342-343, 345
Pinturicchio, Bernardino di Betto detto, 242
Pio IV (Giovanni Angelo Medici), papa, 27, 324
Pio V (Antonio Michele Ghislieri), papa, 37, 133
Pio VI (Giovanni Angelo Braschi), papa, 62, 131, 201
Pio VII (Gregorio Chiaramonti), papa, 90, 104, 131-132, 134-136, 211
Pio IX (Giovanni Maria Mastai Ferretti), papa, 33, 35, 62, 132, 134, 137-140, 142-144, 147-151, 223, 278, 283, 322, 326, 355-356
Pio X (Giuseppe Sarto), papa, 148, 272, 322
Pio XI (Achille Ratti), papa, 62, 150, 216, 222, 282, 284, 288, 350, 357
Pio XII (Eugenio Pacelli), papa, 147, 218, 222, 262, 267-269, 271, 274, 276-280, 282-285, 327, 330, 336, 360
Pipino III, il Breve, 52
Piranesi, Giovan Battista, 176, 313
Pisone, Gaio Calpurnio, 17
Platone, 16, 324

Plauto, Tito Maccio, 325
Plinio, Secondo Gaio, detto il Vecchio, 11, 19-20
Plutarco, 325
Poletti, Ugo, 87, 98, 287
Politi, Marco, 102
Ponte
  Milvio, 49, 132, 157
  Sant'Angelo, 31
  Sisto, 31, 75
Pontificio Istituto di Musica sacra, 289
Poppea Sabina, 18-20
Porcu, Ambrogio, 98
Porta
  Angelica, 28
  Capena, 47
  Cavalleggeri, 28, 354
  del Popolo, 29, 132, 134, 152, 158
  del Torrione, 30
  Pia, 35, 104, 142, 147-148, 223, 356
  Sant'Anna, 28, 37-39, 289
  Santo Spirito, 30
Portico di Ottavia, 266
Portone di Bronzo, 37
Pozzo, Andrea, 201
Prassitele, 131
Priore, Rosario, 294, 301
Proudhon, Pierre-Joseph, 328
Puccini, Giacomo, 313

Quadrelli, Angelina, 162-163

Radet, Étienne, 136
Raffaello da Montelupo, 309
Raffaello Sanzio, 30, 243, 245-246, 261
Rando, Adele, 292, 298-299
Ravaillac, François, 204
Raw, Charles, 233
Récamier, Juliette, 178
Redini, Mario, 331
Reimarus, Samuel, 326
Rembrandt, Harmenszoon Van Rijn, 115
Répond, Jules, 30
Ricci, Lorenzo, 212
Ricci, Matteo, 214
Riegner, Gerhart, 269-270
Risari, Marta, 345
Rivani, Antonio, 163
Roberto il Guiscardo, 255-256

Indice dei nomi e dei luoghi

Roche, John, 343, 346
Rodriguez, Simon, 207, 210
Romano, Giuseppe, 347
Romero, Gladys Meza, 24-25, 41, 45
Romolo Augustolo, imperatore romano d'Occidente, 52
Rondinin, Joseph, 178
Roosevelt, Eleanor, 235
Roosevelt, Franklin Delano, 280
Roselli, Rosello, 74
Rosmini, Antonio, 63, 139, 328
Rossi, Giovanni, 101
Rossi, Pellegrino, 137
Rossini, Gioachino, 115
Roth, Philip, 346
Roth, Richard, 296
Rousseau, Jean-Jacques, 328
Rubens, Pieter Paul, 115
Rufrio Crispino, 18
Ruggero II d'Altavilla, 185
Ruini, Camillo, 99, 223-224, 241

Sacchetti, Franco, 328
Sagalowitz, Benjamin, 269
Saladino (Salāh-ad-Dīn), 186-187
Sale, Giovanni, 217-218, 283
Sallustio, Gaio Crispo, 325
Salmerón, Alfonso, 207
Sama, Carlo, 240
Sambuco, Alfredo, 289
Sand, George (Amantine Aurore Lucile Dupin), 328
Sangallo, Giuliano da (Giuliano Giamberti), 78, 80
San Giovanni d'Acri, 187-188
Santiapichi, Severino, 298
Santinelli, Francesco Maria, 161
Sarpi, Paolo, 328
Sartre, Jean-Paul, 328, 346
Saunière, François Bérenger, 199
Savonarola, Girolamo, 328
Scala Regia, 126
Scalfari, Eugenio, 223
Scarlatti, Alessandro, 162
Schmidt, Anton, 33-35
Schönborn, Christoph, 359
Schulte, Eduard, 269
Scoppola, Pietro, 95
Scott, Walter, 318

Segarelli, Gherardo, 96
Seneca, Lucio Anneo, 11-13, 15-18
Sergio II, papa, 26
Sergio III, papa, 251-252
Settembrini, Luigi, 328
Sforza Pallavicino, Pietro, 83
Shakespeare, William, 115
Sica, Domenico, 297
Sicci, Antonio, 195
Signorelli, Luca, 242
Silenen, Kaspar von, 29
Silvestrini, Achille, 229, 291
Silvestro I, papa, 49, 51, 89
Sindona, Michele, 225-229, 231
Siri, Giuseppe, 84, 102
Sisto IV (Francesco Della Rovere), papa, 29, 74, 242-243
Sisto V (Felice Peretti), papa, 78, 104-105, 130, 134
Sodano, Angelo, 239, 307, 359
Soldati, Mario, 346
Somoza, Anastasio, 236
Spada, Virgilio, 118, 123
Sparre, Ebba, 155
Spaur, Karl von, 138
Spellman, Francis, 235-236
Spinoza, Baruch, 328, 345
Sporschill, Georg, 220
Sprenger, Jakob, 316
Stalin (Iosif Visarionovič Džugašvili), 326
Stanze di Raffaello, 31
Stazione
 Termini, 223
 Tiburtina, 267
Stefano, santo, 91
Stefano II, papa, 52
Stefano VI, papa, 253
Stefano VII, papa, 251
Stella, Gian Antonio, 240
Stendhal (Henri Beyle), 30, 328
Sterling, Claire, 297
Stern, Raffaele, 131-134
Sterne, Laurence, 328
Stravinskij, Igor, 115
Stuart, Charles Edward Louis Philip Casimir, 172, 174
Stuart, famiglia, 165
Stuart, Henry Benedict, 172-174

Stuart, James Francis Edward, 168, 174
Sturzo, Luigi, 148
Svetonio Tranquillo, Gaio, 7, 10, 21-22

Tacchi Venturi, Luigi, 218
Tacchi Venturi, Pietro, 279
Tacito, Publio Cornelio, 7-8, 12-15, 17-18, 21-22, 24, 324
Taffarel, Vincenza, 87
Tapia, Maria del Carmen, 341
Tardini, Domenico, 284
Tasso, Torquato, 114, 177-178
Tayne, Hippolyte, 30
Teatro di Marcello, 266
Tempio
  di Venere e Roma, 10, 46
  maggiore, 266
Teodora, 250-251
Teodosio I il Grande, 3
Teofilatto, 250
Teresa di Calcutta, 220
Terme di Costantino, 130
Tertulliano, Quinto Settimio Florenzio, 23, 324
Testoni, Alfredo, 286
Tevere, fiume, 27, 49, 67, 71, 75, 90, 132, 151, 253, 309, 314
Thorvaldsen, Bertel, 90
Thrale, Hester Lynch, 173
Tiberio, Giulio Cesare Augusto, 18, 21, 349
Tiziano Vecellio, 118
Togliatti, Palmiro, 64
Tolkien, John Ronald Reuel, 346
Tommaseo, Niccolò, 139, 328
Tommaso d'Aquino, santo, 324
Tornay, Cédric, 24-25, 38, 40-45
Tornielli, Andrea, 271
Torrione di Niccolò V, 222
Tournon, Camille de, 132-133
Traiano, Ulpio, 10, 47
Trento, 324-325
Tridente, 78
Trinità dei Monti, 78, 104
Tucci, Roberto, 87
Tucidide, 324

Ugo di Provenza, re d'Italia, 252
Ullastres Calvo, Alberto, 334
Università Gregoriana, 171, 214, 354

Urbano II (Oddone di Lagery), papa, 179
Urbano V (Guillaume de Grimoard), papa, 310
Urbano VI (Bartolomeo Prignano), papa, 261
Urbano VIII (Maffeo Barberini), papa, 27, 117, 119, 121-122
Ursino, antipapa, 72

Valadier, Giuseppe, 81, 132
Valla, Lorenzo, 57, 59
Van Verschaffelt, Pieter Antoon, 309
Vasari, Giorgio, 76, 244-245
Vasi, Mariano, 28
Venturi, Adolfo, 249
Vergari, Piero, 287
Vergés, Jacques, 42
Verri, Pietro, 328
Vespignani, Virginio, 132
Via
  Appia, 46, 125, 310
  Catalana, 266
  Condotti, 176
  dei Penitenzieri, 32
  della Conciliazione, 28, 50
  della Dataria, 132
  della Lungara, 78, 267
  delle Quattro Fontane, 104
  del Pellegrino, 287, 304
  del Quirinale, 131, 136
  di Porta Angelica, 28, 222
  di Sant'Angelo in Pescheria, 266
  di Santa Sabina, 176
  Flaminia, 132
  Francigena, 29
  Giulia, 78, 315
  Merulana, 78
  Sistina, 78
  XX Settembre, 104, 108
  Volturno, 292
Viale
  Bruno Buozzi, 329-330
  delle Belle Arti, 331
Vicolo
  dell'Agnello, 112
  dell'Angelo, 127
Vidal, Gore, 346
Vienna, 135-136, 171
Villa
  Colonna, 132
  dei Cavalieri di Malta, 176

Villari, Pasquale, 34
Villot, Jean, 87-88
Vindice, Gaio Giulio, 22
Viogué, François, 154
Virgilio Marone, Publio, 325
Viterbo, 258-259
  Palazzo dei Papi, 258
Vitry, Jacques de, 180
Vittorio Emanuele II, re d'Italia, 33, 149
Voglia, Angelica, 164
Volonté, Gian Maria, 268
Voltaire (François-Marie Arouet), 328, 346

Wagner, Richard, 111, 198
Weber, Max, 346
Weizsäcker, Ernst von, 267-268, 282

Wellington, Arthur Wellesley, duca di, 83
Wiesel, Elie, 281
Wise, Stephen S., 270
Wittenberg, 262-263
Wolf, Hubert, 326-327
Wolf, Markus, 294, 298

Yallop, David, 88-89, 232
Yunus, Muhammad, 86

Zenodoro, 9
Zeri, Federico, 47-48
Zizola, Giancarlo, 257-258
Zola, Émile, 328, 346
Zwingli, Huldrych, 127